无声的北方：清代夏峰北学研究

王坚　著

商务印书馆
The Commercial Press

2018年·北京

图书在版编目（CIP）数据

无声的北方：清代夏峰北学研究 / 王坚著. — 北京：
商务印书馆，2018
ISBN 978-7-100-14438-4

Ⅰ.①无… Ⅱ.①王… Ⅲ.①思想史－研究－中国－
清代 Ⅳ.①B249.9

中国版本图书馆CIP数据核字（2017）第147388号

无声的北方：清代夏峰北学研究

王坚 著

商 务 印 书 馆 出 版
（北京王府井大街36号 邮政编码 100710）
商 务 印 书 馆 发 行
三河市尚艺印装有限公司印刷
ISBN 978－7－100－14438－4

2018年10月第1版 开本 710×1000 1/16
2018年10月第1次印刷 印张 20 3/4

定价：78.00元

国家社科基金后期资助项目
出版说明

    后期资助项目是国家社科基金设立的一类重要项目，旨在鼓励广大社科研究者潜心治学，支持基础研究多出优秀成果。它是经过严格评审，从接近完成的科研成果中遴选立项的。为扩大后期资助项目的影响，更好地推动学术发展，促进成果转化，全国哲学社会科学工作办公室按照"统一设计、统一标识、统一版式、形成系列"的总体要求，组织出版国家社科基金后期资助项目成果。

全国哲学社会科学工作办公室

序

　　王坚的书稿《无声的北方：清代夏峰北学研究》即将付梓，请我作序。第一次接到王坚的电话时，脑子里有片刻的空白，但很快还是搜索到几年前的记忆。王坚是学典兄的高足，他的博士学位论文答辩是我去主持的，还是河南老乡，一个憨厚老实、不善于言辞的年轻人。这可不是一个负面评价，当年孔夫子的弟子子夏不也是有些木讷吗？孔夫子不是还评价说"商也不及"吗？这并不影响"孔子既没，子夏居西河教授，为魏文侯师"①的事实。现世社会人多轻薄浮躁，巧言令色者受宠，而木讷寡言者取辱，但愿性情如王坚者不受到无端的影响。人贵在有真才实学，有高远的志向，有锲而不舍的坚韧，这几个方面，王坚都是具备的，初次接触时就留下了这样的印象。所以，虽然有几年没有再见到他，但搜索到的记忆还是蛮清晰的。

　　我还记得，王坚读本科时受业于雷戈，受其影响很深，后来又由雷戈推荐到学典兄门下攻读博士学位，由此可以想象到王坚的学术传承，可以知道他所承袭的学术基因。他在最初的学术启蒙期就汲取了非常宝贵的学术营养。雷戈学术的批判精神，雷戈性格的孤独桀骜，雷戈笔锋的锐利深刻，对王坚的影响是潜移默化的。学典兄的大名在学界具有旗帜性意义，他的学术个性、学术思想、学术眼光为学界所公认，不必赘述。雷戈的影响，学典兄的栽培，加上王坚自身勤思而坚韧的天赋，其学术个性就跃然纸上了。所以，读王坚的书一定是有味道的。

　　《无声的北方：清代夏峰北学研究》是一部关于清代儒学学术史的

---

① 《史记》卷67《仲尼弟子列传》。

著作。清代儒学在不同地域呈现出不同的学术形态。相对于江南学术来说，在以河北、河南为中心的北方地区，形成了以孙奇逢为开山的夏峰北学，与江南学术相比呈现出独树一帜的学术景象。是书以夏峰北学为研究对象，清晰地揭示了清代北方学术的发展、演变脉络，复原了清代北方儒学的基本面貌。

总的来看，是书有几点值得称道。

第一，理清了清代北方学术的发展线索。"辨章学术，考镜源流"是学术史研究的任务，《无声的北方：清代夏峰北学研究》做的就是这方面的工作。是书对北方学术史和夏峰北学的形成过程进行了梳理，论述了夏峰北学的开山孙奇逢的思想价值，探讨了夏峰北学与考据学、西学的关系，分析了夏峰北学的两个支派——河北夏峰北学和中州夏峰北学的不同特色和流向，清晰地勾勒出了夏峰北学在清代（1644—1840）的流变过程。这是目前看到的关于清代北方儒学学术史、关于清代理学大师孙奇逢及其学派最为系统和最有思想深度的专题研究。是书在一定程度上重建了夏峰北学在清代学术史上的地位，丰富了清代北方学术史、理学史的研究内容。

第二，方法论自觉。王坚具有明确的方法论意识，将传统史学与社会学区域研究方法、思想史研究与政治史研究方法融为一炉，使其著作显示出一定的方法论特色。是书虽属学术史研究范畴，却大量吸收了中外史学研究新成果，增加了研究的厚重。作者认为，清学史可以三个层次呈现：（一）不同的清代学者在自我小环境和交流网络中自我实践之"小历史"；（二）在整个清帝国所构建的大环境中清儒不同学派构建的各种各样知识类型、观念资源、思维模式和在近现代大环境中学者构建的各种清学史文本之"大历史"；（三）作为总体史的明清之际以来的中国历史。只有在这三个层次的把握中，清学史才能得以完整呈现。这是一个重要的方法论思想。作者不可能以一人之力进行三个层次的学术研讨，而只能更多关注于第一个层次，在这个层面上讨论夏峰北学，但由于有了这样清醒的整体性考察的方法论思想，使得他在其具体研究中，兼顾到第二、第三层次，从而使研究摆脱了同类著作过于单一的学术线索描述的狭隘性。正是基于这种方法论自觉，是书不仅将清代学术史研究向前推进了一大步，而且对于清代政治史、思想史、文化史研究都有借鉴意义。

第三，新观点的提出。王坚在前人研究基础上不乏新见。他指出 20世纪主流清代学术史研究长期聚焦于南方学术和考据学派，存在"江南中心论"、"考据学中心论"、"西学中心论"等问题，缺乏对清代学术的多样性及综合性思考。他认为，在清代北方大部分地区，理学而非考据学更具有影响力；清代南北方各有一个学术中心，南方学术对北方学术没有压倒性优势；理学的发展变化不仅在宋明，而且在清代、近代都因社会发展面临新形势而发生学术形态转向；清代理学不仅有程朱理学与陆王心学之分，而且还有"理学家之理学"与"文学家之理学"等的差异，等等。

纵览全书，我的突出感觉是，王坚的学术史中有思想，有内涵，不只是学术线索的描述，这一点很难得。现在的学术界，真可谓思想贫乏。本来大变革的时代，应该是一个出思想的时代，很可惜思想都不出自学术界，这一点很使人感到悲哀。学术是发展的，变化的，没有发展变化就不成其为学术，而发展变化的根埋在思想里，没有思想何来学术？而现在有很多做学问的人，都不明白这个道理，甚至于逃避思考！从学术中提炼思想，用思想观察学术，让学术史论著闪烁思想的火花，希望读者能从王坚的书中读出这样的感受。

一本论著皇皇数十万言，没有问题、没有漏洞是不可能的。对于王坚的论题，我是外行，具体问题还很难胪列。不过我想表达的是，有问题不是问题，学术上的不同看法是极为正常的，任何一个学术观点都不可能像那些什么代表大会举手表决一样一致赞成，有异见才有学术。而且，从认识论上来说，或者说从恩格斯所说的"真正的科学著作"的角度来说，学术观点是不能用所谓真理或谬误之类的说法去判断的。唯一重要的是科学的态度，有了科学的态度，有了从事实出发的信念和真诚，所做出的任何结论都会有它独特的价值。而我想，就科学态度这一点来说，王坚是绝不缺少的，就凭他的憨厚老实、寡言木讷，就可以相信他。

好了，一篇小序写这么多文字也该打住了。王坚是著在学术上的建树或不足，最终还是要接受学术史的检验，还是要有学界同行的认同，我就不赘言了。最后想要表达的是对这个年轻人的祝福，愿他在自己选定的道路上，在夏峰北学研究乃至整个清代北方学术史和清代理学史的研究上，锲而不舍地走下去！执著于学术的人，道路是艰辛的，感受是幸福的！

是为序。

李振宏

目　录

绪论　20世纪清学史之检讨

第一节　20世纪清学史研究范式之历史审查

由于处于明清之变与近代之间，同时理学、考据学、西学各领风骚，清学史在书写过程中呈现出前所未有的难度。一般认为，章太炎的"反满说"、梁启超与胡适的"理学反动说"、钱穆的"每转益进说"、侯外庐的"早期启蒙说"、余英时的"内在理路说"等五个重要理论观点，构成了20世纪清代学术史研究范式的变迁。①但由于时势造成的原因，它们都存在不同程度之局限。

一、从"反满说"到"理学反动说"

首先看章太炎的"反满说"。作为近代清学史首出范式，章太炎以清代皇权专制与学术思想的互动为切入点来纵论清代学术，但由于学术承继及其作为近代"排满革命"首倡者等原因，他对清学整体性关注缺失，表现为对清代理学及除江南以外的其他地域学术严重忽视，"清世理学之言，竭而无余华，多忌，故歌诗文史梏；愚民，故经世先王之志衰。家有智慧，大凑于说经，亦以纾死，而其术近工眇踔善矣！"②

---

① 关于20世纪清学史研究范式，近些年来学界论述汗牛充栋。兹不赘述。比较有代表性的看法有两种。以台湾学者丘为君为代表，认为对清代思想史研究具有深远影响的三个重要理论，分别是梁启超与胡适的"理学反动说"、钱穆的"每转益进说"、余英时的"内在理路说"；而大陆学者陈居渊则在此基础上又分别加入章太炎的"反满说"及侯外庐的"早期启蒙说"。丘为君：《清代思想史"典范研究"的形成、特质与义涵》，《清华学报》1994年第4期；陈居渊：《20世纪清代学术史研究范式的历史考察》，《史学理论研究》2007年第1期。在本书中，笔者认同后者而采取五种范式说。

② 章太炎：《清儒》，见章太炎、刘师培等撰：《中国近三百年学术史论》，上海：上海古籍出版社，2006年，第5页。

其实，在清代，理学的势力还是深入人心并弥漫整个社会的。虽然与宋明时代大师辈出相比，清代理学思想性逊色不少，但作为意识形态，与专制皇权的休戚与共却是其他学术形态无法比拟的。"清代理学虽云衰歇，而程朱一派之潜势力，实未尝一日衰也。夫村塾蒙师，几无一不知有程朱章句集注者矣。"①清代历朝皇帝不断颁发谕旨，明令书院私塾昌明正学，"一以程、朱为归"。直到晚清，同治元年颁布的谕旨中，还饬令"各教官分日于该处城乡市镇，设立公所，宣讲《圣谕》，务使愚顽感化，经正民兴，正学昌明，人才蔚起"②。反倒是被现代人推崇为清学之主流的考据学，由于琐碎、脱离实际等弊端，在社会上发展困难重重，"盖汉学之词举世视为无用，舍闭关却扫外，其学仅足以授徒。若校勘金石，足以备公卿之役，而不足以备公卿之欢。……欲得帝王之尊，必先伪托宋学以自固。故治宋学者，上之可以备公卿，下之可以得崇衔"③。

正是由于对清代理学的忽视，章太炎建构的清学史是以江南考据学（具体来说就是吴、皖二派）为中心的描述，因而对于清学不同地域时空的差异在不同地域出现的不同学术范型，缺乏应有的认识。最终，由于剔除了清代理学及对各地域学术范型差异缺乏考虑，章太炎所建构的清学史不是全体清代学派之历史，而只是考据学发展的历史，虽然其中也有其他学派之学者，但都是被否定的，都是凝固的，他们在章太炎建构的清学史中是没有历史的。所以，在明清之际的儒学变革运动中，面对着同样残破的境遇及民族压迫，为什么江南儒学、华北儒学、关中儒学却呈现出不同的发展路径，以致清帝国版图内出现了不同的学术景象？④这无疑是章太炎建构的清学史文本无法回答的。⑤

---

① 萧一山：《清代通史》，北京：中华书局，1983 年，第 996 页。
② 《穆宗实录（一）》卷 52，见《清实录》第 45 册，北京：中华书局，1987 年，第 1423 页。
③ 刘师培：《清儒得失论》，见刘师培著，李妙根编：《刘师培辛亥前文选》，上海：中西书局，2012 年，第 148 页。
④ 在整个清代，儒学在不同地域呈现出不同的学术形态。就江南来说，考据学派与桐城古文派异军突起；而在北方由于以孙奇逢为开山的夏峰北学的典范作用及西北关中以"关中三李"为代表的关学的复兴，与江南学术就呈现出鼎足而立的学术景象。
⑤ 不光整个清学各派呈现出明显的差异，就是清代理学各派也呈现出不小的差异。按地域来说，清代理学至少可以分为三派：夏峰北学、清代关学、桐城派。一般来说，夏峰北学与清代关学应该是"理学家之理学"，而桐城派是"文士之理学"。从功力和承继来说，夏峰北学和清代关学为上，桐城派虽然也尊崇程朱，但由于致力于文学而理学功底不免有所欠

再看梁启超、胡适所建构的"理学反动说"。作为近代以来影响最大的清学史范式，"理学反动说"的局限在于：第一，径直把清学浓缩为清代考据学，以对清代考据学之判断代替对整体清学之判断及由此导致的绝对化；第二，研究方法上过多错位的比附，特别是胡适对考据学与科学的比附，陷入西欧中心论的窠臼。

一般来说，任何整体结论的得出必须建立在对整体事实综合考察的基础之上。但综观 20 世纪清学史研究，往往宏大的结论就是建立在几个简单事实的考察之上。"理学反动说"更是如此。梁启超认为"清学之出发点，在对于宋明理学一大反动"，具体来说就是晚明时代，阳明学"极盛而敝之后，学者习于'束书不观，游谈无根'，理学家不复能系社会之信仰"①。晚明情况果真如此？恐不尽然。

首先，说晚明时代阳明学盛极而衰就是不准确的。在江浙地区，由于王阳明死后门户分裂，整体实力确实有所弱化，但这也仅仅是在江浙地区，而此时其他地区就不是如此，如华北和西北关中地区。也正是阳明学向这些地区的扩散，在明清之际出现了像鹿伯顺、孙奇逢、李颙等北方王学重镇。特别是孙奇逢和李颙，正是在王学基础上，重建北学和关学体系而成为清代北方学术的两大宗。所以，笼统说阳明学在晚明就盛极而衰，恐不准确。

其次，说阳明学导致晚明学者们"无事袖手谈心性，临危一死报君王"更是严重误读。明朝灭亡是各种矛盾综合爆发之结果，虽与士人有关，但也不能全部推到他们头上。大厦将倾，一木安能持之？如果全部

（接上页）缺。对于清代理学的这种区别，章太炎最早注意到，也正是如此，他对于清代理学的批判采用了两种方法：对于功力更为深厚的夏峰北学与清代关学的领军孙奇逢、李颙，章太炎避而不谈或者很少论及（章太炎对孙奇逢的批评："盖中国学说，其病多在汗漫。春秋以上，学说未兴，汉武以后，定一尊于孔子，虽欲放言高论，犹必以无碍孔氏为宗。强相援引，妄为皮傅，愈调和者愈失其本真，愈附会者愈违其解故。……孙奇逢辈遂以调和朱、陆为能，此皆汗漫之失也。"参见《诸子学略说》），对于其主要成员汤斌、魏裔介、魏象枢等，章太炎从"排满革命"的角度批判他们投靠清朝而为之服务（参见章太炎《许二魏汤李别录》），对于理学底蕴较浅且与考据学派势如水火的桐城派，章太炎则更多直接批评他们为"文士"，功底浅薄根本不足与考据学派对抗（章太炎批评桐城派的文字比比皆是，可以参见《检论·清儒》）。所以，笔者认为，后人"汉宋之争"视野内的"宋学"，不能代表清代理学全部，而仅仅是清代"文士之理学"，主要是桐城派。

① 梁启超：《清代学术概论》，上海：上海古籍出版社，1998 年，第 4—5 页。

是士人的错误，那么宋、元、清等各朝，士人没有"无事袖手谈心性"还是照样灭亡，又如何解释？况且，这样评论晚明学者更是以偏概全。像晚明流行于河南河北以李三才、赵南星、孙承宗、鹿善继、范景文及孙奇逢为代表的"燕南王学"集团就力避空谈心性而主张躬行实践①，但还不是被清军首先攻破？

再者，说晚明理学家不复能系社会之信仰，更是不知从何说起。晚明理学家对当时的社会道德的维系是有目共睹的，比如孙奇逢和李颙，他们之所以成为清代北学和关学的开山，关键并不在于学问如何玄妙高深，而在他们高尚的情操和巨大的人格力量。《清史稿》本传说他们凡是"有问学者，随其高下浅深，必开以性之所近，使自力于庸行。上自公卿大夫，下及野人、牧竖、武夫、悍卒，壹以诚意接之"。甚至那些远在千里，跨州隔省的人，风闻其义，偶一相接，也会身受感召深服其学。难道这样还不能系社会之信仰？

所以，梁启超所谓的晚明理学的腐败情况更多只是存在于江南地区，就是在江南地区，也只是像王艮、王畿、李贽这样的左派王学，但他们当时就被社会视为反面，且旋生旋灭，实力有限，以他们的表现来概括整个晚明时代，无疑是"只见树木不见森林"。

同时，说清学是因为反理学而来由此把清学等同于考据学也是不准确的。完整意义上的清学是一个集考据学、理学、西学于一体的综合性体系，它不可能都是因为反对理学而产生的，如果都是反理学而来，那怎么在整个清代，理学还是弥漫于整个社会？实际上，由于各地域时空的差异，各种学术在各地域的力量也甚为不同，如流行于清代北方的夏峰北学，它们不但不反对理学，反而在宗师孙奇逢的引导下以回归、重释孔孟经典来会通理学各派。

正是由于梁启超、胡适所建构的"理学反动说"之局限，很多时候就难以自圆其说②。但他们毕竟是近代的知识人，在进退维谷之际，他们

① 关于鹿善继与燕南王学，参见黄宣民、陈寒鸣主编：《中国儒学发展史》下，北京：中国文史出版社，2009年，第1168—1720页；关于此儒生集团在晚明社会中扮演的重要角色，本书第一章第四节"晚明北直隶儒生集团生存环境与'慷慨悲歌'学风的塑造"有相关描述。
② 关于对梁启超的诘难，见蒋方震：《清代学术概论序》，见《清代学术概论》，第109—110页。

更自觉不自觉地热衷于利用西方的知识资源以摆脱困境。在此，较之于梁启超，胡适走得更远。他颇为自负地认为他是第一个发现了乾嘉学者用于校勘和整理古籍的技巧与西方科学方法相通，即所谓"中国旧有的学术，只有清代的朴学确有科学的精神"，"顾炎武、阎若璩的方法，同葛利略（Galileo）、牛敦（Newton）的方法，是一样的：他们都能把他们的学说建筑在证据之上。戴震、钱大昕的方法，同达尔文（Darwin）、柏司德（Pasteur）的方法，也是一样的"。[1]但问题也就是在他称颂清代考据学者的多篇文章中，把考据的方法与"科学的方法"画等号，"一时间'拿证据来'的口号满天飞，'科学方法'一转而为'考据学'，再转而为'清儒家法'"[2]。不但清学成为"科学方法的试验场"，连"墨子也成科学大家，孟子也会讲民权主义，中国思想史简直要成为不可解的神迹了"[3]。这难道不是一味地比附造成的？

二、从"每转益进说"、"内在理路说" 到"早期启蒙说"

在1930年代之前的近代清学史研究范式中，无论是"反满说"，还是"理学反动说"，都漠视清学中理学的作用。随着钱穆"每转益进说"的出现，这种情况虽有所改变，但问题是"每转益进说"本身也存在不少局限。概言之，就是对以汉宋之分梳理清学史的研究方法的局限缺乏清醒认识，而无条件地加以接受。

以汉宋之分梳理清学史的研究方法，最早始于江藩的《国朝汉学师承记》和《国朝宋学渊源记》，在近代以来的清学史研究中广泛运用。但问题是这种二分法本身就有颇多局限，例如在此二分基础上难以处理

---

① 同时，胡适又认为，对于"一班有志做学问的青年人"，"多学点自然科学的知识与技术，寻条路是活路。这条故纸的路是死路。三百年的第一流的聪明才智消磨在这故纸堆里，还没有什么好成绩。我们应该换条路走走了。等你们在科学实验室里有了好成绩，然后拿出你们的余力，回来整理我们的国故。那时候，一拳打倒顾亭林，两脚踢翻钱竹汀，有何难哉！"参见胡适：《治学的方法与材料》，《胡适全集》第3卷，合肥：安徽教育出版社，2003年，第143页。

② 陈平原：《中国现代学术之建立——以章太炎、胡适之为中心》，北京：北京大学出版社，1998年，第244页。

③ 嵇文甫：《嵇文甫文集》上，郑州：河南人民出版社，1985年，第215页。

顾炎武、黄宗羲，因此甫一提出就遭到龚自珍、焦循等人的批评。笔者以为，其局限的关键在于以汉宋之分梳理清学史的模式起源于江南考据学派与桐城派的纷争纠葛，是江南考据学派对当时江南学术界纷争的一种概括，它的使用范围有强烈的地域性。也就是说，江南以外的其他地域学派是游离于汉宋学模式之外的。对于这些非汉非宋的学派，此种范式就力不从心。

综观钱穆的清学史研究，他对这种局限无疑缺乏清醒认识，导致他对清学的整体估计严重不足。比如钱穆强调清代理学，夏峰北学及清代关学虽然一度进入他的视野①，但由于过度拘泥于汉宋之分而对清代北方学术的特殊性一笔带过，可就是这些特殊性，如果适当研究，"不仅可以给清初学术界补充许多资料，而且会根本影响若干观念，使整个清初学术史的面目焕然一新"②。

正是针对"每转益进说"的局限，余英时提出了"内在理路说"。余英时在重新梳理同属理学内部核心的"尊德性"与"道问学"两种学术取向后，确认清代学术是理学的一种发展，是由理学内部"尊德性"走向"道问学"。但问题是：第一，理学内部"道问学"与"尊德性"在更多时间是统一的而非对立的，更多时间理学家们治学是两者兼而有之，正所谓"尊德性不容不道问学，道问学乃所以尊德性"③。《中庸》难道不是还说"君子尊德性而道问学"么？第二，儒学毕竟不是自然科学，它的目的不仅是以单纯的求知来认识世界，而且是以内圣来成就"圣人之道"，以外王齐家、治国、平天下，所以在"尊德性"与"道问学"的问题上，清代学术是有所侧重而使两者处于不同层次上。一般而言，"尊德性"始终是终极性的，"道问学"只能成为"尊德性"的补充。前者是鹄的、宗旨，后者是趋向前者的手段、策略的汇集之一。对儒生来说，都是以"尊德性"统领"道问学"，以"道问学"充实"尊德性"，两相补充。他们之间只有在坚持"尊德性"总前提下"道问学"程度不同之差别，无所谓转向。换言之，具体的"道问学"可以不

---

① 见钱穆：《〈清儒学案〉序》，《中国学术思想史论丛》卷8，合肥：安徽教育出版社，2004年，第357—378页。
② 嵇文甫：《〈王山史年谱〉序》，《史学月刊》1980年第1期。
③ 李颙：《富平答问》，《二曲集》卷15，清康熙三十三年刻后印本，第87页。

同，但终极性的"尊德性"却是殊途同归，完全一致。所以把二者放在同一个层次而做前后相继的两段是不恰当的。第三，在孔门四科①中，不管是文、行、忠、信，或德行、言语、政事、文学，德行与文字只是其中两端，把儒学内部的变迁只归于这两部分而忽略另外两部分，显然不妥当；并且儒学的目标是成为"君子儒"而非"小人儒"，因而在孔门四科中，德行虽然只居其一，但对其他三科却是处于统领地位，把文字与德行并列显然不合适。第四，如果放宽视野，清代学术界至少可以分为夏峰北学、清代关学、考据学派、桐城派、经世学派等。就江南学界来看，考据学派与桐城派之争及不断合流具有更重大意义。所谓的"尊德性"与"道问学"连清代中期江南学界的争论都难以概括，更遑论代表清代中期思想界的普遍状况。因而以二者的思想交涉来梳理清代中期思想史的趋势，无疑过于单薄。况且，以"尊德性"走向"道问学"来解释清学，也是不符合历史事实的。比如清代理学，已经基本放弃了形而上的争论，如若在"尊德性"与"道问学"二者选择，清代理学更多热衷是"尊德性"而非"道问学"。②第五，余英时由于"清代儒学中的知识传统尚没有机会获得充量的发展，便因外在环境的遽变而中断了"和现代中国某些时段"政治挂帅"、"先红后专"使得知识"继续以'第二义以下的身份维持其存在'"③，注重挖掘清代儒学中的知识传统，以图"古为今用"。这种思路自有其意义所在，但问题是过多的现实考量过于拔高清代儒学，特别是清代考据学中知识传统的地位，实际上，儒学不是宗教、教条，在儒学发展中，都存在不同的"道问学"传统，有些时代的"道问学"倾向远远超过清代，特别是清代考据学，比如晚明甚至不少儒生在阳明学影响下接受近代西方科学知识而中西会通，难道他们不比考据学具有更多的现代性？难道不值得阐扬？

---

① 关于"孔门四科"内容，有两种说法：一是《论语·述而》载曰："子以四教：文、行、忠、信。"因此后世有人遂认为孔门四科指"文、行、忠、信"四个方面。二是更多的后世学者将德行、政事、文学、言语，视为"孔门四科"，其基本依据是《论语·先进》上记载："德行：颜渊、闵子骞、冉伯牛、仲弓；言语：宰我、子贡；政事：冉有、季路；文学：子游、子夏。"这就是说，孔门弟子根据其学业特长分为德行、言语、政事、文学四科。

② 龚书铎：《清代理学的特点》，《史学集刊》2005年第3期。

③ 余英时：《自序》，见《论戴震与章学诚——清代中期学术思想史研究》（增订本），北京：生活·读书·新知三联书店，2012年，第6、7页。

概言之，首先，钱穆、余英时二者的共同问题在于把清学史归结为汉、宋学的起伏或"尊德性"与"道问学"之争，对清学整体的复杂性估计严重失误，视野太窄；其次，虽涉及清学流变，但对其内在动力缺乏思考，虽言及"学术之事，每转而益进，图穷而必变"，但不知变化的动力何在。离开动力讨论内在理路，不免有点神秘主义色彩。

"早期启蒙说"是侯外庐在原题《中国近世思想学说史》一书中提出的。在侯外庐看来，"早期启蒙思想"才是清代学术发展的真正脉络。正是依照这种观念，他把清学史具体分为：17世纪的启蒙思想、18世纪的启蒙思想、18世纪末叶和19世纪初叶的启蒙思想。但问题是"早期启蒙说"也有自身的局限：研究方法上过多的比附、启蒙受众对象及启蒙内容的缺失，最关键的在于对启蒙运动与明清之际儒学革新运动的不同缺乏清醒认识。

第一，启蒙运动能够成为自身的关键在于什么？关键在于，在人的发现与自然的发现的新视野下，创造出了与欧洲中世纪一刀两断的新的话语体系，也就是卡尔·贝克尔所谓的"18世纪哲学家的天城"，而明清之际的儒学革新运动充其量也就是"旧瓶装新酒"，在传统儒学体系内的自我更新运动。他们的梦想也不过是恢复"三代之治"的黄金时代而已。"余常疑孟子一治一乱之言，何三代而下之有乱无治也？乃观胡翰所谓十二运者，起周敬王甲子以至于今，皆在一乱之运、向后二十年交入'大壮'，始得一治，则三代之盛犹未绝望也。"[1]这种运动在帝制中国时代不同阶段也曾发生，虽然规模、影响不一。如果明清之际的儒学革新运动算启蒙的话，那么前代的儒学革新运动又如何处理？同时，把"早期启蒙思想"确定为清代学术发展的真正脉络，那大批的"启蒙外"的清学体系又怎样处理？

第二，"早期启蒙说"在低估清代学术思想变革复杂性的同时，面临的一个最大问题就是启蒙受众对象和内容的缺失。我们知道，作为一场深刻的思想解放运动，西方的启蒙运动随后就导致了风起云涌的社会变革运动，无疑在此过程中，我们能够清晰地观察到西方启蒙思想影响

---

[1]　黄宗羲：《明夷待访录》，北京：中华书局，1981年，第1页。

社会各基层的宏阔深远。仅仅"狄德罗《百科全书》不仅最终成为 18 世纪最大的一单生意，而且，这单'生意'还将 18 世纪启蒙运动具体化。说得更直接，那个《百科全书》乘坐商务舱的过程不仅将启蒙运动物质化，而且，还不屈不挠地将启蒙运动的思想最大限度地传播给了大众"①。明清之际的儒学革新运动，如果也是启蒙或者早期启蒙的话，它到底启蒙了谁？不可能是明清之际的民众，因为之后紧接着是清代皇权专制主义的空前加强，难道是近代以来的革命志士？但常识告诉我们他们更多是受西学的影响。所以，就像一场连个观众都没有的戏，空空荡荡，你还能说它反过来启蒙了观众？匪夷所思！况且，从启蒙运动的内容来看，启蒙的内容是以人权为基础的民主自由等思想而已，这种思想更多是从近代西学来的，所以，启蒙本身是中国近代以来的事情。在前近代的中国，以人权为基础的民主自由等思想还没有来，不可能有启蒙，更不用说早期启蒙。

第三，就"早期启蒙说"所圈定的明清之际的部分思想来说，它们严格来说只是中国古代重民、反暴君思想在精英学术界的再次陈述而已。从其思想属性看，它们只反对暴君，却热衷于君主专制本身，要不它们怎么还热衷于讨论恢复宰相制、封建制？这在启蒙运动中根本不可想象，因此不具有近代色彩。同时，严格来说，重民、反暴君思想会在明清之际再度兴起，与明代皇权专制极度扩张情况下在思想层面上对儒家重民思想的压制②和制度设计层面上重用宦官导致的宦官厂卫集团③与士

---

① 关于百科全书流传研究，参见罗伯特·达恩顿：《启蒙运动的生意：〈百科全书〉出版史（1775—1800）》，北京：生活·读书·新知三联书店，2005 年。

② 综观明朝，虽然政府一方面对儒学不断提倡，但另一方面，儒学与皇权之间也是冲突不断以致皇权不断对儒学进行阉割，其中以洪武年间明太祖删《孟子》编订《孟子节文》，明成祖删订儒家著作编定《五经大全》、《四书大全》、《性理大全》三部大书，嘉靖时代的孔庙礼制改制为代表。

③ 在明代国家机器中，在士大夫主导的"外朝"之外，还设立了大量以宦官统领的国家机器，被称为厂卫集团。正是由于这种与"外朝"相独立的厂卫集团制度保障，有明一代，宦官的势力遍及帝国中枢和地方要塞，对明朝政治、经济、军事以及文化等各方面都产生了巨大的影响。黄宗羲《明夷待访录·奄宦上》认为："奄宦之祸，历汉、唐、宋而相寻无已，然未有若有明之为烈也。汉、唐、宋有干与朝政之奄宦，无奉行奄宦之朝政。今夫宰相六部，朝政所自出也；而本章之批答，先有口传，后有票拟；天下之财赋，先内库而后太仓；天下之刑狱，先东厂而后法司；其他无不皆然。则是宰相六部，为奄宦奉行之员而已。人主以天下为家，故以府库之有为己有，环卫之强为己强者，尚然末王之事。今也衣

大夫清流集团纷争不断有关。到晚明时代，一方面，清流集团与宦官的纷争进入白热化，在此过程中，清流集团的士人们为了抢夺话语权，一边通过君子、小人之辨①在舆论方面对宦官及追随者刻意丑化②，一边阐发张扬儒家思想中的重民思想以强化自身"四民之首"的担当地位，正是如此，晚明时代重民思想在知识界迅速流行；另一方面，由于皇权调控颓废③导致整个社会民不聊生的现实使得重民、反暴君思想不光在精英思想界再度兴起，就是在大众文化中也有广泛土壤，典型如《封神演义》，它不但反复阐明"君不正，臣投外国"的反暴君思想，甚至还有儒家的革命思想④。试想，如果精英界的这种思想算早期启蒙，那么大众文化中的这种思想归于何处？如果两者都属于早期启蒙，那这种启蒙还有什么意义？

　　总之，清学是所有清儒洞见的汇集，清学史则是清儒洞见与后来研究者洞见汇集的混合。但无论怎样混合，清儒洞见无疑是清学史之基础。试想如果没有所有清儒的思考，哪里会有清学？哪里会有清学史？但综观 20 世纪清学史研究范式，笔者以为其局限关键在于要么是企图在揭露部分清学事实基础上重建完整清学图像，要么是在过分漠视各

（接上页）服、饮食、马匹、甲仗、礼乐、货贿、造作，无不取办于禁城数里之内；而外庭所设之衙门，所供之财赋，亦遂视之为非其有，哓哓而争。使人主之天下不过此禁城数里之内者，皆奄宦为之也。"宦官势力在军事方面的扩张，参见秦贤宝：《明代的内操》，《紫禁城》1991 年第 5 期；许冰彬：《试析明代宦官内操的兴衰及特点》，《故宫博物院院刊》2012 年第 1 期。

① 君子、小人之辨最典型体现在晚明的东林党与"阉党"的斗争中。关于东林党的思维模式，具体可参考葛荃：《"戒惧"心态与东林党人的政治悲剧析论》，《史学集刊》2003 年第 1 期；《晚明东林党人"生命意识"析论——关于士人精神的一种政治文化阐释》，《清华大学学报》（哲学社会科学版）2004 年第 4 期；《作为政治人格的狂狷、乡愿与伪君子——以晚明东林诸君见解为据》，《东岳论丛》2008 年第 6 期。

② 早在晚明时代，就出现了大量的作品来丑化宦官及阉党集团，以之作为晚明忠臣义士的陪衬，其中以魏忠贤最典型，仅以作为晚明市井文化代表的小说来说，《警世阴阳梦》、《魏忠贤小说斥奸书》、《皇明中兴圣烈传》、《梼杌闲评》、《鼓掌绝尘》，皆是如此。关于晚明时代对明代宦官及追随者形象刻画的研究，参见梅碧波：《论明末清初白话小说中的魏忠贤形象》，华中师范大学 2008 年硕士论文；李超：《明清之际魏忠贤题材小说戏剧研究》，吉林大学 2011 年硕士论文。

③ 笔者所谓的"皇权调控颓废"，是指古代中国以皇权专制主义为后盾的政府调控，由于腐败等原因，结果不但没有优化资源配置，反而导致整个社会衰败的普遍状态。

④ 李建武、尹桂香：《百年来〈封神演义〉研究评论》，《中南民族大学学报》（人文社会科学版）2007 年第 4 期。

派清儒的运思路径，总想以外在于清儒思考本身的理路的各种现代性话语（如科学方法、反智识主义等）来建构清学史，要么就是二者兼而有之。如此，安能深入走向清儒新旧杂糅的思想世界，安能建构出多层次多维度的清学史？20世纪清学史研究，虽然有以上各种各样的研究范式，甚至还出现了不少大大小小的争论，却没有一种是对完整意义上的清学规模的探讨，而更多是对清学部分体系（主要是考据学）的探讨。正是如此，使得清学史范式与宋明学术研究范式、近代学术史范式无法有效衔接：一方面，在现代建构的文本中，宋明时代如日中天的理学一进入清代就立刻偃旗息鼓，而清代的考据学派一进入近代则重蹈覆辙；另一方面，在现实中，不但理学在整个清代都作为意识形态，就是到现代还有新理学流派声动一时，考据学派也未曾中断，在现代也是名家辈出、代不乏人，在"文化大革命"后出现的"回到乾嘉去"的潮流最终汇成现今声势浩大"新国学运动"。① 之所以如此，是因为在清学史的研究中，自章太炎以来，虽然后继者梁启超、胡适、钱穆、侯外庐、余英时等与章氏思想、时代、趣味不同以致各种范式不断推展，但总体上来说都是在章太炎所开创的清学史视野中从正、反两面打转；虽然表面上后继者梁启超、胡适、钱穆、侯外庐、余英时诸人观点与章氏有所差异，但就章太炎清学史范式两大支撑点 —— 江南中心论与考据学中心论而言，后来者与其几无二致。大体上，章太炎所关注者，后来者也关注；章太炎所忽视的，亦然。（虽然钱穆与余英时也关注清代理学，但他们关注的也只是江南理学，特别是清初的江南理学，对于理学大本营的北方，他们何尝深入关注？）一定程度上，20世纪清学史研究就是对章氏清学史各种形式的"再包装"而已！② 正是如此，清

---

① 王学典：《近五十年的中国历史学》，《历史研究》2004年第1期。
② 关于章太炎对后世清史学家的影响，有些学者有过关注（比如章太炎对梁启超《清代学术概论》的影响，周予同、朱维铮师徒就有注意，具体参见朱维铮：《导读》，《清代学术概论》，第23—29页），但章太炎与后世清学史家在范式上的"家族相似"，很少学者注意到。其实，章太炎对20世纪清学史的影响，关键还不仅在于一些具体内容，更在于研究视野与范式方面。比如梁启超的"理学反动说"无疑就是章太炎《清儒》逻辑的自然推演，只不过梁启超在进化论之视野下对章太炎观点进行了"再包装"。分而言之，在《清儒》中，虽然章太炎标题显示其欲综论清代学术，但由于其学术渊源而导致的"江南中心论"与"考据学中心论"羁绊，在此篇中，所论的基本上是一部以江南为中心、以考据学

学本身的复杂性在 20 世纪被不断浓缩以至扭曲。其主要变现在两个方面：首先，在内容上，轻理学重考据学而根本忽视西学，由此清学被浓缩为考据学或其独霸之清代学术；其次，在视野上，重视江南地区，而对其他地区，特别是北方严重漠视。①

所以，要说明清学史的全貌及各派流变，20 世纪建构的清学史范式是无能为力的。它们掩盖的不比说明的少。比如在作为清学开端的清初"三大儒"问题上，清朝主流学界一般都认为是孙奇逢、黄宗羲、李颙，而近代以来，特别是 20 世纪，主流学界层累建构的结果却转换为顾炎武、黄宗羲，王夫之。其中，三人被建构的历史各不相同。就顾炎武来说，之所以被推为"清学第一人"最主要是因为江南考据学派的推崇。在清朝初年，顾炎武虽在知识界有重要影响，但当时主导者乃是孙奇逢、黄宗羲、李颙"三大儒"，其地位只能与归庄②并称"归奇顾怪"，随着考据学派在江南的兴起，顾炎武的地位不断被抬高，大约到嘉、道之间，随着《国史儒林传》的成书，在官方功令、政治忌讳和学术思想本身的综合作用中，顾炎武为清朝第一儒者的论断开始出现，但认同者

（接上页）派与桐城派之争为骨架的考据学派史。而后的梁启超如法炮制，所不同的只是在于把章太炎所论的考据学派与桐城派的争论由江南学术圈推之于整个清学，诠释为考据学派与清代理学的纷争。同时，在梁启超所接受的进化论视野中，既然考据学派是清学之主体，当然就是"先进"，而与之相对应的理学当然就不免"反动"。其实，综观清代理学，除了作为"文士之理学"的桐城派与考据学派争论，其他清代理学派哪有多少争论？本来在《清儒》篇中，章太炎特别指出桐城派的"文士"属性（"及江永、戴震起徽州，徽州于江南为高原，其民勤苦善治生，故求学深邃，言直核而无温藉，不便文士。震始入四库馆，诸儒皆震竦之，愿敛衽为弟子。天下视文士渐轻，文士与经儒始交恶。"），其意就在于指出考据学派与桐城派的争论是江南"经师（经儒）"与"文士"之争，但到《清代学术概论》中，梁启超就不管不顾地把其诠释为考据学派与清代理学的争论。之所以如此，笔者认为在于梁启超对章太炎的清学史"再包装"出现了纰漏，原因不外如梁启超在《清代学术概论》自我分析的那样：功力有限，而又无定见（"启超'学问欲'极炽，其所嗜之种类亦繁杂，每治一业，则沈溺焉，集中精力，尽抛其他；历若干时日，移于他业，则又抛其前所治者。以集中精力故，故常有所得；以移时而抛故，故人焉而不深"；"启超与康有为最相反之一点，有为太有成见，启超太无成见。其应事也有然，去治学也亦有然"）。

① 关于民国以来对清学的研究，参见黄克武：《清代考证学的渊源——民初以来研究成果之评介》，《近代中国史研究通讯》1991 年第 11 期，第 140—154 页。
② 归庄（1613—1673），明末清初书画家、文学家。昆山人。明代散文家归有光曾孙，书画篆刻家归昌世季子，明末诸生，与顾炎武相友善，顺治二年在昆山起兵抗清，事败亡命，善草书、画竹，文章胎息深厚，诗多奇气。有《玄弓》、《恒轩》，传世者有《归玄恭文钞》、《归玄恭遗著》。

非常有限。①到晚清民国之间，随着考据学派的空前壮大，《清代学术概论》一锤定音，顾炎武的地位成为共识。就黄宗羲来说，他自清初以来就享有盛名，但原因却不同：在清代，他是遗老，是蕺山学派、浙东史学的传人；近代以来则与浙东史学、江南考据学派及排满革命时的推崇密切相关；特别是在排满革命时，因为《明夷待访录》，他一度被誉为"中国之卢梭"②。而王夫之则完全是湖南士人的崛起后重塑地域"文化偶像"的产物③，也最富有戏剧性。作为晚清以前几无影响的隐居型学者而被塑造为"明清之际三大家"和"中国封建社会哲学的最高峰"，王夫之偶像化的过程可谓是一波三折。岳麓书社主持新版《船山全书》编辑者就曾言：

> 于后世对船山传述、咏叹、论议、研究之资料。此类最为繁赜。初视若皆零星分散，及依年代排比观之，则亦俨然一部船山思想传播史与研究史也，当与《传记》及《杂录之部甲》参合观览。若就本编大略言之，则乾、嘉为一期，其代表则章学诚、周中孚；道、咸为一期，其代表则邓显鹤、邹汉勋；同治至光绪中叶为一期，其代表则曾国藩、郭嵩焘；戊戌变法前后为一期，其代表则谭嗣同、梁启超；辛亥革命前后为一期，其代表则章炳麟、杨昌济；民国为一期，其代表则熊十力、嵇文甫；至于中华人民共和国成立以后，作者之立场观点方法，迥异畴昔，船山研究乃别开生面而登一全新境界。④

之所以从晚清开始把顾、黄、王三人并提，更多是因为晚清民国时

---

① 参见王汎森：《清代儒者的全神堂——〈国史儒林传〉与道光年间顾祠祭的成立》，《"中央研究院"历史语言研究所集刊》第79册1分，2008年3月，第63—93页。
② 朱维铮：《在晚清思想界的黄宗羲》，见《走出中世纪二集》，上海：复旦大学出版社，2008年，第80—88页。
③ 关于王夫之偶像化的过程，可参见张辉：《现代中国的王夫之——被追认的大儒》，见陈平原：《现代中国》第三辑，武汉：湖北教育出版社，2003年，第231—242页；户华为：《船山崇祀与近代湖湘地方文化建构》，《湖南大学学报》（社会科学版）2003年第6期等。
④ 王夫之著，船山全书编辑委员会编校：《船山全书》第16册，长沙：岳麓书社，1996年，第977页。

代江南与湖湘士人团体争取话语权、重构地域文化新体系的结果。正是如此，不管是江南，还是湖湘思想界都需要把各自地域、学派的名儒"偶像化"，如此不但使"偶像学者"本身的思想内涵得以光大，更可以作为地方新文化建构的有利资源，逐渐融入地域文化精神中，成为区域文化的一部分从而极大地促成本地域文化在近代的辉煌和成功。就顾、黄、王三人来说，偶像化过程经历了三个历史进程：第一波是在嘉道时代江南考据学派儒生的偶像化，结果是顾、黄并提①；第二波是晚清民国之际章太炎、梁启超、胡适、钱穆等近代学术建立者对之的偶像化；第三波则是 1949 年以后，以侯外庐、翦伯赞等马克思主义史学家对之的偶像化运动。在这些过程中，地域意识、政治格局、文化观念等因素相互作用。

　　根据笔者所见，顾、黄、王三者的"偶像化"经历了由分到合的过程。刚开始是江南和湖湘分别进行的，最早把三人并提的是提请三人从祀孔庙

① 嘉道时代考据学派在建构以考据学为中心的清学史文本时，之所以以顾炎武、黄宗羲为开端，很大程度上是因为考据学派产生与完整意义上清学产生的时间差所致。从常识来看，清代入关伊始，清代学术就应该开始，即完整意义上的清代学术早在晚明之际就开始孕育，但问题是清代考据学派所认同的惠栋、阎若璩、胡渭等标准考据"偶像"却出现在康雍之际，此时清代统治全国已经几十年。正是这种时间差使得如果仅仅以惠栋、阎若璩等考据学诸子为清学开端就无法与明代学术衔接，使得建构清学史几乎成为不可能，所以只能延伸到清明之际为学趋向上与考据学派一致的晚明遗老。而在所有晚明遗老中，孙奇逢、李颙为清代理学大家，考据学人不可能认同而只能归之于与他们"对立"的"宋学"。在当时，毛奇龄的考据学也很有特色，但由于与阎若璩进行过激烈辩论、阳明学意味太浓且名声不好（见全祖望《萧山毛检讨别传》对毛奇龄道德文章的批评。《四库全书总目提要》也有好几处批评毛奇龄"好为驳辨以求胜，凡他人所已言者，必力反其辞"；"好立异议，而颠舛乖谬"），所以虽然阮元把毛奇龄尊为"真正的汉学开山"（见阮元《毛西河检讨全集后序》），但在考据学派中却没有被接受，最后只能不得己求其次，拉来顾、黄作为开山。这种以考据学为根基构建清学史的方法肇始于江藩。江藩作《国朝汉学师承记》来建构考据学派的谱系时，就碰此问题，他采用的方法就是在正文中以阎若璩、惠栋、胡渭等考据学诸子开端，而把顾、黄二人放在最后，之所以如此，就在于他浓厚的门户之见和有学者对他不注重清学术对接问题提出的批评。"记成之后，客有问于予曰'有明一代，囿于性理，汩于制艺，无一人知读古经注疏者，自梨洲起振其颓波，亭林继之，于是承学之士知习古经义矣。所以阎百诗、胡朏明诸君子推揖南雷昆山，今子之不为之撰，岂非数典而忘其祖欤。'"（江藩：《国朝汉学师承记附国朝宋学渊源记》，北京：中华书局，1983 年，第 132—133 页）最终，江藩为了他所建构的清代考据学派谱系与明代衔接，也只能录入顾、黄。只是为了面子问题，趁机以之为由头，批评顾、黄与阎若璩、惠栋、胡渭等考据学诸子相比晚明理学习气浓厚，虽然列入也只能叨陪末座。

的晚清江浙与湖湘儒生们①，之所以必须把三者并提，一方面，是因为像孙奇逢、汤斌、王建常等北方学派的"偶像"已经从祀孔庙②，另一方面，也在于仅仅单个报请顾、黄、王三者任何一人都难以通过，不得已只好把三人捆绑。正是由于这种策略上的成功③，在江浙和湖湘儒生们的联合声援下，三人才得以顺利从祀④，但也正是如此，三者的排序由先前联合奏请的王、黄、顾由官方一锤定音更改为顾、黄、王。对此，《清史稿》记录：

> 御史赵启霖请以王夫之、黄宗羲、顾炎武从祀。下部议。先是署礼部侍郎郭嵩焘、湖北学政孔祥霖请夫之从祀，江西学政陈宝琛请宗羲、炎武从祀，并被驳。至是部议谓："三人生当明季，毅然以穷经为天下倡，德性问学，尊道并行，第夫之《黄书》、《原极》诸篇，托旨《春秋》。宗羲《明夷待访录》、《原君》、《原臣》诸

---

① 关于从祀孔庙在皇权中国社会的重要意义，参见黄进兴：《优入圣域：权力、信仰与正当性》，西安：陕西师范大学出版社，1998 年；关于本地域儒生从祀对地域学术话语权建设的重要意义，个案参见户华为：《船山崇祀与近代湖湘地方文化建构》，《湖南大学学报》（社会科学版）2003 年第 6 期。

② 在有清一朝就从祀孔庙的清儒有：陆陇其（1724）、汤斌（1823）、孙奇逢（1828）、张履祥（1871）、陆世仪（1875）、王建常（1875）、张伯行（1875）、顾炎武（1908）、黄宗羲（1908）、王夫之（1908）。

③ 比如王夫之之所以从祀孔庙，很大程度上是近代从曾国藩开始的湖湘知识人运作的结果。在此过程中，策略正确与否扮演了十分重要的作用。刚开始，由于王夫之名声不显，所以以曾国藩、欧阳兆熊为代表的湖湘知识人就有意在策略上采取在奏请其他学者（主要是顾炎武）从祀中"搭顺风车"的方法，随后，郭嵩焘、孔祥霖单独奏请王夫之从祀无果后，湖湘学者开始以出版《船山遗书》、造名声、不断寻求新定位等方式扩大王夫之声誉，直到 1908 年湖南人长沙人赵启霖把王、黄、顾三人一起上奏才最终获得通过。（参见段志强：《顾炎武、黄宗羲、王夫之从祀孔庙始末新考》，《史学月刊》2010 年第 3 期）不难看出，如果没有晚清湖湘儒生们正确的策略，王夫之从祀必将流产。

④ 明清时代，从祀孔庙不但是学术事件，在很大程度上已经成为政治事件，如果想顺利获得通过，适当的策略不可避免。比如晚明王阳明之所以能够在激烈的争论最终从祀孔庙，很大程度上就依靠王阳明后学适宜的策略（关于王阳明从祀中的纠葛，参见朱鸿林：《王文成公全书刊行与王阳明从祀争议的意义》，见《中国近世儒学实质的思辨与习学》，北京：北京大学出版社，2005 年，第 312—333 页）；而到晚清，顾、黄、王从祀也单纯从学术事件转变为政治文化事件，它涉及晚清南北学术官僚与清流之争、江浙与湖湘士人建构地域学术偶像以重振地域学术的冲动、晚清政府与革命党之间争夺话语权等多方面的纠葛，也正是在此纠葛中，使得顾、黄、王从提议到最终从祀历时五十年之久，直到清朝灭亡前四年，由于时势所激最终由张之洞默许从祀。关于此，参见孙明：《论光绪年间南北清流之地域学术渊源 —— 以光绪十一、十二年黄宗羲、顾炎武从祀文庙之争为中心》，《明清论丛》第 5 辑，北京：紫禁城出版社，2004 年。

篇，取义《孟子》，似近偏激。惟炎武醇乎其醇，应允炎武从祀，
夫之、宗羲候裁定。"帝命并祀之。[1]

　　当然，20世纪清学史主流文本的确立也是近代中国地域知识人群
体演变的结果。与近代社会变迁的发展相同步，近代中国内各地域的地
缘力量发生重大变革。就知识人团体来说，从乾嘉时期始，两湖、广东
地域知识人的崛起，到近代以来，由于得风气之先，这种崛起态势更加
明显，形成了以江浙地区为中心和以广州—长沙—武汉为一线的两大
"人才带"[2]，这两大人才带在主导近代以来中国发展的同时，也以浓厚的
地域意识[3]对中国历史进行了重构，反映在历史书写中，虽然较之于现代

---

① 赵尔巽：《清史稿》卷84《礼志三》，北京：中华书局，1977年，第2538—2539页。
② 关于此两大知识人团体，参见沈登苗：《明清全国进士与人才的时空分布及相互关系》，《中国文化研究》1999年冬之卷（总第26期），第9—66页；《南宋已形成苏—杭人才轴线了吗？——也谈苏—杭人才轴线的形成及影响》，《浙江社会科学》2004年第5期；《教育的深远影响——关于清代全国科举发达县与当代经济发达地区的分布基本一致的分析》，《社会科学论坛》2004年第8期。
③ 地域意识，作为古代中国人联合的一种主要方式，到近代，更加广泛地参与了中国人关系的再生产，以致很多的斗争中都能不同程度上看到地域意识的影子。在政治方面，关于地域意识对近代中国各派的影响，北洋军阀方面自不待言，就革命派来说，也扮演重要角色。比如自同盟会开始，内部在联合斗争的过程中，虽然消除了不少地域界限，但在一部分人（包括某些重要骨干）头脑中仍然残留着地域宗派意识。同盟会内部的争执、同盟会和光复会的长期纠纷、在武昌起义前很多并非出于原则性的政治分歧，就是地域宗派意识在作怪。例如，孙中山与黄兴为旗帜样式发生争执，这本来是革命政党内部常有的情况，可是竟使宋教仁等产生了离心倾向，显然是华兴会作为"湖南团体"的地域宗派意识的潜在作用。章太炎与同盟会分裂以后，向陶成章大讲"粤人好利而无兵略，湘中朴气衰矣"，要陶成章"以光复会号召"，"自靖自献"，这就更为明显地流露出以江浙人为中心的地域观念。（见章开沅：《论同盟会的性质及内部分歧》，《历史研究》1978年第11期）到孙中山死后，"中国国民党围绕领导权的继承问题，引发无数次导致这一现象的因素很多，其中地域观念在国民党派系冲突中扮演着重要角色"（金以林：《地域观念与派系冲突——以二三十年代国民党粤籍领袖为中心的考察》，《历史研究》2005年第3期）。在学术思想方面，比如章太炎与康有为的争论愈演愈烈，既有革命与保皇、今文经与古文经之间的争论，也有江浙学术与和广东争论的意味（戊戌前康有为的今文经学大行其道，就有浙江人视康有为之说为"南海伪学"，呼吁"昌浙学之宗派，绝粤党之流行"。参见陈汉第：《来函之七》，见《汪康年师友书札（二）》，上海：上海古籍出版社，1986年，第2045页）；1920年代鲁迅与陈源之间的争论，既有个人意见的因素，但更多在于当时北大教授内国文系浙江籍的太炎门生和胡适等留美教授之间学术品格差异。（颜浩：《某籍某系和"东吉祥诸君子"——1920年代中后期北大的两个教授集团》，见陈平原、王德威编：《北京：都市想像与文化记忆》，北京：北京大学出版社，2005年，第285—305页）关于地缘与学派之间的关系，可参见桑兵：《近代中国学术的地缘与流派》，《历史研究》1999年第3期。

国史叙述模式、汉族种族史叙述模式，现代地方史志叙述模式地位较低，但它所体现的地域意识却深深隐藏在近代中国所有历史书写的背后①。正是这种历史与现实因素综合作用的结果，使得这种 20 世纪清学史的构建主流文本②成为必然。但问题是这样的清学史能够在多大程度上反映出清学各派流变的历史？

三、突破与重建

总的来看，为克服 20 世纪清学史范式之局限，笔者认为需要从以下三方面努力：首先，在视野方面，要打破清学等于考据学的视野，重估清学各派总体规模、流变，深入探讨清学变化动力，从而对清学整体规模及流变有一个总体把握③；其次，在话语建构方面，重构清学史话语体系，关键在于对乾嘉学派、汉学、宋学等基本话语的解构；最后，在方法论上，反考据学中心论、反西欧中心论、反中西比附，从而重建清学史。

首先看第一点。经济结构的差异、皇权专制主义意识形态渗透程度的差异，地域民众结构素质的差异，再加上思想体系本身在建构形形色色之道统的差异，一言以蔽之，由于不同地域差异的深刻铸就，清学形

---

① 在晚清民国之际的历史书写中，地方史的勃兴是一个重要方面，具体参见姜萌：《族权意识与历史书写 —— 中国现代历史叙述模式的形成及初步实践》，山东大学博士学位论文，2011 年。

② 当时对清学史有几种建构模式，典型的如徐世昌的《清儒学案》、黄嗣东的《道学渊源录·清代篇》等，关于清学史开端的也有四大儒、五大师之说，就是在 1920 年代，钟泰编写的《中国哲学史》，清代开端还以孙奇逢而不是顾、黄、王为开端。钟泰：《中国哲学史（二）》，沈阳：辽宁教育出版社，1998 年，第 301 页。

③ 需要指出的是，无论中西古今，知识人的组合方式多种多样。因此，根据知识人组合方式的多样性，对清学史的总体把握的方式可以多种多样。但在本书中，由于落脚点是夏峰北学，所以，对清学史的总体把握更多体现为对清学各地域学派活动及流变的总体考察。在此，有两点需要说明：第一，本书之所以着力于从地域学术层面进行总体把握，并非作者漠视、反对其他方式，只是落脚点限制使然；第二，本书的这种把握方式也是符合历史实际的。因为地域观念作为人们一种重要的认同，在人类社会发展史，特别是前现代历史中起着相当重要的作用。在帝制中国，由于人们生活半径的极端有限性，地域生活与家庭生活一起构成了知识人生活的第一个"生活世界"，并奠定人们思维方式和认知世界的基础，绝大多数知识人的知识结构，特别是在思维模式基本定型的青年时代，基本上是通过本地域内知识人之间的相互切磋而确定。

成了不同类型的学术体系。从地域学派的观点来说，有以关中为基地的关学，有流行于河南河北的北学，有江南考据学及桐城古文派等；从学术趋向上讲，有理学、考据学等，如果更加细化，清代理学又可分为坚守程朱的理学派、坚守陆王的心学派及在兼容并包基础上调和二者的会通派。之所以如此，就在于帝制中国的深刻复杂性。就清学来说，这种复杂性一旦在社会危机加剧之时就会强力显示。比如嘉道之际，面临日益严重的社会危机，除今文经学外，其他学术流派，包括考据学、浙东史学、桐城派古文学、程朱理学、陆王心学，以及诸子学，甚至佛学与道教都不断勃兴。①

另外，在清学史中，除差异性构成的不同外，在像关学、北学这样的地域学派内部，由于形形色色力量所形成之合力在长时间内恰好处于一个平衡点上，从而在思想学术与地域传统之间保持着相当惊人的认同。比如夏峰北学，虽然经过多层次多方位流变，但内部相互争论还是很有限度的，而在中州夏峰北学内部，这种认同性更是惊人，它不但通过各种网络保持本派生机勃勃，而且成功了抵御了其他学派的渗透，成为清代河南学术之主导。

所以，根本不存在铁板一块的清学，完整的清学根本不可能是考据学或其独霸，而是理学、考据学、西学等的杂糅融合。正因为理学、考据学各有各的局限，所以，清儒更多的是主其一端，理学、考据学、辞章、经世等多种儒学知识资源并用。

在对完整的清学规模认知基础上，对清学各个时期流变的深入探讨也成为可能。而要弄清清学在各个时期的流变，笔者认为关键在于在清学史叙述中对"考据学中心论"的清算。可以说，近代以来的清学史叙述基本上就是"以惠（栋）、戴（震）为'清学/清儒'中心的做法，而将'清代学术史'的史述主线形成了惠戴之学或吴皖二派为其高峰的学术史观，并且自此以降形塑了后代学人对清学的认知"②。换句话说，近代以来的清学史叙述是以考据学为中心、围绕考据与反考据（即汉宋

① 李细珠：《试论嘉道以来经世思潮勃兴的传统思想资源》，《广东社会科学》2005 年第 3 期。
② 李纪祥：《清代学术之"开端"》，台湾《汉学研究》2009 年第 3 期。

之争）为叙事视野建构起来的，在此基础上，它把整个清学史切割为三个论述的组合：（1）清代考据学是怎么来的；（2）在清代中期，也就是考据学在江南进入全盛的乾嘉时代，考据学派是怎样展开的；（3）走过全盛后，进入近代，考据学是怎样实现现代性转换而成为现代中国学术一部分的。也就是在这个叙述中，那些非考据学的学术思想被极度过滤，完整的清学各派流变无法得以重建。要完成这种重建，近代以来以"考据学中心论"建构的清学史叙述就必须被清算。

除了要重估清学各派总体规模、清算"考据学中心论"外，也必须深入探究清学变化动力，只有如此，才能对清学整体规模及流变有一个总体把握。

综观清学变化的动力，无疑是多元的，但主导却是唯一的。经学的本质在于"以经术润饰吏事"[①]，清学作为经学一代之发展形态，其主导力量就在于皇权意识形态下权力的参与。自秦汉以来，由于皇权主义的不断完善，思想学术都是在皇权建构的体制内被建构的[②]。概言之，就是专制皇权透过各种制度建构，来操纵儒生集团，而儒生集团的群体属性又使得他们倾向于借重皇权，正是如此，出现了两者一拍即合的天作之合。帝制时代的中国皆是如此，更不用说"君道合一"的清代[③]，无论是在朝还是在野，各个学派时刻都面临着意识形态建构的巨大压力。一般的学派或者学者要么入其彀中，要么被其剔除，就是规模相当庞大的地域学派也在其笼罩之下分流。如在清初分别流行于江浙地区、以刘宗周为宗师的蕺山南学与流行于北方、以孙奇逢为宗师的夏峰北学，这两大学派在清代学术史上都是举足轻重的。但在清初皇权意识形态建构的巨大压力下，蕺山南学分化为黄宗羲派、狂禅派、修正派、由王反朱派、根本反对派等五派。[④]夏峰北学，虽然在顺康之际的北方独大，并且在朝有魏裔介、魏象枢、曹本荣等高官支持者，在野则有大批儒生为后盾，

① 班固：《汉书》卷 89《循吏传》，北京：中华书局，1962 年，第 3623 页。
② 参见雷戈：《道术为天子合——后战国思想史论》，保定：河北大学出版社，2008 年。
③ 黄进兴：《清初政权意识形态之探究：政治化的道统观》，见《优入圣域：权力、信仰与正当性》，第 99—141 页。
④ 王汎森：《清初思想趋向与〈刘子节要〉——兼论清初蕺山学派的分裂》，见《晚明清初思想十论》，上海：复旦大学出版社，2008 年，第 249—289 页。

且以书院为阵地建立起了一呼百应的网络，但即使如此，该派干将崔蔚林还是因为与康熙帝辩论而被贬斥为"直省极恶之人"丢职罢官①，就是与清廷时刻保持一致、被誉为"理学名臣"的汤斌最终也被康熙贬斥"当其任巡抚时，未尝能行一事，止奏毁五圣祠乃彼风采耳，此外竟不能践其书中之言也"②，甚至孙奇逢于81岁之际也不免遭受文字狱迫害，差点被押进京入狱。也就是在这种压力中，夏峰北学不断分流。③所以，就是在清朝统治不稳危机四伏的顺康之际，统治者对学界的态度根本不可能是如《清史稿·儒林传》所描绘的"顺、康间，海内大师宿儒，以名节相高。或廷臣交章论荐，疆吏备礼敦促，坚卧不起。如孙奇逢、李颙、黄宗羲辈，天子知不可致，为叹息不置，仅命督、抚抄录著书送京师"那样温情脉脉。试想，统治稳固的清代中期，皇权意识形态建构对各派形成的压力与控制将达到何等程度！权力形塑思想，绝对的权力更是宰制思想！所以，正是这种压力使得清代始终无法形成统一的经学体系④，这其中除学术本身的因素外，根本原因却是清代皇权专制主义的多层次运作⑤使得各学派分流不断加剧。而对此讨论的缺失，则无疑会导致清学流变的不可理解并导致神秘化，最终，清学的变化就像变戏法，这正是"每转益进说"及"内在理路说"的局限之处。

再看第二点。在很大程度上，话语的局限就是思考的局限，在清学史中亦是如此。清学史中长期流行的一些话语已经成为我们思考的盲

---

① 关于此争论，见中国第一历史档案馆编：《康熙起居注》，十八年十月十六日、二十六日，二十一年六月二日，二十三年二月三日，北京：中华书局，1984年。

② 《圣祖实录》，见《清实录》第3册，北京：中华书局，1985年，第1997页。

③ 王坚、雷戈：《论夏峰北学》，《辽宁大学学报》（哲学社会科学版）2009年第3、4期。

④ 朱维铮：《中国经学的近代历程》，见《中国经学史十讲》，上海：复旦大学出版社，2002年，第54页。

⑤ 清帝国与明帝国的不同之处：其一在于其是少数民族建立的政权，其二在于清帝国疆域更为辽阔，统治民族更为复杂。正是这两个因素的结合，使得清帝国的运作呈现出多层次性，比如统治汉族方式与统治东北、统治西北、统治青藏的方式就不相同；同时清代皇帝作为东亚封贡体系的盟主（也即"天朝上国"），他对其藩属朝鲜、越南等王国政权的方式运作也颇为不同。这一切的最终结果就是清帝国需要而且必须呈现出多层次、有差序的运作方式。关于此种运作方式，何伟亚有所关注，见何伟亚：《怀柔远人：马嘎尔尼使华的中英礼仪冲突》，北京：社会科学文献出版社，2002年，第31—57页。

点，比如"乾嘉学派"、"汉学"、"宋学"。也正是这些盲点的存在，导致误判不时发生。

正如上面所论，近代以来的清学史是以考据学为中心展开叙述的，也就是在这种叙述中，因为清代考据学盛行于乾隆、嘉庆两朝，所以又被冠以"乾嘉学派"。但常识告诉我们，综观中国学术史，任何一个时代，根本不可能在某时代只存在一个学派。考据学在清乾嘉时代最为兴盛，但问题是其他学派实力也并不逊色，它能在此时代学术界获得独占？难道此时代就只存在一个考据学派？恐怕事实远非如此。别的尚且勿论，就是在清代河南，学术的主导力量是夏峰北学，不仅是在乾嘉时代考据学对河南没有多大影响，就是整个清代，考据学对其的影响也微乎其微。所以，乾嘉时代不可能只有一个学派，把考据学派定位为"乾嘉学派"，无疑就屏蔽了此时代大大小小、甚至不少实力强劲的其他学派。

其实，不光乾嘉学派，以汉宋学二分来建构清学史也会引起我们的误判。原因不外有二：一是因为汉朝儒学与清代标榜的汉学不同，宋代儒学与清代理学也不相同，它们之间更多是貌合神离。刘师培说：

> 古无汉学之名，汉学之名始于近代。或以笃信好古，该汉学之范围。然治汉学者，未必尽用汉儒之说；即用汉儒之说，亦未必用以治汉儒所治之书。是则所谓汉学者，不过用汉儒训故以说经，及用汉儒注书之条例，以治群书耳。[①]

宋学之名也是如此。如果用此法解释清学史，其流弊也相当明显：

> 甘泉江藩作《汉学师承记》，又作《宋学渊源记》，以详近儒之学派。然近儒之学，或析同为异，或合异为同，江氏均为备言，则

---

① 刘师培：《近代汉学变迁论》，见《中国近三百年学术史论》，上海：上海古籍出版社，2006年，第165页。

以未明近儒学术统系也。①

二是清学中有很多非汉学非宋学的其他学术范型。"本朝别有绝特之士，涵咏白文，获于经，非汉非宋，以为其是。"②

最后看第三点。正是由于对清学总体规模探讨的缺失及以汉宋学之争为骨架来阐释清学，使得清学中有很多非汉学宋学的其他学术范型难以处理，所以，近代以来的清学史难免穿凿。所有穿凿一旦集中，就必然导致清学史研究中方法论运用的错位。概言之，就是力图用文艺复兴模式或启蒙运动来建构清学史。关于启蒙运动模式之局限，前文已有详论，兹不赘述。此处重点讨论文艺复兴模式。

众所周知，文艺复兴，是要摆脱宗教"神本主义"的桎梏部分，回到以人为本的传统中去，它关注最多的是普通人的人性发展。对于清学史来说，它根本就不可能是文艺复兴。首先，从宏观来看，中世纪西方面临的是一家独大的天主教会和破碎的王权，帝制中国时代根本就不存在这种教权统治时代，而面临的是笼罩一切的皇权专制主义，何来与教会对抗的"文艺复兴"？其次，不管是面对一家独大的天主教会，还是笼罩一切的皇权专制主义，文艺复兴就必然意味着对压抑普通人性的传统的反对，不管是温和的还是激烈的，反观作为皇权专制制度捍卫者的清儒，哪里有这种状况？像布鲁诺被烧死在火刑柱上，伽利略因为支持太阳中心说而被终身监禁就不必说了，就是以温和方式反对的清儒又有几个？充其量也就是黄宗羲写了《明夷待访录》束之高阁，然后晚年称颂清朝"皇上仁风笃烈，救现在之兵灾，除当来之苦集，学士大夫皆以琴瑟起讲堂之上，此时之最难得者也"③，王夫之严守"华夷之辩"而老死江湖。所以，无论是文艺复兴，还是启蒙运动，显然都不是研究清学史适合的参照系，在比附参照的背后，无疑是西欧中心论的窠臼。

---

① 刘师培：《近儒学术统系论》，见《中国近三百年学术史论》，第 145 页。
② 龚自珍：《与江子屏笺》，见《龚自珍全集》，上海：上海古籍出版社，1999 年，第 347 页。
③ 黄宗羲：《与徐乾学书》，见《黄宗羲全集》第 11 册，杭州：浙江古籍出版社，1993 年，第 69 页。

第二节 20 世纪清代考据学研究范式的反思与重建

一、20 世纪清代考据学派成因探讨之脉络及问题

在 20 世纪清学史研究中，对清代考据学派成因的探讨始终是一个热门话题。据不完全统计，仅民初至 1993 年，有关清代考据学派的论文就在 2000 篇以上，其中有相当部分直接或间接涉及成因问题①。新时期以来，随着清史等一系列大型项目的推动，对此的探讨更呈激增之势。可以说，只要对清学史稍有涉及者，无不对其成因有所意见。在其中，海峡两岸学者如林庆彰、陈祖武、王俊义、赵永春、许道勋、黄克武、蒋秋华、陈其泰、漆永祥、敖光旭、郭康松、鲍国顺、黄爱平、胡凡、丁旭辉、姜广辉等诸家意见可谓代表②。故本书综合各方，拟以上述诸家意见为线

① 见林庆彰主编：《乾嘉学术研究论著目录：1900—1993》，台北："中央研究院"中国文哲研究所筹备处，1995 年。

② 诸家有代表性的作品有：林庆彰：《明代考据学研究》，台湾东吴大学博士学位论文，1983年，第 583—584 页。陈祖武：《从清初的反理学思潮看乾嘉学派的形成》，《清史论丛》第 6 辑，北京：中华书局，1985 年，第 238—251 页；陈祖武、朱彤窗：《乾嘉学派研究》，石家庄：河北人民出版社，2005 年，第 1—257 页。 王俊义：《乾嘉学派的成因及评价》、《清代的乾嘉学派》、《关于乾嘉学派的成因及派别划分的商榷》和《乾嘉汉学论纲》，分别见《人民日报》1982 年 10 月 25 日、《文史知识》1983 年第 3 期、《中国社科院研究生院学报》1995 年第 3 期和《中国哲学》第 18 辑（长沙：岳麓书社，1998 年，第 347—369页）。 赵永春：《近十年来乾嘉学派讨论综述》，《中国史研究动态》1989 年第 8 期。 许道勋：《四十年来乾嘉学派研究述评》，见中国历史文献研究会编：《历史文献研究》（北京新一辑），北京：北京燕山出版社，1990 年，第 65—70 页。黄克武：《清代考证学的渊源——民初以来研究成果之评介》，《近代中国史研究通讯》1991 年第 11 期，第 141—154 页。蒋秋华：《乾嘉学术兴起原因之探讨》，见童小玲：《"清乾嘉学术研究之回顾"座谈会纪要》，《中国文史研究通讯》第 4 卷，第 1 期，第 21—64 页。 陈其泰：《乾嘉考据学风的形成及文化意义》，《文史知识》1995 年第 11 期。 漆永祥：《乾嘉考据学研究》，北京：中国社会科学出版社，1998 年，第 8—81 页。 敖光旭：《20 世纪的乾嘉考据学成因研究及存在的问题》，《中山大学学报》（社会科学版）2001 年第 1 期。 郭康松：《清代考据学派研究》，武汉：湖北辞书出版社，2001 年，第 1—66 页。鲍国顺：《清代学术思想论集》，高雄：复文图书出版社，2002 年，第 19—32 页。 黄爱平：《朴学与清代社会》，石家庄：河北人民出版社，2003 年，第 1—88 页。 胡凡：《二十年来乾嘉学派形成原因与学术分野研究综述》，《中国史研究动态》2003 年第 2 期。 丁旭辉：《清代考据学派兴起的原因与背景研究的时代意义》，《"国立中央图书馆"台湾分馆馆刊》2004 年第 3 期。 姜广辉：《乾嘉考据学成因问题再探讨》，《哲学研究》2008 年第 11 期。

索，对 20 世纪清代考据学派成因探讨之脉络进行回顾与述评①。

总的来看，在不断探讨中，更多学者倾向于把清代考据学派的成因区分为内因、外因或远因、近因等多重层次。其中，内在因素即对考据学产生有影响的思想性因素、儒学内部发展的"内在逻辑"；外在因素又分为政治因素和经济因素，前者主要包括清廷对汉族士人所采取的压制和笼络并施的统治策略，核心内容则为文字狱，后者强调"康乾盛世"；远因强调清代以前考据学的先导作用，近因则聚焦于清初学术，特别是清初考据学的发展。

分而言之，按照影响及类型可以分为：（1）清廷高压政策为主说，亦称"文字狱高压说"。这是首出也是影响最大的看法。认为清朝统治者在统治策略上实行残酷的民族高压政策和反动的文化政策，屡兴文字狱，迫使多数学者为逃避政治迫害而埋头于训诂考据之中，最终导致清代考据学派兴起。章太炎、梁启超、钱穆、唐君毅、侯外庐、来新夏、邓瑞、李映发、鲍国顺、姜广辉等不同程度地持这种看法②。特别需要注意的是，在近年此说备受争议的情况下，鲍国顺、姜广辉等对之进行再诠释，使之更加完满。他们认为清廷在统治策略上不光有文字狱等镇压的一面，也有积极笼络的一面，正是这正反两手的不断作用促进了考据学产生。所以，虽然把考据学形成原因单纯归结为"文字狱"高压是有问题的，但由此否定清廷统治策略对考据学派形成之影响则是矫枉过正。（2）"儒学内在发展转换说"。这一派最为庞杂，但总体上都强调历史上各种学术传统（如两宋学术、晚明学术或清初的经世实学）对清代考据学派成因的影响。其中，晚明学术的影响最受重视。对此，梁启超、胡适、朱希祖、萧一山、钱

---

① 因为对清代考据学派成因探讨的论文汗牛充栋，所以，在本书中只能列举有代表性论文，下文对 20 世纪清代考据学派成因探讨之脉络及问题的探讨也基本取材于上述列举论文，并由此上溯到所涉及的相关典籍，因此，上述列举论文除个别外，下文恕不再一一注出。

② 章太炎：《清儒》，见傅杰编：《章太炎学术史论集》，昆明：云南人民出版社，2008 年，第 388—396 页；梁启超：《清代学术概论》，第 28 页；钱穆：《中国近三百年学术史·自序》，北京：中华书局，1986 年，第 2 页；唐君毅：《中国清代以来学术文化精神之省察》，见《人文精神之重建》，台湾：学生书局，1976 年，第 112—113 页；侯外庐：《中国思想通史》第 5 卷，北京：人民出版社，1956 年，第 410 — 411 页。来新夏：《清代考据学派论述》，《南开学报》1983 年第 8 期；邓瑞：《试论乾嘉考据》，《南京大学学报》1986 年第 4 期；李映发：《乾嘉学派的兴衰》，《历史知识》1981 年第 1 期。

穆、嵇文甫、冯友兰、容肇祖、余英时、陆宝千、陈祖武、林庆彰、黄克武、姜广辉及日本学者山井涌等在不同程度上持这种看法①。又根据强调侧重点不同，可分为有三派：一派强调晚明考证学，一派强调晚明理学，一派强调经世思想。另外还有个别强调气的一元论的提出。在诸说中，以梁启超、胡适的"理学反动说"、钱穆的"每转益进说"、余英时的"内在理路说"及林庆彰的"回归原典"说最为系统。（3）"西学影响说"。认为考证学受到耶稣会士所传西学的影响。梁启超、谢国桢、彼德生（Willard Peterson）、艾尔曼（Benjamin A. Elman）、列文森（Joseph R. Levenson）等在不同程度上持这种看法②。（4）"康乾盛世说"。认为考证学与社会经济变化或康乾时代有关。具体来说，由于康乾时代的"修文偃武"政策和社会中的许多成员如官员、商人的奖掖、出版印刷业的发达以及人口的成长都直接或间接促成此运动的发展。倪文孙（David Nivison）、梁启超、侯外庐、王俊义、黄爱平等不同程度持这种看法③，对此发挥到极致的是王

---

① 梁启超：《中国近三百年学术史》，北京：中国书店，1985 年，第 1—10 页；胡适：《几个反理学的思想家》，见姜义华主编：《胡适学术文集·中国哲学史》下，北京：中华书局，2000 年，第 1141—1183 页；朱希祖：《〈清代通史〉初版序》，见郑天挺主编：《明清史资料》下，天津：天津人民出版社，1981 年，第 454—456 页；萧一山：《清代通史》第 1 册，台北：台湾商务印书馆，1967 年，第 940 页；钱穆：《中国近三百年学术史》第 1 册，台北：三民书局，1971 年，第 135—136 页；嵇文甫：《晚明思想史论》，见《嵇文甫文集》中，郑州：河南人民出版社，1990 年，第 250—260 页；容肇祖：《明代思想史》，台北：开明书店，1962 年，第 279 页；冯友兰：《中国哲学史》（下卷），见《三松堂全集》卷 3，郑州：河南人民出版社，2001 年，第 384—410 页；余英时：《从宋明儒学的发展论清代思想史 —— 宋明儒学中智识主义的传统》，见《论戴震与章学诚 —— 清代中期学术思想史研究》（增订本），第 290—321 页；陆宝千：《论清代经学》，见《清代思想史》，上海：华东师范大学出版社，2009 年，第 163—178 页；小野泽精一等编著，李庆译：《气的思想 —— 中国自然观和人的观念的发展》，上海：上海人民出版社，1990 年，第 452—466 页。

② 梁启超：《清代学术概论》，第 27 页；谢国桢：《明末清初的学风》，北京：人民出版社，1982 年，第 99 页；Willard Petersen, Fang-chin, Western Learning and the Investigation of Things, in W. T. de Bury ed., *The Unfolding of Neo-Confucianism*, pp. 369-411; Bitter Comrd, *Fang I-chin and the Impetus for Intellectual Change*, New Haven: Yale University Press, 1979; 艾尔曼（Benjamin A. Elman）著，赵刚译：《从理学到朴学 —— 中华帝国晚期思想与社会变化面面观》，南京：江苏人民出版社，1995 年，第 49 页；列文森（Joseph R. Levenseon）著，郑大华等译：《儒教中国及现代命运》，北京：中国社会科学出版社，2000 年，第 10—13 页。

③ David Nivison, *The Life and Thought of Chang Hsüeh-ch'eng, 1738-1801*, Standford: Standford University Press, 1966, p.15. 梁启超：《中国近三百年学术史》，北京：中国书店，1985 年，第 9—10 页；《清代学术概论》，第 61—66 页。侯外庐：《中国思想通史》第 5 卷，第 29 页。

俊义、黄爱平[①]。（5）多重因素影响说。认为考证学的出现是内在因素与外在因素等多种因素的交互影响。梁启超、艾尔曼、陈其泰、漆永祥、郭康松、鲍国顺等不同程度持这种看法。近十几年来，漆永祥就是以此说为基点展开对清代考据学派的全方位研究。（6）其他原因，比如李洵把清代考据学派成因问题与"早期启蒙说"结合，认为考据学是"明清启蒙运动"的一部分[②]。于鹏翔认为"封建学术内部的矛盾"是清代考据学派的成因[③]，后又提出要从民族因素的角度对之进行考察[④]。敖光旭也强调"因明清之'夷夏鼎革'而空前高涨的民族意识对乾嘉考据学的形成起了关键和枢纽作用"，路新生强调援佛入儒和儒释之争对清代考据学派形成的影响[⑤]。

　　一言以蔽之，20 世纪对清代考据学派成因问题之讨论"经历了一个由草创渐趋精卓，由粗疏渐趋精密，由多门户之见渐趋平实之论的过程"。但即使如此，问题也没有解决。第一，虽然众说在某个方面具有说服力，但几乎任何一种解释都存在大量反证使之证伪，比如，清廷高压政策为主说强调文字狱对清儒的震慑作用，但问题是，一方面，纵观清代考据学派学者，几近全部基本上就没有受到文字狱的压迫，另一方面，很多受到文字狱残酷压迫的学者却根本就不从事考据学，比如方苞由于受到戴名世《南山集》案牵连九死一生，但他却成为考据学派反对者桐城派的开山。"康乾盛世说"强调康乾盛世对考据学派兴起的作用，但问题是，一方面，考据学派的大部分学者都是科场和官场失意者，他们自身没有沾到盛世的多少光，反而正是因为失意而导致的各种压力使得他们不得已从事考据事业，所以，从一定意义上，他们不是康乾盛世的产物而是越来越多的科举及晋升失意儒生谋生之结果；另一方面，康乾盛世是全方位的，但为什么考据学派却只是兴起于局部区域而非所有地区？这其中是不是有局部区域之内特殊的因素在起作用？至于强调康乾时代的"修文偃武"更是误读，因为"修文偃武"更多只是表象：一方面，康乾时代并没有"偃武"，反而在此时代，清帝国大兴武力致力

① 王俊义、黄爱平：《清代学术与文化》，沈阳：辽宁教育出版社，1998 年，第 273 页。
② 李洵：《关于乾嘉学派的学术通讯》，《清史研究通讯》1983 年第 3 期。
③ 于鹏翔：《乾嘉学派成因论》，《松辽学刊》1985 年增刊。
④ 于鹏翔：《论乾嘉学派形成中的民族因素》，《松辽学刊》1990 年第 3 期。
⑤ 路新生：《排拒佛释：乾嘉考据学风形成的一个新视角》，《天津社会科学》1996 年第 2 期。

于疆域的全面开拓；另一方面，"修文"也属于调控，但这种调控也是在坚持以照顾边疆省区的利益和"首崇满洲"为目的的清代皇权制度设计之下的细微修补，其本质上是康乾时代，特别是乾隆朝点缀盛世的无心插柳之物，并且目的也不在于改善科场和官场失意者之处境，而只在于点缀盛世，即便对考据学风的扩展有作用，也不可高估①。"西来影响说"强调西学对考据学派兴起的影响，但问题是考据学派兴起于对西方关上大门的乾嘉时代而非西学影响最剧烈的明清之际，这个时间差怎么处理？"儒学内在发展转换说"一方面过度夸大作为社会意识的学术思想的独立性，另一方面，与其说是儒学内在发展转换之理路，倒不如说是作为儒学之载体的儒生集团在不同时段面对不同情况选取不同儒学知识资源之结果，忽视儒生的主体作用而单标举思想的"内在理路"是没有多大意义的，况且，儒学的"内在理路"应该范围更广阔，至少应该包括"孔门四科"而非两面"尊德性"与"道问学"。"多重因素影响说"强调多重因素导致考据学派的兴起，但问题是儒学中哪个学派的兴起是单一因素导致？就清代江南考据学派的兴起而言，大到乾嘉时代江南特殊的经济社会环境，小到每个学者的个性好恶、为学路径、身体状况、交流网络等因素，哪个没起作用？但如果仅仅致力于枝枝节节而不探讨最根本性的原因，是否有和稀泥之嫌？同时，各种因素所起的作用都不是自发的，起作用是必然的，但起多大作用却是要经过制度设计及有偏向地调控而不断配置的，也正是在这种不断的配置中，清代江南儒生生活世界因之变迁，学术思想随之而动。所以，一味强调多重作用而忽视最根本原因的探寻，必然导致"堆马铃薯"式的结论。诸如此类，

① 以最著名的《四库全书》编纂为例，"稽古右文"对考据学派成因的作用可以窥豹一斑：（1）由于目的只在于点缀盛世，所以主要参加人员局限于翰林院、武英殿等文官系统，绝大多数科举失意者不能参加此类活动而只能自谋生路；（2）虽然大兴文教，但很多工程都只是临时性的而非制度性常态，大部分参与者身份都是兼差，属于额外工作，因此专业致力于此者不多，而被征调的专职人员，由于没有制度性保障，只是从事于长期的编纂工作，除极个别外，长期得不到有效晋升，甚至很多时候，四库馆成为有些著名学者官场受挫后的"安置所"，比如首倡编纂《四库全书》的学者朱筠，早年官运亨通，后由于过失被贬进入四库馆。正是如此，在《四库全书》编纂过程中，假公济私、利用官书干私活的情况相当普遍，就是像戴震、翁方纲、周永年、程晋芳等一流学者也莫不如此。对此的相关研究，参见张升：《四库全书馆研究》，北京：北京师范大学出版社，2012 年，第 122、137、354—390、121—122、131、346 页。

不一而足。而这一切之结果就是虽力图面面俱到，但包揽太多，"枝枝节节"，反而使人不得要领。

第二，对于皇权主义制度设计及有偏向的调控和清代考据学各派在空间分布的差异，要么是理解过于拘泥，要么就是视而不见。实际上，（1）在帝制中国时代，由于有前近代最强大的官僚制等制度设计作支撑及不断建构，从而实现了对人们思想的可控性，思想成为皇权可以控制和规范的领域，达到了有效的思想专制。由此，皇权制度设计及有偏向调控成为学术思想变迁最强大、最活跃的力量，因而，在帝制中国时代学术思想变迁因素当然可以很多，但最根本的动力却只能在于皇权不断变化的需求。正是由于皇权制度设计的绝对性及有偏向调控的灵活性，面临皇权，所有的学派都面临着两个问题：首先，是否能够进入皇权的制度设计而进行再生产？一旦没有进入，不管它本身多么系统和具有多少真知灼见，最终都不可避免在皇权的反复调控中被剔除、凋敝，比如墨子学派，在战国时代与儒学并列为两大"显学"，但到秦汉就销声匿迹；其次，就算进入皇权调控视野，也面临在具体的制度设计与调控系统中力量大小、地位高低的问题。所以，所有学派在皇权调控面前，在兴亡问题上，顺之者兴，违之者败；在所处地位问题上，顺之进而取悦程度越高者，越加兴旺以致成为主导思想，程度低者，虽有地位，但不免要叨陪末座，看强者脸色见机行事，而所有这一切都是通过皇权主义制度设计的不断变迁而显现。这种情况，到清代更是如此，一方面皇权更加稳固、专制，另一方面手法却更加纯熟，更加综合系统。总的来看，清朝作为少数民族政权之所以能够统治远比两宋以来地域更加广大的帝国200多年，一个很重要的方面就在于皇权主义的制度设计及调控手段的高度灵活性。正是如此，比如对于科举制，虽然清初一度取消，但最终还是由于笼络汉族士人的要求而先行恢复，进而再按照自我意图不断进行改革。再比如晚明掀起的儒学变革运动之所以在清初以"朱子学"的回归收场，除学术界本身一直存在的捍卫朱子学正统的思潮外，最重要的还在于清初皇权调控中的"尊朱"运动，正是这种调控，使得在朝者理论水平不高却由于批阳明学而暴得大名，在野者虽然深受阳明学浸染，却因为要捍卫"'王学化'之朱学"而对阳明学规避不及。①可以说，正是这种制度设计及有偏向调控，对当时和后世产生了重大影响。对此，在清代考据学派成因问题上，要么是只强调文字狱的镇压作用，要么就是视而不见。难道皇权主义在别的时代排山倒海，而在此问题上就仅仅有这么点力量？（2）由于不同地域差异的深刻影响，在长期的发展过程中，儒学不但在时间上存在差异，在空间之内分布也有不小的差异，对清代考据学派来说亦是如此。纵观整个清代，考据学派的腹地是江南地区②，随后逐渐通过各种途径向四处扩散，但由于其他地域学术传统的有效抵消，因此呈现出南强北弱，江南、山东、广东等地繁荣，四周凋落的格局。所以，在不同地域内，考据学的成因能一致么？但对于二者，20世纪的学术界始终处于漠视状态。所以，对于清代考据学派成因问题，与其包揽太多，"枝枝节节"，倒不如着眼于帝制中国时代学术思想变迁最强大、最活跃的力量，深入清代具体制度设计及有偏向调控对学术思想影响本身，进行总体把握；与其在宏大视野内争论不休，倒不如深入各个地域，特别是中心地域进行深入探研。而这将成为本书研究的起点与创新点。

二、清代中期江南士人的科举难局与晋升难局

就制度文明来讲，中国历史就是中华专制主义不断推进的历史。总的来看，中华专制主义在时间—空间之内扩展，在时间维度上，沿着三代王权主义、春秋战国君权主义、秦至清皇权主义、近代极权主义的轨迹不断深入推进；在空间维度上，以中心—边缘的模式向四方扩散。正是由此，在中心地区，中华专制主义不断深入推进，而在边远地区，由于控制力的递减效应及迥异于中心地区的特殊情况，中华专制主义则更

---

① 关于清初阳明学与朱子学之关系及原因，参见陆宝千：《康熙时代之朱学》，见《清代思想史》，上海：华东师范大学出版社，2009年，第119—162页。

② 长期以来，"江南"至少有多层意义，见李伯重：《简论"江南地区"的界定》，《中国社会经济史研究》1991年第1期。本书中所指的思想文化意义上的"江南"，即"江浙安徽地区"，特指安徽和江苏南部、上海、浙江，而中心区域就是包括苏州、松江、常州、镇江、江宁（应天）、杭州、嘉兴、湖州、太仓州的"八府一州"。

多以较之于中心地区滞后的形式或多种形式的杂糅方式呈现。但总体趋势上，随着大一统王朝的推进，中心地区兼容边远地区并向其不断扩展。正是如此，中华专制主义在合目的性前提下，在大一统王朝内更多地显示出一种混合式形式，它按照不同时间—空间中面临的情况及所要达到的效果，在形式上各有侧重和不同表现，最终所有调整都通过独具一格的中华专制主义制度设计及有偏向调控来实现①。而随着明清鼎革，由于清帝国面临着与明帝国同中有异的现实情况，皇权主义又进入一个不断调整的时代。

总的来看，清代在中国历史上所具有的意义，除了是一个由满族人所建立的朝代外，也是一个统治多民族、版图辽阔的大一统帝国，特别是把新疆、西藏和内外蒙古，都纳入统治之下。所以，清帝国较之于明帝国有两大显著差异：（1）帝国疆域更为辽阔，统治民族更为复杂。通过康雍乾时代对西部用兵，帝国迅速扩大，实现了大一统的清王朝，疆域已不仅限于中原，还有西部广大地区，并且这些地区较之于中原呈现出迥然有异的景观；（2）统治民族非汉族而是以八旗为架构的满族，较之于主体民族，人口稀少，文化落后。这一切最终结果就是清帝国需要而且必须呈现多层次、有差序的运作方式。一言以蔽之，就是清帝国在皇权主义制度设计上较之于明帝国更多呈现出复合型帝国的特征②，比如，对内，统治汉族的制度设计与统治东北、西北、蒙藏诸民族的制度设计就不相同；对外，清代皇帝作为东亚封贡体系的盟主（即"天朝上国"），对藩属朝鲜、越南等王国施加影响的制度设计也颇为不同。

---

① 在思想文化领域，正是通过以中华专制主义为基础的实践，中国思想体系得以展开并直指人心。比如在塑造各式各样的"经典"方面，它不但塑造了形而上的精英文化，也塑造了各种各样的民俗、戏曲等文艺形式。仅就"四大名著"而言，《西游记》讲述的是在重重制度设计、文化调控制造的社会环境中怎样把非人性或者拟人性的猴子改造成仁义礼智信、世故忠顺的"模范人"的历史；《水浒传》讲述的则是一群强盗杀人放火打江山而最终在"忠君"的大背景下被招安的历史；《三国演义》则是大讲沽名钓誉、欺诈阴谋、耍小聪明等"伪智慧"的历史，在其中，忠厚老实者被嘲笑，奸诈伪智慧大行其道，而为了达到目的不惜肢解历史真实；《红楼梦》则是讲在主奴关系不变且由于主子内讧、过度奢华、权势由盛转衰的大背景下，主子怎样调教奴才使之更加死心塌地为主子奉献一切的历史。一言以蔽之，训民之道术也。

② 笔者所谓的复合型帝国，主要是指清帝国较之于明帝国而言，统治区域（边疆藩部与内地行省）差异加大而导致的不同统治方式。

可以说，也就是这两大差异，导致清代皇权主义制度设计较之于明代有两大转变：（1）因为疆域迅速扩大，所以必须要照顾边疆省区的利益，甚至更多时候要给它们较之于中原地区更加优惠的政策，这样才能弥缝边疆落后省区与中原地区的差距，以使它们在中央王朝中处于较之于自身实力相对优越的地位而便于统治；（2）因为八旗为立国之本，要捍卫他们的利益，所以，制度设计上要"首崇满洲"，一方面要保证在晋升管道设计上，满人能够畅通无阻，以最快的速度获得尽可能高的提升，另一方面在官制设计上不但保证满族数量上占优，而且要尽可能地保证更多的满族官僚处于高位。当然，清帝国的这种制度设计产生了重大影响。就本书主旨而言，主要体现在：为了施恩于边疆省区，当然对江南地区有各种各样的影响，但对江南知识界影响最大的却是科举方面；"首崇满洲"当然也对江南士人的科举有所影响，毕竟旗人科举对江南士人科举难局的形成有不小影响[①]，但总的来看，在旗人获得权力的途径中，科举只是微不足道和下层不得已而选择的一条道路，清政府既不提倡，也在很多时间还有所限制。所以，"首崇满洲"对江南知识界的最大影响还是体现在晋升方面。

首先看科举制调整对江南士人的生存境遇之影响。与现代公共性的考试不同，中国古代的科举制不单单是一种智力测试，更是朝廷选举后备官僚的一种方式，并且，在其制度设计中，智力问题肯定不是主要考虑，最重要的考虑应该是两个方面：一方面保证为朝廷选拔出一定数量的可靠的、源源不断的后备官僚，另一方面则在于即使不能保证全部都事实上成为官僚，也在最大程度上使得帝国内的士人，特别是落后边疆省区的士人都能够享受到由科举制带来的帝国"恩泽"从而维护统治，两者合而为一，就是在地域平衡，特别是照顾落后边疆省区的基础上"优中选优"。换言之，就是一方面要坚持全国通盘考虑基础上的"考试至上"，另一方面则要分省调控，特别是要照顾落后边疆省区。

在宋代科举兴盛后，其制度设计就在这两种因素中徘徊，但总的来

---

① 根据统计，在清代，八旗进士总数达 1300 人，参见何炳棣著，王振忠译：《科举和社会流动的地域差异》，表 28，《历史地理》第 11 辑，上海：上海人民出版社，1993 年，第 302 页。

说，明代以后，地域平衡成为更加重要的考量。自洪武三十年（1397）南北榜事件开始实行分卷定额录取，而到清代，统治者为了统合各地差异，更是把地域平衡作为清代中前期屡次科举制度设计变革中最重要的考量因素，以均衡各地的科名数额来达到政治势力的合理分配，巩固中央集权统治，因而，不但将定额录取从会试发展到乡试，而且对乡、会试录取名额的地区划分越来越细。最后，到康熙五十一年（1712），以分省定额录取的办法代替南北卷制度，按各省应试人数多寡和文风高下，钦定会试中额。具体方法就是：

> 从 1702 年①以后，可以依据情况而调整的直省进士名额，被固定在各个大区内，这些定额是在会试前不久根据各省前三届应试总人数的粗略比例加以确定。由于会试应考者的人数与本省举人累计数密切相关，而且由于后者与一省固定的举人限额大致保持一定比例，各省新的进士定额实际上被冻结在同一比例上。②

简言之，就是把会试的录取人数与乡试挂钩，并且按照比较固定的比例录取。这样乡试名额多的省份就能在会试中占有更大的优势。而在实际乡试的名额分配中，江南地区根本没有多少优势，甚至在很多时间处于相对劣势。在整个 19 世纪，各省各类中举者的总数（举人）为 22491 人，其中浙江、江苏和安徽的三省总额分别为 1570、2119 人，只占全国 16.4%。而河北一省的总额就有 3561 人，接近三省的总和。③所以，清代前中期科举制改革的中心是削弱明代以来江南地区的科举优势地位以照顾其他地区。

为了削弱江南地区的科举强势地位，在制度设计外，清朝皇帝也不断予以打压。顺治朝，通过科场案大力打击江南士子；雍正朝，借查嗣庭与汪景祺案、吕留良案在雍正四年直接停止浙江全省乡试会试；乾隆

---

① 引文原文中的"1702 年"误，实际应为"1712 年"，下同。
② 何炳棣著，王振忠译：《科举和社会流动的地域差异》，第 305 页。
③ 何炳棣著，王振忠译：《科举和社会流动的地域差异》，表 34，第 311 页。原表中安徽和江苏的统计数字是合在一起的。

朝在坚持既定政策的同时，地域考量有向更高级科举考试蔓延趋势。乾隆辛巳科（1761）会试时，分别名列第一、第二的赵翼和高望由于均属江浙一带人，而陕西人王杰尽管是第三名，但乾隆帝却因为他的籍贯，"因问本朝陕西曾有状元否，皆对云未有，遂以王卷与翼卷互易焉"①。这样，王杰由于其出生地的缘故，取代赵翼成为状元。

　　综合清代中期的科举政策来看，其是一种典型的反向调节，主要表现为四方面：第一，科举录取人数虽然没有大幅减少，但除边疆个别省份外，绝大多数省份每百万人拥有进士数大幅减少②。第二，明代以来科举强势的江南地区的科举优势被大幅削弱，特别是康熙五十一年（1712）会试改革后，苏浙皖三省损失惨重③。第三，寒门考取功名，特别是中高级功名难度加大。以平均数而言，明代平民出身的进士约占总数 50%，清代则减至 37.2%；而父祖三代有生员以上功名者，则由明代的 50%，升至清代的 62.8%；可见平民上行流动机会渐减。④第四，较之明代，全国科举人才，分布更加平均⑤。

　　当然，这种反向调节受害最大的就是江南地区。首先，无论是科举录取人数大幅减少方面，还是寒门考取功名，特别是中高级功名难度加大方面，江南都首当其冲。在科举录取人数方面，较之明代，清代南方诸省（苏、浙、皖），每百万人拥有进士数大幅下降。⑥其中，明代浙江、江苏、安徽每百万所拥有的进士数分别为：307、243、111，而到清代则分别为：130、93、41。在寒门考取功名，特别是中高级功名难度加大方面，在明代，"文风炽盛的省份如浙江、江苏、江西和福建，A 类进士⑦的百分率都超过全国的平均值。安徽产生的进士总数虽较少，然而

① 梁章钜、朱智撰，何英芳点校：《枢垣记略》卷 28，北京：中华书局，1984 年，第 338 页。
② 何炳棣著，王振忠译：《科举和社会流动的地域差异》，附表 29，第 302 页。
③ 参见何炳棣著，王振忠译：《科举和社会流动的地域差异》，第 305 页。
④ 徐泓：《何炳棣在明清科举与社会流动研究史上的地位：何炳棣著〈明清社会史论〉译者序》，《东吴历史学报》第 21 期，2009 年 6 月。
⑤ 何炳棣著，王振忠译：《科举和社会流动的地域差异》，第 310—316 页。
⑥ 何炳棣著，王振忠译：《科举和社会流动的地域差异》，第 301—302 页。
⑦ A 类进士和 B 类进士是何炳棣在考察科举和社会流动时的话语。A 类进士指推出身在前三代没有获得过一个初级功名，更谈不上有官职和官衔的家庭；B 类包括前三代已产生了一个或更多的生员，但却没有更高的功名或官职。见何炳棣著，王振忠译：《科举和社会流动的地域差异》，注①，第 307 页。

A 类的百分率却最高"①。而到清代，"大部分省份，特别是文化先进的东南诸省的 A 类百分率急剧下降，这一事实表明寒微之士在同社会上层竞争中越来越居劣势。这种竞争在江苏变得最为激烈，该省 A 类和 B 类合计的百分率，比全国的平均值低 8.5%，百分率本身也大大少于明代全国的 A 类平均数。浙江稍微好些，虽然它在清代 A 类的百分率几乎同江苏一样低，但 B 类百分率却较高。……尽管在清代从产生进士的绝对数目来看，东南诸省仍居全国领先地位，然而，区域之内流动方式的剧烈变化，造成出身寒微和比较寒微的人在社会上遭受巨大的挫折"②。

其次，再看"首崇满洲"对江南士人晋升方面的影响。正如上面所论，由于"首崇满洲"，所以，清朝统治者给予旗人种种特权，反映到在官场中就是实行按照民族和身份等级划分的"官缺"制，保证数量上满官占优，且处于高位；而正是这种制度设计使得科举制周期性选官所产生的弊端被放大，从而使江南士人面临着更多晋升难局。

"官缺"一词由来已久，在唐代以前称为"官阙"，指每年因各种原因，如停替、死亡、病免、丁忧、获谴、解任、致仕等而空阙的正员职事官的名额，加上因需要而增设的员额。③明朝以后改称"官缺"，清朝入主中原以后，沿用明朝的官缺制，并对之进行了更加细致的划分。总的来看，较之于前代，清代官缺制度最大特征就在于在"首崇满洲"原则下实行以民族和身份等级划分的政策。正是如此，虽然在汉族统治区下层以汉为主，但满洲人占据要津、高位，而在清朝中前期形成"满洲、蒙古无微员"和"宗室无外任"的局面。据嘉庆朝《大清会典事例》记载：内阁各官职共设额缺约 244 个，其中旗人官缺约 201 个（占内阁官缺总数的 81% 强），此中又分满洲缺 163 个（占内阁官缺总数的 66% 强），蒙古缺 28 个（约占总数的 11%），汉军缺 10 个（约占总数的 4%）。④分而言之，在军机处层次，乾隆朝共有 53 位军机大臣，其中满洲 36 人，

---

① 何炳棣著，王振忠译：《科举和社会流动的地域差异》，第 308 页。
② 何炳棣著，王振忠译：《科举和社会流动的地域差异》，第 308 页。
③ 宁欣：《唐代的选人与官阙》，《人文杂志》1991 年第 5 期，第 95 页。
④ 此数据根据《（嘉庆）大清会典事例》卷十六，第 666—676 页的相关记载统计而得。见沈云龙：《近代中国史料丛刊三编》，第 643 册，台湾：文海出版社，1991 年。

汉 17 人；嘉庆朝共有 17 位军机大臣，其中满洲 10 人，汉 7 人；道光朝
共有 17 位军机大臣，其中满洲 8 人，汉 9 人；咸丰朝共有 15 位军机大
臣，其中满洲 8 人，汉 7 人。①在六部尚书、侍郎层次，满尚书从始至终
占据着主导地位，把持大局；而汉尚书则多为具体参与处理行政事务的
执行之官。六部司官层次，"清朝统治者赋予满司官在政务处理过程中更
大的灵活性，实际上是对汉司官的制约和管理。而满司官可以跨越司分
掌理印信的权力，更使满司官在六部司属中具有了主导性的政治地位"②。
其他中央部门中，宗人府 72 个员缺中，3 个为汉缺；内务府则俱为内务
府包衣缺，无汉缺；銮仪卫 131 个员缺中，1 个汉缺，其余均为满洲缺
和汉军缺；理藩院 163 个员缺中，7 个汉军缺，无汉缺。从以上的数字
可以看出，宗室缺、满洲缺、蒙古缺以及内务府包衣缺占各衙门官缺总
数的 95% 以上，甚至 100%。综合来看，在中央层次，满官缺主要集中
在掌握实权或直接参与政务处理的衙署，虽然汉官在文教衙门中比满官
占有优势，但是却并无实权可言，而汉缺真正独立行事而不受旗人同官
掣肘的只有太医院、行人司、僧录司等无关紧要的具有执事性质的衙署。

在地方高官的配置中亦是如此。"在顺治元年至康熙六年间，有清
一朝曾任地方总督者共有 33 人次，其中汉军旗人 32 人，汉人 1 人（且
任职时间仅为 1 个月）。"③ "康熙七年至雍正十三年间，曾任地方总督者共
有 107 人，其中汉军旗人 55 人，满洲旗人 23 人，汉人 29 人。" "在雍正
十三年以前，先后任巡抚者约为 220 余人，其中汉军旗人 134 人（占总
人数的 59% 强）、汉人 87 人（占总人数的 33%）、满洲旗人 11 人（仅
占总人数的 5%）。" "乾隆一朝，是清朝满洲旗人在地方任官上，尤其是
总督的选任上，最为辉煌的时期。在巡抚的选任上，旗人官员与汉人官
员在任职人数上基本持平，但在总督的选任上却出现了巨大的满汉差异。
在先后任职的 130 余人中，满洲旗人达 85 人之多（占总人数的 65%），
汉人 25 人，汉军旗人 17 人，蒙古旗人 4 人。"④除此之外，清朝在地方职

① 何平：《清代的官缺制度》，《文史杂志》1990 年第 1 期。
② 徐雪梅：《清朝职官制中的满汉差异问题研究》，南开大学博士学位论文，2009 年，第 28 页。
③ 徐雪梅：《清朝职官制中的满汉差异问题研究》，第 103 页。
④ 徐雪梅：《清朝职官制中的满汉差异问题研究》，第 104—105 页。

官的设置上，除直省州县和驻防体系外，还设有负责如管理地方盐务、税收、织造等事宜之专务官，而这些官员多以满官、内务府人员为主或首选。

到乾隆时代，由于帝国处于全盛阶段，对于整个帝国来说，一方面致力于版图的不断开拓，另一方面，由于疆域空前广阔，因此在儒家、萨满教、藏传佛教等方面致力于兼容并包。对于乾隆帝来说，则一心要集内圣外王、文治武功于一身，因而致力于盛世的点缀。对于文治，乾隆帝积极兴办如《四库全书》之类的宏大文化工程，对此，儒生尚能够勉强应付，对于武功，儒生就基本上爱莫能助。但纵观乾隆朝很多时候，对满族文化及武功的强调却是施政的重点，特别是武功方面，从乾隆十二年开始直至乾隆五十七年长达45年的时间里，清帝国两平准噶尔，平定大小和卓之乱，两次金川之役，平台湾林爽文起义，缅甸之役，安南之役及两次抗击廓尔喀之役，这种复杂的情况哪是单一的儒生们所能够应付的？所以，乾隆时代点缀盛世的施政风格使得清代制度设计中照顾边疆省区和"首崇满洲"的倾向极度强化进而僵化。正因如此，一方面，越来越多士人难以冲破科举难局，另一方面，纵然冲破，乾隆时代复杂的社会形势和制度设计上的羁绊也使他们难以大施拳脚，即使侥幸获得信赖略施拳脚，但高官显位也大多被满洲贵族所占据，升迁机会大幅萎缩，这一切使得越来越多的士人在科场或官场失意中面临人生的转向。这种情况，在表一中也得到了证实。

表一 《清史稿·儒林传》前三传所收录学者的功名与仕途情况[1]

功名与仕途情况 时代\人次	功名状况			仕途经历			
	高级功名	中级功名	低级功名或功名不明者	高级官职	中级官职	低级官职	无官职或者官职不明者
顺康雍	25	20	69	2	6	24	82
乾嘉	45	54	41	5	10	40	85

---

[1] 本图表数据依据《清史稿·儒林传》前三传制作。之所以如此，一方面是因为《清史稿》为正史，资料相对权威，另一方面是因为《清史稿·儒林传四》所收录的清朝各代衍圣公，与本书主题无关。

续表

功名与仕途情况 时代\人次	功名状况			仕途经历			
	高级功名	中级功名	低级功名或功名不明者	高级官职	中级官职	低级官职	无官职或者官职不明者
道光后	11	32	2	2	9	15	19
总计	81	106	112	9	25	79	186

注:"高级功名"指进士、康熙乾隆两朝博学鸿词科获得者等,"中级功名"指举人、优贡、乡试副榜获得者等,"低级功名或功名不明者"指诸生、秀才、博士子弟、国子监生等;"高级官职"指大学士、督抚、尚书、侍郎、布政使、按察使等高级官吏,"中级官职"指道员、知府、监察御史、给事中等中等中级官吏,"低级官职、无官职或官职不明者"指知县、府学教授、训导教谕等低级官职。

正如表一中所示,乾嘉时代,中高级功名获得者为99人,但能够获得中高级官职者仅仅有15人,也就是说有高达85%的获得中高级功名者不能获得相应的官职,单就高级功名与高级官职来算,也有近90%的获得高级功名而不能获得高级官职者。到道光后,这种情况虽有所缓解,但仍然相当严重:中高级功名获得者为43人,但能够获得中高级官职者仅仅有11人,有高达32人获得中高级功名却不能获得相应的中高级官职,淘汰率也高达75%;就是单就高级功名与高级官职来算,也有近82%的获得高级功名而不能获得高级官职者。而顺康雍时代虽然也有类似情况,但这主要是由于明清鼎革之际时期特殊的情况造成的:由于明清鼎革造成大批的"遗民",他们不承认清朝的正统地位,因此不仅不出仕,也不从事清朝的科举,比如其中清初诸老的门人子弟,就占去大半①。这一切,到由盛转衰的乾嘉时代则发生逆转。在这种逆转的压力下,科场与官场失意者开始另谋出路。

三、清代江南考据学派的产生及局限性

正如上文所论,由于清代制度设计及有偏向调控极度强化进而僵化

---

① 比如在上述统计数据中,"清初诸老"及弟子门人中,无功名或者低级功名者共有60人,无官职经历者共有55人,而且有些虽然有功名或者有官职经历,也是在晚明或者南明朝廷,而非在清王朝,著名者顾、黄、王无不如此。总的来看,"清初诸老"及弟子门人就占了近87%、67%。

使得到乾嘉时代儒生们不得不面临转向①。这种压力对明代以来"才甲天下"的江南士人而言尤为猛烈。可以说，明至清前期，是江南士人科举和仕途全盛的时代，单就科举而言，1605—1644 年，江苏、浙江、安徽进士数量分别达 619、575、188，其中，江浙两省与其他省份的差距达到明清时代最大值，就是到清代顺康雍时代，江南在科场和官场上也是独领风骚。而到乾嘉时代，一面是科举难度陡增，一面是科举成功后"铨选拥挤"而导致的进一步晋升无望，再加上本来就处于高位运行的士人规模日益膨胀，在这种情况中，愈来愈多的江南士人在生活压力之下面临着人生的转向。

应该说，清代中期江南的独特经济人文环境也为这种转向提供了舞台。首先是经济的发展。具体来说：（1）工商业的发达及城市化率的发展。一方面，与虽极富庶繁华，但工商业依附于掌权者而非生产性消费的"开封型城市"不同，因工商业面向全国而具有"清新、活泼、开朗气息"的"苏杭型城市"②在明中叶的江南开始崛起，到清中叶进入全盛时期。比如苏州，"到了清代中期，城市工业在苏州地区经济中已经居于主导地位，在此意义上可以说苏州已经成为一个工业城市"③。另一方面，"新兴工商业市镇型城市"也不断崛起。虽然清代江南市镇可以区分为"嘉兴类型"和"鄞县类型"④，但在市镇居民的"非农业化"水平

---

① 清代皇权调控是一贯的，因此清代皇权制度设计及有偏向调控对各地域学界都产生了不同程度的影响。就乾嘉时代来看，各个学派都面临着被分化、重组的危机，也正是在这种危机中，学术景象被不断重塑。就北方来看，比如作为夏峰北学两大支派之一的中州夏峰北学就在这种调控中由高潮进入低谷，由全国退回省内。而之所以有此巨变，很重要的原因就在于皇权调控的转向，正是因此，使得清初中州夏峰北学，配合着康熙皇帝提倡"真理学"的文教政策，进入全盛时代。而到乾嘉时代，则被不断打压，特别是其重要代表之一的马时芳。由于对孙奇逢、王阳明的推崇，在嘉庆十二年（1807）科举考试中，马时芳的试卷被房官横抹，他非常愤慨，绝意进取而沉沦下僚（关于此，参见本书第五章第二节"势、理、人情的三重推进与融合：论马时芳的思想及价值"）。就江南来说，不光是考据学派的兴起，就是其反对者的桐城古文派也在这种环境中兴起，关于此，限于本书主题，笔者另处详论，兹不赘述。

② 关于"开封型城市"和"苏杭型城市"，参见傅衣凌：《明清社会经济变迁论》，北京：人民出版社，1989 年，第 152—159 页。

③ 李伯重：《工业发展和城市变化：明中叶至清中叶的苏州》，见《多角度看江南经济史》，北京：生活·读书·新知三联书店，2003 年，第 445 页。

④ "嘉兴类型"和"鄞县类型"是清代江南市镇城镇化的两种模式。关于此，见包伟民主编：《江南市镇及近代命运：1840—1949》，北京：知识出版社，1998 年，第 266—277 页。

方面，在清代江南占主导地位的是人口的非农业化程度很高的"嘉兴类型"，即大部分人口不从事农业劳动。（2）以江南为中心的东亚贸易圈的发展。"明清时期东亚地区国际贸易的发展，导致了一个以中国为中心的东亚贸易圈的形成。而在这个贸易圈中，江南也处于中心地位。由于这种地位，在包括中国在内的东亚地区的地区劳动分工与专业化的发展中，江南逐渐成为附加值高的轻工业产品的生产中心。"[1]

其次是人口的膨胀。在 1850 年以前的几百年中，江南一直是中国乃至世界人口最为稠密的地区。具体而言，在乾隆四十一年（1776）、嘉庆二十五年（1820）、1953 年，江苏人口分别达 3243.6 万、3943.5 万、4129.3 万，安徽人口分别达 2585.7 万、3206.8 万、3058.8 万，浙江人口分别达 2236.5 万、2733.5 万、2282.5 万，其中，浙江和安徽在 1820 年的人口总量超过 1953 年。在清代全国人口密度最高（超过每平方公里 500 人）的 11 个府和直隶州中，有 6 个在江南，人口密度每平方公里分别为：苏州（1073 人）、嘉兴（719 人）、松江（626 人）、太仓（537 人）、镇江（523 人）、杭州（506 人）[2]。正是如此，从晚明开始，就不断有江南士人感觉到中国，特别是江南人口过多的问题。在晚明和清代中期，江南士人董其昌（1555—1636）、徐光启（1562—1633）、冯梦龙（1574—1633）、任启运（1670—1744）、洪亮吉（1746—1809）、汪士铎（1802—1889）等人不断认识到人口膨胀的严重性。

经济发展和人口膨胀的同时，江南教育普及。江南本来就是明清中国教育最昌盛的地区。到清代，不但是科举教育，就是民间的社学、义学也遍布江南八府一州。"到了清代中期，一般农家子弟入学读书，已不是罕见现象。"[3]也正是如此，江南在清代中期形成当时中国规模最大的"苏—杭"人才带。以无锡、平湖、常熟、嘉善为例，每县生员名额多在数百人。但事实上接受精英教育的人数，却远远超过此数。早在康熙时潘耒就

---

[1] 曹树基：《中国人口史》第五卷·清时期（上），上海：复旦大学出版社，2001 年，第 88、101、113 页。

[2] 方行、经君健、魏金玉主编：《中国经济通史》清代经济卷，北京：经济日报出版社，1999 年，第 216 页。

[3] 李伯重：《江南的早期工业化（1500—1850）》（修订版），北京：中国人民大学出版社，2010 年，第 444 页。

说："异时生员无定额，大县考取或至数十人，自定为十五名，而士子已苦数窄。近年复减之又减仅止四名，南方大县，挟册操觚之士少者不下千人，而三岁之中两次考取仅得八人，视乡会中式更难十倍，人绝进取之望，率改业而为他。"①康熙时常熟县"子弟率教之诵读，弗纵之遨于外，每有司较童子试，辄及千人"②。而同时的仁和县唐栖镇，虽然只是一个镇，但"家无不饶富，名族亦有十余。解句读、服青衿者已百人"③。

概言之，由于经济的发展和人口膨胀及教育的普及，清代中期的江南较之于其他地区呈现出更大程度上的多样性。也正是在这种多样性的舞台上，乾嘉时代越来越多的科场和官场失意者辗转挪移，寻求突破。

总的来看，江南士人在清代中叶科场和官场挫折后的突破及分流是多向的，具体来说，呈现出以下几种情况：（1）更加注重实用知识，像算数等实用知识在江南不断普及④；（2）越来越多的江南士人从事幕僚⑤，以"绍兴师爷"为代表的幕僚阶层在江南迅速兴起；（3）康乾时

---

① 潘耒：《遂初堂集》文集卷四，清康熙刻本，第 267 页。
② 高士鸃、杨振藻修，钱陆灿等纂：康熙《常熟县志》卷 9《风俗》。南京：江苏古籍出版社，1991 年，第 164 页。
③ 俞璪伯：《唐栖行诗序》，见王同辑：《唐栖志》卷 1，杭州：浙江摄影出版社，2006 年。
④ 根据李伯重的研究，"根据所追求目标的不同，可以把明清时期的教育大略分为两类：一类是以科举为目标的教育（我称之为精英教育），另一类则是追求实用的教育（我称之为大众教育）。这两种教育在教育的对象、目标和内容上都有颇大区别。清代，特别是康雍乾之际，最明显的一个变化就是追求实用的教育的扩展"。"清代，中国数学出现了很大的进步，大大推动了数学教育。其中之一是民间数学知识传播的进步，主要是珠算、笔算和口算（心算）方法的出现与普及。""口算的基本口诀如现在小学生背诵的乘法口诀'九九歌'，早在春秋时代就已出现，到南宋时已变得和今日完全一样。到了清代，运用这些口诀进行口算（当时称为'嘴算'）才变得普遍。算学以及与数学关系密切的关于声律、医学、天文、舆地等的启蒙教材，也陆续出现于清代，是数学教育逐渐普及的表现。"参见李伯重：《清代中国知识人的数学知识》，《读书》2006 年第 9 期。另外，由于科举难度陡增，在清代江南，"科举应试教育并非明清教育的全部，而明清江南教育的发展和普及对于明清江南经济的成长和江南经济成长模式的形成，起到了非常重要的作用"。正是如此，不光是像梅文鼎、戴震、阮元及更多的江南儒生关注儒学之外，甚至是传来的西洋科学知识，就是一般的儒生也有表现。比如江阴诸生夏敬渠所著的《野叟曝言》的凡例就说："是书之叙事、说理、谈经、论史、教孝、劝忠、运筹、决策，艺之兵、诗、医、算，情之喜、怒、哀、惧，讲道学、辟邪说、描春态、纵诙谐，无一不臻顶壁一层。"将如此丰富的内容融入小说，就是为了显示作者的博学。参见李伯重：《八股之外：明清江南的教育及对经济的影响》，《清史研究》2004 年第 1 期。
⑤ 根据相关研究，"游幕学人大多为家境贫寒或科举受挫者"，"游幕作为清代学人在入仕之外最为普遍的职业选择之一"，"特别是康熙中期至嘉庆末期的一百余年，是游幕学人从事学术文化活动最为兴盛的时期，其中围绕汉学研究而进行的修书、著书、校书活动，对清代

代，特别是在乾隆时代，由于统治者点缀盛世的需求，大兴各种文教事业，流风所及，一些学术官僚也颇为附和赞助学术，因而一方面不少士人，特别是江南士人参与其中，另一方面，由于点缀盛世的要求是全方位，因而参与其中的士人也会由于不同的需求辗转挪移，分化组合。总的来看，正是在不断突破及江南特别的环境中，作为突破的一个重要表象，选取以考据为基础的儒学资源作为谋生应世之道在一些江南落魄书生及失意官僚中不断发展[①]。这种情况，在表二中也得到了证实。

表二　清代考据学家的功名与仕途情况[②]

功名与仕途情况 时代＼人次	功名状况			仕途经历			
	高级功名	中级功名	低级功名或功名不明者	高级官职	中级官职	低级官职	无官职或者官职不明者
顺康雍	17	15	41	5	0	19	49
乾嘉	86	76	49	29	25	63	94
道光后	35	36	15	9	13	25	39
总计	138	127	105	43	38	107	182

注：分类标准与表一同。

正如表二所示，乾嘉时代，中高级功名获得者为162人，但能够获得中高级官职者仅仅有54人，也就是说有高达67%的获得中高级功名者不能获得相应的官职。就是单就高级功名与高级官职来算，也有66%的获得高级功名者不能获得高级官职。到道光后，亦是如此：中高级功名获得者为71人，但能够获得中高级官职者仅仅有22人，有49人获得中高级

（接上页）学术文化的发展有重要影响。此外，襄阅试卷、佐理翰墨以及幕府的诗酒酬唱也很兴盛。"在康熙中期至嘉庆末期的一百多年间，至少有1/3以上的有一定地位和影响的学人有过游幕经历。"参见尚晓明：《学人游幕与清代学术》，北京：中国社会科学出版社，1999年，第13、16、31、42、57页。在这些游幕学人大军中，以江南，特别是绍兴学人最为有名。参见郭润涛：《官府、幕友与书生——"绍兴师爷"研究》，北京：中国社会科学出版社，1996年。

① 当然，这并不是说江南考据学派中没有科场和仕途得意的高官显贵，而只是说他们的数量相当少且非学派主体，并且以他们名义出版的成果更多是其学术幕僚完成而非本人完成。

② 本图表数据依据《清代朴学大师列传》（岳麓书社，1998年）制作。之所以如此，就在于较之其他记录清代考据学家的资料（比如《汉学师承记》或《汉学师承续记》），一方面，该书相对来说范围更全面，另一方面其中的江南籍士人又占绝对多数。

功名者不能获得相应的中高级官职，淘汰率近70%。就是单就高级功名与高级官职来算，也有75%的获得高级功名者不能获得高级官职。顺康雍时代虽然也有类似情况，但这与表一所述情况一致①，不同在于，在这种逆转的压力下，表二中科举失意者与官场失意者转向考据学研究。

分而观之，江南考据学派学人几无不在科举与仕途的难局中突围。先看处于科举困局者。阎若璩，盐商之子，生于淮安却利用祖籍参加考试（康熙元年改归太原故籍），由于天生口吃，虽刻苦努力且善于深思，但每次考试都名落孙山。

> 六岁入小学，口吃，资颇钝，读书至千百过，字字著意，未熟，且多病，母闻读书声，辄止之，阎记不敢出声。十五岁，冬夜读书，有所碍，愤发不肯寐，漏四下，寒甚，坚坐沈思，心忽开，如门牖洞辟，屏障壁落，一时尽撤，自是颖悟异常。②

康熙十七年（1678），诏征博学鸿儒科，阎若璩虽然应荐赴试，但仍然报罢。也正是在科场屡次受挫的困境中，一生追求功名无望，只得专心致力于考据。

惠栋家学深厚，祖惠周惕、父惠士奇都是当时著名经学家，到惠栋三世传经。惠周惕"清二百余年谈汉儒之学者，必以东吴惠氏为首。惠氏三世传经，周惕其创始者也"③。惠士奇盛年兼治经史，晚尤邃于经学，特别是对汉代儒学深有研究④。到惠栋，其早年家境优越，多藏书，所以其早年虽然由于家风浸染，但为学却是泛滥百家，"日夜讲诵。于经、史、诸子、百家杂说、释道二藏，靡不津逮"。由此不但博得清代阳明

---

① 比如在上述统计数据中，"清初诸老"及弟子门人中，无功名或者低级功名者共有16人，无官职经历者共有25人，而且有些虽然有功名或者有官职经历，也是在晚明或者南明朝廷，而非在清王朝，著名者顾、黄、王无不如此。就是将这些在南明的经历计算在内，顺康雍时代这两项数字分别为41、48人，"清初诸老"及弟子门人就占了近40%、50%。

② 杭世骏：《阎若璩传》，《道古堂文集》卷29，《续修四库全书》第1426册，上海：上海古籍出版社，1996年，第497页。

③ 赵尔巽：《清史稿》卷481《儒林传二·惠周惕传》，北京：中华书局，1977年，第13179页。

④ 赵尔巽：《清史稿》卷481《儒林传二·惠士奇传》，第13179—13180页。

学重镇李绂的赞赏，并一时令其父门人难以望其项背。到后来，家道衰落，生活每况愈下，"及学士毁家修城，先生往来京口，饥寒困顿，甚于寒素"。此时，其科举、晋升之路又是屡受挫折，20岁时才补元和县学诸生。乾隆九年（1744），参加乡试，因用《汉书》立论，为考官所黜，从此息意科考，沉潜著述。乾隆十五年，朝廷诏举经明行修之士，两江总督黄廷桂、陕甘总督尹继善以惠栋博通经史，学有渊源举荐，后因大学士、九卿索所著书，未及进而罢归。正是如此，中年以后惠栋为学向汉代儒学转向，到50岁后，专心经术，特别是《易》经。

> 中年课徒自给，陋巷屡空，处之坦如。雅爱典籍，得一善本，倾囊弗惜。或借读手钞，校勘精审，于古书之真伪，了然若辩黑白。……年五十后，专心经术，尤邃于易。[1]

而在研讨汉学时，由于负经世之志而怀才不遇，未免内心寥落，正是这种不尽如人意的现实使得他更多去提倡汉儒中"通经致用"的一面，"慕汉代取士之法，求汉儒致用之方"。《九曜斋笔记》所作"士不遇"[2]可视为其自况之喻[3]。

戴震早年语言能力薄弱[4]，但他善疑好问，从怀疑中通过思索探究真知，由于对垄断儒学解释的程朱理学发生怀疑，因此致力于从宋儒轻视的小学入手，"下学而上达"，力图通过对文字字词的考据从而打通义理、考核、文章。"先生初谓：'天下有义理之源，有考核之源，有文章之源，吾于三者皆庶得其源。'"[5]由此，17岁时开始受考据学专业训练，求之《说文解字》、《十三经注疏》等刻苦研读，学业大进，二十多岁时就受到前辈学者程恂等的肯定。但由于科举严重受阻，29岁始入学为秀才，到40

---

① 钱大昕：《惠先生栋传》，见《潜研堂集》卷39，上海：上海古籍出版社，2009年，第699页。
② 惠栋：《九曜斋笔记》，刘世珩《聚学轩丛书》第三集，扬州：广陵书社，2009年，第511页。
③ 参见王应宪、杨翔宇：《惠栋"通经致用"思想及其学术转型意义》，《重庆社会科学》2006年第12期。
④ 段玉裁：《戴东原先生年谱》，见《戴震集》，上海：上海古籍出版社，2009年，第454页。
⑤ 段玉裁：《戴东原先生年谱》，第468页。

岁才乡试中举，以后在41、44、47、49、50、53岁六次会试不第。因而，首先，戴震贫困的生活更是雪上加霜，"先生尝语玉裁云：'某年家中乏食与面铺相约，日取面为饔飧，闭户成《屈原赋注》。'盖先生之处困而亨如此"①。其次，戴震精神也出现某种反常状态，"性介特，多与物忤，落落不自得。年三十余，策塞至京师，困于逆旅，馈粥几不继，人皆目为狂生"②。最重要的在于由于科举导致的生活压力，戴震早年要打通义理、考核、文章的学术抱负被不断压缩，进而退求其次，更多从事基础性的考据事业。"后数年，又曰：'义理即考核、文章二者之源也。义理又何源哉？吾前言过矣。'"③虽然在此过程中，戴震对义理一直未能忘怀，但真正想大事拳脚，"觅一书院糊口，不复出矣。竭数年之力，勒成一书，明孔、孟之道，余力整其从前所订于字学、经学者"之时，已经老之将至，不久于人世。而正是在戴震标榜而未可得的基础上，姚鼐接过义理、考证（考据）、文章（辞章）三者相统一的观点，但在考据与文章关系上转而强调"且夫文章学问一道也"④，并以之为桐城派文论的纲领和旗帜，构建桐城派谱系，从而事实上建立起与考据学派鼎足而立的桐城古文派⑤。

再看处于仕途困局者。赵翼一生文史俱佳，与钱大昕、王鸣盛并称史学三大家，与袁枚、蒋士铨并称词坛三大家。虽然高中探花，并官至道员，但实际也是宦海浮沉，颇受挫折。乾隆二十六年（1761），科举之时，阅卷大臣原拟第一名进呈，但乾隆帝钦定以之与第三名王杰互易，赵翼遂屈居探花，事后，乾隆帝对大学士傅恒评价赵翼"文自佳而殊少福相"⑥。王杰此后深受器重，官至军机大臣、内阁大学士，并出任嘉庆

① 段玉裁：《戴东原先生年谱》，第458页。
② 钱大昕：《戴先生震传》，《潜研堂集》卷39，第710页。
③ 段玉裁：《戴东原先生年谱》，第468页。
④ 姚鼐：《谢蕴山诗集序》，见《惜抱轩全集》，上海：世界书局，1936年，第41页。
⑤ 此处对戴震学术转向的解释与余英时有所不同。余英时认为在学术上，戴震本质上是偏爱义理的"刺猬"但却被当时人认为是考证博学的"狐狸"，也正是这种学术上的压力使得戴震学术不断转向。关于此，参见余英时：《论戴震与章学诚——清代中期学术思想史研究》（增订本），第91—144页。对此，笔者不否认这种学术认知悖论对戴震学术转向的影响，但只是认为由于科举失意造成的生活困境才是戴震学术转向的最终动力，而其他的都属于次要因素。
⑥ 赵翼：《瓯北集》卷10《散馆恭纪二首》（其二）"骨相兼怜广不侯"句下小注，上海：上海古籍出版社，1997年，第181页。

帝老师。乾隆三十一年，赵翼被下放离京，虽历任知府、道员等职，但乾隆三十七年在广州平海盗处理的谳大狱旧案事发，受弹劾被交部议而降级，见此，赵翼自感前途黯淡，有感于"仕宦几家收局好"，遂决定辞职还乡，从此开始了长达三十余年的归隐著书生涯。

钱大昕，乾隆十六年（1751）召试举人，授内阁中书十九年进士，选翰林院庶吉士，后历任右春坊右赞善、詹事府少詹事，擢翰林院侍讲学士及山东、湖南、浙江、河南乡试等正副考官和广东学政，"（乾隆）四十年，居丧归里，引疾不仕。嘉庆初，仁宗亲政，廷臣致书劝出，皆婉言报谢。归田三十年，潜心著述课徒，历主钟山、娄东、紫阳书院讲席，出其门下之士多至二千人"。

王鸣盛，乾隆十九年榜眼，"大考翰詹第一，擢侍读学士，充福建乡试正考官，寻擢内阁学士兼礼部侍郎"，后由于坐滥支驿马，左迁光禄寺卿，从高峰到低谷，王鸣盛倍受打击，遂辞职还乡，家居者三十年，从事著述。

段玉裁，乾隆二十五年举人，任国子监教习，入都会试，屡不中，在前途渺茫而百无聊赖之时，经人介绍，段玉裁获读顾炎武的《音学五书》，有意于音韵之学，遂边教边做学问，历时约 10 年。在京时，师事戴震，并结识了钱大昕、邵晋涵、姚鼐等学者，乾隆三十五年（1770）吏部铨授西南知县，在此后十年，一方面遍历贵州、四川边穷地区而无提升，另一方面，还因"诖误"曾经被处分，宦海浮沉使得段玉裁心灰意冷，遂以父母年迈多病、自身有疾为由，辞官归故里潜心于《说文》等考据学研究，时年仅 47 岁。

除代表人物外，江南考据学派有更多学者是仕途不顺的底层官员和科举失意者，先看处于底层官员者，为中央六部主事者，胡培翚官户部主事；为州官者，汪辉祖官道州知州，汪喜孙官怀庆府知府，张澍官临江通判，朱绪曾官台州府同知，庄忻官兴安府知府，郑方坤官武定知府，胡秉虔官丹噶尔同知，胡承珙官台湾道等；为县官者，邢澍官长兴知县，周春官广西岑溪知县，洪颐煊官新兴知县，钱东垣官上虞知县，丁履恒官肥城知县等；官府州县学教职者，有凌廷堪为宁国府学教授，钱塘为江宁府学教授，戚学标为宁波府学教授，沈钦韩为宁国府学训导，翟灏为衢州府学教授，刘台拱为丹徒县学训导，严可均为建德县学教谕，宋绵初为清河县训导，汪莱为石埭县训导等；只在四库馆中而无更多任职者，有周永年、余集、邵晋涵、杨昌霖、金榜、曾燠、任大椿、李潢、洪梧、孙希旦等。再看仅受朝廷征召者而未仕者，有顾栋高、惠栋、沈彤之举博学鸿词，江声、陈鳣、钱大昭、胡虔之举孝廉方正；还有虽仕即旋或终身不仕者，如江永、沈大成、余萧客、汪中、汪元亮、孔广森、厉鹗、吴骞、袁廷梼、鲍廷博、黄丕烈、顾广圻、钱坫、朱骏声、朱彬、江藩、章宗源、洪震煊、钮树玉、焦循、焦廷琥、马曰琯、马曰璐、李富孙、李遇孙、梁玉绳、梁履绳、臧庸等。所以，虽然江南考据学派内部有少数高官显贵，但总的来看，其成员绝大多数乃官场和科场失意者，他们在实际生活中也像上述代表人物一样都在科场与官场的难局突围中走向考据学①。正如周作人所言："前清以八股文取士，上去便是做官，有些做的不得意，或是做过高官的人，也会回过头弄学问做出些成就来，例如戴震、高邮王氏父子、段玉裁、阮元等均是。"②

　　正是皇权调控的失误及过剩儒生在江南的飞速增加，在突围中一部分学者走向考据学，并且由于人数的不断增加和相互联系的不断深入扩展，从事考据学的学人们团体性日渐增强③。反映在学术格局上就是，本来在明清之际，考据学风就在南北一部分处于科举中下层的士人中酝

---

① 如果综合观察乾嘉时代的江南学界，由于皇权的不断调控，科场及官场失意者规模在迅速扩大。正是在这种压力之下的分流中，其中，一些学人致力于考据逐渐形成考据学派，另一些则致力于古文创作形成桐城古文派。在这种为学的不同趋向中，两者不免发生冲突。所以，从一定意义上讲，乾嘉时代的汉宋之争就是一大批江南落魄书生及失意官僚的为学旨趣之争。

② 长年（周作人）：《工具书与旧学者》，《文汇报》，1957 年 3 月 23 日。

③ 当然，之所以清代考据学派儒生在科举或官场失意之后转向考据，这与儒学和儒生本身的属性有关。一般来说，儒学在长期与各派相互竞争中，基本上是围绕着"孔门四科"（即德行、政事、文学、言语，或文、行、忠、信，以德行与文字为首）展开，在其中，考据无疑是"文"的一个方面。孟子所谓"穷则独善其身，达则兼济天下"。在失意之时，寻求经典、考订源流也不失为"独善其身"的一种方法。对于儒学本身的属性，余英时有所注意，但其失误在于：（1）把"孔门四科"只压缩为"尊德性"和"道问学"两方面；（2）正如本书一再所言，清代学术远非考据学所能囊括，明清儒学变革也远非宋明理学转向清代考据学，他的转换范围和程度应该更为广阔、复杂。余英时由于视野上受江南中心论和考据学中心论束缚，更把明清儒学变革定义为从宋明理学到清代考据学之转换，对于其他更多转换、流变着墨不多。关于儒学与儒生的这种属性，笔者另有专论，兹不详述。

酿，但此时考据学还是一种学界"潜流"，到乾嘉时代随着科场和官场失意士人剧增，考据学就获得了突飞猛进的发展。惠栋时，对考据学的需求不大，所以，惠栋的声势也不大；到钱大昕、赵翼、戴震时，对考据学的需求大发展，考据学派声势陡增，钱、赵、戴等人俨然江南一代学界"泰斗"；到江藩时，由于考据学浪潮波及广东，他竟然打出"汉学"旗帜，要建立学派了。

通过对清代中期以来江南社会的分析，笔者认为：清代江南考据学派是长期以来在江南业已存在的庞大的士人培养规模与以照顾边疆省区的利益和"首崇满洲"为目的的清代皇权制度设计的矛盾在乾嘉时代剧烈表现的结果，是在这种矛盾中，在科场、官场境遇不佳的江南士人被迫出现的生存多元性选择中的一种，是清廷以科举制等制度设计来调节士人的策略在江南地区的逐渐失灵后，越来越多科场和官场失意的江南"文化精英"寻求生存、发展空间的一种自然反映。

正是由于江南考据学派的这种产生背景，使得它具有以下特点：（1）学者基本上是具有中、低功名或官场境遇不佳的"文化精英"为主；（2）传承方式上基本是师生相递、近亲繁殖式，又是以惠栋、戴震为中心，学术网络具有明显的"封闭性"。正是这两点决定了他们的学术局限性：（1）只能作为一种知识资源，只能被从事学术的"文化精英"所掌握，受众有限，而不能作为意识形态成为社会统治的权力资源，考据学者只能成为著名学者。作为"师儒"，他们是成功的，但作为一个以"平天下为己任"的儒生，他们有所欠缺；（2）传播范围有限，只能是小地域内传播，并且更多只能在通过师生、朋友建立的关系网络内传播，所以，就具有一定的"圈子"意识，这种意识虽然有利于集合团体力量，但也可能导致考据学内部"学有余而思不足"以致"舍本逐末"等一系列问题；（3）考据学派成为可能，只是就学者们为学方法的一致性来说，在实际中，方法的一致性并不必然带来理论倾向的一致性，戴震刚刚去世，考据学派内部就围绕其《孟子字义疏证》发生了不小论争，而当诸考据学大师相继凋落后，理论倾向的不一致不可避免要表现出来。事实也是如此，早在乾隆后期，以庄存与为代表的今文经学就在潜滋暗长，最终走向了考据学派内部今文经学与古文经学的分裂。同时，由于桐城派与之分庭抗礼，他们也不能获得完全的学术霸权，所以考据学者本身就不自信，江藩《汉学师承记》甫出版，不但桐城派方东树反对，连龚自珍也反对，不得已又作《宋学渊源记》。遑论其他地区了。

四、皇权主义调控下作为"经典处理术"的清代考据学再评估

从总体上看，清代考据学就是一种经典处理技术的汇集。它以经典文本为依据，以研究古今经典文本的流变为根本，以考据辨伪等文献方法为处理手段。今人经常把它与近代兰克史学相提并论，其实这是一种误解。因为兰克史学是近代的产物，更多是近代科学大发展后入侵历史学的一种表现，而清代考据学则是前现代的古典学问。所以，在方法和意义的认知上，两者并不能形成最有效的对比，从世界历史范围内，如果将其与古代西方考据学相比反而看得更加明白。

与中国古典考据滥觞极早一样，西方考证精神也源远流长，早在古希腊时期，爱奥尼亚的"纪事家"赫卡泰厄斯（Hecataeus，约前550—前479），生平与孔子同时，他在写作《大地巡游纪》和《谱系志》时，就声明只记他所认为是真实的东西，而绝不用那些"荒唐可笑"的传说。修昔底德（Thucydides，约前460—前400）用30多年的时间收集材料，撰成《伯罗奔尼撒战争史》，也曾一再说他的叙事绝不先入为主，所用的材料"总是用最严格、最仔细的考证方法检验过的"。古罗马史学家波里比阿（Polybius，约前204—前122）著《通史》，曾把"真实"之于历史比作"双目"之于人身，他强调历史学家不应以奇闻逸事取悦读者，而应以真实的事迹和言辞取信于人，以使严肃的学者得益永久。到文艺复兴，与中国古典考证学在两宋成型并不断发展一样，西方考证学亦是如此，其特征就是"就是把作品、文献跟人，还有时间、地点联系起来，也就是把文字看作是历史的产物"[①]。具体表现就是瓦拉（Lorenzo Valla，约1406—1457）和奎恰尔迪尼（Guicciardini，1483—

---

① 吕大年：《瓦拉和"君士坦丁赠礼"》，《国外文学》2002年第4期。

1540）。前者的考证学著作《君士坦丁赠礼证伪》直接颠覆了教皇争夺世俗权力的主要根据，后者是精于史料考证的史学家，其《意大利史》便曾以取材精慎著称。本质上，它与中国古典考据学一样，都是一种经典处理术的汇集，在为学取向上，都注重通过对文字、语言、音韵、年代等处理考订学术，辨章源流。只不过他们的对象有所不同，中国古典考据学的对象为以儒家经典为基础的中国古代经典，西方考据学则是西方经典。

关于中西考据学之间的异同，把"考据的方法"与"科学的方法"画等号的胡适有明确的意识。一方面，他颇为自负地认为他是第一个发现了乾嘉学者用于校勘与整理古籍的技巧与西方科学方法相通，"基本上第一点相同之处便是（在所校勘的材料上）发现错误；第二点便是（把这个错误）改正；第三点要证明所改不误。上述三个步骤便是中西校勘学的基本相同之处"；另一方面，他又认为"西方的校勘学所用的方法，实远比中国同类的方法更彻底、更科学化"。之所以如此，胡适认为原因"不是方法学上的差异，而是历史因素的差异"。具体来说，（1）西方印刷术晚出，所以欧洲保留了更多的（手抄）原稿，（2）西方有更多古老的大学和图书馆，手稿多赖以保存，（3）西方有甚多小同种语言同时流传。各种语言都有其古代典籍的译本，因而最早的译本可以用来校正后出版本上的讹谬。[①]

其实，就笔者来看，同样作为"经典处理术"，中西考证学当然同中有异。（1）二者的一致性，本质上在于都是处于印刷术为主的时代。知识载体的一致性决定了对知识处理方式的大同小异。如果没有这个前提性，比如一个还处于印刷术时代，另一个处于电子信息化时代，那恐怕很大程度上前者还是传统的考据学，后者就要更多运用如黄一农所言的"e考据"了。（2）之所以中西考证学方法上有精疏之分，一方面在于从事者之间能力的差异，但更重要在于不同社会所能提供的技术及环境支持。概言之，中西考证学的差异，不但受技术问题的限制，更受整个社会制度设计及不断调控的强力制约，这种强力制约，在专制社会中甚

---

① 胡适口述，唐德刚译注：《胡适口述自传》，北京：华文出版社，1992年，第141—142页。

至会起到决定性作用。他不但能使考据学更加精密化的近代科学有难以发展的空间，更能通过对学者们本身控制的制度设计及不断调控对学术思想进行不断解构、重构，从而建构相应的学术生态。而这点在清代尤其如此，正如上文所示，儒生们获得功名由科场决定，进一步晋升则由官场决定，总而言之，儒生们的分层是由皇权所确定，正是这种分层构成了儒生们学术生活环境的基本世界。正是如此，在现代视野内集启蒙先驱和考据经师于一身的戴震，虽在儒学内部最早发现"以礼杀人"并被弟子洪榜等重视，但在清代社会氛围中却被学界舍弃，只被视为经师，只有等到近代，随着章太炎、梁启超、胡适等的不断诠释，从而成为五四反传统肯定个人欲望、权利的先驱者①。所以，胡适虽然认识到中西考证学不同不在方法上而在于历史条件，但他所指出的只是想当然的表面现象而非本质原因。手稿多、大学图书馆多、版本多的社会并非考据学兴盛的充要条件。不仅在清代如此，就是现代亦然。比如1950—1980年代的大陆学界，较之民国前三者数量都大为增加，但还不是主导民国学界的史料派一再被边缘化，反倒是与之相对的唯物史观派一枝独秀？

扩而言之，在古代社会，在方法和意义的认知上，不但中西考据学之差异更大程度上是由权力结构之差异及不断调控所导致，就是基督教神学与儒家经学之不同亦当是观。在基督教神学中，主要有"神学"和"历史"两大途径，在经学研究中也有义理学与考据学两种模式。在解释方法上，基督教神学采用"四种基本方法"，即：字面的解释（Literalist Interpretation）、经学的解释（Midrashic Interpretation）、神秘的解释（Pesher Interpretation）、寓意的解释（Allegorical Interpretation）②，在儒家经学中亦是如此。考据学侧重字面的解释，理学侧重寓意的解释，两汉的谶纬之学侧重于神秘的解释，所有这些都统一于经学的解释。经学是"以经术缘饰吏治"，基督教神学则是以圣经诠释依附教权，在中世纪都是以学术思想依附于权力，思想成为体制内的思考。但由于他们依附

---

① 对此的详细研究，参见丘为君：《戴震学的形成：知识论述在近代中国的诞生》，北京：新星出版社，2006年。

② 黄汉平：《叙事学视角：圣经文学研究的新拓展——兼评〈圣经的文学阐释〉与〈圣经叙事艺术研究〉》，《外语艺术教育研究》2007年第1期。

的权力主体不同，在中国为专制皇权，在西方为教权，所以在西方中世纪和帝制中国时代拥有同中有异的社会地位。在帝制中国时代，由于皇权一家独大而大一统，因此经学在思想领域处于一家独大而稳如泰山，在西方中世纪，虽然作为教权在思想领域体现的基督教神学也曾一家独大，但毕竟在整个社会有世俗王权与之不断竞争。所以在一定程度上，中世纪基督教神学是没有大一统条件下的经学，经学是大一统条件下的基督教神学。在服务所依附的专制主体方面，二者程度、方式虽有所差别，但本质、功能则别无二致。换句话说，在西方中世纪和帝制中国时代，基督教神学与经学二者在专制主义意识形态属性上是一致的，两者有不同的历史命运是因为双方服务的权力主体的专制程度不同而已。

如果放宽历史的视野，把儒学和基督教神学都作为一个现代仍在延续的学术传统，那么，他们之间的进程会呈现出更大的相似性。如果说在中世纪，基督教神学与儒学和权力的联姻是常态的话，在现代社会，在对经典、传统思想的解构和重建方面与科学、自由主义联姻，基督教神学与儒学如出一辙。所以，（1）在基督教神学中，圣经是否绝对无误，是现代神学的分水岭①。在现代儒学中，对经典的不同理解与处理也是新宋学和新汉学的分水岭：对中华民族传统文化满怀"温情与敬意"的钱穆从考证走向诠释，成为"新宋学"的代表人物，而致力于用"科学方法"在国故中"捉鬼"的胡适则成为"新汉学"代表，并在内战的时局中毕二十年之力考证《水经注》。（2）现代基督教神学中的圣经考据学与科学及自由主义、个人主义结盟严重冲击了基督教神学的基础，"这一方面承袭了启蒙运动之理性精神，亦是延续了西方文学批评对圣经研究之传统。圣经批判学之基本进路就是一种追源溯本的历史方法，其起首于探寻圣经之历史背景，延续于对圣经文学之分析，最终是研究经文之文学结构与形式"②。近代以胡适为代表的"新汉学"和古史辨派何尝不是如此？只不过他们更加强调历史的方法而不是文学的方法

---

① 董江阳：《"好消息"里的"更新"：现代基督教福音派思想研究》，北京：中国社会科学出版社，2004年，第102—140页。

② 陈佐人：《序言》，见斯蒂芬·米勒、罗伯特·休伯著，黄剑波、艾菊红译：《圣经的历史：〈圣经〉成书及历史影响》，北京：中央编译出版社，2008年，第8页。

而已。（3）最终，不但基督教新教内部出现会通基督教与科学的"基督教科学派"，新儒学内部也有如牟宗三这样的新儒家主张用儒家的内圣之学开出民主与科学的新外王。

一言以蔽之，在方法和意义上，包括清代考据学的中国古典文献学与古代西方考据学相类，在现代视野中的反传统意义也只是通过近代反传统的阐释才得以显现。之所以如此，关键就在于清代考据学活动处于清代皇权制度设计及不断调控所铸就的场域之中。正是这种制度设计及不断调控造成的儒生困境，使得他们不断寻求突破，再加上"点缀盛世"的需求，使得作为经典处理技术的考据学迅速流行。

在20世纪建构的主流清学史文本中，往往把清学史塑造为考据学独霸的时代。虽然在近二十年来，随着对清学研究的深入，对此种看法有所修正。但无疑把考据学看成清学独霸及主体的观念广泛存在，并且以一种新的包装方式而存在。比如在艾尔曼的《从理学到朴学——中华帝国晚期思想与社会变化面面观》。

笔者认为，艾著主要存在以下问题：（1）虽然对考据学兴起的外部环境有所注意，但对清代制度设计在士人实践中的基础性作用注意不够，并且这种制度设计在皇权时代也不是用"内在和外在环境"之类的话语所能够概括；（2）虽然借鉴福柯的话语理论把考据学话语定位为一种话语系统，但对福柯的话语理论理解有所偏差，由此对帝制中国社会话语系统的多样性注意不足，过度强调考据学话语与理学话语对立的一面，忽视了两者内在统一于皇权主导下的意识形态话语的一面。

先看第一点。帝制中国社会没有人权，所有人的财产权、生存权根本就没有保障。不像现代社会一样，皇权在理论上完全可以在任何时间置任何人于死地，特别是对士人尤其如此。因为他们是以通过输出知识来获得生存，而在皇权社会中，朝廷基本上垄断了所有的知识消费，所以，在皇权社会，士人只有按照皇权的需求提供知识产品从而接受皇权的调控才有可能生存。所以，这种皇权社会统治制度设计给士人创造的环境根本就不是现代知识人在人权保护下可以选择的那种自由环境，皇权就是所有士人的全部。实际上，不光是中国专制主义如此，缺乏人权的所有专制主义都是如此，比如纳粹德国，在此条件下，如果有所选择，哪会有大批杰出学者的外逃？

再看第二点。在福柯话语理论中，因为强调历史的断裂①，所以更多时候福柯更加注意两种或者几种话语体系的对立，比如《疯癫与文明：理性时代的疯癫史》中启蒙运动以来理性话语与疯癫话语之关系。并且，福柯笔下的话语系统之间的对立必须是根本性的、终极意义的，而不能是在一个更大系统内内在统一的。按此理解，艾尔曼也把理学话语与考据学话语完全对立的分类，并由此暗示只有"理学解体"②后才能有考据学派的发展。但这种理解是偏差的。因为就帝制中国社会来看，依据社会层级结构，至少有三种话语系统：皇权意识形态话语系统、思想学术话语系统、世俗民间话语系统。其中皇权意识形态话语系统存在于社会上层，通过皇权帝国的调控在重构其他话语系统过程中弥漫整个帝国，另外两种话语系统则处于皇权意识形态话语的不断重构中。所以，在清帝国，考据学话语与理学话语作为众多思想学术话语的两种，他们之间既有冲突，又有合流，并且由于皇权意识形态化的礼教话语不断重构而更多处于统一状态。他们之间的关系与福柯笔下的理性话语和疯癫之间的完全对立是不同的，艾著强调冲突而忽视共存甚至认为从理学到考据学"还引发了对传统认知和理解的更重大的基本变革，从前公认的学术范式受到了致命的挑战"，无疑是严重误读。

正是由于艾尔曼对帝制中国社会话语系统的多样性缺乏有效区分，使得艾著在某些结论上言过其实或似是而非。比如：（1）艾尔曼强调考据学话语与理学话语的冲突，但并不是所有清代理学派别而只是作为"文士之理学"的桐城派③才与考据学派冲突，更多理学派别对考据学派

---

① 米歇尔·福柯著，谢强、马月译：《知识考古学》，北京：生活·读书·新知三联书店，2007 年，第 1 页。

② 艾尔曼：《从理学到朴学——中华帝国晚期思想与社会变化面面观》，第 19 页。

③ 由于清代理学弥漫整个社会及不同出身学者尊崇理学的方式不同，清代理学可以区分为"文士之理学"与"理学家之理学"。按照这种思路，清代理学中的三大学派夏峰北学、清代关学、桐城派，前两者应该是"理学家之理学"，而桐城派是"文士之理学"。从功力和承继来说，夏峰北学和清代关学为上，桐城派虽然也尊崇程朱，但由于致力于文学而理学功底不免有所欠缺。对于清代理学的这种区别，章太炎最早注意到，也正是如此，他对于清代理学的批判采用了两种方法：对于功力更为深厚的夏峰北学与清代关学的领军孙奇逢、李颙，章太炎避而不谈或者很少论及（章太炎对孙奇逢的批评参见《诸子学略说》），对于其主要成员汤斌、魏裔介、魏象枢等，章太炎从"排满革命"的角度批判他们投靠清

要么是置之不理，要么就是兼容并包①；（2）艾尔曼强调"《从理学到朴学》一书旨在从清代社会经济的背景考察江南学术共同体的演变过程。这一考据学赖以生存的江南学术共同体后为 1850 年爆发的太平天国战争摧毁"②，但实际上，就是到晚清之际，江南还是考据学的腹地，不但出现了像章太炎这样的"清学正统派"，并且，不少文人由于家庭败落反而转向考据，比如顾颉刚祖上早年是文人，"都欢喜作诗，欢喜做名士，汉学的潮流竟侵不进来"，而到太平天国后，由于家庭败落才开始从事考据学，"所以也做经学、小学、金石的功夫"③。因而，晚清之际，从事考据学者在江南地区不是少了而是更加普及。

与艾尔曼强调学术共同体的作用相对，有学者则强调清代皇权对考据学的巨大影响，认为考据学派的出现是清代皇权有意识规划的结果。比如杨念群《何处是"江南"：清朝正统观的确立和士林精神世界的变异》。"考据学的出现恰恰是皇权有意规划的结果……如果不从这个角度去理解考据学产生的意义，反而强调'思想'的独特性，就等于刻意回避清廷政治控制严酷而又富于高超技巧的历史事实。"④"本书证明，清统治者发挥其高超的统治技巧，成功地收编了'江南'士大夫的历史与价值观，使之成为'大一统'统治模式的合法性资源，其复杂的治理技术的运用显然与前代迥然有别。"⑤真的是这样吗？根据笔者以上的研究来看，事实恰恰与之相反，考据学派的出现及发展不是清廷有意规划的结果，

（接上页）朝而为之服务（参见章太炎《许二魏汤李别录》），对于理学底蕴较浅且与考据学派势态如水火的桐城派，章太炎则更多直接批评他们为"文士"，功底浅薄根本不足与考据学派对抗（章太炎批评桐城派比比皆是，可以参见《检论·清儒》）。所以，笔者认为，后人"汉宋之争"视野内的"宋学"，不能代表清代理学全部，而仅仅是清代"文士之理学"，主要是桐城派。

① 比如夏峰北学的开山孙奇逢就宣称"考据终非度世针"，而夏峰北学后学基本上都不从事考据。关于夏峰北学对考据学派的关系，可参见王坚：《无声的北方——夏峰北学及历史命运》，华中师范大学硕士论文，2006 年。对于其他理学派别，龚书铎注意到清代理学与考据学"虽存门户之见，但也兼采"。龚书铎：《清代理学的特点》，《史学集刊》2005 年第 3 期。

② 艾尔曼："著者中文版序"，《从理学到朴学——中华帝国晚期思想与社会变化面面观》，第 2 页。

③ 顾颉刚：《顾颉刚书信集》卷 1，北京：中华书局，2011 年，第 283 页。

④ 杨念群：《何处是"江南"：清朝正统观的确立与士林精神世界的变异》，北京：生活·读书·新知三联书店，2010 年，第 408—409 页。

⑤ 杨念群：《何处是"江南"：清朝正统观的确立与士林精神世界的变异》，第 3 页。

而是清廷皇权制度设计和不断调控失误之后，江南儒生在这种困境中不断寻求自我突破的一种结果。退一步讲，就算清代皇权调控有点效用，也只是清王朝在综合运用古代中国对付士人手段的汇集而已，毕竟在收编士人方面，古代中国哪朝不是经验丰富、屡试不爽？当然这也根本不可以简化为帝王的雄韬伟略，而是制度设计及有偏向调控的结果。

总的来看，虽然在帝制中国时代初期，皇权主义是一种极富创造性的专制主义秩序。但到清代，皇权主义则明显呈现出疲惫之势。除了传统的一些措施变异使其功效最大化外，基本的矛盾并没有根本解决。综观清代皇权制度设计及调控，特别是始于乾嘉后的调控，笔者认为总体上是趋向失败的，就思想方面来说，他虽取得局部的成功，但恶化了整个社会的思想学术环境。短期来看，士人的无奈与不满及生存情况每况愈下，正是这种无奈与不满引起对礼教批评的进一步蔓延，使得清代中期在理学与考据学内部都出现了较之明代更深刻的反礼教思潮；中期来看，一旦遇到危机，中心又向理学转移，极度利己性，但结果却是在更大程度上引起更深入的分裂，更严重的在于士人形象的逆转，士人要么被塑造为"道学先生"，要么就是利欲熏心的书生，《儒林外史》、《红楼梦》，甚至连《聊斋志异》对此也是颇有微词；长期来看，调控的结果虽然一时遏制住遗民思想及反清思想，但其作为暗流长期存在，雍正时代"曾静案"及《大义觉迷录》，乾隆时代各地频发的"割辫"事件，无不时时牵动统治者的神经。到近代，正是在发掘民间反清思潮的基础上的"排满革命"直接推翻了清王朝。所以，任何忽视清代皇权调控甚至古代中国制度设计的结论，无疑都是错误的，但对此的高抬更是一厢情愿。因为清帝不可谓不勤政，清廷调控不可谓不用心，措施不可谓不集古代中国之大成，但老问题依旧且时隐时浮的恶化，新问题却不断产生。尤其是比起同时代的西欧，这种悖论更为明显：有古代社会规模最为庞大的意识形态系统，有最重视士人之政府，却出现士人境况的每况愈下及满腹牢骚。真是咄咄怪事！

第一章　在地理与学术缠绕下的中国北方

第一节　地理意义上的中国北方

一切历史都是总体史，换言之，就是事实与观念在历史化的时间—空间结构中的相互交织、传播和扩散。从本质上讲，人的多样性本身就在于在制度、经济、文化等所建构的社会环境与自然的地理时空环境中人实践的多样性及相互交融。在其中，空间则构成了形形色色人们的生活实践大舞台。就中国来说亦是如此。中国历史就是各种类型中国人（游牧、农耕、狩猎）在南北东西的地域空间的实践中相互交流与融合的历史。在汉族（华夏族）主体历史推进之时，少数民族历史也在分化、组合中并进。①

总的来看，在历史与地理缠绕中，中国历史的空间舞台可以根据不同的类型划分出不同的区域，比如依据地理方位可分为华北、西北、东北、华南、西南、东南六大部分，以空间景观可以划分为农业、游牧、渔猎等三种类型。之所以会有如此之划分，一方面在于中国空间的多样性，另一方面更在于人们在不同自然环境中实践的多样性。正是这种实践的多样性及由此产生的地方多样性的各种认知意识②，使得对中国历史的空间舞台划分成为可能。比如中国人关于南北方的地域观念。而要考察此问题，笔者认为有三点需要考虑：第一，先秦及秦汉时代，华夏族及汉族地域空间的扩展；第二，秦汉后，游牧民族南下定居北方与汉民族南下及与之相随的南方的深入开发，所导致的农耕与游牧民族的差异、分裂，使得南北方观念不断加深；第三，两宋后，南北方观念作为

---

① 这种观念早在民国时代就被一些学者认知，比如拉铁摩尔在《中国的亚洲内陆边疆》中对中国游牧民族与汉民族历史发展的阐述，现代学者更加发展了这种认知，具体成果可参见王明珂：《华夏边缘：历史记忆与族群认同》，台北：允晨文化实业股份有限公司，1997年。

② 地方观念最终是"在地化"的人们依据当时各种具体条件和意图而建构的产物。区域与地域是不同人群按照不同意图对地方的分类。

一种知识资源参与知识和权力的再生产及被消费。

先看第一点。中华原始时代文明点虽然是"满天星斗"，但核心却是在中原的华夏①。"在三代时及三代以前是以河，济，淮，流域为地盘的政治的演进。"②"华夏民族的最初形态是由黄河流域三大集群的主干部族并结合中原周边的一些少数部族凝聚而成的。"③先秦时代华夏文明的发展呈现出如下线索："史前黄河流域文化的主体是东夷、西夏、北狄三大集群。从传说源头上分析，我们同意这样一种看法，即黄帝代表北狄集群，炎帝代表西夏集群，太昊、少昊代表东夷集群。"④并且这些集团一旦形成，都向中原的核心地带⑤集中。其中，炎、黄各部由于更早进入黄河中游流域和华北大平原，因此传说都以炎、黄为中原文化的代表。到"五帝"时代，作为原始社会向文明社会的过渡期，也是华夏民族及华夏文化共同体形成过程中的滥觞期。"期间社会组织体系上的最大变动和主导线索，是中原部落大联盟的建立、发展和蜕变。"这一时代的历史，可以大体划分为三个段落。

第一个段落，由传说的炎、黄、蚩尤之间的三次部落大战拉开序幕，各大集群通过激烈的冲突和较量而最终走向结盟，首次在黄河流域建立起以黄帝部为首的大联盟；此后随着部族关系的变动和彼此实力的消长，颛顼部、帝喾部相继主盟，大联盟趋向巩固。第二段落，即尧、舜、禹在位的时期，大联盟稳定发展，三大集群间的力量对比相对均衡，高层次的推举制（"禅让"制）逐渐完善起来，从而呈现出北狄、东夷、西夏轮流主盟的态势；这时在大联盟

① "中原"有广义和狭义两种用法。狭义为现今河南省的代称，广义则指上古华夏文明发源的中心地域，即以今河南、山东、河北、山西、陕西交汇地带为中心的黄土高原地带及黄河中下游地区。在本书，全部取后者之意。
② 傅斯年：《夷夏东西说》，见《傅斯年全集》卷3，长沙：湖南教育出版社，2003年，第181页。
③ 张富祥：《东夷文化通考》，上海：上海古籍出版社，2008年，第21页。
④ 张富祥：《东夷文化通考》，第19页。
⑤ 在上古三代华夏文明中，"五帝时代"活动的中心地带指"今豫东北的濮阳与鲁西南的曲阜之间"及"晋南豫西的汾洛流域和山东半岛的潍淄流域"。参见张富祥：《东夷文化通考》，第21页。

的覆盖之下，中华大地上已是"古国"林立，大联盟自身的政治结构也逐次成熟，并已初具早期华夏统一国家的雏形。第三个段落，从禹传位于启开始，接连发生一系列"夷夏之争"，期间后羿、逢蒙曾相继占据盟主的位置；直到少康、季予时期，夏部族的主导地位与"家天下"的局面最后形成，中原部落大联盟才从此寿终正寝。[①]

此后商灭夏，周灭商，周天子式微东迁，春秋五霸、战国七雄直到秦扫灭东方六国而建立大一统王朝。

文明的发展也意味着活动空间的扩展，先秦时代，华夏族的活动空间顺着地理形势（主要是山河便利，其中河比山更适于交通扩展）呈现出向四方推进的总趋势："一方面是华夏地区由中原向北逐渐扩展。夏时主要统治区在黄河中游地区；商时南至淮河，北至河北中部；周时南面到了长江南岸，东北到了辽宁南部；春秋时南到洞庭湖，北至山西中部；战国时南至五岭，北至阴山。另一方面是从下游向上游发展，夏商时主要在黄河中下游，周时向西发展到渭河上游，春秋时发展到洮河。长江流域从下游向上游的发展与黄河流域有所不同，主要是由于交通关系，黄河流域诸夏文化先到长江中下游，然后向上游发展。"[②]总的来看，"从西周诸国林立，华夏与戎狄、蛮夷杂居的局面，至春秋五霸迭兴，华夏文化圈的扩大，再至战国七国争雄的局势，最后出现秦帝国统一局面的形成，前后大致经历了 8 个多世纪。"[③]

正是因为向四方推进，所以，在先秦时期，华夏族的地域空间意识（如"五岳"、"九州"、"禹迹"、"五服"、"中国"、"四渎"、"四海"、"王土"、"夷夏"等概念）更多的是呈现出向四方发散的趋势，地域观念及方位感主要是以天象（星占学）[④]和山水自然景观分域，南北方单独观念

① 张富祥：《东夷文化通考》，第 20 页。
② 邹逸麟：《中国历史地理概述》，上海：上海教育出版社，2005 年，第 98 页。
③ 邹逸麟：《中国历史地理概述》，第 98 页。
④ 根据天象来对地域分野以观察时变在古代中国具有源远流长的历史。古代中国人依据"天人合一"和"天下一体"等观念把天象分为二十八宿，并把此与气象上的十二支系统相连接，又分别配以列国和州郡。古人便是凭借每一星宿所分配的地上相应地区，来推断该地区的祸福。天体之星宿、地域之郡县和社会政事三者是相关联的，这种关系是天、地、人相通理论的直接物化体现。据《周礼·春官宗伯》载"保章氏"："掌天星，以志星辰日月

虽然也在孕育之中，但影响有限①。此后秦汉帝国时期，中国疆域的主体空间格局基本奠定。"从公元前 2 世纪至公元 2 世纪的 400 年，是中国疆域基本形成的关键期。自战国以来长期的经济文化交流，使农耕区已统一在一个政权之下，秦始皇统一六国即然。"在此时代，虽还有秦皇汉武的开疆扩土，但总体来说整个帝国疆域是转向维持。"到了汉代，华夏的扩张达到她生态上的极限边缘。"由此，人们的地域意识虽然还是四散扩展，比如"西域"、北方的匈奴、南方的南越等。但由于北面受挫，东方已扩及海滨，对西域管理的时断时续，人们的地域意识呈现出多重的开放性而更多采取地理与行政区划相结合的方式，所以，《史记·货殖列传》都是以"山西"、"山东"、"江南"、"龙门碣石北"、"陇蜀"、"三晋"、"巴蜀"、"滇僰"、"关中"、"三河"、"温、轵、西贾、上党"、"中山"、"赵"、"卫郑梁鲁"、"齐、鲁"、"荆、越"、"楚"等；《汉书·地理志》仍之。

　　再看第二点。魏晋南北朝和辽宋夏金是中国历史上的两个大乱时

（接上页）之变动，以观天下之迁，辩其吉凶。以星土辩九州之地，所封封域，皆有分星，以观妖祥。以十有二岁之相，观天下之妖祥……"即把天上不同的星宿与地上的各州、国一一对应起来。所以古人说"天垂象，见凶吉"。（《周礼注疏》上册，见《十三经注疏》卷 26，北京：中华书局，1980 年，第 818 页）此种意识在古书中比比皆是。比如《周易》："观乎天文，以察时变。"《淮南子·地形训》云："地形之所载，六合之间，四极之内，照之以日月，经之以星辰，纪之以四时，要之以太岁。天地之间，九洲八极。"在各种史籍中也可以找到原型。直到清朝，在编辑的各种地方志中，在确定某地的方位时，这种理论还有运用。

① 傅斯年在《夷夏东西说》认为先秦时代华夏族"在这片大地中，地理的形势只有东西之分，并无南北之限。历史凭借地理而生，这两千年的对峙，是东西而不是南北"（傅斯年：《夷夏东西说》，见《傅斯年全集》卷 3，长沙：湖南教育出版社，2003 年，第 181 页）。笔者以为不然，因为先秦时代华夏族的扩展是面向四方，所以地域观念也呈四方发散趋势。正是由于傅斯年过于注重东西而忽视南北，所以他的论证呈现出不小的漏洞。比如三代如若只有东西观念，"北狄"作何解？《山海经·大荒经》中之东西南北作何解？诸如此类。笔者以为傅斯年之所以注重东西方位而忽视南北，关键有两方面因素：（1）由于方法论本身的问题，傅斯年把夏商周三部族与东夷的互动简单化，只注意其东西方向上的对峙，而忽视各部族在南北方向上也分布广泛，比如东夷就分布在东西南北方向上，傅斯年也注意到"凡在殷商西周以前，或与夏商西周同时所有今山东全省境中，及河南省之东部，江苏之北部，安徽之东北角，或兼及河北省之渤海岸，并跨海而括辽东朝鲜的两岸，一切地方，其中不是一个民族，见于经典者，有太皞、少皞、有济、徐方诸部，风盈偃诸全叫作夷"（傅斯年：《夷夏东西说》，见《傅斯年全集》卷 3，第 206 页）。（2）对地理环境在三代古人活动方位上的影响估计不够。笔者以为三代古人之所以更多呈现出东西互动，关键原因就在于山川形便因素，沿基本上呈东向流的"四渎"（黄河、济水、淮河、长江）扩展，远比翻山越岭（黄河中下游地区周围有秦岭、大别山、伏牛山、太行山、山东丘陵等）容易得多，显然根据最方便原则，东西交流更容易被注意。

期，近 600 年的南北分裂导致南北差异的加大①，正是由于长时期整个社会的各种矛盾基本上都是在南北方向上运动②使得南北方地域观念迅速发展。关于此，分为两方面：第一，游牧民族与汉民族的南北对峙；第二，汉民族对南方的不断开拓。

先看第一方面。在汉族历史形成同时，游牧民族历史也在分化组合中前进③。"其中的一个过程是中国地理范围内逐渐加速的人类群体的'前进'与'落后'的分化。这种分化多半集中在统一地理环境中存在地方差异的范围内。从这个过程出现了两个起初模糊，但后来变得清晰的趋向：落后地区的社会组织逐渐形成一个社会净化迟缓的原始集团，而活跃地区的社会组织则与之分离，自行成为一个迅速进化的集团。到后来，一个就成了'蛮夷'，一个就是'中国'。"④具体来说，就是"战国初年，华夏诸国的周围分布着许多蛮夷和戎狄，以后有的与华夏族合并、融合，有的保持自己的发展道路。靠近中原地区的戎狄，先后为魏、赵、韩、秦合并，遂与华夏族融合。东夷和淮夷也为齐、鲁所并。南方越族的很多地方成为楚国的领地。较远的如北边的林胡、楼烦，原居于晋、陕北部和内蒙古地区，先曾为秦、晋、燕北边大敌，战国时受赵、燕攻击，渐次退出长城以外，为匈奴所并。战国后期，匈奴南下，成为华夏族北边的劲敌"⑤。正是如此，此后的中国历史都是各民族在冲撞融合中推进⑥。其实，纵观世界历史，游牧民族与农耕民族的融合都呈现出巨大的惨烈性，中国亦是如此。整个帝国的注意力除了防止农民暴动外，其余几近全部放在北方边疆，在此注视中，北方游牧民族的作用陡增，社会各种资源不断向北方倾斜。拉铁摩尔认为游牧民族与汉族的南北关系决定帝

① 当然，说此两段时期是南北分裂，是从主要方面大而言之。
② 因此，这两段时期都可以冠之为南北朝时期，不过魏晋南北朝为第一个南北朝时期，辽宋夏金可为第二个南北朝时期。关于此讨论，参见李治安：《两个南北朝与中古以来的历史发展线索》，《文史哲》2009 年第 6 期。
③ 关于中国北方游牧民族的历史，参见勒内·格鲁塞著，蓝琪译：《草原帝国》，北京：商务印书馆，1998 年；王明珂：《华夏边缘：历史记忆与族群认同》，第 95—320 页。
④ 拉铁摩尔著，唐晓峰译：《中国的亚洲内陆边疆》，南京：江苏人民出版社，2008 年，第 189 页。
⑤ 邹逸麟：《中国历史地理概述》，第 96 页。
⑥ 拉铁摩尔著，唐晓峰译：《中国的亚洲内陆边疆》，第 44—71、189—191、350—362 页。

制时代中国历史的走向，虽有些夸张^①，但也道出其重要性。这种地缘版图及由此引起的政治、财富、人才等方面的差异长期固定，体现在观念上就是南北方观念越来越成为帝制时代中国人的一种基本地缘认知。

所以，魏晋南北朝时期，由于游牧民族的冲击，在汉化逐渐深入的过程中，由于政治的整合，北方的整体性不断凸显。其中典型体现就是南北风俗、学术的差异及区分，所以在整合这段历史时，除了分别编撰各朝的断代史外，最后必须用南北两史统而括之。

> 自晋室分崩，中原丧乱，五胡交争，经籍道尽。魏氏发迹代阴，经营河朔，得之马上，兹道未弘。暨夫太和后，盛修文教，搢绅硕学，济济盈朝，缝掖巨儒，往往杰出，其雅诰奥义，宋及齐、梁不能尚也。南北所治，章句好尚，互有不同。江左，《周易》则王辅嗣，《尚书》则孔安国，《左传》则杜元凯。河洛，《左传》则服子慎，《尚书》、《周易》则郑康成。《诗》则并主于毛公，《礼》则同遵于郑氏。大抵南人约简，得其英华，北学深芜，穷其枝叶。考其终始，要其会归，其立身成名，殊方同致矣。^②

随后虽然经过隋唐时期大一统王朝文化的极力整合，但辽宋夏金近300年的南北再次分裂，使得南北差异更加凸显。

再看第二方面。正如上文所论，三代上古时段，华夏族活动区域在中原，春秋战国时代扩及长城以南整个北方及长江中下游地区，秦汉、隋唐时代，从北方向江南及西南深层推进。反映在史书上，《史记·货殖列传》中江南民食鱼米，人烟稀少，耕作方式落后，商品交换很不发达，贫富分化的程度也很低。《汉书·地理志》："楚有江汉川泽山林之饶。江南地广，或火耕水耨。民食鱼稻，以渔猎山伐为业，果蓏蠃蛤，食物常足。……饮食还给，不忧冻饿，亦亡千金之家。信巫鬼，重淫

---

① 帝制中国时代，决定整个帝国兴衰的因素有：皇权官僚系统的运转情况、民众的生存状况及组织程度、游牧民族与汉民族的对抗融合程度。
② 魏徵：《隋书》卷 75《儒林传·序》，北京：中华书局，1973 年，第 1705 页。

祀。"①到南朝刘宋之时，江南获得初步开发。

> 江南之为国盛矣，……自晋氏迁流，迄于太元之世，百许年
> 中，无风尘之警，区域之内，晏如也。及孙恩寇乱，殄亡事极，自
> 此以至大明之季，年逾六纪，民户繁育，将曩时一矣。地广野丰，
> 民勤本业，一岁或稔，则数郡忘饥。会土带海傍湖，良畴亦数十万
> 顷，膏腴上地，亩直一金，鄠、杜之间，不能比也。荆城跨南楚之
> 富，扬部有全吴之沃，鱼盐杞梓之利，充仞八方，丝绵布帛之饶，
> 覆衣天下。②

到唐朝时白居易就吟唱"江南好"。这一切反映在行政区划上就是
上古三代活动区域基本上全在中原地区，春秋时代诸侯国基本上都在北
方，除此外有影响的只有长江中下游的楚、吴、越三国；战国时代七雄
北方六长江流域一，《禹贡》中九州划分北六长江流域三；秦汉时代的行
政区划分亦是北方明显占优，西汉刺史部北九南四（主要在长江流域）；
魏晋南北朝时期，南方特别是岭南所设县的数目大增③；唐初各道设置南
北各五，开元时代则南八北七，到安史之乱后，唐王朝财富尽靠东南，
江南"忠诚八道"以其财富支撑唐王朝存在100多年；北宋时亦是如此，
在此设立转运使系统以支撑整个帝国运转④，南宋靠东南半壁维持了100
多年。

---

① 班固：《汉书》卷28《地理志下》，第1666页。
② 沈约：《宋书》卷54《沈昙庆传》，北京：中华书局，1997年，第1540页。
③ 据统计，南朝陈时，南方共有514个县（有4个县设置年代无考），其中设置于秦汉时期
   的有147县，三国吴时的有85县，西晋时的有31县，共263县，占南方总县数的51.1%。
   秦、两汉、三国吴、西晋所设县保留到陈时的有263个。分地区的统计显示：长江以南、
   南岭以北地区的282县（有3个县的设置年代无考）中，设于秦至西晋时期的有213县，
   占该地区总县数的75.5%（原文误作81%）；东晋至陈所设县有66个，占总数的23.4%。
   岭南地区则正好相反，在陈时存在的232个县（1个县设置年代无考）中，秦至西晋所设
   的仅50个，占该地区总县数的21.6%；而东晋至陈所设却有181个，占总县数的78.0%，
   也占该时期南朝全境设县总数的73.3%。（吴刚：《秦汉至南朝时期南方农业经济的开发》，
   《上海社会科学院学术季刊》1991年第1期）
④ 周振鹤：《中国历史上两种基本政治地理格局的分析》，《历史地理》第20辑，上海：上海
   人民出版社，2004年。

　　两个南北朝时期，不但是南北方政治的分裂，"两个南北朝所造成的南、北方隔离与差异，直接影响到中古以来的历史发展"①。最显著的表现就是南北人口格局的逆转②。并且由于这种逆转，至少在第二个南北朝时期，南北方民族结构及社会景观也产生巨大差异：在北方由于土著汉族南迁和少数民族源源不断进入，北方不少地区"胡化"相当严重，南方则是一方面人口数量膨胀，另一方面"汉化"程度也不断深入。到南宋时代，由于南方基本没有受到冲击，人口规模继续发展。一方面是大量北方人南迁，本时期"北方人口的南迁规模，远远超过以前的两次，即发生于西晋永嘉之乱以后的第一次南迁浪潮和发生于唐后期五代的第二次南迁浪潮"③，另一方面则是南宋境内"开发性移民"的兴起，人们自发地"自人口密度较高地区向人口密度较低地区的迁移"，"事实上，无论就其规模而言，还是就其对南方落后地区开发的意义而言，较大规模的开发性移民的兴起都应自宋代开始讲起。可以说，辽宋金元时期是我国移民史上新旧两种模式交替的时期，在这一时期，作为秦汉至元末这一阶段移民主流的自北而南（北方人口南迁和周边民族内迁）的浪潮将要终止，而作为下一阶段移民主流的自东向西（自人口密度较高的东部地区向人口密度较低的西部地区）的开发性移民浪潮已经来到"④。正是如此，在辽宋夏金时期，北方人南下与游牧民族南下定居北方的交互作用使得南北人口形势完全逆转。

① 李治安：《两个南北朝与中古以来的历史发展线索》，《文史哲》2009 年第 6 期。
② 第一个南北朝时期："东晋人口的起点为 1050 万"，末年"增加到 1746 万"。"刘宋人口的最高峰可能超过东晋的达到 1800 万—2000 万，而大明八年的人口数也不会低于东晋人口的下限，在 1500 万—1700 万之间。"但最终虽然北方长期混战，但人口北盛于南，"以公元 6 世纪 20 年代北魏的 3000 余万人口，加上南朝梁同时期的 2000 万，南北人口的总数合计已经超过 5000 万"。上述数据见葛剑雄：《中国人口史》卷 1，上海：复旦大学出版社，2002 年，第 464—475 页。第二个南北朝时期：北宋时代人口迅速增长，北宋太平兴国五年（980），该年约有 687 万户、近 3710 万人；大观三年（1109）2088 万户、近 11275 万人；宣和六年（1124）约有 2340 万户、12600 万人。而南北差距越来越大。"辽宋初期无疑是南北人口分布的一个转折点。"北宋南方、北方各府州军的主客户户数：太平兴国五年（980），北方：2544447；南方：3874053。元丰元年（1078），北方：5664046；南方：10939908。崇宁元年（1102），北方：5917638；南方：12196307。上述数据分别见吴松弟：《中国人口史》卷 3，上海：复旦大学出版社，2000 年，第 349、352、626、122—135 页。
③ 吴松弟：《中国人口史》卷 3，第 623 页。
④ 吴松弟：《中国人口史》卷 3，第 624 页。

　　如以秦岭—淮河为界划分南方和北方，西汉元始二年（公元2年）全国人口的绝大多数集中在北方，广大的南方地广人稀。此后，随着南方的逐步开发，特别是爆发在北方的一次次大规模战乱，在北方人口因死亡和迁移而锐减的同时，南方人口却因相对和平的环境与北方避乱人口的一再迁入而有所增加。……南方占全国人口的比重，西汉元始二年（公元2年）约为19%，西晋太康元年（280年）提高到45.7%；然而，由于北方人口和经济具有顽强的恢复能力和南方局部地区的战争，到南北统一以后的隋大业五年（609年）南方人口所占比重下降至28.4%，唐天宝元年（742年）仍只占45.2%。然而，自宋代开始，情况发生了重大的变化。北宋太平兴国五年（980年）的全国人口总数中，南方占56.9%，北方占43.1%。……到元丰元年（1078年），南方在全国人口总数中所占比重上升至62.6%，而北方则下降至37.4%。到北宋后期的崇宁元年（1102年），南方、北方所占百分比已是64.1%对35.9%。①

　　直到"明清时期，虽然北方人口在全国人口中所占的比重有所提高，但南方仍占十分之七以上"②。

　　总的来看，经过两个南北朝，特别是第二个南北朝的分裂及在各自区域内的不断整合，一方面，南北景观的差异不断凸显，另一方面，由于北方少数民族南下定居北方及同时期的汉人南下定居南方，南北方各自区域内人们生活越来越具有一致性，生活的一致性也导致区域文化和认知模式的一致性。"周边民族的内迁，虽然规模可能不及五胡十六国北朝时期，但迁入中原的东北民族成员却在我国北方建立了长达百余年的金政权，蒙古族更统一全国建立了疆域广大的政权，均在我国历史上留下了深深的痕迹。这两种类型的迁移，都对辽宋金元乃至以后我国各区域的经济文化发展产生重要影响。"③

　　最后第三点。正如上面所说，经历了两个南北朝，南北方地域观念

---

① 吴松弟：《中国人口史》卷3，第625—626页。
② 吴松弟：《中国移民史》卷4，表13-2，第481页。
③ 吴松弟：《中国人口史》卷3，第623页。

已经凸显。此后，一方面，大一统王朝竭力调控，比如在政治上，定都北京，确立北方的政治中心地位；经济上，利用大运河使江南财富供应北方；文化上，在科举制等调控上，更多考虑地域平衡，不断给予北方各省相对更高的录取率等。另一方面，为了帝国各地缘之间的平衡以减少统治成本，从第二个南北朝开始，包括南北方等地缘因素就不断参与到帝国知识与权力的再生产及消费。早在辽朝，由于获得幽云十六州后境内汉人激增，实行"以契丹法治理契丹人，以汉法治理汉人"的南北院制度。

> 契丹旧俗，事简职专，官制朴实，不以名乱之，其兴也勃焉。太祖神册六年，诏正班爵。至于太宗，兼制中国，官分南、北，以国制治契丹，以汉制待汉人。国制简朴，汉制则沿名之风固存也。辽国官制，分北、南院。北面治官帐、部族、属国之政，南面治汉人州县、租赋、军马之事。因俗而治，得其宜矣。[①]

这是一种依据民族、地缘等差异"因俗而治"的统治模式。在元朝，这种统治模式被推向整个帝国，如根据不同的民族和征服的先后，把全国各族人民分为蒙古人、色目人、汉人、南人四等，在官吏任用、法律地位、科举名额等待遇和义务方面都有种种不同的规定。但由于元帝国的操作失误，这种区分成为帝国崩溃的一个重要因素。"在蒙古人统治中国将近一个世纪后，由于蒙古帝国的民族分化政策和残暴的黑暗统治，最终又使中国出现了农耕区和游牧区、渔猎区分裂的局面。"[②]到明朝，由于对元朝民族分化和民族压迫、歧视政策的反动，"因此当南方汉人夺取政权后，对蒙古民族有一种心理上的仇恨，再加上游牧民族失去了对农业区的统治后，更加深了对农耕区的破坏，使得明王朝不得不修长城加以防范。这种心理上、地理上的对立，阻碍了民族团结和融合，使得农耕区和游牧区处于长期分裂状态"[③]。到清朝，清帝国在大一统皇权主导

---

① 脱脱：《辽史》卷 45《百官志》，北京：中华书局，1974 年，第 285 页。
② 邹逸麟：《中国历史地理概述》，第 139 页。
③ 邹逸麟：《中国历史地理概述》，第 147—148 页。

下把"因俗而治"发扬光大并实行"修其教不易其俗，齐其政不易其宜"的统治方针，"清廷统一农耕、游牧、渔猎三大区，并非以同一种模式进行统治，而是根据不同民族、地域特点，分别施以不同的统治政策和制度"①。在这种"因俗而治"的方针中，包括南北方在内的各个地域之间的平衡就成为帝国统治政策的重要考量，反映在诸如科举制等诸多制度设计中，就是从"帝国一盘棋"到地域平衡的转向中②。

从科举制度产生起，一方面，科举制度就是与编户齐民的户籍制度相连，按地域户籍报考而不允许自由报考，另一方面，科举制是否应该仅仅凭文章优劣这一唯一标准来选拔官吏不断引发争议。如何更公平地选士，成为统治者不得不解决的现实问题。宋英宗治平元年（1064），欧阳修与司马光就有关南北举额分配进行争论。元代在皇庆二年（1313）恢复科举制度后，将考生区分为蒙古人、色目人、汉人、南人四种，带有一定的区分南北的含义。明清时代科举制中对地域的考量从口舌争论走向制度建构实践。自明代爆发了著名的"南北榜之争"后，比例解额制改为固定解额制。在实践中，明朝"科举的设计充分体现出照顾弱势区域的倾向。……为了平衡区域，明朝的会试中出现了南北卷的现象，后更进一步分为南北中卷。透过明朝乡试解额的几个特点，可以窥知明朝区域平衡的原则：一为解额变化的趋势表现为前增后平，科举的不拘额是洪武初年急需用人时的情况，明朝大部分时间都是有定额的取士。二为明朝乡试名额的分配，划分为南北直隶、一般地方以及边区三个层次。三为南北直隶趋于平衡。四为保护弱势区域，平衡各地差距。明朝的会试也不允许自由竞争，同样实行区域配置，洪熙年间创立南北卷，宣德时更有南北中卷分取制度的出现。分地取人原则是建立在严格的户口管理制度上。科举考试中，是不准士子户口自由迁徙，以防止冒籍考

---

① 邹逸麟：《中国历史地理概述》，第 155 页。

② 关于明清后，科举制从"帝国一盘棋"到地域平衡的转向方面，有不少学者进行了研究。具体参见何炳棣著，王振忠译：《科举和社会流动的地域差异》，《历史地理》第 12 辑。钱茂伟：《国家、科举与社会——以明代为中心的考察》，北京：北京图书馆出版社，2004年，第 241—279 页；刘海峰：《科举取士中的南北地域之争》，《中国历史地理论丛》1997年第 1 期；林丽月：《科场竞争与天下之"公"：明代科举区域配置问题的一些考察》，《台湾师大历史学报》1992 年第 20 期；何忠礼：《二十世纪的中国科举制度史研究》，《历史研究》2000 年第 6 期等。

试破坏南北的平衡"①。而到清朝，这套制度一直沿用并且不断细化并推向极致。"对地域平等地关心已取代了理论上的公正性。"②清代童生经县试、府试、院试后，录取者即为县学、府学生员。每县学额一般按照文风之高下及钱粮丁口之多少，大县四十名，小县三十名。乡试录取名额之多少，依照各省人口之多寡，丁赋之轻重，文风之高下而定，且有官卷、民卷之分。总的来看，明清科举制拥有越来越多的地域考量：内容上，从南北卷到分区定额制再到具体的分省取士制；层次上，从明朝的乡试到清朝的会试，对乡、会试录取名额的地区划分越来越细。这种细化不但对清代各地域学术产生了深刻影响③，而且由于参与知识与权力的再生产更加深化了包括南北方等相关地域观念。

第二节 学术史意义上的中国北方：从先秦到晚明

从南北朝以来，在学术史中，就有学分南北的叙事传统。比如在正史中：

> 大抵南北所为章句，好尚互有不同。江左，《周易》则王辅嗣，《尚书》则孔安国，《左传》则杜元凯。河洛，《左传》则服子慎，《尚书》、《周易》则郑康成。《诗》则并主于毛公，《礼》则同遵于郑氏。南人约简，得其英华。北学深芜，穷其枝叶。考其终始，要其会归，其立身成名，殊方同致矣。④

而在民间，以学分南北立论者更是比比皆是。颜之推的《颜氏家训》中的《后娶》、《治家》、《风操》、《书证》、《音辞》等篇⑤，顾炎武的《南北

① 钱茂伟：《国家、科举与社会——以明代为中心的考察》，第241—279页。
② 李弘祺：《宋代官学教育与科举》，台北：联经出版公司，1994年，第177页。
③ 关于清代科举制调控对各地域学术影响的个案研究，参见本书绪论第二节"20世纪清代考据学研究范式的反思与重建"。
④ 李延寿：《北史》卷81《儒林传上·序》，北京：中华书局，2003年，第2709页。
⑤ 王利器：《颜氏家训集解》（增补本），北京：中华书局，1996年，第31—127、409—567页。

学者之病》[①]，王国维的《屈子文学之精神》[②]，柳诒徵的《南北之对峙》[③]，陈序经的《南北文化观》[④]，林语堂的《北方与南方》[⑤]，鲁迅的《北人与南人》[⑥]，曹聚仁的《"南"与"北"》[⑦]等都是以南北立论。特别是梁启超的《论中国学术思想变迁之大势》[⑧]、刘师培的《南北学派不同论》[⑨]以学分南北纵论两千年中国学术史，影响深远。但笔者认为，就学术史而言，以学分南北框架中国学术至少存在两方面的问题：第一，框架的非历史性；第二，具体学术地域空间的含糊不清。

先看第一点。正如上文所论，南北方观念并不是先天而来，而是到两个南北朝后才逐渐成为共识的，换句话说，学分南北是在南北方观念成为社会的共识，有以之观念品评学术风气后才可能出现。所以，不考察所用框架的来龙去脉，而直接用后起的、一成不变的"南北"观念来框架整个中国学术，是非历史性的。经过两个南北朝，特别是第二个南北朝，学风的差异以南北方的形式呈现，但在此前，各地学风虽有差异，但并非以南北方的形式显现，比如西汉，司马迁在《史记·货殖列传》中，把当时汉王朝直接统治的疆域按照经济、文化风气划为山东、山西、江南、龙门碣石以北四大地区，具体言之就是：（1）齐鲁周宋地区（以鲁国、东海，琅玡、齐郡、梁国、沛国最为显著，此外还包括济南、千乘、泰山、山阳、东平等，并向西延伸到河南郡地，这里据其主要部分，故名之为齐鲁周宋地区）；（2）河北西部地区（主要包括河内、魏郡、赵国、涿郡等太行山脉东麓诸郡国以及信都、河间一带）；（3）三辅地

---

① 顾炎武：《日知录集释》卷 13，上海：上海古籍出版社，2006 年，第 804 页。
② 王国维：《屈子文学之精神》，见《王国维经典文存》，上海：上海大学出版社，2003 年，第 154—157 页。
③ 柳诒徵：《南北之对峙》，见《中国文化史》，上海：上海古籍出版社，2001 年，第 412—418 页。
④ 陈序经：《南北文化观》，《岭南学报》1934 年第 3 期。
⑤ 林语堂：《北方与南方》，见《吾国与吾民》，西安：陕西师范大学出版社，2006 年，第 2—9 页。
⑥ 鲁迅：《北人与南人》，见《鲁迅全集》卷 5，北京：人民文学出版社，1973 年，第 493—496 页。
⑦ 曹聚仁：《"南"与"北"》，见《万里行记》，北京：生活·读书·新知三联书店，2005 年，第 363—365 页。
⑧ 梁启超：《论中国学术思想变迁之大势》，上海：上海古籍出版社，2001 年。
⑨ 刘师培：《南北学派不同论》，见刘师培著，李妙根编：《刘师培辛亥前文选》，第 318—352 页。

区（即京兆尹、右扶风、左冯翊三个郡级政区）；（4）蜀郡周围地区（主要为成都平原及周围地区）；（5）淮南吴越地区（主要是从九江郡至会稽郡的宁绍平原以北地区）[①]。东汉时代则变为：（1）豫兖青徐司地区（这里指东起琅玡、东郡，西至河南、洛阳，北达河内，南及淮河的广大地区）；（2）三辅地区；（3）吴会地区（这主要是吴郡与会稽郡北部的山地平原一带）；（4）蜀地（这里指蜀郡、广汉、犍为一带）[②]并向凉州（河西走廊）、并州、南方地区推进[③]。三国西晋时代，由于巴蜀文化的衰落、河北文化的再度崛起及河西地区文化的进步，又呈现出不同景观。

　　　　三国时，由于长期的分裂局面和各地文化发展的不同状况，学术文化再度出现较大的地区差异。在文化最为发达的洛阳附近，即河南、南阳及兖豫一带，学术、学风与教育形式都出现很大变革，成为玄学、清谈最流行的地域；青徐滨海地区儒学传统浓厚，又受到玄学新文化的影响，形成了经学、玄学并重的局面；在吴地、蜀地、河北、河东、关中、河西等广大地区，都仍保持着两汉以来的经学传统与教育形式。[④]

　　但不管文化中心如何变化，直到南北朝以前全部都在秦岭—淮河北线，虽然两汉蜀地和三国时代的吴国时期境内学术有所发展，但其还是汉文化的边缘地带而根本无法跟黄河中下游地区媲美。试想，以此情况，怎么可能学分南北？

　　再看第二点。无论何种发展都需要一定的空间，学术思想亦是如此。既然要学分南北，无疑就要确定北方空间构成。在长期的历史发展过程中，在历史与地理缠绕中的中国北方呈现出相当的多元性和多重含义。笔者认为，它至少有两种含义。一方面，是一个地理概念，在两个南北朝的社会大变迁中南北方观念形成后，中国北方大致就是秦岭—淮

---

① 卢云：《汉晋文化地理》，西安：陕西师范大学出版社，1991 年，第 5 页。
② 卢云：《汉晋文化地理》，第 65 页。
③ 卢云：《汉晋文化地理》，第 82—87 页。
④ 卢云：《汉晋文化地理》，第 124 页。

河一线以北的中国。在地理意义上，中国北方可分为五大部分：华北、西北、东北、西域（新疆）、蒙古。在此地带，草原、农田、绿洲、森林等自然环境与游牧、农耕、狩猎等经济形态纵横交织。另一方面，中国北方又具有思想与学术方面的意义，在两个南北朝之前，它是中华文化的核心地带，不但奠定了汉文化的基本根基，而且以其原发性的思想源源不断地形塑着周边地区；在两个南北朝后，南北方观念成为整个社会的共识，使得学分南北成为可能。在理学北传后，北方学术在有异于南方学术的基础上以其独有的特色不断推进。

总的来看，地理意义上的中国北方与学术史意义上的中国北方是相互连接的。一般而言，地理意义上的北方包括范围更广，是学术史意义上北方的基础，而学术史意义上的北方则只能是汉文化影响所及的那部分北方地区。因为无论任何一种学术，最基本的要由两方面构成：（1）阐发学术思想所依据的基本经典体系；（2）维护、发展和体现其知识体系的学术共同体。正是在经典体系和学术共同体的相互作用中，学术才能不断推进。不可否认，虽然北方非汉族文化区中的各民族也有灿烂的文化类型，但以上两个衡量标准却是都不具备的。所以，学术史意义上的中国北方与地理意义上的中国北方不同，它特指汉人区域北方核心地带，从具体区域上讲就是现代河南、河北（不包括今河北北部）、山东、山西、陕西（主要是关中地区）①。在东北和西北、新疆及蒙古广大地区，在历史上，既没有像汉族一样的基本学术经典体系，又无绵延不断之学者共同体，虽然属于地理意义上的中国北方；但却不是学术史意义上的

---

① 统而观之，中国古代学术可以分为以陕西、山西、河北、河南、山东为腹地的黄河中下游和以江浙、安徽、江西、福建、两湖、巴蜀为腹地的长江中下游两大区域，如果进一步细化，这两大区可分为若干板块：以关中学术为支撑的西北关学和以河南、河北、山西、山东学术为基础的北学，是为北方学术；以江浙、江西、安徽学术为基础的江南之学和以福建、江西、两湖、巴蜀学术为基础的地域学术。其中，北学与江南之学为中国学术实力最强区域，古代所谓的"学分南北"实际上就是以这两大区域的不同立论。南北朝之前，由于长江流域尚未得到有效开发，所以，南北朝以前的学术基本上就是北方学术；到南北朝至辽宋夏金（本书称为"第二个南北朝时期"），由于南方的不断开放，南方学术迅速崛起，但至少在北宋时期，北方还是中心，到南宋与金对峙时期，则是南方一家独大；明清时代，随着大一统帝国的再次稳定存在，虽然南方发展较之北方更为迅速，但就学术而言，在更多时间则是各具特色，呈现出"学分南北"的"双中心"状况而非一般认知的南方全面压倒北方的"单中心"。

中国北方。因此，无论是在现代人的学术史叙事中，还是古人的学术史叙事中，其视野全部都局限于汉文化系统之内，简言之，中国的学术史就是汉族学术史，中国北方学术史就是北方汉族空间之内的学术史。在以前的学术史南北方叙事中，对此却根本没有辨析，导致学术史家们笔下的"北方"完全是飘忽不定的。其实，他们笔下的"北方"无论如何也不是地理意义上的北方，因为游牧民族文化、绿洲文化并没有包括在内，而只能是学术史意义上的北方，即汉族文化影响下的中国北方学术史。

远古三代，学在官府，除华夏中心中原文化外，别无学术。"华夏人本主义文化的发祥地是华北黄土高原与毗邻平原的地区。产生这人本主义文化的物质基础是自始即能自我延续的村落定居农业。"①正是在此空间舞台上，后来成为中国文化主干的华夏文明的基本精神得以形塑。从宏观历史来看，华夏文明的三大基础：定居的精耕细作的农业文明，以宗族—宗法为基础的制度文明，以祖先崇拜为核心的精神信仰，都是产生在此地区。战国时代，华夏文化传播到长江中下游地区，典型表现就是南方的楚国成为华夏文化区的一部分。秦、西汉时代，学术思想中心在齐鲁地区，政治中心在关中，而到东汉，政治、学术中心都汇集于洛阳、南阳、颍川、汝南一带。三国、西晋时代，随着玄学兴起，文化中心仍在这些地区。概言之，东晋南北朝之前，虽亦有各个地域学派的兴盛，但由于学术的主要区域都位于现在意义上的北方，所以，北方学术史基本上就是中国学术史。

东晋南北朝之际，随着北方南迁及南方的深入开发，南方文化迅速发展。但到隋唐时代，仍然是北强南弱。根据史念海研究，新旧《唐书》列传中所有人物"当时有确切籍贯的一千八百八十九人，按十道②区分，关内道为五百三十人，河南道四百零一人，河东道二百二十四人，河北道四百零九人，山南道四十三人，淮南道五十八人，江南道一百四十七人，陇右道四十五人，剑南道一十九人，岭南道一十三人。

---

① 何炳棣：《华夏人本主义文化：渊源、特征及意义》（上），《二十一世纪》1996年第2期。
② 唐代地方区划是采用道的制度，各道之内复设州县。贞观元年（627）定制，因山川之便，全国共分十道，即关内、河南、河东、河北、山南、江南、淮南、陇右、剑南和岭南道。开元二十一年（733），分关内道立京畿道，分河南道立都畿道，山南道分为东、西两道，江南道分为东、西两道和黔中道。十道是按照贞观元年定制而言。

另有周边各地的二十九人"①。到第二个南北朝，由于契丹、女真、蒙古等游牧民族南下定居北方和汉民族南下过程中对南方的深入开发，北方式微、南方崛起的地缘变迁所孕育的南北方观念成为整个社会的共识，使得学分南北格局完全形成。

　　之所以在第二次南北朝期间完全形成学分南北的格局，是因为南北方的学术风格在此时得到再次形塑，而形塑的动力则来自于第二个南北朝南北迥异的社会形势。虽然北宋时期，二程、张载、邵雍创建了各自的理论体系，特别是二程创立了以"天理"为基础的洛学体系，奠定了理学的基础。但自从北宋灭亡后，宋金及随后蒙古与宋南北对峙，在此近二百年期间，南北儒生的生活环境出现天壤之别。也正是在这种天壤之别的社会中，不但南北形势逆转，学术水平、发展趋向更是如此。就南方来说，学者们在北宋学术风气中继续向纵深发展，经过学界长期细致的相互激荡，对后世影响深远的理学在南宋最终成型②。就北方来说，一方面，严酷的社会环境使得儒生们朝不保夕，另一方面，在此环境中，由于社会的严重苦难使得道教等宗教在北方迅速流布，从而进一步压缩了儒学的发展空间③。因此，北方学者只能在苟延残喘中形成"重救世，救民于水火"的致用传统④。南宋年间，范成大使金，目睹北方凋敝。"东京虏改为南京，民亦久习胡俗，态度嗜好与之俱化。男子髡顶，月则三四髡，……最甚者，衣装之类，其制尽为胡矣。自过淮以北皆

① 史念海：《两〈唐书〉列传人物本贯的地理分布》，见《唐代历史地理研究》，北京：中国社会科学出版社，1998年，第375页。
② 与辽朝、金朝及元朝初期的北方学术研究寥寥相比，研究两宋时代，特别是南宋时代的成果汗牛充栋。总体来看，只要是研究理学的著作，就肯定要涉及南宋。第二个南北朝时期的思想史或者学术史几乎全部视野都聚焦在两宋，特别是南宋地域内。
③ 金元之际，南北对峙，长期混战，致使民不聊生。在此社会状态之下，作为社会苦难镇痛剂的宗教思潮，主要是道教思潮在北方应时而起，形成了北方三大道教派别，一是萧抱珍所创立的太一道，二是由刘德仁所创立的大道教，三是由王重阳所创立的全真道。其中以王重阳所创立的全真道最盛。元代全真道依靠政府之支持，不仅统治了整个北方，而且也慢慢把南方的内丹道收拢其内，出现了南北丹道合流之趋势。参见陈垣：《南宋初河北新道教考》，北京：中华书局，1962年；耿玉儒：《中国道教太一道》，郑州：中州古籍出版社，1993年；张广保：《金元全真教史新研究》，香港：青松出版社，2008年。
④ 关于辽朝、金朝及元朝初期的北方学术，因为成果寥寥，所以研究者不多，具体可参见赵琦：《金元之际的儒士与汉文化》，北京：人民出版社，2005年。

然，而京师尤甚。"[①] "虏即蹂躏中原，国之制度，强慕华风，往往不遗余力，而终不近似。"[②]到金元之际，中原地区再次经受了严重的破坏，传统社会、政治制度和文化遭到摧毁。时人称"国家承大乱之后，天纲绝，地轴折，人理灭，所谓更造夫妇，肇有父子者"[③]。

> 在这一历史剧变中，金元之际的中州儒士不可避免地先依栖于蒙古诸王、中原世侯等新贵之门，出任大蒙古国官员，后又登新朝庙堂，这不是个别人，而是一批人的选择。……面对异常严酷的现实危机，摆在中州儒士面前的首要问题不是死节，而是救生灵于水火。儒士通过蒙古诸王侍从、中原世侯幕僚、大蒙古国官员等身份，参与社会政治活动，继续发挥其传统的治世作用，或通过传学授徒传播汉文化，培养后劲，使汉文化在战争劫火之余，仍顽强地恢复和发展。在官僚体制得到新朝的承认和采纳后，出任国家官员，直接参与了忽必烈变革蒙古旧制，参用汉法立国的社会工程。[④]

即使如此，蒙古统治者也一直没有放弃蒙古本土，忽必烈定都燕京后，实行两都制，并将和林地区作为国家的重点保护地区。

> 加之出于保证蒙古贵族的统治权，以及对汉人的不信任等原因，使他没有更加彻底地采行汉法，反而实行民族歧视政策，制造民族差异，不可避免地激化民族矛盾。这是造成元朝国祚不久的重要原因之一。作为中原传统文化和制度代表的儒士的作用越来越受到限制，他们的政治地位也没有得到更大程度的恢复。[⑤]

所以，金朝到元初，北方儒生们习的是"章句之学"。

元代一统中华后，由于赵复、姚枢、许衡、刘因等的努力，理学北

---

① 范成大：《范成大笔记六种》，北京：中华书局，2002 年，第 12 页。
② 范成大：《范成大笔记六种》，第 16 页。
③ 宋子贞：《中书令耶律公神道碑》，见苏天爵：《元文类》卷57，四部丛刊景元至正本，第601页。
④ 赵琦：《金元之际的儒士与汉文化》，第 297 页。
⑤ 赵琦：《金元之际的儒士与汉文化》，第 296—297 页。

传并且成为科举的依据，由此，北方儒生们由"章句儒"转变为"义理儒"，形成了理学的北方派，即北学。这种北学与南方的理学相比，有其独特的个性。因为没有经历过南宋时期不断分化组合的理学建构期，特别是朱陆之争，所以，北方理学家门户观念淡薄，思想更多呈现出非程朱非陆王、亦程朱亦陆王的复杂状态。同时，由于他们接受的理学是南方传来的，理论水平有限，因此，在实际中他们更多地侧重于对理学基本价值理论的实践而不刻意于理论本身。总而言之，相对于南方的理学家，北方理学家更多是从实践角度决定其理论倾向，他们强调"道不远人"，重"实"而黜"虚"，"尺步绳趋，偏执固执以自锢其心思"。

　　正是如此，明清时代，随着大一统帝国的再次稳定存在，虽然南方发展较之北方更为迅速，但就学术而言，南方学术对北方并没有绝对的优势，在更多时候南北双方各具特色，呈现出"学分南北"的"双中心"状况而非一般认知的南方全面压倒北方的"单中心"，并且在此"双中心"内各自依据不同的景况不断深入推进①。缘至明代，曹端首开"河西之学"，薛瑄继之开"河东之学"，流风所及遍天下。《明儒学案》言："方正学而后，斯道之绝而复续者，实赖有先生一人。薛文清亦闻先生之风而起者。"②刘师培论及"大抵恪守考亭家法，躬行礼校，言规行矩，然自得之学旷然未闻，此明代北学之蕙矢也。"③"然自得之学旷然未闻"虽评论不当，但北学躬行实践的确不错。曹端"专心性理，其

---

①　这种明清学术"学分南北"的"双中心"情况在帝国正史里面有显著体现。比如在明代，南方学术虽有陈献章、王阳明的心学，但北方学术也有曹端、薛瑄、吕柟的河东之学与关学，到清代，南方虽然有考据学派与桐城派，北方却是夏峰北学和"关中三李"领军的清代关学巍然屹立，声势不减。笔者认为，之所以的"双中心"状况被20世纪学术史改造成"单中心"论，很重要原因在于其话语系统中建构的宋明理学史与清代考据学史叙述本身的误导。其实，宋明不同，宋代为各种思想纷争及由此理学不断蜕变形成之时代，明代为官方化的程朱理学统治及其僵化而导致新一轮儒学更新运动之时代，而清代则为经过宋元明几百年孕育的理学成熟而完全意识形态化之时代，但也正是这种意识形态化而导致的僵化，一方面导致考据学等学派的兴起，另一方面理学较之前代更猛烈的向社会各个方面渗透，理学更深入于中国宗法文明之沃土，理学之士上为达官、理学名臣，下则深入民间，致力于宗族人伦。正是如此，不但清学各个地域呈现出不同状态，而且五四以来整个社会不断批判的中国前现代的礼教"传统"实际上很大程度上是由清代理学形塑的。

②　黄宗羲著，沈芝盈点校：《明儒学案·师说》，北京：中华书局，2008年，第2页。

③　刘师培：《南北学术不同论·南北理学不同论》，见刘师培著，李妙根编：《刘师培辛亥前文选》，第329页。

学务躬行实践，而以静存为要"①。他以为："佛氏以空为性，非天命之性。老氏以虚为道，非率性之道。笃好之，一切浮屠、巫觋、风水、时日之说屏不用。"所以，他"上书邑宰，毁淫祠百余，为设里社、里谷坛，使民祈报。年荒劝振，存活甚众。为霍州学正，修明圣学。诸生服从其教，郡人皆化之，耻争讼"。《明史》评论道：

> 初，伊、洛诸儒，自明道、伊川后，刘绚、李籲辈身及二程之门，至河南许衡、洛阳姚枢讲道苏门，北方之学者翕然宗之。洎明兴三十余载，而端起崎、渑间，倡明绝学，论者推为明初理学之冠。

而薛瑄以承继儒家道统为己任，学宗南宋朱子，融合北宋周濂溪、二程、张横渠之学，将《大学》、《中庸》的天命人性进路与《孟子》、《易传》的直承心性进路相融贯，继承儒家一贯的人性关切与宋儒开拓的天人规模，构建"理"、"气""性"、"心"相贯通的哲学体系，并依此构建"理气无间"、"理一分殊"的天道宇宙论，以性（体）为贯通天人的枢纽，心（体）为"气之灵"、"理之枢"，为一身主宰，主张通过主敬立诚、穷理格物、内向自得、切己反躬、内外交修的"复性"修养工夫，使主体从善恶杂陈的人性实然走向纯然至善的应然，彰显、挺立、扩充人的道德主体性，提升实然人性，使之达到人性之应然状态，最终实现"性天通"亦即"天人合一"的理想境界。②具体来说：

> 薛瑄哲学以天道观统摄、观照人性论，以人性论具体承载、呈现天道观，从而使天人的双向观照成为薛瑄哲学整体架构的统摄视角。在天道观上，薛瑄继承朱子理气关系建构，有限度地保留朱子"太极"、"理"的本体统摄义，但更多地从实然宇宙论层面把握天人之则，针对朱子"理先气后"说而主张理气"决不可分先后"、

---

① 张廷玉：《明史》卷 282《儒林传一·曹端传》，北京：中华书局，1974 年，第 7239 页。
② 高琼：《生命践履与"性天通"——薛瑄哲学思想研究》一文"摘要"，陕西师范大学博士学位论文，2010 年。

"理气无缝隙"，在很大程度上消解"理"的本体义和形上超越义。同时，薛瑄吸收张载关学思想，提升"气"的地位，以气本气化解释天地万物的生成变化，展示出由"理"向"气"之一面的一元化和内在化转向，并为朱子理学向明代气学的反转开了先声。在人性论上，薛瑄继承宋儒双重立体人性论，将人性分为"本然之性"和"气质之性"，坚持程朱"性即理"，强调"论性是学问大本大原"，认为天人万物，一性贯涉，尤其是将"性"作为落实天命天理、铺开生命践履、实现天人贯通的枢纽，着意突出"性"的道德本体地位。同时薛瑄又认为"立心为本"，以"心"为"气之灵"、"理之枢"，为人一身知性、复性、性与天通的主宰。在工夫论上，由于"性"是贯通天人的枢纽，因此人的全部修养工夫便为"复性"，即通过持敬立诚、主静无欲、存心自得的静存工夫和格物穷理、尽性复性、知行两得、反躬践履的动察工夫祛除私欲蒙蔽，恢复、扩充、彰显人的本然之性，使此性与纯善天理相通，实现"性天通"、"天人合一"的理想人格境界。①

正是如此，薛瑄"其学在以程朱理学尤其是朱子理学为本的基础上，涵纳张载关学，开启明代气学，影响明代关学和心学，启迪明清实学"②，不但成为明代北方理学的集大成者，开拓明代朱子学的新境界，而且奠定了明代北方理学的底色，与王守仁阳明心学鼎足而立，为明代学术两大主干。《明史》称："英宗之世，河东薛瑄以醇儒预机政，虽弗究于用，其清修笃学，海内宗焉。"③《四库全书》则称："大抵朱、陆分门以后，至明而朱之传流为河东，陆之传流为姚江。其余或出或入，总往来于二派之间。"④"明河东一派，沿朱之波，姚江一派，嘘陆之焰，其余

① 高琼：《生命践履与"性天通"——薛瑄哲学思想研究》一文"摘要"，陕西师范大学博士学位论文，2010年。
② 高琼：《生命践履与"性天通"——薛瑄哲学思想研究》一文"摘要"，陕西师范大学博士学位论文，2010年。
③ 张廷玉：《明史》卷282《儒林传一·薛瑄传》，第7221页。
④ 永瑢：《四库全书总目》卷58《明儒学案提要》，北京：中华书局，1965年，第527页。

千变万化，总出入于二者之间，脉络相传，一一可案。"①

　　就明初来说，虽然"曹、薛之学，大抵恪守紫阳家法，从敬入门"，"明初醇儒以端及胡居仁、薛瑄为最，而端又开二人之先"，但那只是从儒学实践方面而言，在思想理论层面，特别是在理气之辨问题上，曹端、薛瑄先后对朱熹发起挑战，他们修正了朱熹的理气关系论，强调"心"之作用，沾染上心学的路数。

　　　　抑月川曰："事事都于心上做工夫，是入孔门底大路。"而敬轩亦有"静坐观心，闲中一乐"之语，则两先生虽不言陆氏，而未尝不杂有陆氏之教。不必待白沙，始开阳明之学也。②

　　到明代中期，随着阳明学崛起并进而向四方扩展，就北方来说，可分为两个阶段。第一阶段是王阳明及众弟子在世阶段，由于早期阳明学独尊"良知"而忽视儒学之实践，过于注重理论探讨而忽视对儒学基本价值系统的实践，甚至左派王学大肆攻击儒学本身，由此像吕柟、崔铣、何瑭、高拱、吕坤、王廷相等北方大儒与阳明学发生分歧。"北方巨儒谨守河东三原之学，若后渠、柏斋、心吾，咸砥砺廉隅，敬义夹持，不杂余姚之说。"③比如崔铣：

　　　　尝曰："学在治心，功在慎动。"又曰："孟子所谓良知良能者，心之用也。爱亲敬长，性之本也。若去良能，而独挈良知，是霸儒也。"又尝作《政议》十篇，其《序》曰："三代而上，井田封建，其民固，故道易行，三代而下，阡陌郡县，其民散，故道难成。况沿而下趋至今日乎。然人心弗异，系乎主之者而已。"凡篇中所论说，悉仿此意。④

　　铣力排王守仁之学，谓其不当舍良能而谈良知，故持论行己，

────────────

① 永瑢：《四库全书总目》卷94《儒家类四》之"按语"，第799—800页。
② 钟泰：《中国哲学史（二）》，第265页。
③ 刘师培：《南北学术不同论·南北理学不同论》，见刘师培著，李妙根编：《刘师培辛亥前文选》，第330页。
④ 张廷玉：《明史》卷282《儒林传一·崔铣传》，第7255—7256页。

一归笃实。其争大礼，劾张璁、桂萼，风节表表，亦不愧其言。所作政议十篇，准今酌古，无儒生迂阔之习。他若漫记十条，可以补宋史之未备。论传两则，可以靖明代之浮言。①

何瑭：

是时，王守仁以道学名于时，瑭独默如。尝言陆九渊、杨简之学，流入禅宗，充塞仁义。后学未得游、夏十一，而议论即过颜、曾，此吾道大害也。里居十余年，教子姓以孝弟忠信，一介必严。两执亲丧，皆哀毁。②

高拱：

不承认宋儒之学就是孔子之学，以为他们还不能"四通八达"、"广大虚明"。③

他认为"宗孔氏者，非必一致，亦有诸家"，他独立于程朱陆王外，"要在儒家内部要求民主化，以打破朱学独尊的局面"，他批评朱熹只讲无用之学云："考亭谓王通之学，只识得仁义礼乐有用处，可惜不曾向上透一着，于太极处有欠缺。何如？曰：孔子只说易有太极一句，尧舜相传，何曾说太极，孟子亦不曾说太极，岂皆不是学也？"他指斥朱熹的为学之法云：

问考亭云："理会文字，当如酷吏之治狱，直是推勘到底，如何？"曰："酷吏鞫狱，务在苛求，无中生有，深文罗织，安能得人之情？学者穷理，正须虚心平气，以得精微之旨。若有意深求，

_____

① 永瑢：《四库全书总目》卷一七一《洹词提要》，第1500页。
② 张廷玉：《明史》卷282《儒林传一·何瑭传》，第7256—7257页。
③ 此处所论高拱，参见《论高拱的学术思想》和《再论高拱的学术思想》两文，见嵇文甫：《嵇文甫文集》下，郑州：河南人民出版社，1990年，第450—461、680—691页。

定然执着，强为贯通，必至牵合，过为分析，不免破碎，得其理者鲜矣，正不可如此也。"①

他讲究开眼界，认为"不是三代以上圣人多，乃是由于孔子的尺度放的宽；不是三代以下没有圣人，乃是由于后儒的局面太狭小，纵是圣人，亦都被摈在门墙外了"。最终，他以救时务为急，对那班只会高谈性命的学风深恶痛绝，他什么都讲"实用"，讲"通"，讲"权"，"练习政体，负经济才，所建皆可行"。

吕坤"从默坐诚心入，依然阳明家法"，但"心吾与阳明门下实有大不同"。分歧点就在于吕坤注重实践，他认为"博学审问慎思明辨，不专在方寸间笔楮上矣。儒者之急务，不专在谈性天讲理气矣。夫理可以悟，而事难心悟。理可一贯，而事难一贯"。"不当事，不知自家不济。才随遇长，识以穷精。坐谈先生只好说理耳。"②也就是在反对空谈而力主实践中，吕坤标举"我就是我"，独创"非儒、非老、非禅、亦儒、亦老、亦禅"的思想体系，而王廷相则在与程朱理学的决裂中走向了气学派。

应该说，在此阶段，阳明学北传并不顺利。黄宗羲曾感慨：

> 北方之为王氏学者独少。穆玄庵既无问答，而王道字纯甫者，受业阳明之门，阳明言其"自以为是，无求益之心"，其后趋向果异，不必列之王门，非二孟嗣响。即有贤者，亦不过迹象闻见之学，而自得者鲜矣。③

其实就是指这个阶段。而原因就在于"北方地区理学④的退潮与王学的兴起，都比江南地区晚了一个拍节"⑤。正是对这种时间差的忽视，使得《明儒学案》对晚明北方学术的叙事漏洞百出。实际上，在与王阳明

---

① 高拱：《高文襄公集》卷30，明万历刻本，第371页。
② 钟泰：《中国哲学史（二）》，第287—288页。
③ 黄宗羲著，沈芝盈点校：《明儒学案》卷29《北方王门学案》，北京：中华书局，2008年，第635页。
④ 此处的"理学"指与"心学"相对的程朱理学而言，是狭义上的理学，非广义上的理学。
⑤ 吕景琳：《明代王学在北方的传播》，《明史研究》第3辑，1993年。

同时代像崔铣、何瑭、高拱、吕坤、王廷相等北方大儒谢世后，阳明学在北方获得迅速传播。分而言之，关中："南大吉后，陕西虽然没有形成王学高潮，也没有大的王学家出现，但是，像晚明冯从吾等人博采程朱陆王，享誉学界，对王学在关中的传续也起了很大作用。"河南："河南王学名家有尤时熙、孟化鲤等人。……时熙的著名弟子有李士元、陈麟、张维新、吴道行、李根、孟化鲤等人，其中尤以孟化鲤为个中翘楚。""孟化鲤的弟子有张信民，王以悟等。"山东："王学在山东获得较广泛流传，是通过在山东做官的王阳明南方弟子作媒介的。""嘉靖中期以后，于王学的高涨期，山东出了个张后觉，艰苦力学，遂成大家，师徒传授，蔚然成风，才使王学成为山东显学。……而后他的弟子赵维新、孟秋等接续而起，进一步增强了王学在山东的势力。"①总之，"从嘉靖末年到万历中后期……南方王学已从高涨期跌落下来。北方的情况则不同，它仍然是一个上行的趋势。隆庆、万历间，由于张后觉师徒的活动，山东六府已普遍接受良知学说；由于尤时熙师徒的活动，在河南北部和豫陕之交，王学规模和声势也相当可观。……表明在万历以后，山东等北方地区，王学大约已流入穷乡僻壤了"。至晚到隆、万时期，"陆王心学已经成为北方一种习见的文化形态"②。

与阳明学在南方导致左派王学不同，由于北方理学的致用传统对其左派倾向的抵消，晚明北方王学的突出特点就是：把北学重伦理纲常基础上兼容并蓄的传统与阳明学心一元论结合起来。所以较之南方阳明学大儒，北方阳明学大儒更加重志节、重事功、重实践。作为北方王学大儒的尤时熙，年轻时积极从事于阳明学在北方的传布，"一见叹曰：'道不在是乎？向吾役志词章，末矣。'……一以致良知为教，两邑士亦知新建学，……居常以不获师事守仁为恨"，"晚年，病学者凭虚见而忽躬行，甚且越绳墨自恣。故其议论切于日用，不为空虚隐怪之谈"③。其他北方王学大儒如杨东明、冯从吾、鹿伯顺、吕维祺等也大抵如此。典型如鹿伯顺"颇近东林诸子，一无揽和夹杂，其斯谓之狂狷与"，为学虽

① 吕景琳：《明代王学在北方的传播》，《明史研究》第3辑，1993年。
② 吕景琳：《明代王学在北方的传播》，《明史研究》第3辑，1993年。
③ 张廷玉：《明史》卷283《儒林传二·尤时熙传》，第7286—7287页。

力尊阳明，但他以实践为本，"鹿善继反对心外求理，尤其反对在文字间求理。也反对脱离事物而在内心中求理"，"一方面肯定心即是理，另一方面又认为人己心事不可分割独立，主张在事上尽心。他觉得如此便可以做到，既抓住要领，又不遗事物、不远人情。"①因而，"首善书院之会，先生将入，闻其相戒不言朝政，不谈职掌，曰：'离职掌言学，则学为无用之物。圣贤为无用之人矣。'遂不往"②。

正是如此，晚明北方王学大儒辈出，他们大多门户观念淡薄，更多是博采百家、会通程朱陆王，由此不仅使宋明以来理学、心学两大派系在北方渐趋合流，而且以之为特色声动整个学界。其中，冯从吾、吕维祺、鹿伯顺是这个潮流的佼佼者。冯从吾在这种会通中重振自张载以来湮没已久的关学，开清代关学复兴的先声；吕维祺则在河南进一步整理阳明学与朱子学，把两者的会通推向深入；鹿善继则融北方理学致用传统与阳明学，开创"以'躬实践'为主要特色，合学业、事功为一体，重节义，重实学。以'真'为心体，以'时习'为工夫，以奋进为乐，以'不动心'为着落"的"燕南王学"③。可以说，正是晚明北方大儒的会通浪潮，一方面，使得北方学术为之一变，另一方面，也为当明清之际南北大儒都死于非命之时，孙奇逢南下河南，集晚明北方学术之大成，创造性开创"夏峰北学"，把北方学术推向新高潮，提供了丰厚的社会资源与知识资源。而这一切的发生，其基础性原因就在于晚明皇权主义颓废，正是这种颓废所导致的内忧外患，一方面使得晚明社会风雨飘摇，另一方面却导致知识空间的扩展，由此晚明学术在一个巨大的空间内相互扩展会通。

第三节　晚明皇权调控颓废与多重知识空间的扩展

自秦汉大一统皇权专制帝国建立以来，以皇权制度设计为基础的皇

---

① 卢子震：《鹿善继评传》，《河北大学学报》（哲学社会科学版）1985 年第 3 期，第 21 页。

② 黄宗羲著，沈芝盈点校：《明儒学案》卷 54《诸儒学案下二》，第 1304 页。

③ 关于燕南王学与鹿善继，近几年来，已有学者对此进行比较详尽的研究，兹不赘述。具体参见贾乾初、陈寒鸣：《被忽略的晚明王学重镇：鹿善继及儒学思想初论》，《燕山大学学报》（哲学社会科学版）2010 年第 3 期；黄宣民、陈寒鸣主编：《中国儒学发展史》下，第 1168—1720 页。

权专制主义就沿着其最大"政体边际线"不断深入推进，但在皇权专制
制度与社会实际的不断磨合中，由于专制制度的不断扩张、深入与社会
现实承受程度之间的矛盾，皇权控制就在"亢奋—断裂—重建—亢奋"
的循环中运动[①]，反映在历史轨迹中，就是一治一乱的交相更替。到晚
明，随着皇权主义的亢奋逐渐进入高潮，晚明皇权对社会的调控呈现出
颓废状态[②]。具体来说，就是以"画地为牢的封建秩序"和"赋中有役，
役中有赋"为特征的"洪武型生产关系"[③]的废弛，以及由此导致的皇权
专制从中央到地方各级政府调控能力不断萎缩，到嘉靖、万历年间，这
种情况开始蔓延。具体表现为以下三个方面：（1）就中央政府来看，内
斗不已，调控效率一落千丈。先是嘉靖帝在"大礼仪"中毁"祖宗成
法"，随后是皇帝怠政，权臣当权，宦官当政，由此朋党林立。（2）在
地方上，一条鞭法实施后，虽然"为田赋史上一绝大枢纽"，从此田赋
的缴纳以银子为主体，打破两三千年来的实物田赋制度，"这里包含的
意义，不仅限于田赋制度的本身，其实乃代表一般社会经济状况的各方
面"[④]，但"赋税征银存在着诸多负面问题"导致地方政府职能转变面临
困境，地方官吏腐败蔓延，胥吏和大户之害弥漫。（3）更重要的是明代

① 所以，皇权主义自秦汉以来千年如一，只有程度深浅与手段熟练与否的区别，本质则是
  一样。
② 对于晚明社会的社会性质，历来有三种看法，一种是停滞论，一种是发展论，再者就是社
  会转型论。停滞论认为，传统中国社会稳定不变，自身不可能产生近代性因素，只有在西
  方（现代）的冲击下，才能走向近代。最为著名的就是"西方冲击—中国反应"论、"传
  统—现代"论、东方专制主义论等。发展论与停滞论相反，强调古代中国社会的不断发
  展。最为有名的是资本主义萌芽说、市场经济萌芽说、近代萌芽、早期工业化等。社会转
  型论认为从社会变迁的角度来说，自然经济向商品经济，农业社会向工业社会转化，古代
  传统、政治文化向近代政治、文化转化，封建时代向资本主义转化等就是"社会转型"问
  题。具体来说，中国这种社会转型始于明代中叶（15 世纪中叶到 16 世纪初）。正是在明
  代中叶，中国社会在政治结构、社会结构、生产关系方面呈现出深刻变革之势，其基本走
  向是向近代过渡。总的来看，此观点是发展论的一种细化和变形。对于此三种观点的分析，
  参见张显清：《明代后期社会转型·导论》，北京：中国社会科学出版社，2008 年。如果统
  而观之，晚明既不是停滞，因为它有变动，但也不是发展，因为晚明社会的变动不但没有
  解决危机反而使之不断加深以致整个社会崩溃，更不在"社会转型"，因为社会时刻都在
  "发展"、在"转型"（只是有量变质变的程度区别而已）。所以，笔者认为，之所以晚明社
  会出现如此怪状，关键在于作为晚明社会基本管理轴心的皇权主义出现问题，正是这种皇
  权主义的颓废失灵，以前被皇权所遮蔽的社会各种现象同时出现。因此晚明社会的本质应
  该是大一统皇权专制，由于过度亢奋而引起的颓废状态。
③ 此为梁方仲语。转引自刘志伟、陈春声：《天留迂腐遗方大，路失因循复倚艰 —— 梁方仲先
  生的中国社会经济史研究》，《梁方仲文集·代序》，北京：中华书局，2008 年，第 31 页。
④ 梁方仲：《一条鞭法》，《中国近代经济史集刊》1936 年第 1 期。

在货币、赋税等方面制度设计的缺陷在晚明暴露。①

　　首先是官方货币单位迅速贬值以至名存实亡。由于以大明宝钞为基本特征的明代货币制度极其混乱不合理，"宝钞、制钱和白银三种货币之间的兑换比率未能保持同进同退"，货币失去一般流通价值不断贬值而仅仅成为政府搜刮的一个途径。分而言之，对民间来说，在百姓获得白银的过程中，大明宝钞迅速贬值，"至正统末钞与钱相比，宝钞贬值了一千倍；钞与银相比，宝钞贬值了四百倍。而钱与银相比，钱是贬值了四十倍"。到嘉靖后，情况更加恶化，最终在货币流通领域宝钞被白银取代，"宝钞渐渐变成了非货币，仅成为某些税目的纳税工具和计算单位（都是与沿习有关），其在政府，则使用宝钞纯然变成掠夺之手段，凡各种折出折入均以损人利国为原则，所定各种比价全属任意的。总之，此时宝钞之使用几全在国家与官吏商民的经济关系上，而且是强制的"②。其次是税务中包税人的不断盘剥。明代的税收是包税制，"通常情况下，包头或揽户是由地方大户、富户或地方势要人家充任。包头或揽户将一定户数或一定范围内人户的赋税集中征收，由他们缴纳至地方政府"。而这些包税户"之所以愿意承担地方赋税征收事务也完全是出于利益获取的考虑。在向地方政府缴纳赋税的每一环节上，百姓又会遭受到层层盘剥，倍受损害"③。对此，连西方来华传教士都了然于心④。

---

① 关于明代制度设计的缺陷，自明亡之后就有不断反思。比如黄宗羲在《明夷待访录》中就批评明代自太祖朝重用宦官打压士大夫，因而宦官有宰相之实，"有明之无善治，自高皇帝罢丞相始也"。见《明夷待访录·置相》。现代学者则从"逆现代性"角度也对之进行了分析。见王毅：《明代皇权制度逆现代性的主要路径》，《书屋》2000年第8期。
② 转引自刘志伟、陈春声：《天留迂腐遗方大，路失因循复倘艰——梁方仲先生的中国社会经济史研究》，《梁方仲文集·代序》，第12页。
③ 黄阿明：《明代赋税征银中的负面问题》，《史林》2007年第6期。
④ 西班牙传教士克路士在《中国志》中这样叙述道："中国没有金银钱币，只有铜钱。金银是按重量计算。……如我所说，中国没有金银钱币，只通过金银的重量，每件东西都按重量买卖，因此人在家里都有秤和秤砣，那都是非常完备的。他们有寻常的秤砣。从十克朗到一克朗，从十坦格尔到一坦格尔（一坦格尔是九便士［引注：相对于中国当时的7.5两］）。……一般是按重量计算的银子，不量钱，所以如上所说每人都有自己的秤。这是因为每人都想方设法去骗别人，总带着一副秤砣和秤及碎银到市场去买东西。秤是一根小象牙杆，一端用绳子挂着秤砣，另一端挂着一个小秤盘，秤砣的绳沿杆移动，那上面标出一个康得林到十个的重量，或从一个马斯到十个马斯，这种秤是供零买之用，至于大宗购买，他们有很古怪而且精致的大秤，配备全套砝码。"克路士：《中国志》，见C. R. 博克舍编注，何高济译：《十六世纪中国南部行纪》，北京：中华书局，2000年，第90—91页。

正是由于制度设计弊端在晚明的不断显露，官吏侵贪腐败及胥吏、富户、高利贷（商业资本）①之害全面爆发，皇权主义调控日渐颓废。在此过程中，虽然也采取过些许补救措施，但"本来明朝政府为了调控通货流通而采取的措施，却是因为成了政府获得更多贡赋收入的途径，而令明朝政府失去了建立起货币调控机制的机会"②，这种影响一直持续到清初，"清初承袭明后期的'一条鞭法'，对地方财政实行分级分类定额包干体制，同时大幅度删减地方财政预算，使各级地方政府职能趋于萎缩"③。也正是如此，晚明虽有白银的大量流入，但由于皇权的颓废及由此导致的大规模搜刮，最终也只是导致泡沫泛滥的"虚假繁荣"。"中国对白银的需求在很大程度上是由于赋税货币化引起的，而这种赋税货币化的动力来自政府的财政体系运作的需要，白银的流通，主要发生在政府货币分配领域。这种流通，虽然也可以引起商品流通的发达，但这种商业'一马当先'的繁荣，并不能引起手工业农业同步发展"④，因为它只是增加了商品交换的次数，却并没有带来更大程度上的新财富，并且这种交换次数的增加也只是由于政治的驱动（为了缴税，需要把产品换成大明宝钞或者白银；由于税负的增加，不得不从事手工业来弥补农业之不足等），而非经济本身的需要。由此，社会关系极端混乱：君臣之间⑤、官民之间⑥、民族之间⑦、官官之间⑧、民民之间⑨、中西之间⑩、新兴阶层之间⑪、新旧阶层之间，最终使得明王朝走上了不归路。

---

① "总之商业资本的发展，只是增加了封建社会的内在矛盾。它只标志着封建主义底解体过程"。梁方仲：《明代一条鞭法年表·后记》，《岭南学报》1952年第1期。

② 转引自刘志伟、陈春声：《天留迂腐遗方大，路失因循复倘艰 —— 梁方仲先生的中国社会经济史研究》，《梁方仲文集·代序》，第13页。

③ 郑振满：《清代福建地方财政与政府职能的演变 ——〈福建省例〉研究》，《清史研究》2002年第2期。

④ 转引自刘志伟、陈春声：《天留迂腐遗方大，路失因循复倘艰 —— 梁方仲先生的中国社会经济史研究》，《梁方仲文集·代序》，第32页。

⑤ 比如嘉靖帝、万历帝、崇祯帝与群臣矛盾不断。

⑥ 比如晚明流民起义直至农民战争。

⑦ 比如清朝崛起及对晚明北方的冲击。

⑧ 比如晚明此起彼伏的党争。

⑨ 比如晚明的奴变、佃变。

⑩ 比如晚明天主教、奉教人士与儒释之间的冲突及教难。

⑪ 比如晚明江南地区出现的从事纺织业的富商巨贾与机匠之间围绕减小劳动强度及减少劳动时间的"叫歇"罢工。

　　相对而言，由于晚明皇权调控颓废导致的意识形态调控的萎缩失灵和商品化的发展、社会阶层的分化，人们在生活和思想方面的多重需求日益显露，反映在思想层面就是晚明知识空间的迅速扩展。晚明各学派"各标宗旨的前提是学问是多元而不同，是鼓励论辩的。如果道一风同则不必讲学了"①。王阳明如此，王学左派、东林党亦是如此。这其中，由王阳明开创的阳明学一马当先，成为晚明思想变动的标志和基础性力量。"王门后学立宗旨的风气，反映一种简易直接的风气，为的是尽可能空诸依傍，摆脱庞大的经典与注疏的拘束而谈道德实践。它同时是在一本万殊的前提下容许多元思想并存以供有志于闻道之人的采择。欢迎别人质疑问难，允许有问则问，有商量则商量。有时各种宗旨之分别其实相当细微，但是不同宗旨之间的争论却是非常激烈的。"②正是如此，晚明知识人显示出强烈的个性特征③。具体来说"首先当然是文人数量多、'山人'多、活动多，而且这些活动多带有标榜应酬的特质。第二是文人好游，东奔西跑。""第三是文人文化中脱离儒家礼法的倾向。""第四，明代心学家每好讲学、结社、招收大量门徒。第五，明代士人甚为骄横，动辄干谒官府，或现身县庭干预词讼，甚至还有所谓'免粮银'、'叩散米'的怪现状。"④

　　总的来看，晚明时代的基本知识资源有四大部分：程朱理学、阳明学、佛⑤老⑥及伊斯兰教、西学。由此学术界的派分：（1）朱子学者、阳

① 王汎森：《明末清初思想中的"宗旨"》，见《晚明清初思想十论》，第108—109页。
② 王汎森：《日谱与明末清初思想》，见《晚明清初思想十论》，第134页。
③ 中国知识人有几段个性极度张扬的时代，比如春秋战国、魏晋、两宋、晚明等。对于晚明知识人的特色。近代以来刘师培在《清儒得失论》中最早注意到这个问题。
④ 王汎森：《日谱与明末清初思想家》，见《晚明清初思想十论》，第193—194页。
⑤ 在晚明，随着阳明学的崛起，佛学也进入新一轮的变革时期，其代表就是以云栖祩宏（1535—1615）、紫柏真可（1543—1603）、憨山德清（1546—1623）以及蕅益智旭（1599—1655）为代表的晚明"四大高僧"的崛起，他们是中国近代佛教的源头。"明末四高僧对流弊丛生的禅宗的拨乱反正及思想主张和实践，衍生出晚明禅宗思潮的新动向。"他们通过重树经教的权威，加强诸宗融合的力度，深化三教融合的层次把佛学推入一个新境界。关于此，参见释圣严：《明末中国佛教之研究》，台北：学生书局，1988年；王秀花：《明末佛教发展之研究——以晚明四大师为中心》，台湾中正大学博士学位论文，1997年；李向平：《救世与救心——中国近代佛教复兴思潮研究》，上海：东方出版社，1993年。
⑥ 柳存仁曾指出，"明代三百年的思想历史中，曾受很深的道教的影响。"（柳存仁：《明儒与道教》，见《和风堂文集》中，上海：上海古籍出版社，1992年，第809页）"明代的道教与佛教完全走上了两条不同的道路。与佛教的学术化不同，明代的道教走的是一条修炼斋醮的道路。"（商传：《明代文化史》，上海：东方出版中心，2007年，第324—325页）到

明学者；（2）非朱非王之理学家；（3）左派王学及功过格和三教合一派
之学者；（4）佛道、善书运动之学者；（5）受西学影响之学者；（6）右
派王学，重践履以至东林一系；（7）从理学走向考据学者，杨慎、丰
坊、梅鹭等①。也正是这种思想的多重性，晚明思想界显示出合流与冲突
并存的强烈特征。在合流方面，王学，特别是左派王学最为突出。"阳
明学的兴起与发展，不但是对朱子学的批判，同时也是一个与佛道二教
交往互动的过程。在当时三教融合无论在思想还是实践上均达鼎盛的情
况下，儒者与佛道二教相互交涉是自然而然的。"②分而言之，儒道之间：
王阳明、王艮、王畿、罗洪先等都是合流的代表，特别是王阳明，在新
婚之夜却跑到南昌铁柱宫与道士相谈忘归③。儒释之间：根据吕妙芬的研
究，主要表现在：第一，晚明理学家以天地万物一体为理想，强调圣人
应发"明明德于天下"的宏愿，寓自身的道德修养于明尽天下人之明德
的讲学救世活动中，此与大乘菩萨同体大悲的胸怀、发心普度众生、并
寓自身成佛于救度众生的形象相近。第二，晚明理学家一改过去儒者不
愿多谈生死议题的倾向，认为了究生死并非佛教专利，更是儒家圣学的

（接上页）明嘉靖年间，"随着明代朝政的日趋腐败，从皇帝到官员，都成为修炼方术的信
　　奉者，而且这种上行下效的风气，一直影响到了民间"。（商传：《明代文化史》，第 326—
　　327 页）当时的很多思想家，如王阳明、王龙溪、湛甘泉、罗近溪、林兆恩等人都受到了
　　道教思想的显著影响。就思想方面还有就是正统万历《道藏》的修撰和道教对民间文学的
　　渗透，比如"三言"、"二拍"，"二拍"涉及道教的篇目约占总篇目的 11.7%，这些篇目体
　　现了晚明丰富的文化信息及作者的创作意图。"凌濛初认可道教伦理，关注世俗生存状态，
　　认为欲望为痛苦之源，提出引命自安，寡欲少祸的劝世思想。欲望关注贯穿'二拍'始
　　终，劝惩思想是'二拍'特色。"（白金杰：《"二拍"道教叙事与劝惩旨归》，黑龙江大学
　　硕士学位论文，2009 年）
①　在《十七世纪中国思想史概论》中，嵇文甫把当时除左派王学之外的思想流派分为五派：
　　（1）王学修正派，（2）程朱派，（3）经世派，（4）自然研究派，（5）考证派。参见《嵇文
　　甫文集》上，第 73—78 页。
②　彭国翔：《王龙溪与佛道二教的因缘》，《中国哲学史》2001 年第 4 期。
③　王阳明时代净明道的本山即在南昌郊外的西山，南昌城内的铁柱宫亦为当时净明道的重
　　镇。关于此事，参见钱德洪：《年谱》，见《王阳明全集》下，上海：上海古籍出版社，
　　1992 年，第 1227 页。关于此进一步的研究，参见柳存仁：《明儒与道教》，见《和风堂文
　　集》中，上海：上海古籍出版社，1991 年，第 809—846 页；《王阳明与道教》，见《和风
　　堂文集》中，第 878—923 页。钱明：《道教对王阳明早年生活的感染》，《弘道》2004 年
　　第 1 期；《王阳明的道教情结 —— 以晚年生活为主线》，《杭州师范学院学报》（社会科学
　　版）2004 年第 2 期；《中晚明社会对王阳明的造神运动》，《杭州师范大学学报》（社会科学
　　版）2009 年第 3 期。

要义，强调人只有真正洞悉生死大事，才可能安顿生命。第三，晚明理学家的传记中许多关于临终的描摹，呼应着当时儒学对生死议题的重视，反映着学者们追求道德生命不朽的儒学理想，也揭露了学者们日常修身的重要内涵①。儒家与天主教之间：由于晚明天主教传播初期的困难②，天主教随后推行了适应儒家传教策略的"利玛窦规矩"，不但为天主教在中国打开新局面，也为天主教的合流提供了可能。陆九渊所说的"东海有圣人出焉，此心同，此理同。西海有圣人出焉，此心同，此理同"名言被晚明的外籍传教士及中土友教士人不断引用，"以为宣扬'天儒合一'的重要依据，例如李之藻、徐光启、瞿式谷、杨廷筠、王家植、叶向高、孔贞时、冯应京、艾儒略、利类思等"③。但正是这种中西相通的思想倾向，一方面，使得不少士人从教后仍不能放弃"兼容"的嗜好。如作为晚明中国天主教三大柱石④之一的杨廷筠皈依天主教后，继续与僧人往还，"一日忽谓先生（指郭居静、金尼阁二位教士）曰：'天主之当奉，固矣，谓其为天地万物之主也；吾闻释氏乃西方圣人，即并奉之，亦何伤乎？'"⑤而晚明可查的最早的天主教徒瞿汝夔1609年奉教已有4年之久后，仍"极度地沉迷于炼金术中，甚至还竭力劝说里奇（利玛窦）跟他一起去学炼金术"⑥。就连后来晋升为司铎的吴历虽自幼领洗，但"40岁前

---

① 吕妙芬：《儒释交融的圣人观：从晚明儒家圣人与菩萨形象相似处及对生死议题的关注谈起》，《"中央研究院"近代史研究所集刊》第 32 期，1999 年 12 月。

② 在天主教传入期间，由于中国较之于西欧不同的社会家庭结构导致传教寸步难外。利氏声称除了在原本没有教徒的地方传教的一般困难外，"最大的障碍是中国行多妻制"（利玛窦著，罗渔译：《利玛窦书信集》，光启出版社、辅仁大学出版社，1986 年，第 507 页）。多年后，利氏在给他父亲的信中，仍有相同的说法：中国人皈依天主"最大的阻碍是多妻制，有时因妾生育了子女，的确不易把他们拆散"（利玛窦著，罗渔译：《利玛窦书信集》，第 282 页）。种种迹象表明，这一障碍在明清中国士人皈依天主教的历程中是贯穿始终的，人们都熟知瞿太素、李之藻、杨廷筠等教中名士当初因此迟迟不能受洗的故事，而有学者指出，冯应京最终没能受洗，恰恰也还是由于冯氏有妾。（沈定平：《明清之际中西文化交流史 —— 明代：调适与会通》，北京：商务印书馆，2001 年，第 173 页）

③ 葛兆光：《一个普遍真理观念的历史旅行 —— 以陆九渊"心同理同"说为例谈观念史的研究方法》，见《古代中国的历史、思想与宗教》，北京：北京师范大学出版社，2006 年，第 186—191 页。

④ 指徐光启、李之藻、杨廷筠。

⑤ 丁志麟：《杨淇园先生超性事迹》，见钟鸣旦等编：《徐家汇藏书楼明清天主教文献》第 1 册，台北：方济出版社，1996 年，第 222 页。

⑥ 乔纳森·斯彭斯著，王改华译：《利玛窦传》，西安：陕西人民出版社，1991 年，第 236—237 页。

时与僧人往还，天主教事迹则不彰"①。另一方面，"由于耶稣会传教士采取的是适应儒家的传教策略，大多数士人都不把天主教视为外学，而是作为秦汉以前中国就存在的'先儒'和'本儒'，由此他们把皈依天主，视为'重返本儒'，因而根本不存在一般宗教皈依中那种脱胎换骨式的心理变化"②。由此，正是这种不断合流在晚明社会导致两项引人注目的成果：功过格与善书的流行，西方天主教及科技知识的传入。

先看功过格与善书。长期以来，功过格"因为它们暗示科举考试的成功依赖于神对功德积累的回报，而不一定依赖于对儒家经典的理解。更有甚者，功过格体系就是在宣称认可儒家经典和原理的同时，也主要依赖'非正统的'道教和佛教关于报应的思想 —— 这当然和经典儒家的人为善而行善、非为利而行善的规定相冲突"③，因而被视为对神圣的理学正统经典的一种威胁。但到晚明，情况却不同了。

> 功过格等善书提倡"现世报"，人们可以借着日常的功德打开自己的命运的大门，也可以很快地在道德与幸福之间得到预算的平衡，不必等到来世。袁了凡本人的故事告诉人们，累积了多少善行便可以生子，再积多少可以中进士。有了道德行为，马上可以得到福报。而且，这一次的许诺与保证，比佛家更直截了当，不需地狱，不需轮回，而是人活着的时候马上可以得到的"现世报"。在各种功过格的版本中所见到的种种激励人行善的故事，都一无例外地在阐述按照功过格行善后所能带来的现世幸福，尤其是科举上的成功以及子嗣上的繁衍。甚至连最反对功过格的刘宗周，也被拉进去，作为是行之有验的一个例子。人与命，道德与幸福似乎有最紧密的对应关系。这一路思想很能打动广大的人民，影响力非常强大。④

再看西方天主教及科技知识的传入。在传教的同时，晚明来华的耶

---

① 方豪：《中国天主教人物》中，北京：中华书局，1988 年，第 204—205 页。
② 陈占山：《明清之际皈依天主教士人研究新论》，《档案与争鸣》2005 年第 11 期。
③ 包筠雅著，杜正贞、张林译：《功过格：明清社会的道德秩序·序论》，杭州：浙江人民出版社，1999 年，第 246 页。
④ 王汎森：《日谱与明末清初思想家》，见《晚明清初思想十论》，第 178 页。

稣会士也带来西方科学知识以吸引更多中国人信仰天主教，这种方法产生了不小的作用，比如对徐光启、王徵等。对于徐光启，《利玛窦中国札记》中写道："徐保禄（徐光启）博士有这样一种想法，既然已经印刷了有关信仰和道德的书籍，现在他们（传教士）就应该印行一些有关欧洲科学的书籍，引导人们做进一步的研究，内容则要新奇而有证明。"①本着"欲求超胜，必须会通"②的宗旨，徐光启"从西洋人利玛窦学天文、历算、火器，尽其术。遂遍习兵机、屯田、盐荚、水利诸书"③。徐光启很重视农田水利建设，认为"水法一事，象数之流也，可以言传器写，倘得布在将作，即富国足民，或且岁月见效"④。王徵以"学原不问精细，总期有济于世人；亦不问中西，总期不违于天"⑤的观念，在译述西人奇器之书之余，又深究其学，自己动手制作，表现了过人的勇气与眼识，因而成为明清时期科技发明最多的科学家。他在机械制作方面的努力和成就，促进了其他人对制器之术的关注。也正是在这种潮流中，不少西学书籍，如《几何原本》、《崇祯历书》、《泰西水法》、《农政全书》、《坤舆万国全图》、《浑盖通宪图说》、《圆容较义》、《同文算指》、《寰有诠》和《名理探》、《天学初函》、《西儒耳目资》、《远西奇器图说录最》、《新制诸器图说》、《额辣济亚牖造诸器图说》、《泰西人身说概》等相继编订。比如《天学初函》于 1629 年完成，这是中国历史上第一部全面介绍西学的丛书，汇集了李之藻、徐光启与利玛窦等西方传教士的译著共 20 种，54 卷，32 册。丛书分为理编、器编二编，器编为介绍西方科学技术的书籍，而理编 10 种则多为宣传天主教教义的著作。

　　随着这种合流不断深入，三教合一成为晚明思想的特色。晚明思想界各派都有强烈的合流意识，在实践中主要表现在各派与儒学的会通，其典型就是以"三教合一"为宗旨的三一教的出现与流行。儒释道的代表人物

① 利玛窦、金尼阁著，何高济译：《利玛窦中国札记》，北京：中华书局，1990 年，第516—517 页。
② 徐光启著，王重民辑校：《历书总目表》，见《徐光启集》，上海：上海古籍出版社，1984 年，第 374 页。
③ 张廷玉：《明史》卷 251《徐光启传》，第 6493 页。
④ 徐光启著，王重民辑校：《历书总目表》，见《徐光启集》，第 67 页。
⑤ 王徵：《远西奇器图说录最序》，见徐宗泽：《明清间耶稣会士译著提要》，北京：中华书局，1989 年，第 298 页。

都有三教合一的言论，如儒家的王阳明，道教的陆西星，佛教的四大高僧等。对此，左派王学破立结合、推波助澜，走得最远[①]，他们贡献了李贽、袁黄、林兆恩，开功过格与三教合一运动以解决当时的学术之失。李贽与左派王学的关系前人已有详论，兹不赘言。事实上，明代后期两种通俗信仰的提倡者皆与王艮为代表的泰州学派有关，一个是功过格的袁黄，一个是三教合一的林兆恩。分而言之，功过格运动的基础在于"现世报"的思想，而这与袁黄的"立命"思想密切相关。在《立命篇》中，袁黄鼓励人可以透过自己道德行为，决定自己的命运，它对道德带来幸福的许诺是斩钉截铁的，因而影响巨大。但追根究底，就会发现：

> 讨论袁了凡的立命说，不能不谈一谈明代心学中最具影响力的一支——泰州学派的"造命"、"立命"思想。儒家"命"的思想有过无数变化，孔子的生死有命、尊天命、畏天命始终是主流。正统理学中基本上也是以俟命论为主流，但是王艮提出了造命说。王艮的造命观可能与其思想中的平民性有关。为了要鼓舞平民百姓，而且为了给信众建立一种乐观的、向上的情绪，相当自然而然地提出"造命"之观点，说服百姓只要能努力，命运便握在自己手中。……而袁黄正是泰州王艮的信徒。[②]

林兆恩是王艮的再传弟子，正是在吸收了不少王艮思想的基础上，林兆恩在阳明心学的思想基础上，糅合道教内丹学和佛教禅宗，提出了一套以发明本心为目的的完整的三教工夫论，在其中，包含立本、入门、极则三个层次，"心"是林兆恩三教合一思想体系的核心概念。

> 他的三教合一论首先批评了孔、老、释迦后的三教的种种弊病，提出三教合一的现实必要性；……强调世间法和出世间法的一体化，指出三教合一的归宿——归儒宗孔，宗孔即宗心，即三教同归于本心。[③]

---

① 魏月萍：《从"良知"到"孔矩"：论阳明后学三教合一观之衍变》，《中国哲学史》2008年第1期。
② 王汎森：《日谱与明末清初思想家》，见《晚明清初思想十论》，第179页。
③ 庄恒恺：《林兆恩哲学思想研究——以三教合一论为中心》，上海师范大学硕士学位论文，2009年。

概言之，由于晚明皇权颓废及多种需求的拉动，随着阳明学的扩展、流布，在多种思想充斥的知识空间中，知识人辗转腾挪。

可以看出来晚明思想界有几个明显趋势：其一，从悟到修，这表现于东林各派的王学修正运动，以及云栖、憨山等尊重戒律，特唱净土；其二，从思到学，这表现于古学复兴，及西学的输入；其三，从体到用，这表现于张居正、徐光启等的事功思想，及左派诸人的大活动；其四，从理到气，这表现于刘戴山等的反理气二元论。这几种趋势，矛盾冲突，参互错综，形成一个斑驳陆离的局面。然而进一层追求，观其会通，尚可以看出一个总趋势，即从超现实主义到现实主义是也。从悟到修，悟虚而修实；从思到学，思虚而学实；从体到用，体虚而用实；从理到气，理虚而气实。大体说来，在晚明思想界占中心地位的还是王学和禅学。最能代表现实主义潮流的事功派、西学派、古学派，这时还只是刚刚抬头。然而在王学和禅学内部，也未尝没有现实主义的倾向。如来禅和祖师禅，东林派和狂禅派，右派王学和左派王学，各有其现实主义的一方面。①

第四节　晚明北直隶儒生集团的生存环境与"慷慨悲歌"学风的塑造

自明成祖迁都北京以来，北直隶②就具有重要地位。首先表现在地域优势。

直隶雄峙东北，关山险阻，所以隔阂奥戎，藩屏中夏。说者曰：沧海环其东，太行拥其右，漳、卫襟带于南，居庸锁钥于北，

① 嵇文甫：《晚明思想史论》，《嵇文甫文集》中，第271—272页。
② 由于从明代以后，现代中国主要的各大省级行政区域基本形成，就现代河北省来说，虽然从明代以来，先后经历了"北直隶"、"直隶"和"河北"等名号的变迁，但主体区域基本上还是保持稳定。因此在本书的考察中，为了行文方便，"北直隶"、"直隶"、"河北"意思统一指代明代以来以现在河北省为主体的省级区域。

幽燕形胜，实甲天下。又曰：文皇起自幽燕，奠涿鹿而抚轩辕之
阪，勒擒狐而空老上之庭。前襟漕河，北枕大漠，川归毂走，开三
面以来八表之梯航。奋武揆文，执长策以扼九州之吭背。秦晋为之
唇齿，而斥堠无惊。江淮贡其困输，而资储有备。鱼盐枣栗，多于
瀛海、碣石之间。突骑折冲，近在上谷、渔阳之境。修耕屯而塘泊
之利可兴，振师干而开宁之疆在握，此真抚御六合之宏规也。①

到晚明，除了这种地域的优势外，以李三才、魏允贞、赵南星、孙
承宗、鹿善继、范景文、孙奇逢、茅元仪②等为首的儒生团体在晚明社会
中具有重要地位，之所以如此，一方面在于此儒生集团自身的因素，但
更重要的在于晚明特殊的政治形势。

总的来看，影响晚明社会的主要有三种力量——明、清及农民军，
之所以出现如此情况就在于晚明皇权在官民关系、民族问题上的调控失
误。对北直隶儒生集团来说，他们的活动也是在与这三种力量的互动中
展开的。

首先看明朝方面。对晚明政局来说，党争，特别是东林党与阉党的
冲突成为一个突出的现象。无论是在党社运动萌芽的嘉靖到万历初年，
还是进入高潮的崇祯年间，③北直隶"不仅士大夫的力量较强，而且是全国
政治中心的所在地，能够更强烈地感受到政治风浪的冲击，这些都为政
治清流派的形成提供了必要的客观条件。于是北直便成为与南直遥相呼
应的又一个士大夫清流派的重要活动地区"④。其中，李三才、魏允贞、赵
南星、孙承宗、鹿善继、范景文等北直清流派的核心人物同时也是东林

---

① 顾祖禹：《读史方舆纪要》卷10《北直一》，清稿本，第301—302页。
② 茅元仪（1594—1640）：字止生，号石民，又号东海波臣、梦阁主人、半石址山公等，明
　归安（今浙江吴兴）人，明末杰出的军事家和文学家。他出身世代书香门第，自幼好学不
　厌，博览群书，尤"喜读兵农之道"。纵观其一生，虽然籍贯不在北直隶，但因为属于以
　孙承宗、鹿善继、孙奇逢为首的儒生团体的中坚人物，且一生都荣辱与共，因此把他归入
　此集团应该妥当。
③ 明清之际党社运动可分为三个阶段：嘉靖到万历初年的社集以文会友，是社集萌芽的时
　代；崇祯初年间社局，由诗文的结合变为政治的运动；弘光以后，由政治的运动变为社会
　革命的运动。参见谢国桢：《明清之际党社运动考》，北京：中华书局，1982年，第10页。
④ 张显清：《明末北直清流派的构成及反阉党斗争》，《明史研究》第3辑，1993年。

党的核心人物，他们多被魏忠贤阉党列入《东林榜》。比如李三才，官至户部尚书，与顾宪成、邹元标、赵南星、刘宗周等深相交结。在万历朝反矿监税使的斗争中发挥了关键作用，倾动朝野，甚得民心，有"东南长城"之誉。顾宪成、高攀龙等赞扬他"大才"、"卓识"，"天下人望之最切"者①，也正是由于顾宪成对李三才入阁问题的公开支持，导致东林运动从学术层面进入政治领域②。所以，在阉党编撰的《东林点将录》及《东林党人榜》双双位列第一名，称之为"开山元帅托塔天王"③。赵南星，天启年间，官至吏部尚书，"渴善仇恶，风行斧断"，"砥砺朝纲，主持世道"，慨然以整肃朝政为己任。

> 赵南星由考功郎罢归，名益高，与（邹）元标、（顾）宪成海内拟之三君，其名行声气足以奔走天下，天下清流之士群相应和，遂总目为东林。④

正是如此，阉党视之为东林"元凶"，不仅他被列入《东林点将录》、《东林党人榜》，"悲歌慷慨，轻死重气"，遭阉党诬害，死于戍所⑤，其子赵清衡、甥王钟庞也受到牵连被列入《东林党人榜》中。孙承宗，官至兵部尚书、内阁大学士，"魁梧多智，晓谙边事"，"钟崆峒戴斗之气，负燕赵悲歌之节"。天启年间，督师辽东，功绩卓著，关门因其"一手握定而存"，"在关四年，前后修复大城九，堡四十五，练兵十一万，立车营十二，水营五，火营二，前锋后劲营八，造甲胄、器械、弓矢、炮石、渠答、卤楯之具合数百万，拓地四百里，开屯五千顷，岁入十五万"⑥。因遭阉党诬陷罢官，被列《东林点将录》、《东林党人榜》。鹿善继，太常寺少卿，天启间，遭阉党迫害，被列《东林党人榜》。崇

---

① 顾宪成：《与伍容庵》，见《泾皋藏稿》卷5，清文渊阁四库全书本，第55页；高攀龙：《大司徒修翁李先生七十序》，《高子遗书》卷9下，清文渊阁四库全书补配清文津阁四库全书本，第210—211页。
② 参见樊树志：《东林书院的实态分析》，《中国社会科学》2001年第2期。
③ 王绍徽：《东林点将录》，见文秉：《先拨志始》卷上，清写刻本，第33页。
④ 赵翼：《廿二史札记》卷35《三案》，清嘉庆五年湛贻堂刻本，第492页。
⑤ 瞿式耜：《瞿忠宣公集》卷2《披垣疏草》，清道光刻本，第29页。
⑥ 张廷玉：《明史》卷250《孙承宗传》，第6473页。

祯间，又遭排陷，离官归故里。鹿氏家乡江村是北直清流派的活动中心。也是南方东林人士北上南下的落脚之地。"江村片地为吾党干城，为海内冠冕"，"天下共仰为传灯之地"①。范景文，官至工部尚书、内阁大学士。范景文与魏忠贤同郡，当阉党炙手可热之时，他拒不依附魏忠贤，告归林下，而对东林人士则多所周全。阉党将其列入《东林党人榜》。崇祯年间入阁，所荐多东林贤士。与孙承宗、鹿善继、孙奇逢等"皆气谊最笃"。总之，正是如此，在晚明党社运动中，南方著名东林党人杨涟、左光斗、魏大中、周顺昌、周起元等皆视赵南星、孙承宗为前辈和领袖，并与鹿善继、孙奇逢等堪称莫逆，"议论往复，以砥柱中流自任，浩然之气百折不回"②。

在晚明社会，除了明政府外，随着晚明农民起义愈演愈烈，农民军也在晚明社会扮演着重要角色。"自闯寇发难，遍地倒戈。河南既无坚城，关中遂为贼窟。山西、畿辅一带，莫不开门纳款。"③对于京师所在的北直隶儒生来说，他们在保家与卫国之间损失惨重。比如在保定守城中，由于儒生们通力合作，即使在北京被攻陷后，保定也仍然坚持了六天之久，"家居工科都给事中尹洗、邠州知州韩东明、平凉通判张维纲等……举人刘会昌、孙从范、张尔翚、高泾等，贡生郭鸣世、王联芳等，诸生贺诚、张罗善、王世琦、何一中、王之瑞、韩枫等"④都参与了誓盟。因此在破城后，保定儒生集团遭受毁灭性打击。仅城陷之日，不少家族就遭受到了灭顶之灾，以张罗彦为首的张氏家族死亡二十三人，陈僖家族死亡九人，王之瑞家族死亡七人，刘忠嗣家族死亡五人。⑤有名可考的"绅士、妇女死者五百余人，其不传者无算"⑥。仅"妇女尽节者至一百二十余人"⑦。

---

① 孙奇逢：《又祭鹿太公文》，见《夏峰先生集》卷12，清道光二十五年大梁书院刻本，第268页。

② 汤斌：《征君孙先生九十寿序》，见《汤子遗书》卷3，清文渊阁四库全书本，第53页。

③ 《世祖实录》卷24，见《清实录》第3册，北京：中华书局，1985年，第207页。

④ 陈僖：《明崇祯十七年保定府纪事》，见《燕山草堂集》卷3，《四库未收书辑刊》第8辑第17册，北京：北京出版社，1997年，第519页。

⑤ 沈一民：《社会动荡中的地方守城——以1644年保定抗击大顺军为例》，《国际中国学研究》第11辑。2008年12月。

⑥ 王源：《保定张氏兄弟合传》，见《居业堂文集》卷2，北京：中华书局，1985年，第29页。

⑦ 赵吉士：《保定刘孝廉传·续表忠记》，卷八，台北：明文书局，1985年，第720页。

与此同时，明朝在与阉党及农民军的斗争中，与新兴的清王朝在辽西战场陷入僵持局面时，开辟的第二战场也波及北直隶一带。自1629—1643年的15年间，皇太极先后多次自山海关以西长城各关口入塞，对明朝统治下的京畿、河北、山东、山西等地进行屠戮和抢掠。"五次①总计北掳人口在95万人左右；人畜总数可约达200余万。"1643年根据徐标的所见，自京畿至江淮，"见城陷处固荡然一空。即有完城，仅余四壁。蓬蒿满路，鸡犬无声。曾未遇一耕者。土地、人民如今有几"②。正是由于清兵的突袭，北直隶儒生集团损失惨重。鹿善继、孙承宗先后在1636年和1638年由于在家乡抗击清军被杀或自杀。

正是这种明、清、农民军三方交织的格局，在此种独特的小环境中，北直隶儒生集团以气节为基础，以文武兼通、侠儒并举为手段，以结社为依托展了保家卫国的乱世应对之道。

众所周知，任何一种知识体系在社会中都是通过特定的社会集团持之以恒的实践来维护、发展和体现。比如说，佛教是通过和尚的实践来体现，道教是通过道士的实践来体现，基督教是通过基督教教士的实践来体现，儒学也不例外，它主要也是通过以维护、发展儒学为己任的"儒生共同体"来体现。他们是儒学的基本载体，是儒学价值系统最主要的捍卫者、发展者及实践者，他们包括各阶层，强调的是知识背景的统一性，而非职业、地域、地位等。在他们的共同认同中，道德气节是一个重要的方面，所谓"君子喻于义，小人喻于利"。在晚明之际，对道德气节出现强烈的分化趋势，一方面是传统的礼教被某些儒生怀疑，弃之如敝屣，另一方面，则是以东林党为代表的儒生群体对道德礼教的不断确认。"他们不仅在道德修养方面几臻圣贤，垂范后世，而且对于儒家文化倡导的政治与道德理想极为执着，可谓身体力行，堪称表率。"③在北直隶儒生集团中，这种对道德气节的强调则转化为勇于担当的任事风格，以至于具有某种庄严性——对斯世斯民的庄严承当。"某些士大夫当此危机时刻依然持守的非

① 对于清南掠的次数，学者们之间有所争论，有4次说、5次说、6次说，见沈一民：《入关前清（后金）南掠次数考——兼论〈清实录〉之失载》，《满语研究》2007年第1期。
② 谢景芳：《明末皇太极北掳中原人口考实》，《中国史研究》1995年第3期。
③ 葛荃：《"戒惧"心态与东林党人的政治悲剧析论》，《史学集刊》2003年第1期。

惟功利的目标追求，亦可佐证同一时期经世取向者的不同思想根底与境界。"①孙承宗说："天下事得言之，不若其得为之。"②"夫天下不敢任而豪杰能任，故称'权'。'权'非有形之物也，以豪杰所敢任合天下所不敢任而成权。故豪杰见为冒天下之患、任天下之事，而细人见为握天下之权。"由此，孙承宗区分了"任之议与议之议"之不同，以医为譬，曰："夫任之议与议之议异，议之议指发诟病，不必自辨方术，抑口授方术，令主者自辨；而任之议如病家属病于国手"，此"国手""势必自酌自剂，无得更以病呼而反乞方于主人"。③鹿善继也区分"议臣"、"任臣"④，他说自己每次想到罗洪先答唐顺之的话："此生若活得千人命，便甘心不向世外走"，就会感叹"有味哉其言之也"。⑤"此生"即当世，这里有价值指向，也有信念；淑世救人，鹿善继精神灌注在此一事。⑥

　　当然，在乱世中，仅仅有任事的精神只是一方面，更重要的则在于具体保家卫国的手段上。在此方面，北直隶儒生集团在晚明更加引人注目。概言之，主要表现在：第一，兵书的大量编辑及具体实践；第二，文武兼通、侠儒并举的性格塑造；第三，大规模的结社运动及互动。

　　正如有学者注意到，在明代中期以后，谈兵成为士大夫中日渐流行的现象。钱谦益记述当时士人夜谈，"海内士大夫自负才略，好谭兵事者，往往集余邸中，相与清夜置酒，明灯促坐，扼腕奋臂，谈犁庭扫穴之举而其人多用兵事显，拥高牙，捧赐剑，登坛而仗铺者多矣"⑦。当然这一方面由于晚明日渐严重的社会危机，另一方面也由于阳明学的推动。王阳明的文治武功自不待言，就是阳明弟子及后学很多也是文武

---

① 赵园：《任道与任事——关于明清之际士人的一种姿态的分析》，《西北师大学报》2006年第2期。
② 孙承宗：《贺嗣龙周邑主擢贰云中》，见《高阳集》卷12，清初刻嘉庆补修本，第155页。
③ 孙承宗：《毕白阳先生督饷疏草序》，见《高阳集》卷11，清初刻嘉庆补修本，第130—131页。
④ 鹿善继：《采集廷议敬效折衷疏》，见《鹿忠节公集》卷3，清刻本，第24—25页。
⑤ 鹿善继：《与范景龙书》，见《鹿忠节公集》卷16，清刻本，第123页。
⑥ 鹿善继的这种性格与阳明学"心在事上磨练"践履的密切相关。正是如此，作为晚明北方阳明学巨擘的鹿善继在磨练的切实处上，无论事是否可为。不计成败得失利害，不惜为不可为，与"明道不计功"的思路，又不无相通。关于鹿善继的思想，参见贾乾初、陈寒鸣：《被忽略的晚明王学重镇：鹿善继及儒学思想初论》，《燕山大学学报》（哲学社会科学版）2010年第3期。
⑦ 钱谦益：《谢象山五十寿序》，见《牧斋初学集》卷36，上海：上海古籍出版社，1985年，第1018页。

兼通。比如唐顺之，"昔唐荆川于谯楼自持枪教俞大猷，一时以为韵事"①。而在北直隶儒生集团中，这种文武兼通的风气更被大力发扬，集中表现就是大量兵书的编辑及具体实践。可以说，他们不但直接指挥参与了对满清的战争②，而且在晚明不少兵书都出自这个士人集团，其中，孙承宗的《车营叩答合编》和茅元仪的《武备志》在古代中国军事史上占有重要地位。

《车营叩答合编》，又称《车阵叩答合编》或《车营百八叩答说合编》，是晚明关于火器和战车结合兵与车、骑、步编组成营配合作战的一部兵书，是古代中国为数不多的关于火器和冷兵器并用时代炮兵作战特点的军事著作。

> 随着火器、火炮的发展，16 世纪的西方炮兵已成为独立的兵种，明代戚继光创立的车营，实际上属于一种新型的兵种——炮兵。孙承宗的车营，就是对戚继光车营营制的进一步发展和完善。戚继光车营是对付北部善驰突击的蒙古骑兵而建立的兵种，那么孙承宗车营则是为了对付东北以骑射为本的女真族八旗而建立的新营种。③

其主要内容包括三方面："一是战车与火器结合，充分发挥火器的作用。""其二是重视叠阵，倡导队形变换和协同作战。""其三，强调'法死而用法活'，用兵作战要灵活机动，因敌制变。"④对此，有学者认为："孙承宗在明将戚继光军制改革基础上建立起来的车营，可视为明朝军队用新式火器装备起来的新的技术兵种，或说为近现代炮兵的雏形。据统计，其步兵子营使用火器的战兵已占战兵总数的 56%，骑营、部领车营占 48%，水师营高达 61%。火器使用比例的增大及威力的增强，导致车

① 贺长龄：《清经世文编》卷 71，清光绪十二年思补楼重校本，第 1867 页。
② 北直隶儒生集团在晚明社会显示出不小的军事组织能力，这种动员能力不仅显示在军事方面，也显示在明清之际的其他组织性方面。比如营救左光斗、周顺昌、魏大中的活动中及清军入关后孙奇逢带领家族及门人子弟从河北保定转迁到河南，都必须有这种动员组织能力作为后盾。所以，以"无事袖手谈心性，临危一死报君王"来概括晚明儒生从而把明亡的罪名推向阳明学，都是"一叶障目，不见泰山"。
③ 孔德麒：《〈车营叩答合编〉初探》，《军事历史研究》1990 年第 2 期。
④ 孔德麒：《〈车营叩答合编〉初探》，《军事历史研究》1990 年第 2 期。

炮逐步从混合编组中独立出来，逐步成为独立的兵种。在欧洲，装备 48 磅炮弹的炮车也是到 17 世纪才出现的。这说明，中国出现炮兵的时间大致与欧洲同时，或领先一步。孙承宗车营作战的理论和实践，反映了军事技术的进步与发展，不仅为近现代炮兵的创建奠定了基础，而且要求火炮向体积小、重量轻的方向发展，对近现代军队建设和火器的改进也很有启迪意义。"[1]

《武备志》由茅元仪历时 15 年撰成，是中国古代部头最大的一部综合性兵书，全书 240 卷，约 200 万字，附图 730 余幅，被称为当时"军事学的百科全书"[2]。其共由兵诀评、战略考、阵练制、军资乘、占度载五大部分组成。"上言东西夷情、粤闽疆事及兵食富强大计。"[3]

可以说，也正是由于孙承宗、鹿善继、茅元仪等的军事实践，不仅展现了明清之际士人普遍存在的军事动员能力[4]，而且一度扭转了明清之间的战局。比如孙承宗"第一次督师的四年间，前后修复大城九，堡四十五，练兵十一万，立车营十二，水师营五，火营二，前锋后劲营八，造甲胄、器械、弓矢、炮石、卤具等战具数百万，收复失地四百里，开屯五千顷，岁入达十五万，充实和巩固了辽东边防，为天启六年（1626 年）的宁远大捷和七年的宁锦大捷奠定了基础。第二次督师，又亲自指挥，击退了后金对京师的进攻，收复了遵化、迁安、滦州、永平四城，扭转了被动挨打的战局，使明与后金重新对峙在辽东战场"[5]。

---

[1] 曲富萍：《〈车营叩答合编浅说〉评析》，《军事历史》1995 第 3 期。

[2] 白寿彝：《中国通史纲要》，上海：上海人民出版社，1980 年，第 330 页。

[3] 钱谦益：《列朝诗集》丁集，卷 13 下，清顺治九年毛氏汲古阁刻本，第 2630 页。

[4] 在学术思想史中，时人经常把宋儒与明儒并称而概之于"宋明理学"之下。实际上，宋明儒生在相似中表现出更多的差异。笔者认为：明儒不同于宋儒体现在以下方面：第一，在形而上的层面，注重"下学而上达"，以对理学的躬行实践来发展完善理学的独特思路；第二，更注重儒学的外王层次，更加兼容并包，由此产生多重流向。比如明代北学领袖薛瑄曾言"自考亭以还，斯道已大明，无烦著作，直须躬行耳"（《明史》卷 282《薛瑄传》，第 7229 页），一方面体现薛瑄以程朱为宗的倾向，但另一方面无疑也体现出薛瑄注重"下学而上达"，以对理学的躬行实践来发展完善理学的独特思路。其实，这种思路不但薛瑄独有，就是王阳明也是如此，否则王阳明也不会年轻之际对着竹子而"格物致知"，并且由此后思想开始转向。扩而言之，王阳明的学术"三变"都与其在"事上磨练"相关。所以，王阳明的学问应该如他所说是经历千难万苦体贴出来的。

[5] 孔德麒：《〈车营叩答合编〉初探》，《军事历史研究》1990 年第 2 期。

　　总的来看，正是由于当时复杂的形势，一方面使得北直隶士人集团不但通过结社显示出强大的凝聚力①而被誉为"北方东林"②，另一方面又显示出侠儒兼收、文武兼收的倾向。比如孙承宗"公生长北方，游学都下，钟崆峒戴斗之气，负燕赵悲歌之节。作为文章，伸纸属笔，蛟龙屈蟠，江河竞注，奏疏书檄，摇笔数千言，灏瀁演延，幕下书记多鸿生魁士，莫得而窥其涯涘也。为诗不问声病，不事粉泽，卓荦沈塞，元气郁盘。说者以为高阳之诗，信矣"③。《四库全书总目》评论鹿善继，称"善

① 有学者注意到，有明一代，士的群体意识强化。活跃的党社及讲学活动，以及修身的风气，有助于"朋友"一伦的意义的提升。易代过程中的凶险的政治环境，则对于"友"之一伦有特殊而苛刻的要求。这一时期士人有关"友道"的言说，基于士大夫的自我审视、省察，包含了复杂丰富的历史内容。他们与"朋友"有关的伦理实践，也涂染了危机时刻特有的色彩，呈现出平时所没有的复杂性。"明清之际士人处明友而被传为佳话美谈者，所在多有。时论尤以生死关头的相助相救为难能。"（赵园：《乱世友道——明清之际有关"朋友"一伦的言说的分析》，《甘肃社会科学》2006年第1期）而在此中，北直隶儒生集团中孙奇逢、鹿善继、孙承宗、茅元仪之间的关系堪称样板。鹿善继说孙奇逢"年少于我，闻道先于我，里居咫尺，晨夕受益"，说在榆关读孙氏书札，"八行娓娓，俨然语录，读罢珍藏，旋出展玩，反复不能去手，逢人不觉在口"（鹿善继：《答赵青城书》，见《鹿忠节公集》卷19，清刻本，第158页）。鹿善继从孙承宗于边塞，在书札中说："相公（按即孙承宗）一日在师中，弟即一日在幕中"；自说义无反顾，"情愿在行间为共忧共患之人"（鹿善继：《与张见立书》，《鹿忠节公集》卷19，清刻本第155页）。更其难能的是，鹿善继非但与孙承宗同理边务，共此患难，且同"点简书剑，相率归田"（鹿善继：《与赵明吾书》，见《鹿忠节公集》卷21，清刻本，第174—175页）。钱谦益记鹿善继从孙承宗："四年塞下，不加一级，朝齑暮盐，相对如兔园老生。移疾从公而归，渡潞水，宿得云寺，既过帝城，遂成闲身。酹村酒相劳日：'昔有两贤里居，一人之官，一人酹酒祖道曰："只要归时，依样还我一副老兄面皮。"今吾辈归来，面皮可依旧样否？'相与大笑而醉。"钱谦益曾说孙承宗"每叹善继清贞安雅，道气澄澈，穷年绝塞，资此畏友……"（钱谦益：《牧斋初学集》卷47，上海：上海古籍出版社，1985年，第1199页）。孙承宗本人确也写到其友"初终不渝"，"显未尝嫌，险未尝虞；共予青拎，比予轩冕；欣于承明，比予里闬"（孙承宗：《祭友人井荃玄文》，《高阳集》卷17，清初刻嘉庆补修本，第296页）。所以，当孙奇逢说，"不明于五伦而欲善一伦，未见其能也；不明于友道之关五伦而欲以敦友伦，未见其尽善也"（孙奇逢：《范箕生笺古人交序》，见《夏峰先生集》卷4，清道光二十五年大梁书院刻本，第72页）。另在《客座私祝跋》中慨叹道："隐友虽五伦之一，实贯于君臣父子夫妇兄弟之间而妙其用。"（孙奇逢著，朱茂汉点校：《夏峰先生集》卷3，第326页）其晚年诗曰"我生多处旅，并州是故乡。但得有知己，何处不徜徉"（孙奇逢：《病起述往示诸儿暨孙曾》，《夏峰先生集》卷13，清道光二十五年大梁书院刻本，第286页）。他曾赋诗赠傅山云："平生性命托朋友，老至形衰心更痴。二十年来识面，相逢恨晚愿归迟。"（孙奇逢：《孙征君日谱录存》卷19，清光绪十一年刻本，第481页）陆世仪说："天下惟朋友一途最宽，不得于此则得于彼，不得于一乡则得于一国，不得于一国则得于天下，不得于天下则得于古人一惟吾所取之耳。"（陆世仪：《思辨录辑要》卷2，文渊阁四库全书本，第16页）也就不难理解。
② 张显清：《明末北直清流派的构成及反阉党斗争》，《明史研究》第3辑，1993年。
③ 钱谦益：《列朝诗集》丁集，卷11，清顺治九年毛氏汲古阁刻本，第2464页。

继成仁取义，大节凛然，诗笔亦有遒劲之气"①。《畿辅人物志》云范景文：
"公羸弱不胜衣，诗文秀远，下语如画。每闭户焚香，或执麈清谈，望之
如三吴韵士，及策敕临戎，暇整有节制，虽名将所不及。至大义所在，
议论侃侃，百折不回，绝不类其人，人每拟之如子房、长源，论其末
境，恐二公有不逮也。"②《明史》则直接把孙奇逢定为"侠士"。"容城孙奇
逢者，节侠士也。"③正是此种实践中，形成了以鹿善继、孙奇逢为代表的
融北方理学致用传统与阳明学的地域化学派 ——"燕南王学"。到清初，
当许多南北大儒死于非命之时，孙奇逢南下河南，集晚明北方学术之大
成，在燕南王学基础上兼容并包，会通百家，创造性开创"夏峰北学"，
把北方学术推向新高潮。

---

① 永瑢：《四库全书总目》卷 180《无欲斋诗钞一卷提要》，第 1623 页。
② 孙承泽：《畿辅人物志》卷 13，清初刻本，第 81 页。
③ 赵尔巽：《明史》卷 244《左光斗传》，第 6319 页。

第二章　夏峰北学开山孙奇逢的思想和价值

第一节　孙奇逢从燕赵"慷慨悲歌"之士
到北学一代宗师的转变

儒学不仅仅是一种知识、学术、思想，它更是一种实践体系，所以，儒生们不仅是学者，也是儒学基本价值的实践者。就孙奇逢来说，早期名扬天下恰恰是由于对儒学的模范实践，也就是在实践中，他领悟到了儒学的真谛。可以说，孙奇逢的一生走过了从燕赵慷慨悲歌之士到一代理学大师的"成圣之路"。

孙奇逢（1584—1675），河北容城人。"家世容城之士族，仕宦不显居家睦"[①]，他"少承家学"，受教于季父成轩，而其家学深受阳明学影响，"自先祖沐阳公与阳明高弟邹东廓之子讳美者，同举京兆，得闻其家学。故平生口无伪言，身无妄动，以躬行教子若孙"。14岁结识鹿伯顺，"定交于杨忠愍公祠下"[②]。17岁应顺天乡试中举，他们在一起切磋学问，研读《传习录》，"以名节相砥砺"。也就是在这个过程中，孙奇逢开始儒学实践的第一步。

在22岁时，父病逝，孙奇逢"哀毁成例，病、丧、葬一准古礼，偕兄若弟结庐墓侧，不饮酒、不食肉、不御内者三年。服甫阕，旋丁母艰。既葬，倚庐六载如一日"。虽然生活每况愈下但仍不改初衷，"公家固萧然，值两亲丧葬后，产亦落，飧常不继。……每至绝粮，辄割郭外田易粟"。孙奇逢的这些儒学实践赢得了很大的尊重，"督学使者李蕃具

---

① 孙奇逢：《孙征君日谱录存》卷32，清光绪十一年刻本，第756页。
② 汤斌：《孙夏峰先生奇逢年谱》，台北：台湾商务印书馆，1981年，第13页。

以事闻，特旨建坊，旌其孝"①。

而真正使孙奇逢名扬天下的是他营救左光斗、魏大中、周顺昌的活动。本来，孙奇逢自 29 岁开始游学于京师，他"任侠好义"，结识了大批名流，其中最有名者就是左、魏、周等人。天启年间，宦官魏忠贤专权乱政，并结成"阉党"，对弹劾其罪恶的大臣横加屠戮，而号称"善类之宗、直臣之首"的左光斗、魏大中、周顺昌三人首当其冲。当三人被逮捕时，"金院遣其弟光明，科都遣其子学洢相投，周文选顺昌寓书有'一身作客同张俭，四海何人是孔融'之句"。其他"一时知交，消迹远遁，捧头鼠窜，唯恐漫衍波连"，孙奇逢却是迎难而上，同鹿太公"率同志者，力为区处，炎蒸策蹇，醵金于二百里外，共得于三百两"，以备斡旋之用，当三人被诬陷贪赃而被严追随时有性命之危时，孙奇逢又"与定兴鹿正以光斗有德于畿辅，倡议醵金，诸生争应之"。同时上书好友、时任兵部尚书的孙承宗，希其援救，孙承宗率兵从辽东出发，虽由于圣旨阻止而未能成功，左、魏、周最终死于非命，但孙奇逢还是保住了他们的亲人。

> 诸君子不免于死，虐焰方张，凡素往来者皆键户遁迹，无复过而问之。公急难拯溺，置身家性命于度外，而害亦卒未之及也。海内高其义，有范阳三烈士之称。②

对此，黄宗羲称"逆阉之焰，如火之燎原，先生焦头烂额，赴之不顾也。燕、赵悲歌慷慨之风久湮，人谓自先生而再见"③。

孙奇逢不仅是一个理学价值体系的实践者、道德之楷模，他更是一个实干家。在明清鼎革的动乱中，孙奇逢熟知兵法，如王余佑"尝受业于孙奇逢，学兵法"④。他领导民众抗击各种势力的攻击，确保了一方之平安。最典型莫过于孙奇逢领导容城民众抗击清军之役。崇

---

① 魏裔介：《夏峰先生本传》，见孙奇逢著，朱茂汉点校：《夏峰先生集》卷首，北京：中华书局，2004 年，第 1 页。
② 魏裔介：《夏峰先生本传》，见孙奇逢著，朱茂汉点校：《夏峰先生集》卷首，第 1 页。
③ 黄宗羲著，沈芝盈点校：《明儒学案》卷 57《诸儒学案下五》，第 1371 页。
④ 赵尔巽：《清史稿》卷 480《儒林传一·王余佑传》，第 13136 页。

祯九年，皇太极称帝，同时派军突破长城。

> 大兵薄京畿，逼容城。公与兄若弟，率宗族乡党入城。临邑戚
> 友奔集依公者，数十百家，时秋霖土堞倾圮，西北隅尤甚。公独领
> 西北一面，未筑，而兵突至，即窥其者圮，公随御随筑，移时而城
> 成，调和官绅，以济同舟。倡劝捐输，以保身家。攻数次，竟得保
> 全。于时邻近大邑俱陷，独容城屹然若金汤。①

孙奇逢既是道德楷模，又是保城保家之实干家。当然在当时兵荒马
乱情况下是非常难得之人物，因此也就不免被官员们不断举荐。明清两
朝，对他的举荐大的有十一次之多，对此孙奇逢都是推辞了事。这与孙
奇逢"少年妄意功名，自两亲见背，此念顿灰"②的耻名利思想有关，但
更多的是建立在对时局的清晰了解之上。

天启二年，孙奇逢应鹿伯顺之邀到山海关，结识了当时任参军的茅
元仪，二人对时局进行了一次长谈。孙奇逢对茅元仪说：

> 朝野所倚重者。关门一片地。将相不调，未有能立功于外者。
> 君王士之雄，所朝夕共事者二三大帅耳。倘有一见才之心，便不能
> 容人，人宁有为我用者？

而茅元仪一席话孙奇逢四十年后（1663）仍记忆犹新：

> 吴人茅止生元仪，甲申前二十年，谓予曰："天下大物将有所
> 属。石敬瑭以山后十六州酬赞戎廷，子之乡陷溺者四百余年，今独
> 不可迁一支于南乎？"后李自成焰将炽，元仪为《黄巢考》甚详，
> 曰："予非考黄巢也，考李自成也。李自成为他人办薪水耳。"言之
> 历历，后皆验。③

---

① 汤斌：《孙夏峰先生奇逢年谱》，第8页。
② 汤斌：《孙夏峰先生奇逢年谱》，第8页。
③ 孙奇逢：《孙征君日谱录存》卷20，清光绪十一年刻本，第527页。

　　清兵入关后，由于土地被满洲贵族圈占，孙奇逢被迫率族人及部分门人弟子南迁河南辉县之苏门山夏峰村。顺治九年（1652），工部郎马光裕奉以田庐，遂率子弟躬耕，四方来学者亦授田使耕，所居成聚，居夏峰二十有五年。因此又被四方学者尊称为夏峰先生。

　　其实，无论是在河南还是河北，孙奇逢都是北方儒生集团的主要领军人物之一。他不但通过对理学价值的实践扬名海内，而且对理学有更加深刻的理解，同时，他对时局，特别是对于当时理学面临的危机也有清醒的认识，并有自己的一套见解，两者一旦结合，很容易在儒生们中产生共鸣①。因而，早在河北之时的顺治二年，国子监祭酒薛所蕴就认为他可比元代大儒许衡、吴澄②。当孙奇逢迁居河南以后，由于清兵入关致使南北大儒基本都死于非命，南北儒生群龙无首，此时，作为为数不多在晚明就成名、历经明清大变局仍健在的学术领军，孙奇逢作为北方学术"泰山北斗"的地位更被极度强化。也就是在他的带领下，北学获得了重生，北方的儒生们又走向了团结，同时也形成了以其为宗师的夏峰北学异军突起，使得整个学界为之侧目。③

---

① 孙奇逢对明清之际社会大变局和理学危机有清醒的认识，使得他不断调换自身角色，"常言：'吾之学与年俱进，而有三变焉：天启乙丑、丙寅，则陈太丘、郭林宗；癸未、甲申，则管幼安、田子春；今老矣，其卫武公乎？'"，正是如此，给后学很深刻的印象。比如弟子耿介更是回忆道孙奇逢"随时随处，体认天理，而功归慎独周规折矩，不失尺寸。故其平生出处常变，辞受取予悉衷诸道，八十年如一日"（耿介：《中州道学编》卷2，见四库全书存目丛书编纂委员会编：《四库全书存目丛书》史部，第121册，济南：齐鲁书社，1996年，第83页）。而方苞更称颂孙奇逢于明末，"知天下将亡"，"学者考其立身之本末，而因以究观天人之际，可以知命而不惑矣"（方苞：《孙征君年谱序》，《方苞集》上，上海：上海古籍出版社，2008年，第88—89页）。
② 赵尔巽：《清史稿》卷480《儒林传一·孙奇逢传》，第13101页。
③ 在清初，北方学术异军突起使得整个学界为之侧目，这首先在于明清变革肇始于北方而后向全国扩散的历史情势。正是如此，早在清军下江南之前三十年，相比于江南的相对稳定，由于处于农民军、明、清三方势力的冲击，晚明整个北方由于处于抗清最前线及农民运动的集中地，所以社会首先崩溃；而江南社会虽然也动荡，但由于农民起义基本上没有波及，而只是到清军南下攻击南明之时社会才崩溃。关于此，参见顾诚：《明末农民战争史》，北京：中国社会科学出版社，1984年。也正是北方社会的率先崩溃，一方面使得北方知识人率先开始救世浪潮，在这种浪潮中，北方学术产生巨大能量而不断转向，而正是这种转向沉积为清代北方学术的传统底蕴，上承前代，下开后世，深刻形塑了晚明以来的北方学术。另一方面，也正是这种时间差方面的先发优势，关于明清鼎革的思考，北方知识界先行一步，一旦扩及整个学界便能迅速引起巨大响应。

第二节　孙奇逢的思想

一、在"天人之间"寻求一"大把柄"

在孙奇逢的思想体系中，一再提到一个非常具有个性的词汇——"大把柄"，并且一再告诫为学最要者就是寻求这个大把柄。如：

> 把柄在我，全不由人。①
>
> 学修功夫非有把柄无着落，子臣弟友能尽分，视听言动能循礼，喜怒哀乐能中节，所和于仁者和此也。②
>
> 学问先要见大头脑。总脑不清，则时时有难处之事，在在有难处之人；总脑清，则天下之物尽在我，而不足仅增损我。③
>
> 学有根本，有枝叶。在根本上做功最简要，心逸日休；在枝叶上做功，最烦琐，心劳日拙。④
>
> 学者先要有把柄，则日用间着衣吃饭，应事接物，一一都有归着；无把柄，则茫茫然无所适从，心不能为身主，身焉能为事物主？日月空驰，流光虚度，真可惜也。莫不饮食，鲜能知味；谁不由户，莫由斯道，只是如此。⑤

以致连傅山也说孙奇逢"不知者以为世法模棱之意居多，其中实有一大把柄。"无疑，这再三的强调说明孙奇逢本身也有一个大把柄，是什么呢？

在《孙奇逢哲学思想新探》里面，在对孙奇逢资料充分解读基础之上，李之鉴认为：

---

① 孙奇逢著，朱茂汉点校：《夏峰先生集》，第 43 页。
② 孙奇逢著，朱茂汉点校：《夏峰先生集》，第 551 页。
③ 孙奇逢著，朱茂汉点校：《夏峰先生集》，第 588 页。
④ 孙奇逢著，朱茂汉点校：《夏峰先生集》，第 592 页。
⑤ 孙奇逢著，朱茂汉点校：《夏峰先生集》，第 593 页。

孙奇逢的宇宙观，虽然有个正确的起点，但在构筑其哲学体系或逻辑结构的酝酿中，最终给抛弃了。通过理本论的客观唯心主义，又以"心"吞噬"理"，从而走上主观唯心主义。"理总是吾心之理"，天地收归"理"中，"理"又收归"心"中，天地万物及规律，则是"镜中花"……这就是孙奇逢之"心"的最根本的性质，所以他的哲学逻辑结构，当是"心—物—心"。①

在具体解读时，这个"吾心即天地万物"的逻辑哲学结构又分为三部分：（一）"一理为二气"的理学旗帜，（1）"主宰处为理"，（2）"太极本无极"；（二）"吾心即天地万物"的心学本质，（1）"意知物而一贯之才是心之全谱"，（2）"吾人一点性灵为天地古今之大主宰"，（3）"万物皆备真我"；（三）"理总是吾心之理"的心学体系，（1）"斯理之在人心穷宇宙而不可磨灭"，（2）"理外不了一个心"，（3）"求心于理"；（四）"理求其在我"的心学创造精神，（1）"消息生心造化在手"，（2）"不能必之于天"，（3）"尽人事以回造化"。把孙奇逢归入心学是无疑的，但问题是心学本身也是一个复合体，陆九渊的心学就与王阳明的不同，同时，还必须注意到一个问题：在阳明学中，王阳明是以"良知"代替"理"的，所以，王学后辈也是讲"良知"的，而孙奇逢则不然，他强调"心"，但问题是他也强调"理"，"主宰处为理"，那么岂不是连心也要被理所主宰么？如果孙奇逢把心作为第一主宰，那为什么他对弟子魏一鳌却说"以去人欲，存天理。持之终身，老夫真是喜而不寐"？②为什么主张"无论在上在下，一衷于理而已"③而作《理学宗传》？为什么还在《读易大旨》中孜孜求"《易》理"？这不是自食其言么？

历来论孙奇逢者，一般认为属于王学，对此，孙奇逢也直言不讳，开宗明义就打出王学旗帜。他认为：

> 阳明崛起，揭良知为宗，博约、知行合而为一。盖仲尼殁至是

---

① 李之鉴：《孙奇逢哲学思想新探》，开封：河南大学出版社，1993年，第83页。
② 孙奇逢著，朱茂汉点校：《夏峰先生集》，第70页。
③ 孙奇逢著，朱茂汉点校：《夏峰先生集》，第135—136页。

且二千年，斯道为之大光，而全体大用，立德、立言、立功随感而应，无处非道，无处非学，腐儒面目得阳明一洗之。①

你看一点良心，之以为自然而然不得不然的，便是天地之所以为天地，鬼神之所以为鬼神，三王之所以为三王，后圣之所以为后圣。②

但正如李之鉴解读的那样，孙奇逢同时又打出"一理为二气"的理学旗帜，"只要你明确'理'的绝对本体性，用什么概念代指它，都无关紧要"。所以在很多时间，他会用"天"、"太极"、"至一"等来代"理"，"他认为周敦颐之所以'识彻全体，学透本源'，就反映在他不固执'理'这个范畴，在透本源、彻全体的前提下，可以任意命名"③。无疑，这种心学与理学并举昭示了孙奇逢思想的特殊性。

本来，陆九渊强调"心"作用，虽然"宇宙即是吾心，吾心即是宇宙"，但最终归处还是"心即理"，阳明更进一步，用"良知"代替"理"，但"良知"毕竟是个虚拟的东西，不同人有不同的"良知"，标准也无法统一，虽然最大限度地提高了人的能动性，但最终却由于无法控制而使儒生们大乱。所以，对于后来的儒生来说，最大的问题就是怎样把由"致良知"发挥的能动性局限在一个恰当的限度之内：既要发挥能动性，但又在"理"的限度之内。笔者认为，这正是孙奇逢心学理学并举的关键所在，他与其他理学家最大的不同在于他不但为"心"找到了一个落实对象，而且建构起一个心学、理学相互流通的体系。

孙奇逢认为："心在事上见，未有以人存心，以礼存心，而行事乃不仁不义者，礼制心，是居敬；义制事，所谓时措咸宜耳。"④ "心无内外，故须在事上磨练。"⑤所以，笔者认为，孙奇逢之所以"理""心"同时强调，不是说要强调哪个为最高本体，他是要建立一个"心""理"相互流通的体系来，在这个体系包含三层意思：

（1）"理"对"心"限制，"理"是个大概念，代表天道流行的规律，

---

① 孙奇逢著，朱茂汉点校：《夏峰先生集》，第 343 页。
② 孙奇逢：《四书近指》卷 3，文渊阁四库全书本，第 16 页。
③ 李之鉴：《孙奇逢哲学思想新探》，第 52—53 页。
④ 孙奇逢著，朱茂汉点校：《夏峰先生集》，第 343 页。
⑤ 孙奇逢著，朱茂汉点校：《夏峰先生集》，第 562 页。

"天理者，天然自有之理，非人之所能为，欲须臾离之而不得者也"①，"理者，乾之元也，天之命也，人之性也。得志，则放之家国天下者，而理未尝有所增；不得志，则敛诸身心意知者，而理未尝有所损。……舍是，天莫属其心，人莫必其命，而王路道术遂为天下裂矣"②。所以，人之"心"必须不断寻求"理"，一旦发挥的能动性偏离了寻求"理"的轨道，则这些能动性就是"人欲"，就必须"存天理，灭人欲"。

（2）"心"对"理"限制，理也不是漫漫无边的，不是高远难行，而是"众人之所能知能行者"，是能够被"模写"的，所以，"理总是吾心之理"，"求理于心"，"圣贤言心，须合天下国家身家心意知物而一贯之，才是心之全谱"③。

（3）要维护"心""理"相互流通的体系，最主要的在于强调人正确的发挥能动性，所以，"理求其在我"，"消息生心造化在手"，"吾人一点性灵为天地古今大主宰"④，"此心可以撑住天地者，全凭此志。志不降，则身不辱"⑤。"益信此心之灵，原不可以世代限，不可以幽明隔也。"⑥"起念举事接言，是吾心与天下同之脉络，莫轻看。起念无妄，以义制事，以道接言，便是大圣贤境地。"⑦如果"尽人事以回造化"，则会"吾人心体与天地同流"达到"万物皆备真我"、"心一天地，四方上下，往古来今，元无隔阂"的物我合一的境界了。

孙奇逢之所以能够为"心"找到了一个落实对象而建构起一个心学、理学相互流通的体系，关键在于他在古代哲学中特别拈出"天"、"天命"而讲"天人之际"。也就是在"天人之际"视野下，他把"天"与"理"合讲，把"心"与"人"合讲。对此，有学者认为孙奇逢虽讲"天人之际"，但"这个'天'或'天命'又与程朱的'天理'不同，所指最后仍归结为'心'"⑧。笔者认为这个观点是值得商榷的。当然，孙奇逢

---

① 孙奇逢：《孙征君日谱录存》卷9，清光绪十一年刻本，第190页。
② 孙奇逢著，朱茂汉点校：《夏峰先生集》，第135页。
③ 孙奇逢：《孙征君日谱录存》卷34，清光绪十一年刻本，第788页。
④ 孙奇逢著，朱茂汉点校：《夏峰先生集》，第459页。
⑤ 孙奇逢著，朱茂汉点校：《夏峰先生集》，第455页。
⑥ 孙奇逢：《孙征君日谱录存》卷3，清光绪十一年刻本，第133页。
⑦ 孙奇逢著，朱茂汉点校：《夏峰先生集》，第438—439页。
⑧ 王茂、蒋国保：《清代哲学》，合肥：安徽人民出版社，1992年，第443页。

讲的"天"或"天命"是与程朱的"天理"不同，但这不等于说就是陆王派的"心"，因为正如上面所论，在孙奇逢的思想中，程朱与陆王不是非此即彼的对立而是相互共存的合流。与之对应，孙奇逢虽然讲天人之际、天人合一，但却是在天人之分的基础上讲天人之际的，所以，与在"心""理"关系处理中相类，他也是在建立天、人之间的流通体系。

孙奇逢在天人之分的基础上讲天人之际最明显体现在《读易大旨》中。在《读易大旨》中，孙奇逢首先提出了"本来之《易》"与"圣心之《易》"、"无文之《易》"与"有文之《易》"、"画前之《易》"与"画后之《易》"等概念。在《易》起源上，"与邵雍的解释不同，孙奇逢强调了易的客观来源，天地自然才是易产生的条件，圣人之易不过是对自然之易的模写罢了"①。他认为：

> 上天之载，无声无臭而生万物，此易之源也。疱羲氏通神明之德，类万物之情，始设奇偶二画以象之。二画错而八卦成，八卦错而四图著。图之文不一，阴阳消长之象则一。阴阳消长，天地之变化也。文王重之以尽其变，周、孔系之以效其动，因时就弊，岂能于图外加毫末。②

"盖未画《易》之前，一部《易经》已列于两间，故'天尊地卑'，未有《易》升之乾坤，而乾坤已定矣；'卑高以陈'，未有《易》卦之贵贱，而贵贱已位矣；'动静有常'，未有《易》卦之刚柔，而刚柔已断矣；'方以类聚，物以群分'，未有《易》卦之吉凶，而吉凶已生矣；'在天成象，在地成形'，未有《易》卦之变化，而变化已见矣。"最终，"易本模写天地而作"，"圣人之《易》不过模写其象数而已，非有心安排也。"③也就是说，"上古虽未有易之书，然造化人事本有易之理，故作事暗合易书，正所谓画前之易也"④。进而孙奇逢总结出四种天人关系：

---

① 汪学群：《清初易学》，北京：商务印书馆，2004 年，第 43 页。
② 孙奇逢著，朱茂汉点校：《夏峰先生集》，第 299 页。
③ 孙奇逢：《读易大旨》卷 3，文渊阁四库全书本，第 63 页。
④ 孙奇逢：《读易大旨》卷 3，文渊阁四库全书本，第 75 页。

天之天、天之人、人之天、人之人，其中"天之天"和"天之人"指客观意义上的自然与人本身，而"人之天"和"人之人"指被人类主观认知的那部分自然与人本身，它代表了人类对自然和人本身的认知水平与局限。

为什么强调发挥人的后天能动性研究《易》呢？孙奇逢认为关键在于返本开新，借"后天之学"返"先天之理"。

> 曷先后天之有殊乎？虽然犹有说焉，无文之易，诚明之道也。有文之易，明诚之道也。苟能因辞以会夫无辞之奥，是借后天之学返乎先天之理。①

作为经历了明清鼎革的一代大儒，孙奇逢在学《易》过程中流露出一种强烈的忧患意识，他认为：

> 子曰：作《易》者，其有忧患乎。士君子生今之时世，而不明乎易，岂能处忧患乎，六十四卦会而通之，皆所以处忧患之道，不独履谦九卦为然也。②

因为"天下之道莫善于相反而相交以为用"，而"《易》模写天地间事理"，当然《易》理亦必然是"反交为用"。为了挽救乱世之危机，扭转混乱之局，"要尽人事以回造化，若逆挽而进之"③，就必须发挥"心"之能动性去求"理"，就必须"天行健，君子自强不息"。这恐怕是他在论"心"、"理"、"天"、"人"关系时特别强调"心"与"人"、因为"天地间人事为多"而"专责人事"的最深层原因。而以论天人关系为中介突破传统陆王程朱两派"心""理"何者为第一的成见，建构起一个心学、理学相互流通的体系也就成为最终理解孙奇逢"大把柄"之关键所在。

---

① 孙奇逢：《周易大旨跋》，见《孙奇逢集》中，郑州：中州古籍出版社，2003 年，第 1266 页。
② 孙奇逢：《夏峰先生集》卷 1，清道光二十五年大梁书院刻本，第 14 页。
③ 孙奇逢：《读易大旨》卷 4，文渊阁四库全书本，第 85 页。

二、在理学视野与儒学视野的结合中重构儒学千年发展之大道统

孙奇逢为学从来都是从不同处寻求大把柄。

> 自浑朴散而象数之繁，异同之见，理气之分，种种互起争长，然皆不谬于圣人。所谓小德之川流也，有统宗会元之至人出焉，一以贯之，所谓大德之敦化学者，不能有此大见识，切不可专执一偏之见，正宜于古人议论不同处着眼理会。[①]

实际上，孙奇逢也正是在心学、理学不同处开始会通程朱陆王，进而在会通中总结出"大把柄"。

梁启超在《清代学术概论》论及儒学的发展时曾经有一段名言：

> 浸假而孔子变为董江都、何劭公矣；浸假而孔子变为马季长、郑康成矣；浸假而孔子变为韩退之、欧阳永叔矣；浸假而孔子变为程伊川、朱晦庵矣；浸假孔子变为陆象山、王阳明矣；浸假而孔子变为顾亭林、戴东原矣。[②]

当理学发展到了明代，八股的惯性使程朱派把程朱的言论当成了实际最大权威，如明初大儒薛瑄说"自考亭（朱熹）以还，斯道已大明，无烦著述，直须躬行耳"[③]。"只说孔子错，不认程朱非"成为对他们的典型概括，直到清初，元明以来程朱权威远超过孔孟的习气未得根本改变，而崛起的阳明学则把陆王的言论当成最大实际权威，阳明后学宣称："良知之教，如日中天。昔人谓：'天不生仲尼，万古如长夜。'然使三千年而后，不复生先生，又谁于取日虞渊，洗光咸池乎？"[④]由此两派儒生攻击不

---

① 孙奇逢：《岁寒居答问》卷1，清顺治十三年张元枢刻本，第1页。
② 梁启超：《保教非所以尊孔论》，《新民丛报》第2号，1902年2月22日版，又见《清代学术概论》，第86—87页。
③ 张廷玉：《明史》卷170《儒林传一·薛瑄传》，第7229页。
④ 刘宗周：《重刻阳明先生传习录序》，见《王阳明全集》下，上海：上海古籍出版社，2011年，第1788页。

已，而任何企图会通程朱陆王于一体者，要么是以程朱为准，要么是以陆王为准，最终都没有调节两派之矛盾反而火上浇油。

在理学的圈子内，会通程朱陆王是无法实现的，但理学毕竟属于儒学，它是儒学在一个阶段的发展形态，既不是儒学的原初形态，也不是儒学的最终归宿。它的任何理论，相对于儒学这个大传统来说，都是一个小传统，程朱陆王被尊崇的再高也不可能超过孔子，在孔子面前，程朱陆王就不是权威了。"儒之所至，孔丘也。"[1]所以，在理学中，"天理"、"人欲"、"心"、"良知"、"气"之间的关系可能是个大问题，但在儒学中，问题就没有那么大了，甚至有可能成为不是问题的问题。而孙奇逢之所以敢建构一个心学、理学的流通体系就在于他拉出孔子这个大权威来会通程朱陆王："孔圣人万世之师，道之宗也。学者立必为圣人之志，只折衷于孔子是矣。"[2] "非孔子不能折衷百家。"

孙奇逢用孔子的论断来会通陆王程朱是一贯的。他说：

> 儒者谈学不啻数百家，争虚争实，争同争异，是非邪正，儒释真伪，雄辩不已。予谓一折衷于孔子之道，则诸家之伎俩立见矣。《论语》中论学是希贤希圣之事，论孝是为子立身之事，论仁是尽心知性之事，论政是致君泽民之事，论言行是与世酬酢之事，论富贵贫贱是境缘顺逆之事，论交道是亲师取友之事，论生死是生顺殁宁后之事。只此数卷《论语》，无意不备，千圣万贤，不能出其范围。识其大者为大儒，识其小者为小儒，不归本于孔圣之道者，则异端邪说，是谓非圣之书，不必观可也。[3]

也正是如此，孙奇逢才认为"学问须要包荒，才是天地江海之量"。他才能说"某幼而读书，谨守程朱之训，然于陆王亦甚喜之"[4]。他才敢认定程朱陆王"初时同法尧舜，同师孔孟，虽入门路径微有不同，而究

---

① 《中国现代学术经典·章太炎卷》，石家庄：河北教育出版社，1996年，第479页。
② 孙奇逢：《孙征君日谱录存》卷7，清光绪十一年刻本，第140页。
③ 孙奇逢著，朱茂汉点校：《夏峰先生集》，第554页。
④ 孙奇逢著，朱茂汉点校：《夏峰先生集》，第6页。

竟本源其致一也"①。

> 愚谓阳明之致知，非阳明之致知，孔子之致知也；紫阳之穷
> 理，非紫阳之穷理，孔子之穷理也。总不谬于孔子而已矣，何至相
> 牴牾、分水火乎。

因此，他主张两派应超出门户之见，平心静气，取长补短。

> 诸儒学问，皆有深造自得之处，故其生平各能了当一件大事。
> 虽其间异同纷纭，辩论未已，我辈只宜平心探讨，各取其长，不必
> 代他人争是非求胜负也。一有争是非求胜负之心，却于前人不相
> 干，便是己私，便是浮气，此病关系殊不小。

也正是在此基础上，孙奇逢才会以元亨利贞重构儒学千年发展之大道统：

> 学之有宗，犹国之有统，家之有系也。系之宗有大有小，国
> 之统有正有闰，而学之宗有天有心。今欲稽国之运数，当必分正
> 统焉；邀家之本原，当先定大宗焉。论学之宗传，而不本诸天者，
> 其非善学者也。先正曰："道之大原出于天，神圣继之。尧、舜而
> 上，乾之元也；尧、舜而下，其亨也；洙、泗、邹、鲁，其利也；
> 濂、洛、关、闽，其贞也。分而言之，上古则羲皇其元，尧、舜
> 其亨，禹、汤其利，文、武、周公其贞乎！中古之统，元其仲尼，
> 亨其颜、曾，利其子思，贞其孟子乎！近古之统，元其周子，亨
> 其程、张，利其朱子。"孰为今日之贞乎？明洪、永表章宋黼，纳
> 天下人士于理。熙、宣、成、宏之世，风俗笃醇。其时有学有师，
> 有传有习，即博即约，即知即行。盖仲尼殁，至是且二千年，由
> 濂、洛而来，且五百有余岁矣。则姚江岂非紫阳之贞乎？余谓元
> 公接孔子生知之统，而孟子自负为见知，静言思之，接周子之统

---

① 孙奇逢著，朱茂汉点校：《夏峰先生集》，第135页。

者，非姚江其谁与归？程、朱固元公之见。罗文恭、顾端文意有所属矣。①

历来论孙奇逢之新道统者，都只注意他所建构的"近古之统"，即其道统中理学的那一部分，实际上，孙奇逢建构的道统是细分为三部分：上古之统、中古之统、近古之统。在建构理学道统（近古之统）后，他扩张视野，在超越理学"道统"基础之上来构建儒学传承的大"道统"。换句话说，孙奇逢在理学"道统"基础上，实现了"道统"的更大扩张，视野从局限于理学走向整个儒学：

> 窃思道统肇自伏羲，而尧、舜、禹、汤、文、武、周公以至孔子，自孔子而颜、曾、思、孟以至周、程、张、朱其人止矣。尧、舜而上，乾之元也，尧、舜而下，其亨也。洙、泗、邹、鲁，其利也，濂、洛、关、闽，其贞也。分而言之，上古则羲皇其元，尧、舜其亨，禹、汤其利，文、武、周公其贞乎？中古之统，元其仲尼，亨其颜、曾，利其子思，贞其孟子乎？近古之统……②

在这些道统中，孙奇逢认为最关键的是孔子："窃尝思之，学以孔子为昆仑，颜曾思孟则五岳四渎也，濂溪以周，伊洛以程，横渠以张，紫阳以朱，象山以陆，皆能为其山川重，所谓小德川流，总之以海为归宿。"③他们是儒学精髓的主要体现者。除此外，对于大大小小的儒生，他们可能"与圣人端诸微有所不同"，或"区区较量于字句口耳之习"，或"务为新奇以自饰其好高眩外之智"，或"更有以理为入门之障而以顿悟为得道之捷者"，虽然孙奇逢对他们不免有所批评，但还是认为"见不必相同，意不必相非"，承认他们"地各有其人，人各鸣其说，虽见有偏全，识有大小，莫不分圣人之一体焉"而把他们列入儒门。因此，笔者认为，孙奇逢建构的道统，不但包括孔子本人建构之理论及实践，也

① 孙奇逢著，朱茂汉点校：《夏峰先生集》，第135—136页。
② 孙奇逢著，朱茂汉点校：《夏峰先生集》，第135—136页。
③ 孙奇逢著，朱茂汉点校：《夏峰先生集》，第128页。

包括后代儒生们对之的申发及实践，不仅包括一代的名儒，也包括不计其数的一般儒生。可以说，在理学系统内，孙奇逢的道统把包容性推向极致，也正是这种极致，理学以致整个儒学体系之内的多样性与共通性显露无遗，使得他能够突破常规，在求同存异中进行别具一格的开拓。

三、内圣方面，在理学视野与整体儒学视野互动下，以回归、重释孔孟经典为基础对理学的新建构

在视野充分扩充基础上，孙奇逢又以此重构理学。总的来看，他之所以能够带领儒生在明清之际实现理学的创造性转换，关键在于他为学倾向的独树一帜。关于此，历来学者关注较多，"调和朱陆"、"平分朱陆"，按他自我的说法就是"不薄程朱爱阳明"。对于此点，靳大成注意到"夏峰的调和朱陆，也就是从其各自不同的观点往后退，退回到一个双方都接受的更为基本的立场上去"①。但这个"更为基本的立场"是什么呢？他有何魔力竟使得势如水火的程朱陆王两派都心悦诚服？他接着解释说："夏峰不只是在一个地方、一个具体问题上平分朱陆，而是先从根本上将两家回归到孔孟门下，然后再用对孔、孟思想的解说反证程朱陆王言有歧而义归于一。"②笔者认为此评论可谓是切中肯綮。

既然孙奇逢要以对孔孟思想的重新阐释来会通程朱陆王，那么他至少要做两方面的工作：第一，回归孔孟经典，建构自我对孔孟思想的阐释体系；第二，超拔于程朱陆王等理学家之上，以局外人之眼光，择取各派之所长，而把他们归置于自我对孔孟思想的阐释体系。这两点缺一不可。简言之，就是要求孙奇逢不光要有理学视野，对理学发展脉络了如指掌，更要有整体儒学之视野，否则，就难以在吸收两千多年儒生们对儒学经义阐释的基础上，通过回归孔孟经典，建构自我对孔孟思想的阐释体系。在这两点中，对熟谙理学的孙奇逢来说，前者更具有挑战性。

---

① 靳大成：《成圣之道——清初孙奇逢理学思想述评》，见中国社会科学院文学研究所编：《文学研究所学术文选（1953—2003）》3，北京：中国社会科学出版社，2003年，第631页。
② 靳大成：《成圣之道——清初孙奇逢理学思想述评》，见中国社会科学院文学研究所编：《文学研究所学术文选（1953—2003）》3，第633页。

　　正是由于前者的挑战性，当然孙奇逢的视野就不能仅仅限于理学本身，也正是在挑战中，孙奇逢开始把视野扩展到整个儒学，在整个儒学的宏阔视野内重建理学体系，而他的这种努力集中体现在《理学宗传》、《书经近指》、《四书近指》及《读易大旨》中。

　　在《理学宗传》中，孙奇逢以周敦颐、二程、张载、邵雍、朱熹、陆九渊、薛瑄、王阳明、罗洪先、顾宪成十一位理学家为大宗，称之为主，自汉董仲舒、隋王通、唐韩愈等历朝诸大儒为辅，同时运用易学"元亨利贞"的逻辑关系把程朱陆王两派的学者放在一起评论，对理学的发展进行了系统的总结。但在对《理学宗传》的评论中，有学者认为"孙奇逢以理学家论述理学的历史，自不免囿于理学固有的眼界，未能以整个学术史的广阔识见来科学的衡量理学的得失及历史意义。此外，既是以宋明十一子为大宗，时代断限自当局于宋明时期，则诸儒考之上及董仲舒、王通、韩愈等，未免义例有欠"①。这典型地反映出评论者对《理学宗传》编撰意义的不了解。

　　孙奇逢毕三十年经历写《理学宗传》，他的目的不仅仅是编一本学术史，况且，当时作为严格意义上的学术史也只是在酝酿之中②，他是要用学术史的形式来为当时走进歧途的理学发展指路③，正如其弟子汤斌所言：

_____

① 侯外庐、邱汉生、张岂之主编：《宋明理学史》下卷，北京：人民出版社，1987 年，第 711 页。

② 一般认为，中国第一部严格意义上的学术史专著是在《理学宗传》影响下写就的《明儒学案》。

③ 就对《理学宗传》的研究来看，近几年主要在两个方向努力，一是从中国学案史角度（陈祖武：《中国学案史》，上海：东方出版中心，2008 年，第 77—95 页）立论，一是从"道"、"术"方面（张锦枝：《论孙奇逢〈理学宗传〉的性质》，《武汉大学学报》[人文科学版] 2009 年第 6 期）立论，就笔者看来，最好从孙奇逢本人及《理学宗传》文本本身立论更为妥帖，因为对于一个文本来说首先必须成为自身，然后才能有社会和历史意义，所以对其社会和历史意义的把握必须以对文本及作者的把握为首要前提。就《理学宗传》来说，孙奇逢的地域生活及学术背景和对于当时社会的认知而提出的疗救的药方意识特别值得注意。一方面，孙奇逢生活在北方，以北方理学致用传统与阳明学为基本知识资源，由燕南王学而开创夏峰北学，走的是会通路子，追寻的是通过日常践履而体认儒学本质精髓的路子而非偏主一家，所以其著作更多会在坚守体认儒学真谛的前提下呈现出海纳百川之势；另一方面，他是由侠而儒的儒生，修齐治平的儒生理想和仗义执言、勇于担当的侠风使他具有更大的担当意识，这种担当意识不仅体现在他对左、魏、周诸人的救护中，更体现在学术上要为当时病态的学术思想界开出疗救的药方，而《理学宗传》正是这种疗救的药方意识的集中方案。正是这两点，使得《理学宗传》不仅与包括《明儒学案》在内的其他学案著作不同，而且与现代的学术史也不同。

其大意在明天人之归，严儒释之辨，盖五经四书之后，吾儒传心之要典也。八十年中躬行心得，悉见于此。……天下读是书者，无徒作书观也止，由此以复天之所与我者耳。……诚由濂洛关闽，以上达孔颜曾孟，由孔颜曾孟而证诸尧舜汤文，得其所以同者，返而求之人伦日用之间，实实省察克治，实实体验扩充，使此心浑然天理而返诸纯粹至善之初焉，则寂然不动，感而遂通，中和可以位育，而大本达道在我矣。不然，徒取先儒因时补救之言，较短量长，横分畛域，妄起戈矛，不几负先生论定之心乎！①

正是这种现实的抱负使得《理学宗传》在编排上显得十分特殊②。既然《理学宗传》的目的是要以回归、重释孔孟经典来会通程朱陆王，总结理学发展的得失。因此，一方面，既然要明理学发展之得失，就应该把理学发展过程充分描述出来，当然以理学学者为主的；另一方面，要明理学发展之得失，方法多种多样，孙奇逢采取的策略是在回归、重释孔孟经典基础上重建理学体系，那么视野就不能局限于理学，而要在整个儒学视野下回归、重释孔孟经典，当然对以董仲舒、王通、韩愈这些儒学大师为代表的汉唐儒学就必须重视总结。试想，如果漠视董仲舒、王通、韩愈这些儒学大师而探求孔孟经典的真谛，是否缘木求鱼？可以说，在孙奇逢的视野中，没有对儒学两千多年来的发展进行系统审视与梳理，就不可能体认出以孔孟思想为根本的儒学真谛，而这种努力最显著的体现就是《理学宗传》。对此，有学者认识到，孙奇逢一方面为确保儒学道统的纯正性和连续性，另一方面又意识到儒学中的任何一个支系统都不能单独承担道统的延续，传道的责任是由各个支流共同完成的，正是这两方面的考虑使《理学宗传》编排独树一帜。

---

① 汤斌：《理学宗传序》，见《孙奇逢集》中，第1299页。
② 之所以把《理学宗传》也归入学案体，笔者以为最重要的原因就在于此，因为"学案"在古代中国本意就是"为学方案"，既然是"方案"当然就必须有问题需要解决而不可能无的放矢。今人把"学案"当成学术史雏形来看，那是到梁启超以来才具有的观念。关于对"学案"的解读，参见朱鸿林：《为学方案——学案著作的性质与意义》，见《中国近世儒学实质的思辨与习学》，第355—378页。

虽然《理学宗传》标立的十一子之间多没有直接的授学关系，看上去好像不是嫡系，但是并不影响他们同为大宗中的一分子，对道统的承接关系。十一子和诸儒部分以时间为目次只是出于编撰逻辑上的考虑，也并非要标立他们的时代性。十一子的择定，不意味着他们即是道的完全实现者、可以被视为圣人，而是因体道深刻在道统承接中贡献最大者，是丰富道体最具有原创性的代表。其中一些也正因为不可抹杀的独特学说个性，使他们不能成为从容中道的完美圣者。因此，儒学精神的意义就不仅仅表现在他们的个体承担上，也在他们的互补中。①

孙奇逢在整个儒学视野下由肯定宋明儒学走向对汉唐儒生的肯定，集中体现在他对朋友张镜心②褒扬汉儒学术的肯定和对弟子费密《中传》的认可上。在《祭张湛虚文》中，孙奇逢对张镜心褒扬汉儒学术予以肯定。

> 余有《诸儒传宗》一编，自董江都以至吾友鹿江村，皆于先生手自评定，尝云："宋儒极驳汉儒，然论未尝不本汉之注疏，汉诸儒开山之力不可昧也。故崇元公、伯淳而兼之孔明、希文，可见学术事业不分二事。既高静修之不仕，复取平仲之兴学。"噫，即此言，更知先生矣。③

对于费密的《中传》，孙奇逢评价更高：

> 《中传》论取子贡"识大识小，莫不有文武之道"一句作主，

---

① 张锦枝：《论孙奇逢〈理学宗传〉的性质》，《武汉大学学报》（人文科学版）2009 年第 6 期。
② 张镜心（1590—1656）：字孝仲，号湛虚，晚号晦臣，自号云隐居士，磁州（今河北省磁县）人，天启二年（1622）壬戌科进士，历任知县、礼科给事中、太常寺少卿、大理寺少卿、南京光禄寺卿、兵部右侍郎兼右副都御史总督两广军务、兵部左侍郎总督蓟辽军务、兵部尚书等职。当甲申之变时，曾千里奔走以避战乱，岁余始还里。入清后不仕。晚年闭户注易，究极性命之旨，与孙奇逢往复商榷。他博学多才，通易，工诗，才堪大任。有《易经增注》、《云隐堂集》、《驳交纪》等书传世。
③ 孙奇逢著，朱茂汉点校：《夏峰先生集》，第 373 页。

而兼取诸儒之说以辅之，反复辨析，甚为详赡，其中以毛血明水，后稷文武为喻，尤令人心折，可谓汉唐诸儒知己。老夫《理学宗传》，于董子、毛公、文中子、韩文公诸儒，皆不敢遗，亦先辈之绪言也。湛虚张公尝于老夫言汉儒大有功于圣门，传义悉有所受，即宋儒寻求坠绪，皆赖汉儒之力，谓其茫然无知，此亦未可尽以为凭也。惜湛虚已往，不得睹此度之论令一快耳。①

所以，《理学宗传》以理学学者为主，体现了孙奇逢在理学视野下贯通整合理学各派的努力；而断限超出宋明时期，体现了孙奇逢在整体儒学视野下，重建理学体系的努力。

当然，我们不是就此说孙奇逢的视野像后来的汉学家那样仅仅局限于汉唐儒学。他更加注意到了孔孟经典本身，比如"四书"、《尚书》和《易经》。

在《四书近指》中，孙奇逢对四书做出了迥异于传统理学的阐释。在此书中，孙奇逢以《论语》中"学而时习之"中的"学"统率全书，并且以之作为孔孟经典的真谛。

> 圣贤立训，无非修己治人，亲师取友，理财折狱，用贤远奸，郊天事神，明理适用，总之皆学也。故而论逐章皆点学字。《学》、《庸》而《孟》，以学字统括之。此近指一编之义。②

并且表示"读白文，只凭管窥，不泥成说，总求不谬于孔曾思孟斯已矣"。

除了《四书近指》、《书经近指》外，孙奇逢又将视野扩展到《易经》并结撰为《读易大旨》。与《书经近指》中更多牵和宋明儒生之说不同，孙奇逢在《读易大旨》是破字当头，有破有立。在《易》的起源上，孙奇逢一反邵雍的解释，"孙奇逢强调了易的客观来源，天地自然才是易产生的条件，圣人之易不过是对自然之易的模写罢了"③。正是在

---

①　孙奇逢著，朱茂汉点校：《夏峰先生集》，第323页。

②　孙奇逢：《四书近指·凡例》，见《孙奇逢集》上，第368页。

③　汪学群：《清初易学》，第43页。

此基础上，孙奇逢提出了"本来之《易》"与"圣心之《易》"、"无文之《易》"与"有文之《易》"、"画前之《易》"与"画后之《易》"等概念，并且创造性地总结出四种天人关系：天之天、天之人、人之天、人之人。其中"天之天"与"天之人"指客观意义上的自然与人本身，"人之天"与"人之人"指被人类主观认知的那部分自然与人本身，它代表了人类对自然和人本身的认知水平与局限。正是在此过程中，孙奇逢成为清代易学的奠基人。

正如孙奇逢弟子赵御众概括的那样："先师之学，以天为归，以孔为的，以至诚为全量，以慎独为工夫，以知明处当为力行之实地，其所以信独见而化异同者，总之以孔子印诸儒也。当看其是不是，不当问谁朱谁王。"①其中，"以至诚为全量，以慎独为工夫，以知明处当为力行之实地"应该属于孙奇逢思想中的理学层次，而"以天为归，以孔为的"及"总之以孔子印诸儒也。当看其是不是，不当问谁朱谁王"则属于儒学层次。

四、外王方面，"舍三纲五常无道术"基础上的"礼理合一"

在儒学体系内，内圣与外王相辅相成，而且内圣必然走向外王。孙奇逢也不例外。在回归、重释孔孟经典的同时，在外王方面，孙奇逢提倡对伦理纲常的躬行实践，要"学为圣人"，而最终落脚于对"礼"的实践。

首先，孙奇逢区分儒学与释、老，认为："吾儒以经世为业，可以兼二氏之长；二氏以出世为心，自不能合并吾儒为用。"因此，儒学在实践中，应该扬长避短，出世以整合人伦为立足之本，"学则三代共之，皆所以明人伦也。释氏只弃人伦，便有老大罪过"②。"孩提爱亲，稍长敬兄，是学问的根本。无为其所不为；无欲其所不欲，是学问的功夫。"③"孝外，无学术……为圣、为贤、为儒，离此一字不得。"因此，孙奇逢

---

① 赵御众：《夏峰集·旧序》，见李敏修辑录：《中州艺文录校补》，郑州：河南人民出版社，1995年，第748页。
② 孙奇逢：《孙征君日谱录存》卷33，清光绪十一年刻本，第775页。
③ 孙奇逢：《孙征君日谱录存》卷20，清光绪十一年刻本，第504页。

认为"学术、政事，原是一个道理，故云：'是以为政。'究其实时，雍风动，亦不过人人亲其亲，长其长，尧舜之道，岂能加于孝弟外哉？"①而要发挥理学服务于社会之功用，儒生们"便要以天下为己任，区区辞章记诵，腐儒而不适于用者也。孔子志在东周，孟子志在天下，此是孔孟之学术"②。最终，理学的发展与社会秩序名教的维护相与为一，"内圣之学，舍三纲五常无学术，外王之道，舍三纲五常无道术"③。"学术之兴废，系世运之升降，前有创而后有取，人杰地灵，相需甚殷，亦后学之大幸也。"④

其次，为了达到不折不扣的躬行实践，就要学习圣人以成就"成圣之道"。"或问：'学何为也哉？'曰：'学为圣人而已。'曰：'圣人可学而能乎？'曰：'可。孟子曰：乃所愿，则学孔子也。'"为此，要注意平常日用之间，"任举一物一事，莫非道也，百姓日用而不知耳"。"日用之间可以证圣"⑤；要立本心，"学人用功，莫侈言千古远谈常世，吃要紧处只要不虚当下"⑥；要脚踏实地，"君子之至于道也，不成章不达，脚跟之所以实也"⑦；"学问不长进，只为眼前看的没趣味，不肯下手作功夫，若真如饥而食，渴而饮，自然往足不得"⑧；要履满守谦、"平心和易"、"不求名声"、"不逞才智"、"随分自尽"，"从古来大圣大贤皆于盈虚消息之中，而有履满守谦之道，彼不能持世而转于世者，何足为有无重轻哉？""真实学者只平心和易，不求名声，不逞才智，随分自尽，则无时无处非浸灌培益，鞭策磨砺之功，而人亦默受吾浸灌培益，鞭策磨砺而不觉，此便是有体有用、成己而兼能成物者也。一味好胜，每事要强人，要人点检不得，不知此意已与古人背驰矣。"⑨要遵守发扬伦理纲常，"忠节亦学也，事功亦学也，文章亦学也，莫不有孔子之道焉"。

① 孙奇逢：《四书近指》卷5，文渊阁四库全书本，第24页。
② 孙奇逢著，朱茂汉点校：《夏峰先生集》，第283页。
③ 孙奇逢著，朱茂汉点校：《夏峰先生集》，第225页。
④ 孙奇逢著，朱茂汉点校：《夏峰先生集》，第120页。
⑤ 孙奇逢著，朱茂汉点校：《夏峰先生集》，第121页。
⑥ 孙奇逢著，朱茂汉点校：《夏峰先生集》，第283页。
⑦ 孙奇逢：《孙征君日谱录存》卷14，清光绪十一年刻本，第338页。
⑧ 孙奇逢著，朱茂汉点校：《夏峰先生集》，第572页
⑨ 孙奇逢著，朱茂汉点校：《夏峰先生集》，第591页。

"舍忠节，别无理学之骨，死生去就，归洁其身，岂可以一律论。"① "不能得其一者，读书破万卷，究其自己身心毫无干涉，穷年戚戚，终老无闻。"②最终就是作一个道德学问之楷模，"饥饿穷愁困不倒，声色货利浸不到，死生患难考不倒，人之事毕矣"③。

除以上两点外，孙奇逢更为实践外王之道找到了一个现实着力点——礼。为此他复兴了元明以来湮没已久的"三礼学"，"以其对古礼的践履，揭开了清代复兴礼学的序幕"④。

他认为："礼所该甚广，一切法则皆礼也。"⑤所以，礼也是修身治国之本，对于个人，应该谨身守礼。对于家国天下，也要以礼为治国之本，"当其虚，有实之用，此等学术最大"⑥。

> 世之治也无他，食以礼而已矣，色以礼而已矣。上之人寡欲清心，下之人安分守法，如所谓緂兄臂而踰东家墙事自无，有人亦共信，而礼之重于天下也，此何待言也，世之乱也，亦无他，食不以礼而已矣，色不以礼而已矣。⑦

鉴于"自周末文胜而渐趋于靡。遂有以为'礼者，忠信之薄，而伪之首也'"的偏见，孙奇逢再三强调："夫伪岂礼哉？敦厚以崇礼，家庭与朝廷无异，上古与叔季无异，防万民之伪而教之中，高皇稽古之意深矣。"所以，在认同礼作用的基础之上，他制定了一系列"礼"在生活中予以实施，如《孝友堂家规》、《家祭仪注》、《家礼酌》、《苏门会约》等。

应该说，对礼的重视是儒生的共同特色。孙奇逢的特殊之处在于他对礼的建构呈现出会通理学各派的本色。他所谓的礼非死板之礼，"礼有礼之常，礼有礼之变"，因而，他认为，在制礼时，在形式与精义的

① 孙奇逢著，朱茂汉点校：《夏峰先生集》，第121页。
② 孙奇逢著，朱茂汉点校：《夏峰先生集》，第120页。
③ 孙奇逢：《孙征君日谱录存》卷35，清光绪十一年刻本，第816页。
④ 林存阳：《清初三礼学》，北京：社会科学文献出版社，2002年，第92页。
⑤ 孙奇逢：《四书近指及晚年批定四书近指》卷3，见《孙奇逢集》上，第295页。
⑥ 孙奇逢：《四书近指》卷4，见《孙奇逢集》上，第409页。
⑦ 孙奇逢：《孙征君日谱录存》卷9，清光绪十一年刻本，第205页。

关系上，更须体会礼之精义，而不应拘泥于具体的仪式，必须"酌"，因为这是礼的精义所在。

> 夫贵贱贫富之不同，器数文物之互异，分之为各家自行之礼，合之为众家共由之礼，此其所以酌也。不惊夫妇之愚，不伤浑朴之旧，如其必不可行、必不能行者，则亦不必酌矣。①

在实践中，孙奇逢认为最重要的在于因俗制礼，以礼化俗，而最终就是理顺乎世道人心，"礼者，天理之节文，所以美教化而定民志，故三王不异礼而治"。"礼，以礼其心之所安而已。心之所不安者便非礼。"②而要合理处理两者关系，则是儒生们的立足点。

> 礼之用于天下也，原自有和、不和，何以成礼？……礼也，和也，节也，混成一片，此中有大学术焉。……或谓俗子相访，似不必加礼。余曰：此便是自己入俗，论人于此时，孰为雅士、经世之豪杰、觉世之圣贤，须是耐俗，方能移俗。一有厌薄俗人之意，此心已先放纵。咎不在失礼于人，而先失礼于己。③
>
> 乾坤浑是一个礼，礼是天理的表现，心是礼之主宰。……礼者，大中至正万物，各得其理之谓，提出一个把柄，立定一个主宰，不于无声无形中间本体，而于有条有理中著而成象者见本原也。……说礼不说理者，用功必有下落，离却显然条理，说什么不睹不闻，天下归仁者。乾坤浑是一个礼，盖舍了天下即无处寄我之仁。④

所以，笔者认为孙奇逢所建构的三礼学，既不是朱熹的"即物穷理"，也非陆九渊的"求本心"及王阳明的"致良知"，而是会通理学各派，融天理、人心、规则于一体的新礼学，其中心就在于礼仪与"天

---

① 孙奇逢著，朱茂汉点校：《夏峰先生集》，第 145 页。
② 魏象枢：《如晤语与孙钟元先生问答》，见魏象枢撰，陈金陵点校：《寒松堂全集》，北京：中华书局，1996 年，第 637 页。
③ 孙奇逢：《孙征君日谱录存》，卷 13，清光绪十一年刻本，第 280 页。
④ 孙奇逢：《四书近指及晚年批定四书近指》卷 8，见《孙奇逢集》上，第 319 页。

理"熔为一炉，即"礼理合一"。正是如此，孙奇逢所强调的实践，既不是朱熹所谓"即物穷理"之实践，也非陆九渊"求本心"及王阳明"致良知"之实践，而是融天理、人心、规则，会通程朱陆王于一体的一种新实践。对于这种新实践，孙奇逢认为，因为时代"有因有革"，所以礼也须随时为变，这是礼之生命力所在。

> 天地不革，不成造化；圣人不革，不成世宇；一皆时之所为也。"治历明时"，正圣人赞化育以成革命之大端耳。汤武之应天顺民，曰"革命"、"改命"；孔颜之改过迁善，曰"造命"、"立命"，其义一也。①
>
> 尝究观古今之籍，因其大体之不可变者，而少加损益于其间，以为一家之书，窃自附于孔子以先尽之遗意。②
>
> 然且不能概同，况人各尊所闻，行所知，其同而异，异而同者，变天时人事之不得不然也，何足怪乎？②

最终，这一切只需以"心"来操其权即可。

> 盈天地间千条万绪，纷陈于耳目前。其视之礼与非礼，目不能操其权，其听之礼与非礼，耳不能操其权，总归之于心。心主思，思其非礼者勿视勿听，此谓先立其大。③

在评论到孙奇逢强调理学要服务于社会秩序的维护，"舍三纲五常无学术"的学术观时，李之鉴认为"孙氏一生之志，为扶持纲常而斗争，纲常是他学术的支撑点，故书专攻孔孟，以识纲常之真，践人伦，以履纲常之学"④。同时，又认为"他的学术则是阻止革命前进的学术。他所谓'杀天下后世'的学术，正是指在历史发展中，曾经起过积极作用的进步学术"⑤。对此，我们姑且不评论是否当时有所谓的"革命"，

---

① 孙奇逢：《读易大旨》卷2，文渊阁四库全书本，第48页。
② 孙奇逢著，朱茂汉点校：《夏峰先生集》，第333页。
③ 孙奇逢著，朱茂汉点校：《夏峰先生集》，第570页。
④ 李之鉴：《孙奇逢哲学思想新探》，第327页。
⑤ 李之鉴：《孙奇逢哲学思想新探》，第329页。

这个评价本身就是建立在对孙奇逢思想及古代知识人活动方式误解的基础之上。

古代知识人活动方式与现代知识人活动方式迥然有异。正如嵇文甫所指出的，他们"都是向君主说话，并没有向大众说话。不仅代表贵族的儒家，代表自由地主的法家，要得君行道"，所以就是代表最下阶层的许行，"他也想把他的并耕说供献给滕文公。杨朱乃至老庄等，尽管被斥为'无君'，然而也未尝不希望有一个不君之君，实行一种不治之治，仍是要向君主说话"。

> 我们应该知道古代政治活动的方式，是争取君主，而不是争取民众。直接在民众间作政治运动，乃是民主时代的特色。甚至普鲁东还要劝当时王侯实行他的社会主义。我们应该知道，向君主说话是古代政治活动的一种普通方式，正如向大众说话为现代政治活动的普通方式一样。①

纵观古代知识人，在一个知识还未普及而被少数阶层垄断、广大民众只字不识之时代，哪一个不是如此？只要是儒生，可以不满，可以咒骂，可以欢喜，可以歌功颂德，甚至可以批判某些君主，但最终也只能依靠君主，得君行道，这是儒生的宿命，孙奇逢如此，且从晚明空灵的极度心性化的"天理"中抽出久已湮没的"三礼学"，又有何可以指责的呢？更进一步说，综观中国文化，其几千年来最大的一个特征就是"宗法基因"②。司马谈早就指出："儒者博而寡要，劳而少功，是以其事难尽从，然其序君臣父子之礼，列夫妇长幼之别，不可易也。"③所以，儒家从创始之初就是在以此为基本立足点，其极端者如魏晋南北朝时期的"士族"更是把此精神发展到了极致。宋明理学诸子虽然进行形而上的思想建构，但这种形而上的建构也必须落实在形而下的收宗敬祖、敦家友邻的家族宗法实践中，离开此点，形而上的建构将毫无意义。因此，无

---

① 嵇文甫：《嵇文甫文集》上，第 365 页。
② 何炳棣对此有深入详尽的研究，参见何炳棣：《读史阅世六十年》，桂林：广西师范大学出版社，2009 年，第 440—448 页。
③ 司马迁：《史记》卷 130《太史公自序》，北京：中华书局，1959 年，第 3289 页。

论是张载、朱熹、王阳明都在实践中积极推动基层社会的宗族建设①。到明清之际，孙奇逢以一介在野之儒，楔入中华文化"宗法基因"的深厚土壤，把理学形而上的豪情完全转入这种收宗敬祖、敦家友邻的家族宗法实践中，从而整合理学各派，为理学找到了一个新方向，实现宋明理学向清代理学的转换，有何不可？

正如上面笔者一直强调的那样，孙奇逢的最终目的是要在儒学视野下重新整合理学，为陷入歧途的理学发展找到一条新路来。在两千年的发展中，儒学之所以能够长盛不衰，除去思想本身的原因外，服务于专制王朝系统、维护调控社会秩序是更深层的原因，这是儒学相对于佛教、道教的最大竞争优势所在，也是重构儒学的立足点和最终目的。孙奇逢强调维护社会秩序之纲常，恰恰是触及了儒学的最大竞争优势，同时，也只有在服务于社会的不断实践中，儒学才能不断完善，儒学才有出路②。这本是孙奇逢发展儒学的极高明之处，怎么却成为他最大的过错呢？

孙奇逢认为，对于儒释道三家的任何理论，只要他能服务于社会，不管那些观点具有什么样的背景，都可以为之所用，"佛老与吾儒不相谬者，皆吾之道"。在扩充了理学最大包容性后，他以回归、重释孔孟经典来整合理学各派的内圣思想与"舍三纲五常无道术"基础上"礼理合一"的外王思想，两者的完美结合把理学家对"理"形而上的争论豪情引入对形而下的"礼"的躬行实践，把宋明时代理学形而上的

① 从一个广阔的意义上看，五四以来社会普遍认知的、作为中国传统的家族制度就是宋代以来在理学家的不断实践中发展起来的。更深一步的，宋元明清社会控制方式的转换和宋元时代后的地方权力下移，没有理学家积极实践而营造的宗族建设的完善是根本不可能。关于此问题，参见李治安：《宋元明清基层社会秩序的新构建》，《南开学报》（哲学社会科学版）2008 年第 3 期；《宋明理学家对乡里社会新秩序的构思与探索》，《天津社会科学》2008 年第 6 期等。

② 关于"儒"之起源，《汉书·艺文志》说："儒家者流，盖出于司徒之官，助人君顺阴阳明教化者也。游文于六经之中，留意于仁义之际，祖述尧舜，宪章文武，宗师仲尼，以重其言，于道最为高。孔子曰：'如有所誉，其有所试。'唐虞之隆，殷周之盛，仲尼之业，已试之效者也。然惑者既失精微，而辟者又随时抑扬，违离道本，苟以哗众取宠。后进循之，是以《五经》乖析，儒学寖衰，此辟儒之患。"到 20 世纪以来，章太炎、胡适、冯友兰、郭沫若、徐中舒等进行了不断讨论。虽然认识有所分歧，但大致都认为是源于殷商之际，专门替殷商贵族祭祖事神，办丧事，当司仪的那一批人，他们是最早的儒家。对此的集中考证，参见徐中舒：《甲骨文中所见的儒》，《四川大学学报》（哲学社会科学版）1975 年第 4 期。

豪情完全转入清代理学收宗敬祖、敦家友邻的家族宗法实践，最终稳定了儒学阵营。

五、孙奇逢思想的价值

在孙奇逢的思想中，无论是在内圣，还是外王，其思想各方面都是相互关联和完美结合的。正是这种结合，使得孙奇逢在明清之际展现出儒学最大的开放性，从而能够引领潮流，转换视野，为清学的展开提供了新平台。这正是孙奇逢思想最重要的价值。

实际上，清学相对于宋明学术而言，其关键就在于视野的转换。王国维曾言"国初之学大"①，基点就在于此。宋明时代，由于科举功令等原因，儒生视野基本上都囿于程朱陆王框架之内，直到明清之际，由于程朱陆王之争势如水火，单纯理学视野的局限因此暴露无遗。清初陈确说："世儒习气，敢于诬孔、孟，必不敢倍程、朱。"②为此，儒生们纷纷转换视野，向传统儒学中寻找新的知识资源。在此过程中，孙奇逢无疑是先行者。

当然，这种视野的转换也并非是新视野对传统视野的完全取代，而是像孙奇逢一样更多地表现为新旧视野的杂糅融合。正是如此，清学根本不可能是考据学独霸，而是理学、考据学、西学等新旧知识资源的杂柔融合，正是因为理学、考据学各有各的局限，所以，清儒更多的是主其一端，理学、考据学、辞章、经世等多种儒学知识资源并用。之所以如此，关键就在于像孙奇逢这样的清初大儒为清学展开提供的新平台本身就是新旧视野的杂糅融合。

就理学派来说，孙奇逢在理学视野内放弃程朱陆王之争，专务会通，以实践圣人之道，他"非常注意把讲论义理与个人的生活实践相联系，结合人的心理活动展示道德真理，把被版捌的理学家说得非常玄虚

---

① 王国维：《沈乙庵先生七十寿序》，见《观堂集林》卷23，石家庄：河北教育出版社，2001年，第583页。

② 陈确：《与黄太冲书》，见《陈确集》，北京：中华书局，1979年，第64页。

的东西还原到实处，起到立竿见影的效果"①。如此之为学路径，当然清代理学越来越"无主峰可指，无大脉络可寻，学理无创新，重在道德规范"；同时又把理学各派会通于对孔孟经典的新阐释，当然就比宋明理学有更大的包容性，不免遇到西学"既抵拒又有会通"，与考据学"虽存门户之见，但也兼采"。②

就考据学派来说，也是如此。孙奇逢强调在整个儒学视野下，要回归、重释孔孟经典，而这正是考据学派不断努力的方向。况且，在开创清代考据学学风上"导夫先路"的费密也正是出自夏峰门下。钟泰说："凡此皆异日汉学之士，所喋喋以为攻击宋儒之议者，而不知潜庵已先发之。盖风气之变，至此已见其端。（夏峰《题费此度中传论》亦云宋儒寻求坠绪，皆赖汉儒之力)。"③其实何必等到汤斌？同时，孙奇逢"礼理合一"的礼学思想至少也为清代中叶"以礼代理"思想及嘉道间崇礼思想之蔚起提供了某种暗示。

正是如此，在明清之际朝野的互动中，孙奇逢"三大儒"之首的地位迅速最终确立。首先在于当时的思想学术界。由于孙奇逢高尚的人格力量及海纳百川的学术气魄，使得当时学界为之倾倒。当时的北学界公认"夏峰，今之河东、姚江也"④。他们在孙奇逢逝世后，在辉县孙家祠堂上标举"斯道中天"以示孙奇逢思想之不朽。黄宗羲称赞其"别出手眼"⑤，李颙则称"卓哉！钟元可谓独具双眼，超出门户拘出之间万万矣"⑥，施润章称他为"今代典型"⑦，申涵光称他"始以豪杰，终以圣贤"⑧。今人视为清代考据学奠基人的顾炎武、张尔岐，更是为之

---

① 靳大成：《成圣之道——清初孙奇逢理学思想述评》，见中国社会科学院文学研究所编：《文学研究所学术文选（1953—2003）》3，第637页。
② 龚书铎：《清代理学的特点》，《史学集刊》2005年第3期。
③ 钟泰：《中国哲学史（二）》，第301页。
④ 汤斌：《同门公建征君孙先生夏峰启》，见《汤斌集》上，郑州：中州古籍出版社，2003年，第285页。
⑤ 黄宗羲著，沈芝盈点校：《明儒学案》卷57《诸儒学案下五》，第1372页。
⑥ 李颙：《答范彪西征君（三）》，见《二曲集》卷18，北京：中华书局，1996年，第200页。
⑦ 施润章：《复汤孔伯书》，见《学余堂集》卷27，文渊阁四库全书本，第270页。又见徐世昌等编纂，陈祖武点校：《清儒学案》卷21《愚山学案》，石家庄：河北人民出版社，2008年，第746页。
⑧ 申涵光：《征君孙钟元先生诔词》，见《聪山集》卷3，上海：商务印书馆，1936年，第53页。

倾倒而尊之为耆儒老师；力尊宋学的桐城派奠基人方苞等自称为后学，并为之立传及整理年谱；而反对儒学、提倡子学的傅山一见则"诸意全消"，"吾敬之爱之"。[1]四川学者费密年逾五十，远道师从。除此外，统治者对他更是致意再三，虽然明清政府征孙奇逢十一次而不赴，但当孙奇逢逝世当年，就被祭祀于百泉书院及与杨继盛、孙承宗同祭祀于河北保定，与杨继盛、刘因同称为"容城三异人"。道光皇帝称颂他"学术中正醇笃""实足扶持名教"。[2]最终在道光八年间（1828）从祀孔庙。《清史稿》描述清代儒林状况：

> 顺、康间，海内大师宿儒，以名节相高。或廷臣交章论荐，疆吏备礼敦促，坚卧不起。如孙奇逢、李颙、黄宗羲辈，天子知不可致，为叹息不置，仅命督、抚抄录著书送京师。

正是在这种与朝野的互动中，孙奇逢在北学中"泰山北斗"地位迅速确立。清代济南学者霍炳称："中原文献在夏峰，天下楷模亦在夏峰。"[3]而今人钱穆则认为"夏峰诚不愧当时北学之冠冕"[4]。

第三节　孙奇逢与时代思潮

具体来说，孙奇逢之所以能够突破传统心学与理学何者为第一的理学视野，而在整体儒学视野下以其回归、重释孔孟经典的内圣思想与"舍三纲五常无道术"基础上"礼理合一"的外王思想，两者完美结合，建构一个心学、理学相互流通的新体系，这是多种因素共同作用的结果。就其思想来源，笔者认为，从长时段来看，则是北方理学的致用传

---

[1] 傅山：《霜红龛集》卷38，太原：山西人民出版社，1985年，第108页。
[2] 王钟翰点校：《清史列传》卷66《儒林传上一·孙奇逢传》，北京：中华书局，1998年，第5241页。
[3] 霍炳：《征君孙先生年谱序》，见《征君孙先生年谱》卷上，《北京图书馆馆藏珍本年谱丛刊》第65册，北京：北京图书馆出版社，1999年，第576页。
[4] 钱穆：《〈清儒学案〉序》，见《中国学术思想史论丛》卷八，第365页。

统及阳明学；从短时段来看，则与"燕南王学"密切相关。关于北方理
学致用传统及"燕南王学"与孙奇逢关系。前文已经讨论，兹不赘述，
下文主要探讨阳明学对孙奇逢的影响。

阳明学对孙奇逢产生了主要影响。概言之：（1）"先立乎其大"，寻
求大视野的精神；（2）求同融异，以大把柄寻求包容的精神；（3）知行
合一，注重实践的精神。

本来，程朱陆王都承认"天理"的至上性，但在如何体认天理中，
二者产生了分歧，较之于程朱，陆王更讲究"直指本心"，强调心要
"先立乎其大"，最终强调大视野看问题。

先说陆九渊，他首先承认天理，他认为那是宇宙的本原，天地鬼
神皆不能违背，宇宙间万事万物的存在秩序，不管是自然或是社会伦理
方面的秩序，都是天理之体现，"此道充塞宇宙，天地顺此而动，故日
月不过而四时不忒，圣人顺此而动，故刑罚清而民服"①。但由此陆九渊
并没有像朱熹那样让人"居敬穷理"，而是高扬人心之作用，主张心须
"先立乎其大"，避免误入歧途而支离破碎。

> 吾之学问与诸处异者，只是在我全无杜撰，虽千言万语，只是
> 觉得他底在我不曾添一些。近有议吾者云除"先立乎其大者"一句
> 无伎俩。吾闻之曰："诚然。"②

就是在此基础上，"他的理论思维跃出社会伦理范围，而以整个宇
宙为思索背景"。他一方面肯定理，但另一方面他并不以为人们就对此
理无能为力，他又高扬心，"九渊只是信此心"，在整个宇宙视野内，他
强调心之开阔，要与天地合流，"道，未有外乎其心者"，要与宇宙齐
观，"宇宙即是吾心，吾心即是宇宙"。③

陆九渊在整个宇宙视野下，拈出"心即理"与朱熹抗衡，但理论上
"心"却还是归于"理"，因而心学不免依附于理学。其继任者王阳明以

---

① 陆九渊：《象山集》，见《象山先生全集》卷 10，四部丛刊景明嘉靖本，第 83 页。
② 陆九渊：《象山集》，见《象山先生全集》卷 34，四部丛刊景明嘉靖本，第 247 页。
③ 陆九渊：《象山集》，见《象山先生全集》卷 36，四部丛刊景明嘉靖本，第 335 页。

万物一体之眼光，以"致良知"为宗旨，以"良知"无所不包，超越善恶，时而以"是非之心为良知"，时而"以未发之中为良知"，时而"以天理为良知"，时而"以天为良知"，时而"以独为良知"，最终囊括一切，使得程朱派阵营大乱而阳明学风靡天下。无疑，这一切的根本就是这个大视野。孙奇逢以整个儒学为视野也正得力于此。

大视野是首要的，但陆王派不但要求视野的开阔，更在大视野中要求有一个为学的主要点，即大把柄。他们不像程朱派"依照着圣人样子，描摹刻画，制造出多少道理格式。四平八稳，面面俱到"，最终纯成一种烂熟的格套。陆王为学都是在大视野内拈出大把柄，他们本着"一本万殊"之精神，先立其大，标举"一本"，在"一本"上求同融异、融会贯通，把一切都包罗无遗。宋代，在当时与朱熹相辩者，有以吕祖谦为首的中原文献派，以陈亮、叶适为首的浙东事功派，之所以最后相继凋落唯独以陆九渊为首的心学派与理学派抗衡不辍，就是因为这大视野与大把柄连接而求同融异、包罗无遗的精神。

先看陆九渊，他标出"心即理"，着力讲"心"，要把一切都落实到心上。不管儒学还是理学，最终目的都要落在"治人"、落在心上，而讲宇宙、理气、阴阳等都只是些为自圆其说的点缀而已。在此把柄上，他要求人们要"明心"而不被万事所蔽，"六经注我"而非"我注六经"，所以，不管是他要人们修养品德，或做简易功夫，或注重日用，或剥落心蔽，或稽古读书……他目的只有一个，就是"明心"、"养心"，堂堂正正地做一个人而已。只要确立"本心"，一切都用得着，离开本心，一切都无意义。

到了王阳明，虽然"心即理"变成了"致良知"，但为学方法一以贯之。王阳明说：

　　盖良知只是一个天理自然明觉发见处，只是一个真诚恻怛，便是他本体。故致此良知之真诚恻怛以事亲便是孝，致此良知之真诚恻怛以从兄便是弟，致此良知之真诚恻怛以事君便是忠。只是一个良知，一个真诚恻怛。[1]

----

[1]　王守仁：《答聂文蔚（二）》，见《王阳明全集》上，第95—96页。

在"致良知"中，不管是"尊德性"或是"道问学"都被他一网打尽，他不但要发明"本心"，而且还要依着"本心"存天理灭人欲。为了求得"本心"，他不靠圣人而靠自己，各凭所愿，各做功夫；为了求得"本心"，他不以孔子之是非为是非，不论狂也好，狷也罢，他两路兼收，但就是不愿做一个非之无举、刺之无刺、倚门傍户、俯仰随人的"乡愿"；他认定圣人之所以为圣人，全凭那一点"良知"，普通人只要如此，也能成为圣人。最终，明代那种死气沉沉的学风被王阳明"致良知"一点，全部都活了。而阳明后辈，不管是左派还是右派，都把"致良知"大加阐扬，以至于儒释道三家被打通而满街都是圣人。

历来论陆王心学者，一般都把他看得玄而又玄。其实在心学深处还是藏着注重实践的真精神。陆九渊尝言自己的学术为"实学"而批评当时其他学术是"议论之学"或"虚谈"，"千虚不博一实。吾平生学问无他，只是一实"[1]。在《陆象山的"实学"》中，嵇文甫概而言之为：（一）反空论；（二）反矫饰；（三）反格套；（四）切要处用力。[2]针对朱熹派析事功与学术为二，陆九渊立定踏踏实实，弟子包显道言"读书亲师友是充塞仁义"，陆九渊批评道："不知既能躬行践履，读圣贤书又有什不得处。"在品评历史人物时，陆九渊也是更多从其"实"处着眼，在对王安石的评价中，他虽然盛赞其学问及变法，但对于其沽名钓誉处仍批评到：

> 商鞅是脚踏实地，他亦不问王霸，只要事成，是先定规模。介甫慕尧舜三代之名，不曾踏得实处，故所成就者王不成、霸不就。本原皆因不怯格物摸索，形似便以为尧舜三代如此而已。[3]

对于实践之士，陆九渊称赞不已，以至于连孟子斥为"民贼"者他却宣称"正在求此辈而不可得"。对于那些治学只会装模作样、矫揉造作者，他痛加贬斥。正是如此，在他治理荆门一年，荆门大治，"丞相

---

① 陆九渊：《象山集》，见《象山先生全集》卷34，四部丛刊景明嘉靖本，第246页。
② 嵇文甫：《嵇文甫文集》下，第54—64页。
③ 陆九渊：《象山集》，见《象山先生全集》卷35，四部丛刊景明嘉靖本，第276页。

周公必大尝遗人书，有曰荆门之政可以验躬行之效"①。朱熹都认定陆九渊"专务践履，于践履中要人悟得本心"②。

针对朱熹派析事功与学术为二，王阳明不但自己躬行践履，文治武功煊赫至极，而且特别拈出"知行合一"。他强调：

> 知而未行，只是未知。
>
> 知是行的主意，行是知的功夫；知是行之始，行是知之成。
>
> 凡为之行者，只是着实却做这件事。
>
> 阳明虽讲"知行合一"，但因其针对着从"知"入手的朱学而发，所以事实上特重在"行"字。始于"行"，终于"行"，而"知"只是"行"的一个过程。
>
> 就其真精神之所在，只是不离"行"以求"知"而已。③

换言之，他并不反对求"知"，但求知不能当作行动以外的另一件事。在行动中，在生活中，在实践中，自然涌现出来的问题，才是活问题，得到的信息才是真信息，获得的知识才是真知识，这种"行"的功夫才是真功夫。反之，那些没有行动过、实践过的，不管来自何方，都是假问题、假信息、假知识，功夫也是假功夫，虽兴于一时，而终究无用。④由此可见王学"行"之坚决，在晚明时代，也正是这种"行"之坚决使王学形成排山倒海之势，也正是在这种空前盛况中，作为"儒学的基本命题之一"、"是理学家和实学家的想法"的经世观念在理论上完全凸现。也就是在经世号角的鼓吹下，实现了明清之际的儒学大变革。陆王心学与程朱理学历来对抗而不倒，更在于他们对于实践之执着。

概言之，北方理学的致用传统与阳明学对孙奇逢主要影响为：（1）"先立乎其大"，寻求大视野的精神使其自信，"我辈今日亦非信文成，第自信其心焉而已"⑤。"知天，是知自心之天；事天，是事自心之天；立

---

① 陆九渊：《象山集》，见《象山先生全集》卷36，四部丛刊景明嘉靖本，第321页。
② 黄震：《读本朝诸儒理学书》，见《黄氏日抄》卷34，元后至元刻本，第776页。
③ 嵇文甫：《嵇文甫文集》上，第406—407页。
④ 所以，把陆王心学比附为"反智识主义"当为无稽之谈。
⑤ 孙奇逢：《夏峰集》卷15，见《孙奇逢集》中，第1050页。

命，是立自心之命。总之，心生天生命也。"①促使他视野由理学走向整个儒学，具有了宽广的儒学视野。（2）求同融异，以大把柄寻求包容的精神促使他打出了重释孔孟经典来重构理学各派的旗帜，并且以此旗帜为号召，程朱陆王并举，把一切功夫全部都囊括其中，以一御万，宋明汉唐兼容并包，实现了在整个儒学视野内对理学重新建构。（3）知行合一，注重实践的精神与北方理学的致用传统相结合促使他在关注儒学知识层面整合的同时，更加注重儒学的实践性，注重"用"，注重"行"，注重"礼"，注重"礼理合一"，把全部儒学放在明清之际儒学大变革的实践中予以不断荡涤，最终以发挥儒学服务于社会为旨归来建立新的理学形态。

第四节　孙奇逢在明清学术史中的地位

既然这样，孙奇逢在明清学术史中有什么样的地位呢？笔者认为，可以概括归纳为：孙奇逢不但是明代儒学之殿军，更是清代儒学之开山。作为屈指可数的深入参与明清大变局的学术大师，他兼明儒、清儒两种个性于一身，是明清儒学转向中最关键的人物之一，他不仅经历了一个时代终结，而且通过自身的努力，又为另一个时代开辟了道路。分而言之：（1）孙奇逢是清代北学开山，他努力的不同趋向，决定了清代北学的发展格局。（2）他更是清代学术开山，是宋明理学到清代学术转向的最关键学者之一，他的努力，一方面为理学在清代的进一步推进指明了方向，另一方面为清代考据学派的兴起提供了某种理论支撑。更重要的在于，他以其极度开放性，使得清儒各派都无法形成垄断之势而一家独大，最终影响到整个清代学术格局。（3）他也是清代"实学"、"三礼学"之开山。

先看第一方面。毋庸置疑，孙奇逢是清代北学的开山，他早期在家乡讲学，清朝入关后到河南辉县苏门山开辟兼山堂继续讲学，他培养了

---

① 孙奇峰：《晚年批定四书近指》卷 17，转引自李之鉴：《孙奇逢哲学思想新探》，第 77 页。

大批学生，有案可稽者有 200 余人，仅参与《理学宗传》编撰的学者（除孙奇逢之子孙外）就有 49 人，私淑弟子更是不计其数。清代北学佼佼者，如汤斌、耿介、王五修、赵御众、张沐、王余佑、申涵光、李来章、崔蔚林等皆出其门，而如冉觐祖、窦克勤、田兰芳、马平泉、李棠介、李敏修等皆是其后学，就是颜李学派也是渊源于此，而弟子薛凤祚成为清代畴人之"功首"，费密成为清代考据学"先驱"。当时的北学界公认"夏峰，今之河东、姚江也"①。同时，也正是由于孙奇逢从早年燕赵慷慨悲歌之士到晚年北学一代宗师的转变，促使弟子门人拥有不同的流变轨迹，最终形成河北夏峰北学和中州夏峰北学两大支派主导清代北学界。一言以蔽之，在清代的北学各派中，虽然程度不一，但都能从找出孙奇逢的影子来。

　　再看第二方面。孙奇逢不仅在北学，而且在整个朝野的思想学术界都发生了巨大影响。孙奇逢抬出孔子为权威，以回归、重释孔孟经典与"礼理合一"为旗帜，建构了一种以宋明理学为基础、兼容并包汉唐儒学、以"礼理合一"为归宿的新经世致用理学，他不但化解了晚明以来由于陆王程朱之争而乌烟瘴气的儒生共同体，且把儒学作为学术与意识形态两个层次打通，以服务于社会的功能为儒学的安身立命之所。他以"用"来荡涤儒学知识系统，精简了理学概念，更加突出了理学服务于社会的功用，并且影响到当时的"理学名臣"魏裔介、魏象枢等人，同时在他思想培养下的汤斌、张伯行在"道德文章"方面更成为清代官僚的楷模，满足了统治阶层治国的需要。就是在清代与考据学派对抗不断的"桐城派"开山方苞也深受到孙奇逢的影响。康熙帝对于孙奇逢再三强调"治道合一"、"礼理合一"及由此衍生的"心在事上见"的理学思维方式更是全盘接受，并以之为基础提出儒生们要言行合一的"理学真伪论"。而正是这种"理学真伪论"在官方力量作用下从学界弥漫整个社会，使得理学在清代呈现出更为明显的重实践、重"下学而上达"、重"礼理合一"等一系列特色。概言之，正如清代学者所意识到的那样，孙奇逢在清代的地位相当于殷周之际的箕子、隋唐之际的王通、宋

---

① 汤斌：《同门公建征君孙先生夏峰启》，见《汤子遗书》卷 8《汤斌集》，第 285 页。

元之际促使理学北传的赵复。

> 故先生之教沛然大行，达于朝，而上为道揆；施于野，而下
> 为善俗。其在近世讲学诸子，风声所被，教泽所加，未有及先生者
> 也。际贞元绝续之时，明大道于方来，佐圣治于在下，有若天心启
> 牖之一人，以维持一线之绪者。故柏乡在同时直拟之以箕子，是殆
> 非先生所欲居。乃若隋唐之间称河汾，宋元之间称江汉。虽门多将
> 相而王霸杂用，或独抱遗书传之其徒，以视先生之道孚上下而泽及
> 生民者，其遭逢气象为何如哉？[①]

纵观清代学术史，孙奇逢的影响不止在于巩固了理学，他还有更深
远的影响。他虽然是理学家，但他的理学与程朱陆王不同，他的理学是
一种新理学，是以回归、重释孔孟经典来整合理学各派与"舍三纲五常
无道术"基础上"礼理合一"而"专讲作用"的经世致用理学；他虽然
调和程朱陆王，但他又与先前的调和派不同，不一味和稀泥，最终在会
通中视野走向整个儒学；他虽然反对考据，但却培养出像费密这样的清
代考据学"先驱"；他虽然是理学家，但却对汉唐宋明儒学都持肯定态
度，他的后学颜元却在他的思路下开创颜李学派，但把汉唐以来的儒生
统统骂倒，以至于连他都被殃及。这一切都显示出孙奇逢思想在明清之
际的特殊性。笔者认为，孙奇逢会有如此多的特殊性，关键在于孙奇逢
解决问题的重大性及解决策略的典型性。

孙奇逢解决的问题，表面来说就是怎样会通程朱陆王于一体的问
题，深层来说却是怎样调节"治统"与"道统"紧张的问题，也就是儒
学成为意识形态后，儒生们面临的最大问题。

孙奇逢当时面临的情况是这样的：由于理学产生后重视"道统"而相
对忽视"治统"的倾向加剧，儒学越来越心性化，程朱陆王两派虽纷争不
已，但事实上看，两派都无法改变这种儒学"虚化"的倾向，程朱理学自
不待言，而王阳明虽然喊出了"知行合一"，在理论上为理学的进一步推

---

① 钱仪吉：《重刻夏峰先生集序》，见《孙奇逢集》中，第1320页。

进指出方向，但在实践中最终却是为更加的心性化开启了大门。调节"治统"与"道统"紧张的问题，在明清之际就转化成怎样变革理学过度心性化的倾向，即把学术上寻求"天理"的活动转向对"礼"的实践上。

如果顺着孙奇逢思想的"内在理路"，可以如此归纳：孙奇逢在会通程朱陆王基础上，极度发挥"心"之能动性，通过"躬行实践"把学术上寻求"天理"的实践转化成对"礼"的实践，"天理"与"礼"合一，以纠正儒学的过度心性化，由此在对"礼"的实践状态中达到"天人合一"的境界。同时，由于在现实中，社会秩序是由各种各样的"礼"构成的，所以，这种对"礼"的实践最终演化为对社会秩序的维护。这也就是说，明清之际儒学大变革的要求在孙奇逢的思想中得到了解决。笔者认为，孙奇逢能够实现这种转变，最重要的在于回归、重释孔孟经典①和"礼理合一"的为学方式的结合。同时也就是这两点，对清代学术产生了最重要的影响。

下面来具体讨论孙奇逢回归、重释孔孟经典和"礼理合一"的为学方式对清代学术的影响。他抬出孔子这个大权威，在学术层面，以回归、重释孔孟经典首先囊括程朱陆王，继而由理学走向整个儒学，把汉唐儒学也囊括其中，他把二者放在儒学发展之轨道上一同审视，既肯定宋明理学，也肯定汉唐儒学，他认为他们并行不悖，相得益彰，都符合孔孟经典。而只要符合孔孟经典，他兼收并蓄，一律赞许有加，甚至连明代反理学代表吕坤、王廷相及宋代的陈亮，他也照样赞赏不已。

_____

① 回归、重释孔孟经典是儒生们在阐述儒学时常用的一种方法，但最终能够达到一种什么样程度、效果是必须讨论的（具体讨论见李冬君：《孔子圣化与儒者革命》，北京：中国人民大学出版社，2004 年）。在本书中，笔者强调孙奇逢回归、重释孔孟经典，不是说其他儒生就没有，而是强调他的这种方式客观上达到了一种"儒者革命"的效果。在他回归、重释孔孟经典中，缓解了"治统"与"道统"之间紧张的关系，实现了明清之际儒学大变革。而之所以能够达到如此"革命"的效果，关键在于孙奇逢与孔子面临着相似的社会环境。在"礼"与"理"关系上，孙奇逢面临的是明清之际儒学过度心性化的问题，即儒学过于注重思辨、过于"虚"的境况；孔子面临的是"礼崩乐坏"，各种各样的"礼"丧失实质内容，过度形式化的情况。但归结起来二者都有个共同点：不管是过度心性化也罢，还是过度形式化也罢，造成的问题都是人们不再遵循各种"礼"，不再遵循千古以来的行为法则，所以为了解决这个问题，孔子采取"以仁释礼"，孙奇逢则发挥"心"之能动性，在对"礼"的"躬行实践"达到"天人合一"之境界；在此，孙奇逢的这种回归、重释孔孟经典与孔子的"祖述尧舜"、"宪章三代"可谓是如出一辙。

也就是说，孙奇逢以回归、重释孔孟经典，直指整个儒学，在这个前提下，一切方法都用得着。西人有云"条条大路通罗马"，对孙奇逢来说，只要是孔孟为鹄的，则考据、义理、辞章、顿悟、博约、"尊德性"与"道问学"等"条条大路"都能通向儒学真谛。问题在于这些方法是都有助于孔孟经典，但是否都有助于不同类型儒学的发扬呢？对当时学界而言，首当其冲的就是宋明儒生对儒学垄断性的解释就是孔孟的真意么？在此，笔者以为孙奇逢以回归、重释孔孟经典来整合理学各派具有两面性，他既是建构包括理学、考据学等清代学术的动力，同时也是清代学术自我瓦解的依据；他不但有巩固理学的一面，而且他也有打破宋明理学对儒学垄断性解释的一面；他不但标志着宋明理学到清代理学转向的完成，同时也标志着儒学革新运动的再次启动。因而，不管是清代理学，还是后来反对八股化程朱理学的儒生流派 —— 清代考据学派及桐城派，孙奇逢这种回归、重释孔孟经典来重构儒学的为学方法对后来有极大的启示，进而影响到清代学术的格局。

正如上面所言，孙奇逢以回归、重释孔孟经典来整合理学各派的内圣思想与"舍三纲五常无道术"基础上的"礼理合一"的外王思想相结合，拉出孔子这个儒学的最大权威作为为学的平台，使儒生们的视野一下子从宋明扩及先秦时代。在整体儒学视野下，理学继承孔孟的不少，但问题是他不可能完全继承，只是继承儒学"众流"中的"一流"，除此之外，儒学中还有大片被理学忽视或歪曲的空白领域。而正是这些大片领域，不但为反对八股化程朱理学的儒生指明了为学的方向，而且对之的不断耕耘，也必然会为他们提供话语支持。对此，孙奇逢有明确的意识，他说：

> 天不能以聪明全畀一人，尧舜亦未尝尽尧舜之量，孔子亦未尝尽孔子之量。孔子集大成矣，聪明不尽泄于孔子也。朱子集诸儒之大成，聪明岂遂泄于朱子乎？[1]

作为开拓的第一步，孙奇逢已经抬出了汉唐儒学，所以，后来反

---

[1]　孙奇逢著，朱茂汉点校：《夏峰先生集》，第137—138页。

对理学者，无论是颜李，还是惠栋或戴震，都是一如孙奇逢，首先拉出个周孔或孔孟作更大的权威，通过对孔孟经典的重新解读来批评程朱理学，以自我对孔孟的"小迷信"来批判整个社会对程朱理学的"大迷信"。所以，笔者认为不管是运用考据的方法或是经史互证，都必须首先接受孙奇逢回归、重释孔孟经典的为学方法作为基本支撑，明儒痴迷于程朱陆王，在理学内争论不休，清儒则更多放眼整个儒学，热衷于孔孟、周孔而直追三代，这是清学与明代学术的最大不同，是清儒们反对单独一家对儒学做垄断性解释的最大"利器"，也是清学比明代学术更具包容性的基础。这不但对清代理学适用，而且对考据学派亦是如此。其实在清代以前，儒生何尝不考据，但为什么考据在清代才发挥出这么大的力量？关键就在于清儒们如孙奇逢一样以重释、回归孔孟经典作为治学的前提。没有这个大前提，怎么可能打破宋明儒生对儒学的垄断性解释？以复汉唐儒学之古的"汉学"怎样成为可能？"复古即解放"怎样能够成立？

所以，明清学术变革的第一步不是传统所认为的清代考据学派的产生，而是消解宋明时代理学对儒学的垄断性解释。只有垄断已破，各种学术潮流才能有百舸争流的基础，才能成就王国维所言的"国初之学大"的局面。正是在这个意义上，与其说清代学术的开山是梁启超所认可的顾炎武，倒不如说是孙奇逢，与其说清学产生的号角是顾炎武鼓吹的"儒学即经学"，倒不如说是孙奇逢坦言的"不开眼界，不大心胸，不去取圣贤，未许读书"[1]。因为，只有在孙奇逢回归、重释孔孟经典来整合理学的为学方法成为学术界"共识"的大前提下，才可能谈及为学方法的改变，才能在理学外显现出考据的价值，否则，没有大前提的限制，仅仅依靠方法根本达不到预想的效果而只会增加混乱。惠栋、戴震依靠考据来批判程朱，但也有王懋竑依靠考据来拥护程朱，后来阮元、陈澧、朱次琦依靠考据来"汉宋合流"，而根本就反对考据的颜元批判理学，连带把汉唐以后的儒生一块骂倒，直到晚清，章太炎、康有为在进行"今古文"之争时，他们辩论的不是方法而是

---

[1] 孙奇逢：《四书近指及晚年批定四书近指》，见《孙奇逢集》上，第365页。

孔子形象的问题。

当然，孙奇逢的这种开拓也间接影响了清学内部的分野。首先是清代理学与反理学各派的力量对比。正如上文所说，因为孙奇逢一方面为理学从明代走向清代开拓了道路，但另一方面又打破了宋明时代理学对儒学的垄断性解释，使得理学在清代不可能一家独大。所以，一方面，除夏峰北学学者外，企图恢复理学独尊地位的清代理学家们对孙奇逢是既爱又恨。比如方苞，虽然也受到孙奇逢的影响，但他只能继承孙奇逢思想中肯定程朱派的那部分，孙奇逢开出的更大的天地，因为他要独尊程朱，要保持程朱在儒学中的垄断地位，所以他是不敢继承的。正是这种矛盾的态度，使得方苞虽称颂孙奇逢于明末，"知天下将亡"，"学者考其立身之本末，而因以究观天人之际，可以知命而不惑矣"①，但一旦为孙奇逢立传②，也只能用采取"虚言其大略"的写作策略。首位从祀孔庙的清儒陆陇其亦是如此。

> 阅孙征君年谱，叹近年来南方有一黄梨洲，北方有一孙钟元，皆是君子，然天下学者多被他教得不清楚。孙钟元、鹿伯顺一生苦志，只做得不践迹的事，鹿江村、孙征君皆一代伟人，其品之高则所谓不伎不求何用不臧者也，其学之勇，则所谓未之能行惟恐有闻者也，只是不虚心不细心，子路当日亦是这个气象，赖圣人之裁成所以终成千古大贤。③

而到道咸年间以独尊朱熹为平生之志的唐鉴则对孙奇逢攻击不已了。"有征君孙先生者，与鹿伯顺讲学于明者也，入国朝，年已七十，遁影韬形，枯槁以终其身宜矣，而乃移讲席于苏门山，仍以其旧号召天下，是以不可以已乎？"④另一方面，虽然孙奇逢为清代考据学派的兴起提供了某些支撑，比如戴震就宣称"仆自十七岁时，有志闻道，谓非求之六经、孔、

---

① 方苞：《孙征君年谱序》，《方苞集》上，第88—89页。
② 即《孙征君传》，见方苞：《方苞集》上，第213—215页。
③ 陆陇其：《三鱼堂剩言》卷8，文渊阁四库全书本，第32页。
④ 唐鉴：《国朝学案小识·提要》，四部备要本，第6页。

孟不得"，但由于孙奇逢浓厚的理学味道且否定掉了考据学派垄断儒学真谛的可能，因而被清代考据学者划归为清代"宋学"的开山①。

其次，孙奇逢的这种开拓也一定程度上导致清代理学内部的分野。这种分野使得理学除在宋明时代程朱理学与陆王心学之对立外，在清代又出现了"文士之理学"与"理学家之理学"之分流，这是清代理学较之于宋明理学的重大转变。这种分流在方苞品评孙奇逢，以及随后桐城派对夏峰北学和清代关学的冷淡中有明显体现。笔者以为，不光整个清学各派呈现出明显的差异，就是清代理学各派也呈现出不小的差异。按地域来说，清代理学至少可以分为三派：夏峰北学、清代关学、桐城派。一般来说，夏峰北学与清代关学应该是"理学家之理学"，桐城派是"文士之理学"。从功力和承继来说，夏峰北学和二曲关学为上，重日常践履，重"下学而上达"，重"在事上磨练"，重"礼理合一"，而桐城派虽然也尊崇程朱，但由于致力于文学而理学素养不足，因而日常践履不免有所欠缺。这其中的差别在于清代"经师"与"文士"的差别。

对于清代"经师"与"文士"的差别，章太炎最早注意到，但囿于"江南中心论"之视野，章太炎把这种差别只局限于江南学界内部，把江南考据学派称为"经师（经儒）"，桐城派则为"文士"。

> 及江永、戴震起徽州，徽州于江南为高原，其民勤苦善治生，故求学深邃，言直核而无温藉，不便文士。震始入四库馆，诸儒皆震悚之，愿敛衽为弟子。天下视文士渐轻，文士与经儒始交恶。而江淮间治文辞者，故有方苞、姚范、刘大櫆，皆产桐城，以效法曾巩、归有光相高，亦愿尸程、朱为后世，谓之桐城义法。震为《孟子字义疏证》，以明材性，学者自是疑程、朱。桐城诸家，本未得程、朱要领，徒援引肤末，大言自壮（案：方苞出自寒素，虽未识程、朱深旨，其孝友严整躬行足多矣。诸姚生于纨绔襦之间，特稍恬惔自持，席富厚者自易为之，其他躬行，未有闻者。既非诚求宋

① 江藩：《国朝汉学师承记附国朝宋学渊源记》，第153页。

学，委蛇宁静，亦不足称实践，斯愈陋也），故尤被轻蔑。从子姚
鼐欲从震学，震谢之，犹亟以微言匡饬。鼐不平，数持论诋朴学残
碎。其后方东树为《汉学商兑》，徽识益分（东树亦略识音声训故，
其非议汉学，非专诬谰之言。然东树本以文辞为宗，横欲自附宋
儒，又奔走阮元、邓廷桢间，躬行佞谀，其行与言颇相反。……）
阳湖恽敬，陆继辂，亦阴自桐城受义法。其余为俪辞者众，或阳奉
戴氏，实不与其学相容（俪辞诸家，独汪中称颂戴氏，学已不类。
其他率多辞人，或略近惠氏，戴则绝远）。夫经说尚朴质，而文辞
贵优衍，其分涂自然也。①

实际上，"经师"与"文士"作为帝制中国时代儒生的两种基本分
类，拥有广泛的社会基础，不光在江南学界，其他地域学术圈内也广泛
存在，要不在明清以来的正史中怎么会分列《儒林传》和《文苑传》？
在清代，不光考据学家是经师，夏峰北学与清代关学的理学家也是经师，
只不过他们一派偏重考据方法解经，一派偏重义理方法解经而已。要不
在《清史稿》中，他们怎么会同归儒林传？只不过较之于江南"经师"
与"文士"相争不同，在北方是以夏峰北学和清代关学为基础的"经师"
处于压倒性地位，"文士"对理学表现出强烈的依归情结，典型就是河
朔诗派代表申涵光对孙奇逢北面而称弟子。章太炎囿于"江南中心论"，
只指出了江南学术界内部"经师"与"文士"的分流，20 世纪清学史顺
此思路，把"文士之理学"（主要是桐城派）与"理学家之理学"（包括
夏峰北学、清代关学等其他清代理学派别）一分为二，分别安排在文学
史与学术史两个学科内讲述，导致完整意义上的清代理学被彻底割裂。

更重要的是，孙奇逢的这种努力也为清代学术无法呈现出一家独霸
而更多呈现出各派百舸争流的局面提供了理论基础。正如上文所言，在
孙奇逢的思想中，"条条大路"通向儒学真谛，因而，不但理学，就是
考据学、古文等虽然都是"体道"手段，但也都是只能"体道"之一端而
已，要整体领会完整的儒学真谛，则必须集众家之长而并用之。可以说，

---

① 章太炎：《清儒》，见傅杰编：《章太炎学术史论集》，第 390—391 页。

只要是企图垄断清学于一家者，都抨击或漠视孙奇逢，无论是理学或是考据学，只要是反垄断者，孙奇逢都能为之提供充足的弹药。所以，在这种基调下，再加上清代皇权调控的不断分化组合，任何一家的垄断必然为其他众家所反对。直到乾嘉时代，当考据学异军突起之时，戴震宣称：

> 仆自十七岁时，有志闻道，谓非求之六经、孔、孟不得，非从事于字义、制度、名物，无由以通其语言。宋儒讥训诂之学，轻语言文字，是欲渡江河而弃舟楫，欲登高而无阶梯也。为之卅余年，灼然知古今治乱之源在是。

　　力图建立考据学对儒学的垄断性之时，反对者就一如孙奇逢一样强调"体道"方法的多样性。其中，章学诚以"六经皆史"解构"六经"的神圣地位，而把作为"道"载体之一的"六经"与"道"本身进行区分①，姚鼐也强调在义理、考据、辞章之间，不仅仅是考据能够通向儒学真谛，辞章亦然，从而以此为基础建立起与考据学派分庭抗礼的桐城派谱系。

　　正是如此，在讨论到清代学术的主题时，梁启超认为是"以复古为解放"，《清代哲学》则认为是"回归原始儒学"②，笔者认为确切地应该

---

① 关于戴震与章学诚观点的冲突，笔者的解释与余英时的解释有所不同。余英时的解释参见《论戴震与章学诚——清代中期学术思想史研究》（增订本）。对笔者而言，这根本就不涉及"尊德性"与"道问学"之问题，清代中期也不存在"尊德性"向"道问学"的转向和儒家"智识主义"的兴起。笔者对此的辨析，具体参见本书绪论第一节"20世纪清学史研究范式之历史审查"对余英时清学史研究范式的评论。在此就戴震与章学诚之争的个案，还需补充：（1）戴震与章学诚的最终目的都在于"尊德性"，他们之所以不同并相互冲突，原因不在于"尊德性"到"道问学"的转向，而在于以何种具体途径的"道问学"走向"尊德性"的分歧，戴震主张考据学，而章学诚则认为是史学。（2）戴震与章学诚之间的冲突的焦点问题在于儒学真谛可否为单一一家垄断，戴震认为可以，而章学诚则认为不能。这种争论在儒学史上前有并非个案，前有程朱陆王之争，后有汉宋之争。戴、章之争的特别之处在于戴震一反宋儒见解，认为考据学能够垄断，而章学诚则标举"六经皆史"，继陆王学派"六经注我，我注六经"之后，更加彻底地消解六经的神圣性。（3）如果放宽视野，清代中期的学术界至少可以分为四大学派：夏峰北学、清代关学、考据学派、桐城派，就江南学界来看，考据学派与桐城派逐渐高涨的争论具有更重大意义。戴震与章学诚之争连清代中期江南学界的争论都难以概括，更不能代表清代中期思想界的普遍状况。因而以二者的思想交涉来梳理清代中期思想史的趋势，无疑过于单薄。
② 王茂、蒋国保：《清代哲学》，第4页。

是孙奇逢所标举的回归、重释孔孟经典与"礼理合一"，而所谓"以复古为解放"及"回归原始儒学"只是回归、重释孔孟经典与"礼理合一"这个主题的表现而已。

在此我们来分析"以复古为解放"及"回归原始儒学"的不妥之处。在《清代学术概论》中，梁启超把清学的"以复古为解放"分为四步：第一步，复宋之古，对于王学而得解放。第二步，复汉唐之古，对于程朱而得解放。第三步，复西汉之古，对于许郑而得解放。第四步，复先秦之古，对于一切传注而得解放。并且又说"夫既已复先秦之古，则非至对于孔孟而得解放焉不止矣。"①《清代哲学》看法与此相类，只是把梁启超所谓的"先秦之古"换为"原始儒学"而已。但这里就有一个问题：是什么动力使清儒们一下子就乐此不疲的来复古，并且这种"复古"不但会产生"解放的效应"，而且"非至对于孔孟"呢？

笔者认为答案就在于孙奇逢回归、重释孔孟经典与在"舍三纲五常无道术"基础上的"礼理合一"。正如上文所论，孙奇逢的这种思想不仅为儒生们开辟了一片新天地，而对之的不断耕耘，也会为他们提供话语支持。正是由于清学的主题是回归、重释孔孟经典，所以儒生们必须不断耕耘，一直到孔孟甚至到先秦儒家产生之源才能得到儒学的真谛。当然，这种耕耘也不是没有限度的，笔者认为，他的限度就在于"舍三纲五常无道术"基础上的"礼理合一"。换言之，孙奇逢的内圣、外王思想为清代学术规定了存在的长度与限度：回归、重释孔孟经典指明了清儒的为学方向，为他们的复古提供了理论支持，"舍三纲五常无道术"基础上的"礼理合一"规定了清儒为学的界限。正是如此，一方面，他们做的一切努力都必须归于孔子，而当不能归于孔子时，清学就要崩溃了；另一方面，他们必须在以"三纲五常"为基础的传统之内，一旦离开跳入近代的民主科学，清学更要崩溃。所以，梁启超在评论清学时，曾经感慨清儒"好依傍"、好托古改制，结果弄得两败俱伤。

以清儒论，颜元几于墨矣，而必自谓出孔子，戴震全属西洋

---

①　梁启超：《清代学术概论》，第 7 页。

思想，而必自谓孔子，康有为之大同，空前创获，而必自谓出自孔子。及至孔子之改制，何为必托古？诸子何为皆托古？则亦依傍混淆也已。此病根不拔，则思想终无独立自由之望。①

其实，梁启超不懂得，如若清儒不"好依傍"孔子，他们怎么敢离弃宋明理学而别开一番天地？不托古改制，哪里会引起整个社会的共鸣？实际上，当梁启超"然持论既屡与其师不合"、既不"依傍"、又不托古改制时，清学就到了山穷水尽的地步，不管梁启超怎样努力，"则于将来之思想界尚更有所贡献"，他也注定成为"清代思想史之结束人物而已"。②

最后看第三方面。在研究清代学术中，经常能够看到清代儒生总是标榜自己学术为"实学"而批评反对者的虚妄。但问题是所谓的"实学"究竟指什么呢？它为什么会有这么大的舆论力量？

所谓的"实"与"虚"是就儒学特定形态与社会的互动关系来说的。"实学"强调"礼"，强调儒学的意识形态功能，强调儒生服务社会的策略，强调儒生作为"士大夫"积极用事，强调"外王之学"，其特点就是重经世而轻思辨、重做事而轻义理；而"虚学"则强调"理"，强调儒学的知识体系层面，强调作为"师儒"传播知识层面，强调"内圣之学"，强调"读万卷书"，其特点就是重学术而轻做事，重思辨、义理而轻经世。孙奇逢无疑是清代实学的先驱之一，是实现宋明理学到清代学术由"虚"到"实"转变的先驱者。这不但体现在他对儒学的实虚关系及当时要求有清醒认识，更在于孙奇逢"礼理合一"。他不但为有志于经世者指明了道路，也为大批"师儒"们指明了新的为学方向。③更重要的是，孙奇逢把理学家形而上地探讨"理"的豪情转换为对形而下"礼"的躬行实践，正是这种实践模式的转换，创造性的以实学充实理学，不但促成了理学在清代的深入、转向、推进，更使得实学在清代被

---

① 梁启超：《清代学术概论》，第89—90页。
② 梁启超：《清代学术概论》，第89页。
③ 陈鼓应、辛冠洁、葛荣晋：《明清实学简史》，北京：社会科学文献出版社，1994年，第371页。

推向高潮成为可能。

　　总而言之，不论是清代的理学，还是考据学派，他们都是孙奇逢内圣外王思想的继承者，只是远近不同，继承程度不同。因此，孙奇逢不但是明代儒学之殿军，更是整个清代学术最重要的开山之一。

第三章　夏峰北学与西学、考据学
——以孙奇逢弟子薛凤祚、费密为中心

第一节　"本之于天"与"主于实用"：
论薛凤祚的思想转向及价值

一、薛凤祚的生命历程与思想转向

薛凤祚（1599—1680），字仪甫，号寄斋，山东益都人。其祖父薛岗是明朝万历元年举人，一生放浪形迹，拒官未仕。父薛近洙，明朝万历进士，是朱熹、薛瑄、陈献章的信奉者，自身也受过系统的理学教育，官至中书舍人，为官清正，因不满魏忠贤擅权而辞官还家，专门从事经学研究与著述[①]。薛凤祚"少承家学"，从父辈接受了启蒙教育。他读五经四书，补廪生。天启年间，他出外游学，先后受业于鹿善继和孙奇逢。薛凤祚师从二人后，治理学，"尝慨然欲有建树于时，不为空谈以炫人耳目，先生俱得其学"[②]，于是"通理学，精易经"[③]著《圣学心传》，"发明'认理寻乐'之旨，又讲求天文地理实用"[④]。此书编辑了鹿善继的《四书说约》和孙奇逢的《四书近指》。卷首为鹿善继的《认理提纲》和《寻乐大旨》，然后是鹿善继、孙奇逢的传记。薛凤祚对此书颇为自诩："此书出，当与孔、曾、思、孟四圣贤书共揭星日而行中天。"[⑤]明清之际，薛凤祚返乡，运用所学投入组织乡民抗击贼寇活动，"先生富明季乱时，练乡勇，修商山堡自固。战阵之方，攻守之具，颇

---

① 参见《薛氏世谱》（全一册），民国二十年本，第4页。
② 《薛氏世谱》第1册，薛氏本族后人1995年整理编写本，第4页。
③ 《薛氏世谱》第1册，第45页。
④ 阮元：《儒林传稿》卷3，清嘉庆刻本，第34页。
⑤ 永瑢：《圣学心传提要》，《四库全书总目》卷37，第314页。

能出新意于古法外。一时郡县多被焚掠，环先生所居五十里，盗贼无敢犯者"[1]。明清鼎革后，薛凤祚选择了遗民生活，"自以明诸生，不复求闻达"[2]。张侗曾在《琅琊放鹤村蓬海先生小传》中记录当时的盛况：

> 先生既以山水朋友为性命，于是乘州织水、莱子国山公、云门笠者峭、故王孙适庵、愚公谷仪甫、蓟门东航子习仲、渠丘昆右，与同乡髯叟子羽、渔村、栩野诸君子。德业文章，超绝一世。[3]

后曾于康熙十二年（1673）参修《山东通志》时负责天文历法部分，与张尔岐、李焕章、顾炎武交游来往，康熙十五年（1676），河道总督王光裕聘请薛凤祚佐治黄河和运河，薛氏以77岁高龄，"躬历数千里，考黄淮漕运利害曲折，施有成效"[4]。

综观薛凤祚的一生，学凡三变。万历四十四年（1616），17岁从学鹿善继、孙奇逢[5]。后"癸酉（1633）之冬，予从玉山魏先生游，得开方之法"[6]。由于魏文魁在晚明中西历法辩论中失败，薛凤祚师从波兰传教士穆尼阁，系统学习了西方的天文学和数学，并接受了西方科学的新成就，如哥白尼日心说、对数理论等，翻译了一些西方科学知识。薛氏研究领域十分广泛，长于天文历法、数学，兼通水利、医学、机械、军事和占验等，著有《历学会通》、《天步真原》、《两河清汇》、《圣学心传》、《气化迁流》、《车马图考》、《甲遁真授秘集》、《乾象类占》等。除《天步真原》与穆尼阁合作翻译外，余皆有自己的创见。其《历学会通》分《正集》12卷、《考验》28卷、《致用》16卷三部分，共56卷，内容涉及天文、数学、医药、物理、水利、火器等。在中国科技史上，他最先采用

---

[1]　徐世昌等编纂，陈祖武点校：《清儒学案》卷1《夏峰学案·薛先生凤祚》，第39页。

[2]　《薛氏世谱》第1册，第5页。

[3]　张侗：《放鹤村文集》卷1，山东省博物馆藏，清刻本。

[4]　《薛氏世谱》第1册，第5页。

[5]　万历"四十四年丙辰，（孙奇逢）三十三岁。在京师，薛孔泉、唐灼州、贾孔澜各遣子受学。（薛之子凤祚，贾之子尔霖。后先生以长女妻尔霖）"。汤斌：《孙夏峰先生年谱》，见《孙奇逢集》中，第1384页。

[6]　薛凤祚：《历学会通》，见《山东文献集成》第2辑第23册，济南：山东大学出版社，2008年，第20页。

哥白尼日心说，是引入对数的第一人。总的来看，其对沟通中西科学做出贡献，故当时有"南王（锡阐）北薛"之称，被后世誉为清代"畴人之功首"[①]。正是在此基础上，在以后的研究中，基本上都把薛凤祚定位为"畴人"或者科学家。正是这种研究定位，导致后人难以理解薛凤祚的思想，比如薛凤祚为什么引进西方知识的同时却进行大幅度的删改，以至于连梅文鼎都抱怨简化太多而难以读懂？难道仅仅就是为了致用？就算是致用，难道这些知识在西方发展了千年，按照原著引进中国就会没用？薛凤祚的致用倾向来自于何方，受谁的影响？为什么在引进西方天文知识的同时却还要关注星占术，以至于晚年对之留心不已？有学者认为这是其"经世意识"的表现[②]，但问题是经世就必须关注占星术吗？就算是经世，但为何会采用如此形式？还有就是会通观念，为什么薛凤祚把西方天文历法知识与古代中国传统天文知识会通，却又不相信"西学中源"？诸如此类问题，不胜枚举。综观帝制中国以致整个前近代社会，哪有所谓现代意义上的专业性科学家？[③]特别是在明清之际那个多种知识资源充斥且无限发展的大时代。笔者认为：薛凤祚的知识背景应该是多元的，而不可能是单维的，要不然他为什么要会通以求"镕各方之材质，入吾学之型范"？

　　所以，薛凤祚的思想随着思想转向应该可以分为三个部分：弱冠之年师从鹿善继、孙奇逢，因此思想具有燕南王学及随后的夏峰北学之特征；后师从魏文魁，因此思想受到中国古代天文学知识影响；近50岁先后师从传教士罗雅各、穆尼阁等，因此思想也具有西方科学知识背景，但因为"受新法，尽传其术，亦未尝入耶稣会"[④]，所以他对传教士带来的天主教宗教知识应该感情不深。在这几种知识资源中，魏文魁对

① 赵尔巽：《清史稿》卷506《畴人传一·薛凤祚传》，第13934页。
② 袁兆桐：《薛凤祚研究的回顾与思考》，《历史教学》2010年第18期。
③ 以近代为分界，科学在整个社会中地位是大不相同的，由此科学家的身份也有显著差异。在前近代社会，由于科学处于巫术、神学等笼罩之下，因此，早期的科学家一般来说都非专职的，到近代以后，随着以实验为基础的近代科学技术的突飞猛进，以科学为专职的科学家迅速涌现并在社会中扮演者越来越重要的角色。因此，从整个世界历史来看，现代意义上的专业性科学家是近代社会以来的产物。以现代意义上的科学家来定为前近代社会的科学家是不恰当的。
④ 梅文鼎：《勿庵历算书目》"天学会通订注"条，见梅文鼎撰，梅谷成校正：《勿庵历算书目》，《丛书集成初编》本，北京：中华书局，1985年，第24页。

其思想的影响相对有限，要不薛凤祚也不至于近 50 岁还转投西方耶稣会传教士。对于另外两种知识资源，有学者认为"弱冠之年的求学生涯，特别是孙奇逢兼容并蓄的理学思想对薛凤祚产生了深远的影响"，但"对薛凤祚的学术生涯影响最大的应该是波兰传教士穆尼阁"①。而根据笔者的观察，结果可能正好相反，对薛凤祚影响最大的恰恰应该是早年的两位老师，他们对薛凤祚的影响，特别是思维模式的影响是决定性的，而其他知识资源对薛凤祚的影响是局部的、技术性的。

二、薛凤祚与孙奇逢关系再探讨

之所以孙奇逢对薛凤祚的影响是决定性的，主要是因为：（一）在孙奇逢南迁河南后，薛凤祚与孙奇逢的往来并没有中断，二人的师生关系进一步加强；（二）薛凤祚思想的两个基本点②——"本之于天"与"主于实用"③和孙奇逢思想完全一致，由此，薛凤祚会通中西的模式④与孙奇逢会通理学各派重建儒学的模式如出一辙。

先看第一点，有学者在孙奇逢与薛凤祚关系上认为薛凤祚转向天文方面是因为"深感王学'无致用之实'，毅然与理学决裂而献身科技，投身经世之学"⑤。其实晚明之际学术界之间的互动转化远远超出这种单线条的认知。一般来说，有用无用与否，不单在学术思想本身，更多在于对比优势和当时社会的需求，王学较之于现代科技知识固然用处有限，但较之于当时其他思想则更为有用。把明朝灭亡责任推给晚明知识界，特别是王学，那只是清初理学官僚在配合皇权主义的重建中，思想定于

---

① 郑强：《补空谈之虚空，破株守之迁滞——薛凤祚"会通"的科学思想探微》，《山东科技大学学报》（社会科学版）2010 年第 2 期。

② 笔者之所以把"本之于天"与"主于实用"定位为薛凤祚思想的两个基本点主要依据薛凤祚在明清之际从事的事业——天文历法（"天学"）。既然从事天文，当然要"本之于天"，从事历法，必然要追求"实用"，而其综合的结果就是薛凤祚的思想以此两个基本点展开。

③ 关于薛凤祚的致用意识，因为近两年来学者研究颇多，兹不详述。总的来看，包括以下方面：（1）精简西学知识及实际实用技术，便于使用；（2）注重中西传统科学知识中的致用因素，当然也由此导致热衷于占星学的流弊。

④ 关于薛凤祚的中西会通模式，参见马来平：《"折衷众论，求归一是"——论薛凤祚的中西科学会通模式》，《文史哲》2012 年第 2 期。

⑤ 袁兆桐：《薛凤祚研究的回顾与思考》，《历史教学》2010 年第 18 期。

一尊之时构建的神话。在面临晚明皇权主义颓废所引起的危局之时，整个知识界都在各种知识资源中辗转腾挪，力图挽狂澜于既倒，由此开始了晚明的儒学变革运动。在此种境遇中，没有儒生不以经世相标榜，但问题是以何种方式来经世意见不一。就是在此过程中，"明清之际，作为北方儒生共同体领军人物的孙奇逢，以其回归、重释孔孟经典来整合理学各派的内圣思想与'舍三纲五常无道术'基础上的'礼理合一'的外王思想，两者完美结合，一方面为清学的展开提供了新平台，另一方面也使得在清代北方形成了以孙奇逢为宗师、以会通儒学各派为特征的夏峰北学，且风靡北方[①]。因此，虽然薛凤祚在具体认识上与孙奇逢有所差异，但要走向经世就要"背弃师门"[②]恐怕是危言耸听，况且：（1）清初，孙奇逢承继北直隶儒生集团遗产，为北方遗民领袖，在当时学界处于中枢地位，因此与之来往的儒生基本都仰孙奇逢为北学"泰山北斗"，就是顾炎武、张尔岐也尊孙奇逢为耆儒、老师。也正是如此，黄宗羲在不知其学术"浅深"的情况下把之列入《明儒学案》作为殿军，因此，作为其早年弟子及遗民的薛凤祚"背叛师门"，不可信；（2）综观孙奇逢一生，他并不反对西学，甚至其至交同学里面就有从事西学者，他只是对天主教教义好感不多而已。[③]

就现有资料来看，薛凤祚转向魏文魁及西方传教士后，与孙奇逢之间关系并未断。在孙奇逢定居河南期间，薛凤祚至少两次到河南拜见孙奇逢[④]。其中第二次拜访记录最为清晰。对于这次会见，《孙夏峰先生年

---

① 王坚、雷戈：《论夏峰北学》，《辽宁大学学报》（哲学社会科学版）2009 年第 3、4 期。

② 袁兆桐：《薛凤祚研究的回顾与思考》，《历史教学》2010 年第 18 期。

③ 在明清之际，由于传教士多采取"利玛窦规矩"在中国传教，深受阳明学洗礼的儒生一般对基督教不排斥，有时候还采取一定的欣赏态度。对于孙奇逢来说，他对于当时的基督教的代表利玛窦的理论（按：孙奇逢称为"利马窦"）虽然不热心，但亦不敌对，并且还试图以儒家伦理道德来理解利玛窦所宣传的基督教理论。关于此，见魏一鳌：《岁寒居年谱》，《北京图书馆馆藏珍本年谱丛刊》第 65 册，北京：北京图书馆出版社，1999 年，第 114 页。

④ 由于资料问题，关于薛凤祚第一次去河南拜访孙奇逢的情况已经难以知晓。不过笔者遍寻，有一则材料可能是对此次拜访的记录。顺治十六年"范阳三子过晤夏峰。因忆其王父有述（并序）。三子者，一马、一薛、一李。马为予姻友玉壶君之孙。薛之大父运弦、李之大父谦所，二君皆相善。今弃世廿余年。追忆生平，淋漓杯酒，有荆高风，抚其孙枝，眷怀祖德，口占二十八字：不速三人白下来，名驹千里自英才。故交零乱新硎发，苏岑依然易水隈"（孙奇逢：《孙征君日谱录存》，见《孙奇逢集》下，第 404 页）。但由于只是孤证，笔者存疑。

谱》这样记述：

> 薛仪甫凤祚自益都再视先生于夏峰，年七十余矣，携其所著
> 《历学会通》两千余页来质。先生曰："夫子之性与天道，夫子之文
> 章也；不明于吾之性，乌知所谓天之道？不明于日用之文章，又乌
> 知所谓性与天道哉？《乡党》一篇，夫子之饮食起居，是即夫子之
> 性命流行也，余尝谓读古人书，任从何处领会，无不可直证源源本
> 本。盖道惟一，二则歧，故曰：吾道一以贯之，一物各具一太极，
> 万物统体一太极，惟一故无不贯；全在圣人身上，泛应有当。俗学
> 不能一，禅学、玄学不能贯，名家、法家不必言矣。"①

此次时间为康熙九年（1670），孙奇逢 86 岁，薛凤祚 71 岁。而在
孙奇逢 90 岁之时，因感念年岁已高，来日无多，因此作《怀友诗》悉
数 20 多位传其学而各具特色的高徒，望其再接再厉，光大师门，薛凤
祚赫然在列。

> 尼山有四友，又复借六侍。顾我耄而病，同人望更亟。匡我之
> 不逮，诸贤时瘳寐。端亮曰潜庵，当仁不肯避。明达莲陆氏，到手
> 无棘事。定斋勇向学，识力何超异！定国讼往愆，晚节抉其秘。宽
> 夫善补过，力为明学地。垂老轻去乡，荐馨共旅食。渥城有五修，
> 答问借笔记。习仲能知几，介祺称高寄。子新饶侠肠，仪甫具识器②。
> 枸斯安贫贱，守身明大义。浑穆称保汝，不以穷失意。退步震之贤，
> 墟怀亦夔智。骏臣有气魄，熙侯无俗累。子石称孺慕，含真严指视。
> 天章多慧根，子亮本美质。振公孝友人，乾贞羡笃志。友兰与裕卿，
> 问学渐有次。凫盟荆园语，鄂州辨学字。廉干推逸庵，此度博综备。

---

① 汤斌：《孙夏峰先生年谱》，见《孙奇逢集》中，第 1434—1435 页。
② 参见孙奇逢：《夏峰先生集》，见《孙奇逢集》中，第 938 页；孙奇逢：《孙征君日谱录
　　存》，见《孙奇逢集》下，第 1313 页；汤斌：《孙夏峰先生年谱》，见《孙奇逢集》中，
　　第 1440—1441 页；汤斌：《清孙夏峰先生年谱》，台北：台湾商务印书馆，1981 年，"顺
　　治十二年癸丑五十岁"条。其中，前两者同缺"钱升阶、薛"，但不管如何，包括薛凤祚
　　则为无疑。

进德而修业，努力各自治。我年已九十，烛光安足炽！愿言日有长，助我勿失坠。①

试想，如果薛凤祚背叛师门或者与孙奇逢关系不佳，孙奇逢怎么可能还如此对待他？

对薛凤祚离开孙奇逢而别求其他老师的原因，由于双方资料欠缺，难以完满说明，但就笔者掌握的资料来看，更多原因不在于思想的离异而在于两个方面：（1）孙奇逢当时所教的众多弟子之间"相隔太远"而引起的不便；（2）孙奇逢所面临的家事及挚友鹿善继丧母而大病、丁忧还乡，由此导致其不得不离开京师回老家。

在孙奇逢28岁丁忧后北上京师，到34岁回容城老家这七年里②，由于仰慕其为人，包括薛凤祚在内的不少士大夫子弟都拜在孙奇逢门下，仅就《孙夏峰先生年谱》所载就有兵部郎杜友白（杜诗）之子、贾三槐、薛凤祚、唐灼州之子、贾孔澜之子贾尔霖等。③但在此过程中，由于孙奇逢当时所交弟子之间"相隔太远"而引起的不便，使得教学效果大受影响。关于此，《夏峰先生集》有《与薛孔泉、唐灼州》为证：

> 弟之为人，两兄所洞见出，今有段于此，明白直捷，可以善事，可以全交，今剖破形迹，直陈左右。即两兄平心思之，亦必有无嫌无疑，知其尽情而非怪者，盖弟之所奉教也。彼时三兄比邻，遂成此举，人情事体，甚便甚适。自灼老兄之迁，而唐郎不便，及贾舍亲之迁，而薛郎亦不便，唐郎愈不便。相隔既远，来往自难，一日间为昝几何？相约听讲者，不过巳午一二刻，其未来之前，既去后，所读所思，或疑或信，俱不得问，况每日未必皆来，即来未必皆齐。即齐，即舍亲前庭，或有他客，出入不便，后于门房，大费委屈，且耽时刻。此两兄所明之，不待弟言之也。不便如此，而隐忍羁系，日复一日，而非形迹误之耳。夫事以便而作，以不便而止无端为形迹二字强

---

① 孙奇逢：《夏峰先生集·怀友诗》，见《孙奇逢集》中，第939页。
② 参见汤斌：《孙夏峰先生年谱》，见《孙奇逢集》中，第1383—1384页。
③ 参见汤斌：《孙夏峰先生年谱》，见《孙奇逢集》中，第1383—1384页。

就羁系，无论非所以善事，其所以全交耶？我辈肝胆当于天下共见，
况与二兄相处，涉月逾时，不为不深，而犹然为形迹所困，使两下有
不敢尽之言乎？弟即今日不言，而绝不能强不便以为便，恐两兄亦徒
自苦，而终难继也。矧目今小婿岁考，数日间马首南矣，两家郎君至
舍亲处，亦无着落。朋友相处，须无不可尽之言，无不可亮之心，而
后金兰薄里永无参商。曩蒙仁兄援为知己，收于药笼，心事自明，交
情自固。即今日以事有未便，暂尔言别，从前之始终，已成结局，则
嗣后之往来，正期永好，奈何徇无益之形迹为也？①

更为深层的原因是，万历四十五年（1617）前后，不管是对孙奇逢还
是鹿善继，都是相当忙碌的。就孙奇逢来说，先是生子嫁女，而后夫人去
世。②另一方面，鹿善继母亲田氏万历四十四年去世后，鹿善继悲痛过度而
大病一场，随后有起色，"而终身病原遂肇于此"。随后，鹿善继丁忧在乡③。
而"先生居京师六年，皆鹿伯顺、范一泉二先生为之左右"④。所以，于家、
于友，孙奇逢万历四十五年归乡都势所必然。此后，晚明社会矛盾全面爆
发，鹿善继、孙奇逢为保家卫国不断奔波。鹿善继虽然在丁忧后回任户
部、兵部主事等，但随后万历四十七年（1619）"金花银"事件爆发，经
历夺官及复官后，随孙承宗镇守辽东直到明崇祯九年（1636）抗清战死，
同时孙奇逢则退守乡间鼎力相助。正是如此，鹿善继、孙奇逢对薛凤祚
虽有师生之谊，但再像以前一样当面教育已完全不可能。而到明清鼎革
后，随着整个社会的稳定，北方士人之间的连接重构加强而形成以孙奇逢
为中心的遗民集团，在此过程中，由于共同的遗民倾向和内在思想的一致
性，薛凤祚所在的包括张侗、东航老人马鲁⑤及张尔岐在内的山东遗民群体

---

① 孙奇逢：《与薛孔泉、唐灼州》，见《孙奇逢集》中，第706—707页。
② 四十五年，"八月，三子望雅生。冬，长女归贾氏"。四十六年，"七月二十七日，室人槐
　氏卒"。参见汤斌：《孙夏峰先生年谱》，见《孙奇逢集》中，第1384页。
③ 关于万历四十五年至四十七年，鹿善继丧母、患病、居乡丁忧情况，参见陈铉编：《明末
　鹿忠节公善继年谱》，台北：台湾商务印书馆，1978年，第19—27页。
④ 汤斌：《孙夏峰先生年谱》，见《孙奇逢集》中，第1384页。
⑤ 张侗（1634—1713）：字同人，一字石民。清初山东诸城人。马鲁：字习仲，原名之驯，
　字君习，号东航老人。直隶雄县人。曾与孙奇逢在河北起兵抗清及农民起义军，与王余佑
　交好。孙奇逢南迁河南，马鲁则"复南渡献策于史可法。可法死，还居唐县。（顺治）三

与孙奇逢积极互动，最晚在此时，孙奇逢与薛凤祚的师生之谊得以重续。

再看第二点。正如上文所言，在晚明时代，思想合流基础上的会通成为时代潮流，就孙奇逢与薛凤祚而言亦是如此。虽然会通的知识资源有所差异，但薛凤祚思想的两个基本点——"本之于天"与"主于实用"与孙奇逢思想完全一致，由此，薛凤祚会通中西的模式与孙奇逢会通理学各派重建儒学的模式如出一辙。

先看二者思想基本点的一致性。在明清之际，孙奇逢之所以能够名满天下，最关键的就在于其会通理学各派而重构儒学。总的来说，孙奇逢的会通正如弟子赵御众概括的那样："先师之学，以天为归，以孔为的，以至诚为全量，以慎独为工夫，以知明处当为力行之实地，其所以信独见而化异同者，总之以孔子印诸儒也。当看其是不是，不当问谁朱谁王。"①这其中，有三大基本点：天（以天为归）、孔子（以孔为的）、主于实用（以知明处当为力行之实地）。而对薛凤祚影响最大的则在于"本之于天"与"主于实用"。薛凤祚之思想正是在两者之间逐步显现，这是孙奇逢与薛凤祚的最大相同之处。

一般认为，"千百年来，真正在中国人的精神系统中发挥作用的宗教观念是以'天''祖'崇拜为核心的中国人的宗教信仰系统"②。冯友兰曾归纳说：

> 所谓天有五义：曰物质之天，即与地相对之天。曰主宰之天，即所谓皇天上帝，有人格的天、帝。曰命运之天，乃指人生中吾人所无可奈何者，如孟子所谓"若夫成功则天也"之天是也。曰自然之天，乃指自然之运行，如《荀子·天论篇》所说之天是也。曰义理之天，乃宇宙之最高原则，如《中庸》所说"天命之谓性"之天

（接上页）年来诸城，结庐九仙山之阳"。张侗与马鲁、薛凤祚为友，而后二人都为孙奇逢的早年门人。关于马鲁情况，参见王余佑：《谏东航》、《寄东航》，见《五公山人集》，上海：华东师范大学出版社，2011年，第244、261页；宫懋让修，李文藻纂：乾隆《诸城县志·侨寓》，见《中国地方志集成山东府县志辑》38，南京：凤凰出版社，2004年，第289页。

① 赵御众：《夏峰集·旧序》，见李敏修辑录：《中州艺文录校补》，第748页。
② 邹新明：《敬天的信仰》，北京：北京语言文化大学出版社，2001年，第1页。

是也。《诗》、《书》、《左传》、《国语》中所谓之天，除指物质之天外，似皆指主宰之天。《论语》中孔子所说之天，亦皆主宰之天也。[1]

总的来看，在中国思想中，天是一个基本的知识资源，由此形成的天道意识及对天人关系的不同认知而开出了不同的思想理路，成为决定中国思想走向的巨大因素之一。也正是如此，"自上古以来，天文有世掌之官"[2]。"司天之说尚矣……自古有国家者，未有不致谨于斯者也。"[3]

一般来说，"天道"有多重含义：指"神意"、指决定人间吉凶的天象、指天象运行的规律、指必然之理，类似于"天命"。其中很重要的一支则是占星术的"天道"观念，他们把天神秘化，将天的概念扩大化。

春秋时期，有一批占星术士活跃于各地，共中有些名望很高，如周之茉弘、鲁之梓慎、晋之士弱、郑之裨灶等，事迹散见于《左传》和《国语》二书中。这些人号称能知"天道"，其本质是一种占星理论。

春秋时期的占星家认为，天象变化运动决定着人间吉凶。他们根据天象十二星次的分野来区划天下"九州"之地，观察星象及"云气"的变化，并根据五行生克和其他神秘的数术来推论预卜人间吉凶。在他们看来，一个国家的兴衰存亡完全是由天上的星移斗转支配的，因此，他们自诩能够精确地预卜一个国家能够存在多少年，以及哪一个国家在某年某月某日将发生某种自然灾害或社会动乱等。[4]

同时，"正当占星家们宣扬命定论的'天道'观念的时候，另一些思想家也在称说'天道'，其直接含义也是指日月星辰等天象的运行变化，

---

① 冯友兰：《中国哲学史新编》上册，北京：人民出版社，1998年，第103页。
② 脱脱：《宋史》卷48《天文志一》，北京：中华书局，1977年，第949页。
③ 宋濂：《元史》卷48《天文志一》，北京：中华书局，1976年，第989页。
④ 冯禹：《"天道"考释》，《管子学刊》1990年第4期。

但是，他们并不认为'天道'是人间吉凶祸福的征兆，而是把'天道'作为'人道'——社会的法规所应效法的对象。人应当观察'天道'，效仿'天道'，来制定出正确的政策、法令和主张"①。到西汉，司马迁提出"究天人之际，通古今之变"而天人并举，到北宋理学则进一步把理与天连接而"天""理"合二为一，宣称"吾学虽有所受，'天理'二字却是自家体贴出来"。到王阳明，以"致良知"打通天人、古今、中西、礼理等统而括之，实际上是以人②之发展统括万端。在阳明后，王学各派以此分化。发展到孙奇逢，也积极重构天人关系，力图在"天人之间"寻求一"大把柄"。为此，孙奇逢打出"学本于天"旗帜，认为虽然"从来大贤大儒，个人有个人之体贴"③，但"儒者之学本诸天"，"理却是天之所与"④，天理"包天地、贯古今、历从来"⑤。如若不如此，就是异端。

孙奇逢把学归之于天最集中体现在《理学宗传序》中。在其中，孙奇逢开宗明义提出：

> 学以圣人为归，无论在上在下，一衷于理而已矣。理者，乾之元也，天之命也，人之性也。得志，则放之家国天下者，而理未尝有所增；不得志，则敛诸身心意知者，而理未尝有所损。故见之于行事与寄之于空言，原不作歧视之。舍是，天莫属其心，人莫必其命，而王路道术遂为天下裂矣。周子曰："圣希天。"程子曰："圣学本天。"又曰："余学虽有所受，天理二字，却是自己体贴出来。"余赋性庸拙，不能副天之所与我者。幼承良友鹿伯顺提携，时证诸先正之语。尝思之颜子死而圣学不传，孟氏殁而闻知有待。汉、隋、唐三子衍其端，濂、洛、关、闽五子大其统。嗣是而后，地各有其人，人各鸣其说。虽见有偏全，识有大小，莫不分圣人之一体焉。

---

① 冯禹：《"天道"考释》，《管子学刊》1990 年第 4 期。
② 当然此"人"指圣人，非康德之"世界公民"。
③ 孙奇逢：《夏峰先生集》，见《孙奇逢集》中，第 552 页。
④ 汤斌：《孙夏峰先生年谱》，见《孙奇逢集》中，第 1406 页。
⑤ 汤斌：《孙夏峰先生年谱》，见《孙奇逢集》中，第 1399 页。

余因是知理未尝一日不在天下，儒者之学，乃所以本诸天也。①

可以说，《理学宗传》的编排就是按照这一宗旨的全力贯彻。

虽然"本之于天"，但作为皇权时代的意识形态，儒学最终还是要落实在实际的社会统治中，孙奇逢亦如此。在河北之时，孙奇逢文武兼通、侠儒兼收，被誉为"范阳三烈士"之一，为此明清两朝前后征辟十一次之多，黄宗羲称"逆阉之焰，如火之燎原，先生焦头烂额，赴之不顾也。燕、赵悲歌慷慨之风久湮，人谓自先生而再见"②。南下河南后，虽然完成从燕赵悲歌之士到一代理学大师的转变，但在学术上，仍然力主实用，傅山于康熙二年57岁时访学夏峰，就有如此观察：

> 顷过共城，见孙钟元先生，真诚谦和，令人诸意全消也。其家门雍穆，有礼有法，吾敬之爱之。不知者以为世法模棱之意居多，其中实有一大把柄。人以隐称之，非也。理学家法一味版拗，先生则不然，专讲作用。③

正是如此，《清史列传·儒林传上一》本传说他凡是"有问学者，随其高下浅深，必开以性之所近，使自力于庸行。上自公卿大夫，下及野人、牧竖、武夫、悍卒，壹以诚意接之"。甚至像费密那些远在千里，跨州隔省的人，风闻其义偶一相接，也会身受感召深服其学。

当然，在孙奇逢的思想中，"本之于天"与"主于实用"二者也是一致而贯通的，这具体体现在《读易大旨》中。在此书中，孙奇逢以《易》理来作为会通框架④，扩张视野，平分朱陆，会通于圣人，进

---

① 孙奇逢：《理学宗传·序一》，见《孙奇逢集》上，第620—621页。
② 黄宗羲著，沈芝盈点校：《明儒学案》卷57《诸儒学案下五》，第1371页。
③ 傅山：《霜红龛集》卷38，太原：山西人民出版社，1985年，第1068页。
④ 孙奇逢的《读易大旨》与其他易学著作不同在于注重易理发挥而忽略细节的考证。对此，四库馆臣有细致观察。"案奇逢说《易》，不显攻图书，亦无一字及图书。大意发明义理，切近人事，以象传通一卦之旨，由一卦通六十四卦之义。凡所训释，皆先列己说，后附旧训。其平生之学，主于实用，故所言皆义法戒，有足取焉。"参见永瑢：《读易大旨提要》，《四库全书总目》卷6，第35页。

而天人合一，总归于天。具体来说就是：易之理与天地合一①，又因为
天地最终着落于圣人之心②，所以天地圣人合一而同现于《易》理，然
后以《易》理统卜筮，"理一分殊"③，再在《易》理中分天、地、圣人
三维展开④，而落实于人事⑤，励志于实用、人伦⑥。合而言之，《易》之
道，在天为乾，在地为坤⑦。以形体、性情言⑧，为天，为地⑨；为乾，
为坤⑩，虽然"天地一气也，一数也，一道也"，⑪因为感应⑫，所以最终归

---

① "易之道，合天高地下，万物散殊而一之。广莫广焉，大莫大焉，一与天地准焉者也。"孙
　奇逢：《读易大旨》，见《孙奇逢集》上，第 115 页。
② "盖未画《易》之前，一部《易经》已列于两间"，"易之道，无一非圣人之道"。"圣人之
　易，不过模写其象数而已，非有心安排也。""易不过模写乾坤广大之理，惟其广大源于天
　地，故易之广大，亦如天地之广大，易之变通，亦如四时之变通，易之阴阳，亦如日月之
　阴阳。"孙奇逢：《读易大旨》，见《孙奇逢集》上，第 119、109、116 页。
③ "见有理一分殊，各就条理，各得其所之妙用，'成位其中'，上下与天地同流也。圣学全
　功止此，此全经之总领也。易道虽本之天地，而实具于圣人之一心，以圣人之心，具有天
　地之全体也。""一部《易经》，言理即言数。'同归而殊途'，同归于理也，而其途则殊。
　如父子、君臣、夫妇、朋友、长幼，接乎其身者，甚殊也，然父子有亲之情，君臣有义
　之理，夫妇、朋友、长幼有序、别、信之理，吾惟尽其理而已，外何庸心哉？"孙奇逢：
　《读易大旨》，见《孙奇逢集》上，第 110、130 页。
④ "易书准天地之道而作，故有弥纶之用。准之为言，则也。易能弥纶天地，是以君子学易，
　必求端乎天地。而其大者，在阴阳之辨。天地之道，莫非阴阳之所为。则幽明之故，于此
　睹矣。"孙奇逢：《读易大旨》，见《孙奇逢集》上，第 113 页。
⑤ "然言天道而配以圣人，何也？盖天下之理得而成位乎中，则参天地者，惟圣人也。""乾
　元以资始统天，至六位时成，天之元亨利贞，时乘六龙以下，圣人之元亨利贞。若从御
　天下，将乾道又说到天上，非矣。"孙奇逢：《读易大旨》，见《孙奇逢集》上，第 12、
　16 页。
⑥ "《上经》以《乾》、《坤》为首，天地之道也。天地，万物之本，一大夫妇也。《下经》，
　首《咸》、《恒》，取夫妇之义焉。夫妇，人伦之始，一小天地也。造端夫妇，察乎天地，
　岂有二道哉？""循是理而行，则功夫敦笃，日就于平实而其礼也卑。"孙奇逢：《读易大
　旨》，见《孙奇逢集》上，第 7、116 页。
⑦ "《易》之道，天人一体之道也。"孙奇逢：《读易大旨》，见《孙奇逢集》上，第 13 页。
⑧ "盖乾坤等以性情言，天地等以形体言。"孙奇逢：《读易大旨》，见《孙奇逢集》上，第
　148 页。
⑨ "《易》与天地准，然所以准天地者，人或不得而见之。远取诸物，而物无不可见也；近取
　诸身，而身无不可见也。观拇腓股脢辅之象可见。"孙奇逢：《读易大旨》，见《孙奇逢集》
　上，第 60 页。
⑩ "故乾一而有四象：在天，以之为四时；在物，以之为四气；在君子，以之为四德；在人，
　日用常行，以之为四行，皆此也。分而四也，合言二也，又合言一乾而已。"孙奇逢：《读
　易大旨》，见《孙奇逢集》上，第 14 页。
⑪ 孙奇逢：《读易大旨》，见《孙奇逢集》上，第 19 页。
⑫ "天下之道，感应而已。非感则独，其何以为咸感之道？"孙奇逢：《读易大旨》，见《孙
　奇逢集》上，第 60 页。

于人事一统于圣人①而切于人伦，此之谓"天人合一"②。分而言之，则为天之天，天之人，人之人，人之天③；则为本来之易，圣心之易，易书之易，咸用之易，流行之易④，为六十四大乾坤世界，三百八十四小乾坤世界⑤。以之相互运动，有因有革。⑥但无论如何，《易》之体用，各尽其职，各效其能，总归于《易》之道⑦，而规划人事⑧。可以说，正是这种贯通，一方面赢得了以四库馆臣为代表的极高评价及全盘接受⑨，另一方面也形成了孙奇逢独树一帜的会通模式⑩。对于薛凤祚来说，虽然其更多在于科学方面而与孙奇逢注重伦理道德的"践履"有所差异，但薛凤祚会

---

① "言喻此道即天之道，天道至神，故四十无差忒。圣人即天之'神道'，故设教而天下自服。"孙奇逢：《读易大旨》，见《孙奇逢集》上，第45页。

② "'继之者善'，是天之所以为天，于穆不已者，谓此纯粹之善也。'成之者性'，是人之所以成人，纯亦不已者，此之谓天命之性也，此天人合一之源。"孙奇逢：《读易大旨》，见《孙奇逢集》上，第115页。

③ "夫易有天之天，有天之人，有人之人，有人之天，此四象之象，不可不察。"孙奇逢：《读易大旨》，见《孙奇逢集》上，第160页。

④ "'至精''至变''至神'，是圣心之易。卦爻辞占图书变象，是所作之易。……在图书卦爻，先是造化本来之易。'通志''成务'，在作易后，是斯民咸用之易。有本来之易，然后有圣心之易，有易书之易，有咸用之易，井井条条一以贯。"孙奇逢：《读易大旨》，见《孙奇逢集》上，第120页。

⑤ "《易》有六十四卦，是《易》之六十四大乾坤世界也。《易》有三百八十四爻，是《易》之三百八十四小乾坤世界也。分言之，一卦自为一卦，一爻自为一爻，一世界自为一世界，不可得而同也。而总括之，六十四象之大人君子以人合天之事。"孙奇逢：《读易大旨》，见《孙奇逢集》上，第12页。

⑥ "革者，变其故也。天道人事，有不容不革者？四时不变，何以生万物而成岁功？'汤武革命'，所以为'顺乎天而应乎人'也，'治历明时'亦法乎天而已。""天下之道，莫善于相反而相交。以为用交则通，不交则携，天地且然，况于人乎？"孙奇逢：《读易大旨》，见《孙奇逢集》上，第8、32页。

⑦ "圣人作易，全是参赞造化，辅相生民。""易之为道，总之一性命之理。阴阳、刚柔、仁义三者，虽若不同，然仁者阳刚之理，义者阴柔之理，其实一也。"孙奇逢：《读易大旨》，见《孙奇逢集》上，第166、142页。

⑧ "道器无二致，理数不相离。圣人作易，惟教人安于'义'、'命'而已。故兼天人而言之，此《易》之道也。"孙奇逢：《读易大旨》，见《孙奇逢集》上，第141页。

⑨ "案奇逢说易，不显攻图书。亦无一字及图书。大意发明义理。切近人事。以象传通一卦之旨。由一卦通六十四卦之义。凡所训释。皆先列己说。后附旧训。其平生之学，主于实用，故所言皆关法戒，有足取焉。"参见永瑢：《读易大旨提要》，见《四库全书总目》卷6，第35页。

⑩ 关于孙奇逢的会通模式，具体来说就是在天、圣人、实用三者之间建构，先把学"本之于天"，然后天人合一而会通于孔孟，最后在实践中落实于对"礼"（伦理纲常）的"践履"。关于此，可参见王坚、雷戈：《论夏峰北学》，《辽宁大学学报》（哲学社会科学版）2009年第3、4期。

通中西的模式与孙奇逢会通理学各派重构儒学如出一辙。他也是扩张视野①，平分中西，也中经圣人②，本之于天③。"他相信'天人合一'、'天人相应'，这和其他占卜者宣扬的'天人感应'不同。"④孙奇逢是以《易》为基础沟通天、人、实用，薛凤祚则是把《易》更加精致化，配之于奇门⑤沟通三者，孙奇逢以《易》的"元亨利贞"为骨架建构《理学宗传》，薛凤祚则之为骨架建构《甲遁真授秘集》。孙奇逢以《易》理统卜筮，把卜筮融化在《易》理的建构中，薛凤祚也是如此。在其思想中，理处于普遍性且与圣人、天连接⑥。所以，孙奇逢平分朱陆等理学各派而重构理学的会通方式与薛凤祚会通中西方知识的方式虽疏密程度不一，但方法理义则同，并且都归之于实用⑦。正是如此，"在中西会通方面，与其前

---

① "欲言会通，必广罗博采，事事悉其原委，然后能折衷众论，求归一是，非熟谙其理数不可。"参见薛凤祚：《历学会通》，见《山东文献集成》第 2 辑第 23 册，第 410 页。为此，薛凤祚在《历学会通》中摒弃成见，逐一介绍了当时在中国并存的五种历法：旧中法即大统历；新中法即魏文魁改立的东局历法；回回历即西域历；今西法即《崇祯历书》之历法；新西法即穆尼阁《天学真原》中的历法。本着"旧说可因可革，原不泥一成之见；新说可因可革，亦不避蹈袭之嫌"的原则，扩展视野到中国传统学术、传教士西学、术数思想、西方占星术，甚至从穆尼阁听来的哥白尼体系，"镕各方之材质，入吾学之型范"。参见薛凤祚：《历学会通》，见《山东文献集成》第 2 辑第 23 册，第 2 页。

② "在昔立法，圣人神悟超卓，虽天各一隅，而理无不同。创法立制，皆辟空竖义，有令人积思殚虑不能作一解者。其玄奥慧巧，岂容后人复置一喙，后世代有更易，不过即其成法，而为之节裁，非能别有创议也，不然，算为历原，天下岂有二道哉。"参见薛凤祚：《历学会通》，见《山东文献集成》第 2 辑第 23 册，第 21 页。

③ "圣人体天之撰，以前民用行习于其中者，咸知其当然矣，而不明其所以然。不知深微之理即在此日用寻常中也。而不特此也，于是引而伸之，触其类以长之，几令人骇惧，以为神明于不可测，而不知亦即此行习之中，其所不察不著者是也。"薛凤祚：《历学会通》，见《山东文献集成》第 2 辑第 23 册，第 719 页。

④ 聂清香、翟英伯：《中西会通，天人相应——薛凤祚引进西方占星术面面观》，《山东科技大学学报》（社会科学版），2010 年第 3 期。

⑤ 奇门遁甲是一门融天人为一体、时空为一体的大学问，秉持天地人三才和谐共振，信息同步共生的基本理念。对于奇门遁甲，薛凤祚有深入研究并结成专著《甲遁真授秘集》。

⑥ "但在《历学会通》中，他频频表达了关于'理'的洞见。我们发现，在他那里，'理'的伦理色彩渐趋退隐，开始呈现以下特点：①必然性。……②普遍性。……③客观性。他认为相比较而言，他更加看重'理'的必然性和普遍性，而对于'理'的客观性的认识是不彻底的。这突出地表现在他天人感应思想浓重，对于占验虽然明确表示有价值的不过百之一二，但他所肯定的部分，仍然包括了较多的迷信成分。"参见马来平：《薛凤祚科学思想管窥》，《自然辩证法研究》2009 年第 7 期。

⑦ 薛凤祚在其介绍西方科学知识的著作中，之所以会进行大量的删改，初衷就在于实用方面。"仅公讲不逾之道，而游历象之器，成务以前民用，圣人深望。"参见芯驮散汉知：《天步真原引》，见薛凤祚：《历学会通》，见《山东文献集成》第 2 辑第 23 册，第 436 页。

辈徐光启、同辈王锡阐、后辈梅文鼎相比，薛凤祚会通模式的独特性非常明显"[1]。薛凤祚明确反对当时流行的"西学中源"论而认为中西对等，无论优劣。[2]因为很简单，一旦"西学中源"，则"西学"与"中学"将地位失衡或者合二为一，会通就失去前提。所以，"在中西学术源流问题上，徐光启未曾涉及，王锡阐和梅文鼎是明确的西学中源论者。薛凤祚则认为，中西学术皆源于'天'，中西学术源头的产生并没有先后之分。"[3]

三、会通的难局及困局：清初重建皇权视野下的思想大趋势及整体转向

本质上，由于多重知识资源的融合引起的知识空间的扩张，晚明思想界就是会通的世界，薛凤祚的会通思想直接来源于孙奇逢的夏峰北学，是晚明以阳明学为主导的儒学革新运动所产生的会通思想的进一步深入推进。虽然程度不一，但这种会通思潮在夏峰北学内部应该是普遍现象，薛凤祚特异之处在于，夏峰北学其他诸子更多把此用于处理当时纷争不已的理学各派关系时，他则更多用之处理中西科学关系。虽然由于过度会通与超越预期会通的大量出现，反会通的思想也在酝酿，但直到孙奇逢时代，社会仍然动荡不已，思想环境相对来说比较宽松。就夏峰北学内部来看更是如此。在宗师遗产与现实之间的互动中，夏峰弟子都在兼容并包的学风中扩充视野，广开思路，辗转腾挪，游刃有余。同时，由于天的观念是混合的而不可能是单层的，因此对其理解与重释也是多种多样的。又因为在大变革的明清之际，社会的需求是多种多样的，所以，在"本之于天"与"主于实用"之间，以重释"天"作为治学入手处的

（接上页）当然，薛凤祚的"实用"与孙奇逢的实用观有所差异，孙奇逢的实用最终全部是落实在对日用人伦的实践上，而薛凤祚除此之外还注意到在引进西方科技思想中化繁为简以便于实用。

[1]　乔宗方、宋芝业：《术数思想：薛凤祚中西会通模式的重要案例》，《山东科技大学学报》（社会科学版）2010 年第 2 期。

[2]　中西"二历数虽不同，理原一致，非两收不能兼美"。薛凤祚：《历学会通》，见《山东文献集成》第 2 辑第 23 册，第 410 页。

[3]　乔宗方、宋芝业：《术数思想：薛凤祚中西会通模式的重要案例》，《山东科技大学学报》（社会科学版）2010 年第 2 期。

路径由此转向，在夏峰弟子中，除薛凤祚外，还有许三礼。两者的不同在于薛凤祚在重释中着力于会通中西科学知识而更具有科学意味，而许三礼则在会通中则着力于以传统"敬天"①资源重释"天"，而具有更多宗教意味。

许三礼（1625—1691），字典三，号酉山，清初安阳人。早岁受业于孙奇逢门下，并苦读于林虑山中。顺治十八年（1661）进士，康熙十二年（1673）赴京谒选，日以讲学为事，与当时名士魏象枢、叶方蔼等过从甚密。同年，许三礼莅浙江海宁县知县。《清史稿》载其"练乡勇，严保甲，擒盗首"；修筑城壕以防盗；"筑塘浚河，救灾储粟，教民以务本；立书院，延黄宗羲主讲。在县八年，声誉甚美"。先后建"正学书院"、"海昌讲院"等，亲自到讲院授课，并延聘了一些知名学者讲学。后迁御史，疏定武臣守制。累迁大理寺卿，顺天府府尹、兵部侍郎等。病卒。其著作主要有《政学合一集》、《圣学直指》等。

在学术上，许三礼主张"随处体认天理"。

> 先生以明儒宗良知，每本心而不本于天，故论学揭出一天字，而实之以仁孝，谓："舍敦伦外，更何处可见实行？极之利爱民，爱万物，格天地，劝鬼神，赶风雷，贯日月，何莫非君臣父子忠孝仁义所推而至焉者！"

但在对"天"的理解中则把之理解为信仰实体而走向"告天之学"。"效宋赵抃故事，旦书所为，夜焚香告天。家居及在海宁，皆建告天楼。圣祖尝称为'道学'云。"②

综观许三礼的为学理路，也是来源于孙奇逢。他与薛凤祚一样，也是在天人合一基础上，在"本之于天"与"主于实用"二者之间会通推进，在具体手法上，也扩张视野，会通于圣人，进而天人合一，总归于

---

① 在古代中国，对天的理解虽然千差万别，但"敬天"的意识及礼仪化的仪式，自远古便已开始了。作为古代敬天仪式的"郊祭"，其内容是"郊社之礼，所以事上帝也"（《礼记·中庸》）。因此具有深厚的文化底蕴。

② 徐世昌等编纂，陈祖武点校：《清儒学案》卷1《夏峰学案·许先生三礼》，第50页。

天。所以，在许三礼的《海昌会语》中首列"夏峰孙钟元先生讲学"而把"理学宗传叙言"①全文抄录，实际上，孙奇逢根本就没有到过南方，当然更不可能讲学。正是如此，其友姜希辙在为《海昌会语》作的序言中就直接把许三礼的工作看作是对孙奇逢思想的深化发展。

> 近见孙钟元先生《理学宗传》，先之以十一子而诸儒附之，其识见固伟，使再进高刘为十三子，则更无疑议矣。向学于夏峰，继学于蔚州，其渊源有自，可以补前贤之未尽，因序会语而聊发其端。②

与孙奇逢和薛凤祚不同在于，许三礼吸收了两汉谶纬的知识资源，而把"天"定位为更具有主宰意味，因而，在实用中除了日用伦理的坚持外，特别注重礼的各种各样仪式③（"告天"仪式）沟通天人。正是如此，现代人看来有点宗教味道④。但就许三礼的整体思想来看，这点宗教味道却是微不足道的，因为他本质上是理学家。

> 许三礼之敬天思想的核心，便是借"告天"仪式而重整天人关系，故其学亦可称为告天之学，其枢纽就是作为意志主宰神的"天"，或曰"上帝"、"帝天"。他一方面据此对整个儒家道统加以重新评估；另一方面又以此一线贯穿，形成了一个条贯有序的思想系统。毋庸说，这个系统仍然是以修身齐家治国平天下为其旨归的构造。⑤

---

① 许三礼：《天中许子政学合一集》，见四库全书存目丛书编纂委员会编：《四库全书存目丛书》子部，第 165 册，济南：齐鲁书社，1996 年，第 471 页。
② 姜希辙：《海昌会语》序，见许三礼：《天中许子政学合一集》，见四库全书存目丛书编纂委员会编：《四库全书存目丛书》子部，第 165 册，第 463 页。
③ 许三礼告天的经典依据完全是儒家的，参见刘耘华：《依'天'立义：许三礼的敬天思想再探》，《汉语基督教学术评论》2009 年第 8 期。
④ 关于许三礼思想中的宗教意味，有学者进行了比较深入探讨。参见王汎森：《明末清初儒学的宗教化 —— 许三礼的告天之学为例》，见《晚明思想十论》，第 51—88 页；吕妙芬：《做为仪式性文本的〈孝经〉：明清士人〈孝经〉实践的个案研究》，《"中央研究院"近代史研究所集刊》第 60 期，2008 年 6 月；《〈西铭〉为〈孝经〉之正传？ —— 论晚明仁孝关系的新意涵》，《"中央研究院"中国文哲研究集刊》第 33 期，2008 年 9 月；刘耘华：《依"天"立义：许三礼的敬天思想再探》，《汉语基督教学术评论》2009 年第 8 期。
⑤ 刘耘华：《依"天"立义：许三礼的敬天思想再探》，《汉语基督教学术评论》2009 年第 8 期。

因此，"换言之，它不过是在程朱的'太极'、'天理'以及陆王的'良知'、'仁体'之上、之先找到一个创造的本原，下面接续着的，则仍然是'八条目'之类的人间功业，而贯通天理人道的线索，仍然是万物一体、天人一气之'仁体'、'中体'"①。但据此认为"程朱理学之'理'以及陆王心学之'心'，在许三礼的思想系统中都变成了次一级的概念，相应，原来在程朱与陆王系统里具有本体意义的太极、性或良知、心体，也都是如此，都是'天之所与我者'，其本源在'天'"②则是不准确的。因为在许三礼的思想中，原来在程朱与陆王系统里具有本体意义的太极、性或良知、心体，与许三礼所强调的"天"实际上无所谓高低之分，而都是"透本源、彻全体"的世界本体的另一种别名而已。只要"识彻全体，学透本源"，所有儒家关于世界本体的话语都是完全可以打通。王阳明如此，孙奇逢亦是如此，"只要你明确'理'的绝对本体性，用什么概念代指它，都无关紧要"③。许三礼亦然。

总的来看，在许三礼构建的敬天之道统中，孔孟之前的伏羲、神农、黄帝、尧、舜、禹、汤、文、武、周公都是传道之人，孔孟后的大儒董仲舒、王通、周敦颐、张载、邵雍等也只是在某些方面能够领悟到此道统之真谛，而包括程、朱、陆、王的其他儒者，许三礼则一反孙奇逢之见解，批判他们多"以理看视生动活泼之天"，因而造成"道源不明，圣学阔绝"。④正是如此，笔者认为，许三礼构建的道统论可以视为孙奇逢到颜元之间的桥梁，孙奇逢的道统论认为程朱陆王及汉唐诸儒都有功于儒学而着力于会通，许三礼则由于对天的不同理解开始对孔孟以后的儒生颇多微词，而到颜元那里，秦汉之后儒生们与孔孟原始儒学之间的差异则被完全放大，微词变成完全地拒绝，据此，颜元认为孔子后的儒生完全偏离了儒学真谛，因此他就要径直追寻"周孔正道"了。

实际上，虽然历经晚明之变，直到康熙初年，思想界的会通还在不

---

① 刘耘华：《依"天"立义：许三礼的敬天思想再探》，《汉语基督教学术评论》2009年第8期。
② 刘耘华：《依"天"立义：许三礼的敬天思想再探》，《汉语基督教学术评论》2009年第8期。
③ 李之鉴：《孙奇逢哲学思想新探》，第52页。
④ 许三礼：《从天定宪候图说》，《天中许子政学合一集》，见四库全书存目丛书编纂委员会编：《四库全书存目丛书》子部，第165册，第552页。

断深入推进，对夏峰北学而言也是如此。正是在会通基础上的推进，使得夏峰弟子在侧重点上有所差异、分化。到康熙初年，会通因面临着巨大的危机而无法继续深入。笔者认为原因包括三个方面：（1）会通的本身难局："中"的难以把握。当政治不开放之时，矛盾太多，形势太复杂；当形势危急或者权力集中逼知识人站队之时，会通会被认为是"骑墙""调和"而不被各方认同；同时还有对会通者本身的能力的极高要求；（2）晚明以来的会通超出预期，会通的误用与滥用，导致思想界反会通潮流的兴起①；（3）由于清初满清政府对皇权体制的迅速接受、磨合及皇权主义在整个帝国范围内的重建，一方面虽然使得整个元朝都没有出现的忧虑——统治民族被汉化——在清初就出现，但另一方面，也正是皇权主义的迅速重建及满族汉化，逐步抽空了清初明遗民的整个思想基础，使清帝国稳定下来并在皇权建构中迅速推进。就知识界来说，从顺康之间开始的专制皇权对知识人密集地意识形态调控，专制制度的设计愈来愈严密、精致，不但导致知识空间的大幅萎缩，更进一步地造成从制度建构中对知识人的软硬兼施②。正是这种思想与政治的双重作用，使得新知识无法继续传入，原有的知识资源利用殆尽而无法突破，晚明以来的会通在顺康之际面临山穷水尽局面而不得不转向。到康雍乾之际，随着大一统皇权的进一步推进，清政府掀起了一浪高过一浪的权力规范学术的运动，重建人们的历史记忆③，其中以《四库全书》的编撰

---

① 比如东林党人对左派王学的批评及晚明程朱理学的回流。

② 其中包括：（1）制度重建及对实践方式的单一化要求。"所以从消退到绝尽是逐渐发生的，而顺治十八年颁卧碑，康熙年间三藩之乱平定，及康熙四十八年禁结社，都促使当时士人的生活风习转入一个新局。"（王汎森：《清初士人的悔罪心态与消极行为》，见《晚明清初思想十论》，第239页）（2）对知识人的威逼利诱，压制知识生产、控制知识传播，洗刷原有历史记忆。科举制的利诱及对反对者的封杀。文字狱阻止出版，出版后改书、删书、禁毁。忠节、旌孝等。（3）某些御用文人的配合，如陆陇其、张烈、熊赐履、张伯行、孙承泽等无理论创新，只会充当意识形态的马前卒，批发高帽，恫吓时人。"他们把讲学、结社与亡国联系起来，讲学能亡国，结社能亡国，这样严重的指控吓退了一大批人。"（王汎森：《清初士人的悔罪心态与消极行为》，见《晚明清初思想十论》，第236页）

③ 在专制情况下，权力规范历史而重塑历史记忆屡见不鲜。而在整个前近代专制发育最为完善的帝制中国，这种规范更是运用到炉火纯青，其表现就是"以儒术缘饰吏治"的经学成为思想的主导形态并弥漫整个社会。

为标志，达到高潮①。因而，晚明不同的思想按照意识形态的要求被不断地重新分类、整合，跨越明清之际的夏峰北学则是首当其冲。孙奇逢②、许三礼③、薛凤祚④等的思想都被不断重新整合包装，其会通难以理解也是理所当然的。

第二节　走向汉唐儒学与"王道政治"：
费密对孙奇逢"道统论"的重构

一、道统的重释与展开：明清之际儒学普范性共识及建构

从百家争鸣中一个有影响的学派到成为大一统中华帝国的意识形

① 在四库全书的修撰中，修书与禁毁同时进行。据有学者研究，"《四库全书》开馆前后，清政府运用政权的力量，在全国各地大规模地搜访图书。短短的几年时间，征集图书总数达一万三千五百零一种（内二百七十二种重本），其中包括不少举世罕见或海内仅存的珍本秘籍。"这些书籍在《四库全书》编纂完毕后，绝大部分都没有归还。以至于江南四大藏书家"马裕、范懋柱、鲍士恭、汪启淑四大家，除范氏天一阁幸得保存下来以外，鲍氏此后不再以藏书著称，而马、汪两家更是一落千丈，从此绝无影响。"（黄爱平：《四库全书纂修研究》，北京：中国人民大学出版社，1989年，第35—36页）同时，在编撰中，以"违碍"、"悖逆"共销毁书籍3100多种，151000多部，销毁书版80000块以上。（黄爱平：《四库全书纂修研究》，第74页）所以，与其把四库馆看成"考据学家"之大本营，不如把其看成学术官僚聚集地。因为在附和权力方面，汉宋不分伯仲。
② 比如孙奇逢最重要的著作《理学宗传》被删改后以《理学传心纂要》为名收录入四库全书，而对他的会通也评价不高。
③ 比如，对许三礼的《政学合一集》及所附录的《读礼偶见》，四库馆臣就抨击不已。"是集（《政学合一集》）正编三十三种，乃其宰海宁时所作。其《读礼偶见》一种，为作于家居时，亦编入其中。续编十三种，则其为御史以后所作，而其后人又录谕祭文、行述、志铭附焉。正编自《读礼偶见》外，所自著不过数篇，篇不过数页。若会讲之语，杂录群言，政绩诗颂，俱出他手。合律全书、乐只集、登高唱和诗三种，乃并有录而无书，盖饾饤凑合，摹印时有佚脱也。续编自帝王甲子表、圣孝广义、圣庙崇祀图三种外，多与正编相出入。大抵皆有意近名，失于夸诩。在海宁尝建告天楼，官京师时亦然。所定告天工课，俨然释、道家忏诵章咒之属，非儒者立言之道也。"参见永瑢：《政学合一集提要》，见《四库全书总目》卷134，第1140页。
④ 对于薛凤祚之著作，四库馆臣采取不同分类进而拥有不同评价及处理手段，对于《圣学心传》等理学著作贬斥为"蛇足"，"其说殊夸，又谓于举业非相远，倘于此有得以应试场，主司必当惊羡以冠多士，又何其陋欤？"以致《圣学心传》有提要而无正文。而对其科学著作，则予以收录且评价颇高。"凤祚天文地理之学，皆能明其深奥，如两河清汇、天学会通、天步真元诸书，已卓然足以自传。"参见永瑢：《圣学心传提要》，《四库全书总目》卷37，第314页。

态，儒学在产生后的两千多年里走过了一条极不平凡的与权力互动之路。特别是在皇权时代，在"天高皇帝近"与"诸子皆王官"的制度设计中，在皇权被圣化的基础上①，儒学宗师孔子被圣化②，在这种知识与权力的联姻中，在内圣层面，儒学作为控制思想的思想体系迅速经学化③，并异军突起成为帝制中国的主导知识体系，在外王层面，儒生共同体迅速扩大成为帝制时代中国知识人及帝国官僚的主体。在此种情况下，一方面，作为社会的意识形态，经学不但面临着为专制皇权确立合理性④，

---

① 圣化观念是古代中国的一种思想形式。《尔雅·释诂》说："天，君也。"《周易程氏传·乾卦》说："天为万物之主，王为万邦之宗。乾道首出庶物而万物享，君道尊临天位而四海从。"《河南程氏遗书》说："帝者，气之主也。"根据研究，中国圣人分为两大系统：现圣政治系统（君主，圣化君主）与教化思想系统（孔子，孔子圣化）。并且，圣化君主源头远远早于孔子圣化，因为孔子一生以尊周及先王事业为职责，也是"先王"圣化的结果。"圣王观念的实质是通过把王权、认识、行为、道德和行为规则价值标准合二为一，使君主制度和君权绝对化。"其基本途径就是天人合一、天王合一（刘泽华：《天人合一与王权主义》，《天津社会科学》1996 年第 4 期）。所以，早在孔子之前，《管子·君臣下》就说："神圣者王，仁智者君，武勇者长，此天之道，人之情也。"但我们现在看到的从伏羲开始的圣王道统则是在汉代确立的，与孔子圣化完成时代相似。在后世，圣化也在不断进行，就帝王圣化来说："作为一种君主称谓，圣人所蕴含的圣人观念最丰富、最具思辨性。与其他几类称谓直接源于对君主的肯定、颂扬与崇拜不同，圣王观念发轫于统治阶级的认识与自我批判，有一个先以先王为圣，到圣应为王，再到圣化一切君主的演化过程。这种批判与造圣相辅相成的思想认识运动，主要是由思想家们推动完成的。而圣人称谓由限定的通名，即先王为圣人，演变成无限定的通名，即一切君主为圣人，则是皇帝制度的产物。圣人称谓完成了'圣人最亦作王'到'帝王最有资格当圣人'的文化变迁过程。秦汉以后，'天纵圣明'成为歌功颂德的套语。"（张分田：《中国帝王观念——社会普遍意识中的"尊君—罪君"文化范式》，北京：中国人民大学出版社，2004 年，第 244—245 页）就孔子圣化，则是历代帝王对孔子的封爵与祭祀系统，关于孔子圣化，参见黄进兴：《优入圣域：权力、信仰与正当性》。

② 关于中国古代的专制权力与儒学圣化问题，典型体现了帝制中国时代知识与权力的复杂关系。一般来说，首先是作为先王的三代帝王被圣化，然后才是在孔子圣化，并且在三代帝王被圣化的过程中，以孔子为代表的诸子百家扮演着关键的角色。可以说，也就是诸子百家对三代帝王的再诠释，三代先王的圣化形象才最终得以形成；而孔子圣化则经历了一个从民间到朝廷、从儒学到各个学派的过程，到秦汉之际，随着儒学被确立为皇权社会的意识形态，孔子圣化跃居国家层面，成为专制皇权教化的一个重要内容。

③ 儒学大规模经学化是其作为大一统帝国意识形态的必然要求。但"由于意识形态是以群众为对象的，因此通常是以一般人所能理解的简单词汇而陈述的。基于同一理由，意识形态在语气上通常是鼓动性的，鼓舞人们尽最大的努力来达成意识形态所预设的目标。"（利昂·P. 巴拉达特：《意识形态起源和影响》，第 10 版，北京：世纪图书出版公司，2010年，第 10 页）所以意识形态本身并不会产生思想，他只会把本身是深奥的、庞杂的、整体式的思想浅薄化、简单化和模式化。因而，较之于思想横溢的"子学时代"，"经学时代"思想性相当贫乏。

④ 在此，笔者之所以用"合理性"而非"合法性"，是因为不同于西方教权与王权的分离，权力需要与之相对的知识权的确认，帝制中国所有权力都掌握在皇权手中，不存在合法性

进而把这种合理性转化为帝国普范性共识①，最终内化成人们生活的准则以解决矛盾②、动员民众③和控制社会④的问题；另一方面，作为儒学实践主体的儒生们也面临着成为帝国官僚主体以在技术层面具体管理整个帝国的问题。⑤概言之，就是在"道术为天下裂"的环境中开出"道术为天子合"的局面⑥，即宋儒张载所说的四句格言最后的落脚点——"为万世开太平"是也，这是皇权社会儒学的普范性共识。由此，经学在思想与技术层面全面展开而成为专制王权起伏的晴雨表，任何外王的风吹草动必然引起内圣的经学阐释。

从两宋开始，在经历唐宋变革的基础上，中国转向内在。儒学从训

（接上页）的基础。"中国政治思想史上的合法性观念是一种内涵模糊、边缘不定、作用有限的思想意识，它既不是一种有体系的理论，也不是一种有价值的观念。所以，合法性观念在中国政治思想史上向来是一种弱势观念，是一种弱性思考。"甚至可以说，古代中国只有分为历史合理性和现实（行政）合理性的合理性。

① 共识就是"在一定的时代生活在一定的地理环境中的人们共有的一系列信念、价值观念和规范准则"。人是社会生活的动物，以集团或者团体等共同体的形式生活，除了外在的制度，建立在认同基础上的共识是人们相互之间维护组合的一个重要因素。严格说来，人们各种各样的共同体就是在几近全部人的共识基础上建立的，没有共识，各种各样的社会共同体将矛盾丛生最终将走向瓦解。换言之，"既然矛盾冲突是人类状态的一个核心要素，共识就成为和平而有秩序地处理社会政治事务的一个头等重要的先决条件；如果没有一些得到广泛接受的价值观念的规范准则。社会和政治组织就都不可能存在"。（戴维·米勒、韦农·波格丹诺：《布莱克维尔政治学百科全书》"共识条"，北京：中国政法大学出版社，2002 年，第 155 页）而这一点在知识人组成的学术共同体之内尤为明显。

② 意识形态是政府用来动员民众的主要手段之一。因此，不管是现代性的，还是传统性的意识形态都召唤着人们加入集体的行动。虽然每一种意识形态的目标以及达成目标的明确方法不尽相同，但都诉诸群众动员和集体行动以完成目标。

③ "说这种共识是'普遍的'，在于他被大多数人接受，并尊为彼此间和谐相处的原则。"（利昂·P. 巴拉达特：《意识形态起源和影响》，第 7 页）但因为意识形态是一种利己性的调控，所以这种动员是必须包含在调控者利益的深层设计，因此意识形态只能把原有的思想重新编码为合乎意识形态调控者利益、朴素化的共识来动员。这在每个社会都是一个非常庞大的工作。在帝制中国，这个工作主要依靠经学的礼仪化进行。

④ 普范性政治共识产生于普遍一致的生活方式及制度实践，正是这种生活——实践模式的一致性，导致普范性在更大范围内的形成。在中国，意识形态的产生与发展是和皇权主义的建构与扩张同轨迹的。以经学为主体的意识形态论证及制度化是皇权主义建构与扩张的重要动力。

⑤ 儒生们从一般学者变为意识形态的论证者和帝国官僚的主体，这是总体方向，虽历代程度有所不同，但总的来说，官职改革越来越向有利于儒学的方向倾斜，直到两宋时代科举制确立。与之相应的，一方面，在两千多年的发展过程中，儒生共同体成为知识人主体，儒学迅速经学化而成为宰制其他思想的思想；另一方面，就是儒学本身越来越在体制内思考，越来越策略化、实学化，从儒家五经到董仲舒的《天人三策》，从《大学衍义》、《大学衍义补》到明清《经世文编》系列，理论色彩越来越弱，技术型策略越来越实在。

⑥ 关于此，参见雷戈：《道术为天子合——后战国思想史论》。

诂之学转向义理之学，从讲究"外王之学"转向"内圣之学"，从讲究
儒学对社会的关注转向儒学基本价值系统自身的实践，其修身齐家治
国平天下的豪情更多地被限定在对于心性的修治之上，并且产生了儒
学的新形态 —— 理学。"将'天理'视为万物之特征、道德之起源和
实践之标准，并依此为基点综合道德实践、礼仪关系和形而上学这三
方面。"①具体来说，就是根植于皇权社会儒学普范性共识，把所有问题
都首先以道统论的形式展开，并且很多时候根据道高于君的观念及儒
学自身发展的逻辑，道统论往往将道统与君统相提并论，把君统归之
于道统论一并论述。"儒家认为道统与君统的传承情况关系到圣与王、
道与权、理与势的分合，又是政治盛衰、社会治乱、国家兴亡的根本
原因。道统既是政治认同的标准，又是政治批判的依据。"②

　　道统，即"道"传承的统序；君统，又称治统，即最高权力传承的
统序③。本来，道统观念是儒家本有的一种观念。尧舜禹汤文武周公的谱
系在《论语》中初步形成，《孟子》定性。《礼记·中庸》就说尧舜禹汤
文武周公"德为圣人，尊为天子，富有四海之内"。又说"仲尼祖述尧
舜，宪章文武"。而到孟子，《孟子·滕文公上》说"唯天为大，唯尧则
之"。《孟子·离娄上》说："规矩，方圆之至也；圣人，人伦之至也。
欲为君尽君道，欲为臣尽臣道，二者皆法尧舜而已矣。不以舜之所以事
尧事君，不敬其君者也；不以尧之所以治民治民，贼其民者也。"后来
儒家经典莫不如此。《汉书·艺文志》总结道："儒家者流……祖述尧
舜，宪章文武，宗师仲尼，以重其言，于道最为高。"而到两宋理学崛
起后，在理学的实践中，分别出现了以朱熹为代表的理学派及以陆九渊
为代表的心学派，两派都承认为社会秩序化身的"理"的最高地位，但
在实践途径上，理学派主张"即物穷理"，而心学派则强调"心即理"，

---

① 汪晖：《现代中国思想的兴起》上卷，北京：生活·读书·新知三联书店，2004 年，第 151 页。
② 张分田：《中国帝王观念 —— 社会普遍意识中的"尊君—罪君"文化范式》，第 566—567 页。
③ 牟宗三则对"政统"做了特殊的界定，认为政统指政治形态或政体发展之统绪，它包括贵
　族制、君主专制制、民主制三种形态。（牟宗三：《略论道统、学统、政统》，见郑家栋编：
　《道德理想主义的重建 —— 牟宗三新儒学论著辑要》，北京：中国广播电视出版社，1992
　年，第 88—99 页）实为确论，但就清代而论，知识人所谓的政统意思不可能如此宽泛，
　因为民主制根本没有，贵族制也已经消亡。对他们来说，用政统来指帝王政权之传递而形
　成的统绪更为合适。

超出社会伦理范围，以整个宇宙为思考背景，强调人心之空前扩张直至与天地为一体，"宇宙即是吾心，吾心即是宇宙"，在"心即理"合一的视野中，从一种内在于"理"的眼光或视野对"理"本身进行全方位、深层次、多层面的观察以求把握，最终，对"理"的认识就演变为对"心"的认知，即对于内在于"理"的眼光或视野的选取。

明代是理学发展的一个重要阶段，当然也是儒家道统论急剧分化组合之时代。本来在元初许衡等一批儒生的努力下，理学北传且成为科举的主要内容，明代仍之，并且发展出了八股文作为科举的标准格式，但即使如此，儒学与权力互动运行中还是出现了不小的问题。首先，在思想层面，明代建立伊始，明太祖强化皇权，在此过程中，展开了对儒家思想的阉割，具体来说就是对儒家经典中重民思想、批判君主专制思想的清洗，典型表现就是孟子罢祀及《孟子节文》的编纂，到明成祖时代，这种阉割则扩大到整个理学领域，导致明代虽然确立理学在国家教化中的主导地位，但却只能以官方阉割过的《五经大全》、《四书大全》、《性理大全》作为科举的标准。①其次，在制度设计上，废除丞相，重用宦官，设立东厂、西厂、锦衣卫等特务组织加强对官员的监控，以致出现了以王振、刘瑾、魏忠贤为代表的宦官专权局面，这不但对儒生们的活动形成了莫大的牵制，而且使他们"平天下"的理想被现实冲击得荡然无存。最后，由于对科举制的改革过分强调格式化、工具化，以至于"在八股下的科举中，儒家已完全演化为一种道具，对于什么是儒家之理想和本性恐怕许多读书人并不十分关心……即随着思想的制度化和意识形态化，其内容日渐被固定为一些口号和语录，至于其真正的内容反而被掩蔽了，从而思想便失去了其内在的活力而走向僵化甚至僵死，儒学便由此转化为利禄之途"②。

正是明代制度设计导致的理想与现实的双重失意，到明中叶，儒生

---

① 解构儒家、打击儒生们建构的道统论，是明朝的既定国策，比如直到嘉靖时代，嘉靖帝在"大礼仪"中还声称："我太祖高皇帝虽道用孔子之道，而圣仁、神智、武功、文德直与尧舜并矣，恐有非孔子所可拟也。由是观之，王者之名不宜伪称，王者之德不容伪为，伪称者近于僭乱，伪为者其实有未尽之也。"朱厚熜：《御制正孔子祀典说》，见黄佐：《南雍志》卷7《规制考》，民国景明嘉靖二十三年刻增修本，第190页。
② 干春松：《制度化儒家及其解体》，北京：中国人民大学出版社，2003年，第112页。

们开始掀起新一轮的儒学革新浪潮。先是在文学领域"前七子"、"后七子"的文学革新运动，随之，在思想领域，王廷相、崔铣、汪俊、陈宪章等都各辟蹊径开始对官方的程朱理学展开批判与重建，而在这个浪潮中，以王阳明为宗师的阳明学派把儒学革新运动推向高潮。

在王阳明的思想中，熔铸儒生"三代之制"的想象与现实的制度实践于"致良知"内，以之为大本大源统摄古今、家国、天下、知行，"他们找着个大本大源，专就切要地方下功夫"。他们"把'道问学'隶属在'尊德性'之下。'道问学'是'尊德性'的功夫，'博文'是'约礼'的功夫，'格物'是'诚意'的功夫……在陆、王都贯通为一，在程、朱都对立为二，两派根本的差别似当从这里认识。我们须知陆、王之所以异于旁人者，只在他们提出自己的本心作主宰。只要本心作得主宰，那读书、稽古、求师、访友……种种功夫，都是用得着的。他们不泛泛读书，不悬空穷理，而把读书穷理种种功夫都当作解决本心上切要问题的一种手段。他们一个只讲'先立乎其大'，一个只讲'致良知'，看似简单。然而这至简之中，都是把什么读书稽古种种功夫都包括无遗了"①。

在王阳明领导的理学革新运动的刺激下，各种各样由儒生们组织的团体也如雨后春笋般在全国迅速发展起来了。复社、几社、大江南北诸社、浙中诸社及闽中诸社、粤中诸社等。"所以结社这一件事，在明末已成风气，文有文社，诗有诗社，普遍了江、浙、福建、广东、江西、山东、河北各省，风行了百数十年，大江南北，结社的风气，犹如春潮怒上，应运勃兴。那时候不但读书人们要立社，就是士女们也要结起诗酒文社，提倡风雅，从事吟咏，而那些考六等的秀才，也要夤缘加入社盟了。"②

理学革新运动与儒生们的结社互为表里，革新运动刺激了儒生结社热情，大量社团的出现反过来使革新运动更加彻底。但当这两种运动合二为一推向整个社会时，思想层面，儒生们各建道统，标新立异，主

---

①　嵇文甫：《嵇文甫文集》上，第266页。
②　谢国桢：《明清之际党社运动考》，第8页。

流思想在尊朱、尊王之间不知所措①；组织层面，则是日渐高涨的"党争"，最终全面分裂。"在万历年间，东林和三党之争，他们所争的有宗旨，有目标。到了魏阉专权以后，他们好像闹家务，目标和宗旨都完全失去。"②

儒生们全面分裂不但没有改变他们与专制皇权的关系，反而使之雪上加霜。君臣关系不断恶化以致严重失和，明武宗的荒诞乖张，嘉靖帝与群臣的大礼仪之争③，万历帝与群臣不合，导致近三十年不早朝，崇祯帝在亡国之际指责诸大臣："朕非亡国之君，诸臣尽亡国之臣耳！"④甚至连李自成对此也是颇有微词，在《登极诏》中就说："君非甚黯，孤立而炀蔽恒多；臣尽行私，比党而公忠绝少。"⑤也就是在一片认同的迷失中，明朝在农民起义与满清的双重打击下，走向灭亡。

二、孙奇逢的道统论及费密的重构

在明清之际，道统、治统成为一个颇为流行的话题。吕坤说："天地间唯理与势最尊也，虽然，理之尊之又尊也。""宁为道统家奴婢，不为旁流家宗子。"⑥王夫之也说："天下极重而不可窃者二：天子之位也，是为治统；圣人之教者，是为道统。"⑦"儒者之统与帝王之统并行于天下，而互为兴替。其合也，天下以道而治，道以天子而明。及衰，而帝王之

---

① 史载"守仁既卒，桂萼奏其擅离职守，帝大怒，下廷臣议。萼等言：'守仁事不师古，言不称师。欲立异以为高，则非朱熹格物致知之论；知众论之不予，则为朱熹晚年定论之书。号召门徒，互相倡和。才美者乐其任意，庸鄙者借其虚声。传习转讹，背谬弥甚。但讨捕奎贼，擒获叛藩，功有足录，宜免追夺伯爵以章大信，禁邪说以正人心。'帝乃下诏停世袭，恤典俱不行。……帝独允礼臣议，以瑶配。及万历十二年，御史詹事讲申前请。大学士申时行等言：'守仁言致知出《大学》，良知出《孟子》。陈献章主静，沿来儒周敦颐、程颐。且孝友出处如献章，气节文章功业如守仁，不可谓禅，诚宜崇祀。'且言胡居仁纯心笃行，众论所归，亦宜并祀。帝皆从之。终明之世，从祀者止守仁等四人。"张廷玉：《明史》卷 195《王守仁传》，第 5169 页。
② 谢国桢：《明清之际党社运动考》，第 6 页。
③ 对大礼仪的解读，参见黄进兴：《道统与治统之间：从明嘉靖九年（1530）孔庙改制论皇权与祭祀礼仪》，见《优入圣域：权力、信仰与正当性》，第 142—184 页。
④ 张岱：《石匮书后集》卷 1，清钞本，第 30 页。
⑤ 计六奇：《明季北略》卷 23《李自成伪檄》，北京：中华书局，1984 年，第 519 页。
⑥ 吕坤：《呻吟语》卷 1《内篇》，明万历二十一年刻本，第 21 页。
⑦ 王夫之：《读通鉴论》卷 13，清船山遗书本，第 221 页。

统绝，儒者犹保其道以孤行而无所待，以人存道而道不可亡。"①这一方面表现出明清之际儒生们的兴趣所在，另一方面也显示儒生们在现实致力于治统与道统合一以挽救危局的意向。但总体上看，晚明儒生们基本上都是在"道统"或"治统"某一方面努力。真正把二者合而论之则是从孙奇逢开始的，而集中就体现在《理学宗传》中建构的"新道统"。

在《理学宗传》中，孙奇逢首先就提出了"道统""治统"合一问题。"学以圣人为归，无论在上在下，一衷于理而已矣。理者，乾之元也，天之命也，人之性也。得志，则放之家国天下者，而理未尝有所增；不得志，则敛诸身心意知者，而理未尝有所损。故见之于行事与寄之于空言，原不作歧视之。舍是，天莫属其心，人莫必其命，而王路道术遂为天下裂矣。"在此基础上，孙奇逢在审视理学后，针对理学构建出一个新道统，即其"近古之统"："元其周子，亨其程、张，利其朱子，孰为今日之贞乎？……盖仲尼段至是且二千年，由廉、洛而来且五百有余岁矣，则姚江岂非紫阳之贞乎？"孙奇逢认为，无论程朱还是陆王，都直承孔孟以来的"道统"，都是儒学基本价值的主要阐扬者，之所以把罗洪先、顾宪成列为理学"大宗"就在于进一步论证这个"近古之统"："余谓元公接孔子生知之统，而孟子自负为见知。静言思之，接周子之统者，非姚江其谁于归？程、朱固元公之见知也，罗文恭、顾端文意有所属矣。"②

历来论孙奇逢之新道统者，都只注意其所建构的"近古之统"，即道统中理学的那一部分，其实，孙奇逢是在超越理学而在整个儒学视野内构建儒学传承的大"道统"。换句话说，孙奇逢实现了"道统"的更大扩张，视野从局限于理学走向整个儒学："窃思道统肇自伏羲，而尧、舜、禹、汤、文、武、周公以至孔子，自孔子而颜曾思孟以至周程张朱其人止矣。"在这个道统中，最关键的是孔子："窃尝思之，学以孔子为昆仑，颜曾思孟则五岳四渎也，濂溪以周，伊洛以程，横渠以张，紫阳以朱，象山以陆，皆能为其山川重，所谓小德川流，总之以海为归宿。"除此，对于大大小小的儒生，他们可能"与圣人端诸微

① 王夫之：《读通鉴论》卷15，清船山遗书本，第270页。
② 孙奇逢著，朱茂汉点校：《夏峰先生集》，第135—136页。

有所不同"，或"区区较量于字句口耳之习"，或"务为新奇以自饰其好高眩外之智"①，或"更有以理为入门之障而以顿悟为得道之捷者"，虽然孙奇逢对他们不免有所批评，但还是承认他们"地各有其人，人各鸣其说，虽见有偏全，识有大小，莫不分圣人之一体焉"而列入儒门。因此，孙奇逢所建构的新道统，不但包括孔子本人建构之理论及实践，也包括后代儒生们对之的申发及实践，不仅包括一代的名儒，也包括不计其数的一般儒生。

具体来说，孙奇逢建构的道统可细分为三部分：上古之统、中古之统、近古之统。

> 尧、舜而上，乾之元也，尧、舜而下，其亨也。洙、泗、邹、鲁，其利也，濂、洛、关、闽，其贞也。分而言之，上古则曦皇其元，尧、舜其亨，禹、汤其利，文、武、周公其贞乎？中古之统，元其仲尼，亨其颜、曾，利其子思，贞其孟子乎？近古之统……

也就是说，孙奇逢认为理学只是儒学的一发展阶段，不仅宋明儒生对儒学做出了贡献，包括汉唐儒生的其他儒生也功不可没，正所谓"汉隋唐三子衍其端，濂洛关闽五子大其统"②。

新道统产生新视野，新视野导致对儒学的重新整理与审视。正是在新道统论的基础上，孙奇逢在整个儒学视野下由肯定宋明儒生走向对汉唐儒生的肯定，因此，他不但对"四书"进行重新诠释，而且走向孔孟经典如《尚书》和《易经》。在《四书近指》、《书经近指》、《读易大旨》中，孙奇逢对四书做出了迥异于传统理学的阐释，同时他还在《理学宗传》的源头深入到董仲舒、王通、韩愈等汉唐诸儒。孙奇逢的这些努力在费密的思想中得以更加全面地展开。

费密（1625—1701），字此度，号燕峰，四川新繁人。其父费经虞治汉儒考据训诂之学，密承之，少年时代正值明清鼎革，因此，他一度披甲上阵，后由于孙奇逢的《岁寒集》流入四川，费经虞见之深受影响，

---

① 孙奇逢著，朱茂汉点校：《夏峰先生集》，第135—136页。
② 孙奇逢著，朱茂汉点校：《夏峰先生集》，第135—136页。

于是费密在年近五十之时，从父遗命，不远万里，从四川到河南辉县拜孙奇逢为师，从学经年，师徒相欢，孙奇逢称之"汉儒知己"①，临别，手书"吾道其南"相赠，并赋诗为之送行。"若翁遗命令从游，北地天寒喜应求。闻所闻兮见所见，归携何物慰冥幽。"②而费密别孙奇逢后，思想大变，"自拜征君后，归来又闭门"，"冥躬著述"。孙奇逢死后，"密哭于泰州，设主受吊，二十一日始焚主，然心丧未去怀也"③。费密之所以如此，关键在于孙奇逢对其深刻的影响，特别是在道统论方面。可以说，正是对孙奇逢新道统论的细化与重构，费密的学术全面展开。

费密对孙奇逢道统论的细化与重构集中表现在《弘道书》中。具体言之：第一，费密全面接受孙奇逢所建构的"上古之统"而以孔子为殿军。孙奇逢说："孔子之谓集大成，春秋以前之公案，惟孔子定之。"④费密则发挥说："圣人自孔子而止，道统亦自孔子而存，上承二帝三代之典谟，下开修齐治平之学脉。"⑤第二，在此基础上，费密提出了他的"中实之道"传承的两条途径：在帝王之间传承不息的称"道统"，在圣门师儒之间传授不断的称"道脉"。⑥道统是"中实之道"传承的主线，道脉是辅线。⑦第三，道统又可分为"君之道"和"臣之道"。⑧具体来说就

①　费冕：《费燕峰先生年谱》，《北京图书馆馆藏珍本年谱丛刊》第 76 册，北京：北京图书馆出版社，2001 年，第 599 页。

②　费冕：《费燕峰先生年谱》，《北京图书馆馆藏珍本年谱丛刊》第 76 册，第 601 页。

③　王钟翰点校：《儒林传上一·费密传》，见《清史列传》，北京：中华书局，1987 年，第 5276—5277 页。

④　孙奇逢：《孙征君日谱录存》卷 35，清光绪十一年刻本，第 809 页。

⑤　费密：《弘道书》卷中《吾道述》，见《续修四库全书》第 946 册，上海：上海古籍出版社，1996 年，第 47 页。

⑥　"孔子欲先王之政教行之于万世而无斁也。乃以为六经传之，而绵绵永存为道脉矣。"（费密：《弘道书》卷上《原教》，见《续修四库全书》第 946 册，第 24 页）

⑦　"帝王然后可言道统。……帝王所以创基保土，非一人之得已也，皆有良臣为之股肱焉、心膂焉、爪牙焉，乃能永定弘业，传世葆位。夫君犹五岳四渎名山大川也，佐辅之臣则山之巨木茂草，鸟兽所栖息，川之涛波萦洄，鱼龙所鼓鬣也。"（费密：《弘道书》卷上《弼辅录论》，见《续修四库全书》第 946 册，第 9 页）

⑧　"天下之治，群黎乐业，万物遂其生，皆法制礼仪所继，特君相之功也。故帝王乘天运而理物，子子孙孙励精勤政，保育万方，此君之道也，非良臣辅弼不可。三公论道，六卿分职，百僚庶绩，郡邑循良，博士传经，史记言行，此文臣之道也；翊卫京师，镇驭边陲，修缮关堡，肃勒军伍，讨擒叛逆，襄助漕运，此武臣之道也。"（费密：《弘道书》卷上《文武臣表》，见《续修四库全书》第 946 册，第 11 页）

是：三代之时，政道合一，孔子以后，道统的主体从主张宋明理学的周、程、张、朱等儒生变为历代帝王君臣，而在野的师儒们所传的只是道脉①。第四，就道统来说，费密认为二帝、三王之德行是儒道的本源。②同时，虽然道统只有在帝王身上获得合一，但在三代后的实际运作中，历代帝王表现得有不尽人意之处，必须有公卿辅佐行道③，师儒阐明使之不晦明道，因此，形成以帝王为道统、公卿师儒为道脉的"上下之道"。④第五，就道脉的梳理来说，则是在上古"二帝三皇"后，由以孔子为代表的"师儒"传授的蕴涵于六经的"孔子之道"⑤，而非宋明儒生所标榜的"宗旨"⑥。第六，与孙奇逢"下学而上达"而把道统落实于个人"践履"进而"理"、"礼"合一不同，费密特别注重道之载体——经书，

---

① 费密：《弘道书》卷上《祖述宪章表》，见《续修四库全书》第 946 册，第 22—23 页。

② "三王咸享国久远，治人敦淳，承遗谟训。周监二代，王道克茂，风教隆溢"，"古之二帝三王皆在位，伦无弗叙也，政无弗平也，方隅无弗安而教化无弗行也，其民淳质，以下从上无所异趋，君师本于一人，故为统"。"欲正道统，非合帝王公卿，以事为要，以言为辅，不可。(宋则议论为主，实事为末)盖人主镇抚四海，提挈纲维；士大夫协恭共济，政和化洽。泽之漫者，当世蒙其休；法之善者，后世著为令：皆益治保民之大，当遵经据史，序上古及历代，为统典。"(费密：《弘道书》卷上《统典论》，见《续修四库全书》第 946 册，第 5 页)

③ "文臣弼辅于内，宣流恩泽；武臣弼辅于外，振扬威纪。"(费密：《弘道书》卷上《文武臣表》，见《续修四库全书》第 946 册，第 11 页)

④ "故上之道在先王立典政以为治，其统则朝廷，历代帝王因之，公卿将相辅焉；下之道在圣门授受而为脉，其传则胶序，后世师儒弟子守之。前言往行存焉，苟无帝王受天明命宰育万汇，有磨砺一世之大权，优善惩恶，公卿行之以动荡九服，取儒生空辞虚说，欲以行教化而淳风俗，必不能矣。王天下者之于道，本也；公卿行焉，师儒言焉，支也。道者何，射之鹄也。"(费密：《弘道书》卷上《统典论》，见《续修四库全书》第 946 册，第 6 页)

⑤ "以孔子之道自治则德修，以孔子之道治天下国家则政备。宗孔子，则二帝三王之道可明矣。故一于帝王，道则为统。传于孔子，道则为脉。"(费密：《弘道书》卷上《统典论》，见《续修四库全书》第 946 册，第 5 页)"传师友闻见世世不绝，使斯文未坠故谓之道脉也。"(费密：《弘道书》卷上《道脉谱论》，见《续修四库全书》第 946 册，第 13 页)"二帝三王前规盛制，先圣孔子撰录简策定之为经，所以宣演微猷、翼赞崇化，传七十子。七十子又传之，如父于子、子于孙，使得学者谨守不敢乱素。悠久至今，成为道脉。"(费密：《弘道书》卷上《道脉谱论》，见《续修四库全书》第 946 册，第 14 页)

⑥ "帝王天命统道，为'首出庶物'之尊；公卿百僚，布道之人；师儒，讲道之人；生徒，守道之人；农工商贾给食成器，遵道之人；女妇织纴酒浆，助道之人。朝廷，政所从出，立道之源；有司公堂，行道之所；胶庠，言道之所；乡塾，学道之所；六经、载道之书；历代典章，续道之书；文章辞赋，彰道之书；冠婚丧祭吉凶仪物，安道之用；军务边防，五刑百度，济道之用。圣门所谓道也，非后儒'宗旨'之谓也。"(费密：《弘道书》卷下《圣门定旨两变序记》，见《续修四库全书》第 946 册)

在具体所指中，经书又损益为孔子七十二弟子之学术和汉唐儒学①。在此基础上，区别于宋明理学的道统谱系，费密建构出"上古先王——夏商周三代——秦——汉——后汉"的新道统谱系②和以"尊经"③为特色的"孔子——孔门弟子——汉唐儒学"道脉谱系④。第七，在道统、道脉论的基础上，费密从内圣走向外王，从理论走向具体制度设计，"费密经学真正的目是通过古经研究来寻找'敦本务实'、'通人事以致用'的道理，以期形成一个好的社会治理"。具体来说，就是王道政治⑤。费密认为，王道政治的核心在"使群黎乐业、海宇无扰足矣"，其精髓应该更多蕴藏在"去古未远"的汉唐儒学，而非宋明理学中。⑥正是如此，费经虞、费密父子一反宋明理学的成见，"不认政治史上三代以后全是'势力把持，牵滞过日'，也不认道术史上孟子以后学遂无传人。他们用历史事实来指出秦、汉以下的传经诸儒皆是七十二子的真正传人。

---

① "苟非七十子之与汉唐诸儒，遗经又绝，不传之学何自而得哉？""且不传之学亦遗经得之，非得于遗经之外也。古今远隔，舍遗经而言得学，则不本圣门，叛道必矣。"（费密：《弘道书》卷上《道脉谱论》，见《续修四库全书》第946册，第15页）
② 费密：《弘道书》卷上《大统相继表》，见《续修四库全书》第946册，第7页。
③ "圣人之道惟经存之，舍经而无所谓圣人之道，凿空支蔓，儒无是也。""古今远隔，舍遗经而言得学，则不本圣门，叛道必矣。"（费密：《弘道书》卷上《道脉谱论》，见《续修四库全书》第946册，第15页）
④ "后世去圣人日远，欲闻圣人之道，必以经文为准。不合于经，虚僻哓哗，自鸣有得，其谁信之，经传则道传也。""道之定，遗经立其本，七十子传其绪，汉唐诸儒衍其脉。"（费密：《弘道书》卷上《道脉谱论》，见《续修四库全书》第946册，第16页）
⑤ "吾先子尝训密以王道，曰：'夫子谓今用之吾从周，论政以身所当者为定，考古斟酌调剂之，仁义礼乐遵二帝三王为法，至于典制政刑，采之历代庶可施行。'尧舜三代风气未开，今所用者亦政之大端，而世所行皆汉唐以来累朝讲求明备，传为定章，使天下安宁，不过济时救弊而已。昔先王封建分四海之地，以君子弟及有功之臣各主其国，国有其土，土有其民，设卿大夫以佐理之，朝聘、燕享、祭祖、采禄皆有定制，子孙保守分土为井田，使民庐舍桑麻，仰事俯畜，八口无饥，此最良法也，后亦稍变矣。……秦始皇并六国，分天下为三十六郡，设吏治之要亦因六国之旧，特去其国称为郡耳，非至是乃除封建为郡县，开井田为阡陌也，夫封建井田递迁递降，虽出人为乃气运使，然本于天道，欲行郡县、阡陌于先王风尚淳质之世时有所不可，即欲行封建、井田于后王人心大变之日势，亦有所不能。故封建、井田先王之善政也，郡县、阡陌后王之善政也。"（费密：《弘道书》卷中《先王传道述》，见《续修四库全书》第946册，第42页）
⑥ "搜录废绝未知之义，专门讲说天下，稍稍闻见圣人之书，二帝三代之王政定制始不湮没，书不尽言者咸出口授，古今不同非训诂无以明之，训诂明而道不坠后世，舍汉儒所传何能道三代风旨文辞乎？故汉儒之于圣门犹启甲成康之于禹汤文武也。"（费密：《弘道书》卷上《原教》，见《续修四库全书》第946册，第24页）

但从历史上看来，汉儒尤为重要"①。

　　总之，费密的政治理想就是王道政治，因而，在制度设计上，第一，就是要求天子统道、师儒讲传道脉、公卿辅行道统的政治模式。②第二，用之于日用常行，费密要求对帝王、公卿（官僚）、师儒各就其位，③在大统的传续中，君道和臣道是相互配合的。④分而言之，就帝王来说就是要励精图治⑤而不能以欲望而行⑥，就官僚来说就是老成干练、经世致用、悉心辅佐⑦。正是针对这种制度设计，胡适评论到"这种道统论，认事业即是道德，政治史即是道统"⑧，"他们把儒者看作一种'政治匠'，他的职业是治天下，和木工的治木制器一样"⑨，"用帝王公卿治安天下的政治史作道统"⑩。

　　经过以上分析，对于费密的这种新道统论，可以得出以下结论：第一，费密的这种认识虽然一方面来源于自身体验，一方面来源于家学渊源与孙奇逢的影响，但费密思想的总体框架却是来源于孙奇逢的

---

①　胡适：《费经虞与费密：清学的两个先驱》，见《胡适文集》第3册，北京：北京大学出版社，1998年，第56页。

②　"帝王为道之本，行之以公卿，讲之以师儒。"（费密：《弘道书》卷上《统典论》，见《续修四库全书》第946册，第5页）

③　"非先王之远谟鸿烈则孔子无所述，非孔子之纂修删定则先王无所存。先王以君道振之于前，孔子以师道集之于后。"（费密：《弘道书》卷上《祖述宪章表》，见《续修四库全书》第946册，第5页）

④　"天下之治、群黎乐业，万物遂其生，皆法制礼义所继，特君相之功也。……此君之道也，非良臣弼辅不可。三公论道，六卿分职，百僚庶绩，郡邑循良，博士传经，史记言行，此文臣之道也；翊卫京师，镇驭边陲，修缮关堡，肃勒军伍，讨擒叛逆，襄助漕运，此武臣之道也。君统于上，文武臣僚奉令守职，自上古至今无有逾此而可致者。"（费密：《弘道书》卷上《文武臣表》，见《续修四库全书》第946册，第11页）

⑤　"乘天运而理物，子子孙孙励精勤政，保育万方。"（费密：《弘道书》卷上《文武臣表》，见《续修四库全书》第946册，第11页）

⑥　"后世圣人，如孔子不得在位，列国殊政多未合于道，各趋嗜好，习久相化而道亡。"（费密：《弘道书》卷上《统典论》，见《续修四库全书》第946册，第5页）

⑦　"诚能用元先儒袁桷《国学旧议》，令习实事如礼、乐、兵、农、漕运、河工、盐法、茶马、刑算，一切国家要务，皆平日细心讲求，使胸有本末定见，异日得施于政，在学十年选而仕之，使自署其习云，能某事，得以课勤其实，悉考为伍贰，禄俸足以养廉，历练国事，能则迁升，不能罢去，则朝廷成就许多人才，而草野亦少饥寒之士矣。"（费密：《弘道书》卷上《原教》，见《续修四库全书》第946册，第25页）

⑧　胡适：《费经虞与费密：清学的两个先驱》，见《胡适文集》第3册，第55—56页。

⑨　胡适：《费经虞与费密：清学的两个先驱》，见《胡适文集》第3册，第55页。

⑩　胡适：《费经虞与费密：清学的两个先驱》，见《胡适文集》第3册，第56页。

道统论。没有这种总体框架，费密的思想就只能是一盘散沙，就不可能以新道统论统摄其他思想资源，在道统与道脉两个维度及君、臣、师儒三个方面展开，更不可能转向外王的具体制度设计。所以，那种认为费密思想来自于归有光、钱谦益的看法是不确的①，至于追溯到南宋的陈亮、叶适颇更是无稽之谈。第二，在道统论方面，费密与孙奇逢有所不同，这使得费密思想在得以展开的同时也有不小的问题。首先，孙奇逢的道统观是道统与政统合流的，而费密把道统一分为二，实际上是以治统包括道统，这当然与其强烈的经世趋向有关，但其虽然经世之心拳拳，却只是个在野书生，即所谓"师儒"，对时局的认识及把握更多书生气。重实用而不清楚时局，在此点上，与孙奇逢的差距不可以道里计。其次，正是这种书生本色，使得费密虽然把新道统的建构推向对整个社会的制度性设计，体现了清初迥异于黄宗羲制度设计的另一种蓝图，但除了鼓励儒生更加积极、全面向专制权力靠拢外，了无新意。因此，有学者把费密新道统论概括为"王统论"，"'道'须由'王'者统之，而非师儒，道不在内圣，而在外王，内圣应涵摄在外王中，费密不但宗法先王，而且宗法廿一史本纪所系后王，形成了他'无王不成统'的王统论"②。第三，在费密的新道统论中，把宋明与汉唐对立，推崇汉唐而贬抑宋明，但在实践上看不到二者同属于皇权社会的一致性，从而限制了其理论思考的深度，反映在实际议论中，比如清初流行的恢复分封、均田等诸议论，费密的见识虽远远超于颜元，③但进入更深层次，费

① "无论如何，由归有光、钱谦益、费经虞到费密，可以清楚地贯穿成一条思想的脉络，这脉络中的人物都没有理学门户的背景，因此在传经与传道的问题上便能轻易地跳跃宋明理学的束缚，转而从儒学的整体出发，为明以后的儒学指出一条路径。"刘智鹏：《费密与清代经典诠释的论争》，见黄俊杰主编，郑吉雄编：《东亚视域中的近世儒学文献与思想》，上海：华东师范大学出版社，2008年，第13页。

② 李纪祥：《明末清初儒学之发展》，台北：文津出版社，1992年，第187—216页。

③ "汉因秦郡县分王子弟，而封侯皆有户邑，然除相、兵符出于京师，其后亦失侯者多。至末造，侯封又异汉初之制，况六朝乎？荀卿曰：'欲观圣王之迹，则于其粲然者矣，后王是也。'汉孝文曰：'卑之无甚高论。'令今可施行也，天下自郡县、阡陌后与三代治法隔绝，故可行则遵守勿失，不可则止安能复尽用乎，专言三代欲以为治，不过儒生饰辞耀世，苟实行之，误国家而害民生，必如青苗社仓空竭四海而后止也，盖其性硁而识固，不知圣人穷变通久之道，而近于时中也，立政兴事不泥古，不随俗，或革或因，上不病国，下不困民，求合于中，自宋以来天下之大患在实事与议论两不相侔。"（费密：《弘道书》卷中《先王传道述》，见《续修四库全书》第946册，第41页）"倘欲行井田，天下必事

密也只能含糊其辞，"细考汉唐旧制，斟酌调剂可也"。第四，正是上述几点，导致费密思想中呈现出巨大的悖论：力主外王却满腔热情构建道统和诗文创作，着力新道统而没有演化为对儒学史的具体重构，推崇汉唐经学却没有把这种推崇与汉儒之考据方法相结合而开辟出具体的新天地。所以，"费密实际上亦不过偏执一边，只站在外王的立场上批判另一边的宋明儒的内圣功夫而已"①。最终也只能像宋儒一样建构道统谱系，只不过较之于宋儒，费密的新道统转向推崇孔门弟子和汉唐儒学而贬低宋明理学罢了。②

　　同时，由于都是对孙奇逢思想的继承，费密与颜元表现出很大的相似性。正如上面所论，由于孙奇逢之道统是融合性的，圣王与圣人传道之谱系是重叠的，而颜元与费密都是在对孙奇逢道统论上截其一端。具体言之，颜元是在孙奇逢建构的道统之内，否定孔子以后诸儒的传道地位而直接寻儒学的源头，内圣于"周孔正道"，外王于"六府三事"；费密则是把孙奇逢建构的新道统与家学渊源相杂糅，否定宋明诸儒的传道地位，内圣于汉唐儒学，外王于道统道脉，道治合一。但正是这样产生了两方面后果，一方面，就当时来看，费密与颜元都着力于对现实制度的宏大设计而缺乏技术支撑，只能在纸面上做功夫，不免沦为体制外设计；另一方面，就后世意义来看，在明清之际，颜元、费密、黄宗羲分别从各自趋向出发，提出了三套制度设计的具体方案：颜元是"六府三事"，费密是王道政治，黄宗羲则是《明夷待访录》中的蓝图。三者都以儒家的"三代理想"为鹄的，最终都走向对宋明理学的批评。但由于对

（接上页）狱讼，今之田地，子孙为业，入籍当差，里胥尚有飞洒、诡寄、影射、投献，无穷弊窦，况以田为公家之物乎？若复封建，则晋之十六国、唐后之十国，皆擅兵强攻，百姓肝脑涂地，妻子离散，死亡过半者百余年，可为前车。"（费密：《弘道书》卷中《先王传道述》，见《续修四库全书》第946册，第42页）

①　刘智鹏：《费密与清代经典诠释的论争》，见黄俊杰主编，郑吉雄编：《东亚视域中的近世儒学文献与思想》，第16页。

②　可能在实际实践中，费密也与孙奇逢一样，重构儒学史工作，也从新道统走向重构儒学史，《清史列传》曾说："上稽古经正史，旁及群书，著《中传正纪》百二十卷，序儒者授受源流，为传八百余篇，儒林二千有奇，自子夏始。"（王钟翰点校：《儒林传上一·费密传》，见《清史列传》，第5227页）但此书没有流传下来。本书在此是以具体存有史料立论。

现实认知的清醒程度不同呈现出不同命运：颜元的"六府三事"当时就引起一些批评而被弃之不用①，黄宗羲的《明夷待访录》虽然无用于当时，但在近代以来却是熠熠生辉②，而处在两者之间的费密的王道政治则基本上无人问津。

三、清朝入关后不断汉化中的制度设计
与皇权社会普范性政治共识及清学的展开

综合来看，晚明开始的儒学变革运动之所以到清初在皇权社会儒学普范性、儒学政治共识基础上获得重建，一方面在于明清之际儒生们自身的努力，另一方面则在于清朝入关后统治策略及汉化措施，也就是这种处于不断汉化中的制度设计，一定程度上在较快时间使得明清之际尖锐的民族矛盾逐步趋于缓解，清初越来越多学人逐渐能够漠视清朝入关之后民族压迫带来的冲击，在默认清朝统治的前提下，力图以重构道统论的形式在晚明"道术为天下裂"的局面中开出"道术为天子合"的局面。这些儒生的行为，并非全如章太炎激于夷夏之辨所谓的"媚清"、"厚颜"、"豢养忘旧惟所任使"、"以智谋绝中国"、"思不义以覆宗国"。这种不断汉化中的制度设计在与元朝的对比中，显得更加清晰。

虽然同为少数民族建立的大一统帝国，元朝在统一中国后的治理水平远远低于清朝，基本点就体现在元朝的制度设计根本容纳不了虽被征服但却是帝国主体的汉族，正是这种制度设计的失败，导致民族矛盾一直在高态势运行直至帝国崩溃。

根据学者们的研究，元朝与其他王朝相比表现出以下特征：（1）职业户籍制与全民服役；（2）贵族分封制与驱口制；（3）官营手工业的重新繁荣；（4）农业经济和财税的南北差异；（5）儒士的边缘倾向与君臣关系主奴化；（6）由军事征服派生的行省制和直接治理边疆政策。③就本

---

① 关于对颜李之学的总体评价，参见本书第四章第二节"颜元对孙奇逢的分合与颜李学的兴起——以'圣人论'为中心"，第四章第三节"颜李学退潮与北学界对夏峰北学的回归——以李塨对颜元学术推进的困境为中心"。
② 朱维铮：《在晚清思想界的黄宗羲》，见《走出中世纪二集》，第80—88页。
③ 李治安：《两个南北朝与中古以来的历史发展线索》，《文史哲》2009年第6期。

文论题来说，主要与第五点相关。可以说正是由于这种设计，使得儒生虽在元初与蒙古统治集团合作，但最终与之分离。具体言之，在元初，由于蒙古统治者较早注意保护儒学，积极推进汉化，推动程朱理学上升为官学，与之相应，儒生们也在竭力回应。

> 随着契丹贵胄耶律楚材和方外道士邱处机率先摆脱华夷困惑与蒙古人合作，修端在金朝灭亡八个月后提出辽、金亦可为正统和尊蒙尊金的观点。郝经则与许衡一唱一和，从道统、君统等理论实践结合的层面推出'今日能用士，能行中国之道，则中国主也'的新认识，使这种华夷正统观念逐步演进升华，影响越来越大，它既敦促忽必烈为首的元朝统治者比较积极地吸收汉法，又鼓励广大汉族士大夫打消顾虑、勇敢地参与进入元朝各级政权，因而逐渐成为元王朝官方和士大夫都能接受的正统观念，无形之中成了忽必烈所建元王朝的政治文化纲领，并构建起了以蒙古贵族为核心、联合汉族士大夫的统治体制。[1]

但不久因为李璮叛乱，蒙古统治集团汉化进程减速甚至出现逆转。比如至元六年（1269）二月，忽必烈委托帝师八思巴创制蒙古新字，颁行天下。同年七月，又下令立诸路蒙古字学，专门教授蒙古新字。[2]更为重要的是与汉化相关的一系列制度设计建立缓慢并且在元朝并不发挥多大作用。在此情况下，元代儒士处境地位降低就成为不争的事实，即使科举取士，"儒士充任教官之际，多数属无资品的流外职，薪俸颇低，升迁极慢。世祖朝'九儒十丐'的说法，而后'热选尽教众人取，冷官要耐五更寒'等哀叹牢骚，或可反映儒学与儒士在某种程度上被边缘化的尴尬境遇"[3]。所以，终元一朝，儒生们虽然"愿充胥吏，皆习蒙古书，南人率学其字"[4]，但地位却相当有限。比如元代大儒许衡的侄子许

---

① 李治安：《元初华夷正统观念的演进与汉族文人仕蒙》，《学术月刊》2007年第4期。
② 宋濂：《元史》卷6《世祖本纪三》，第122页。
③ 李治安：《两个南北朝与中古以来的历史发展线索》，《文史哲》2009年第6期。
④ 郑思肖：《大义略叙·总后叙》，见《郑思肖集》，上海：上海古籍出版社，1991年，第196页。

师义虽"涉猎书史，综核医卜"，却只能以擅长八思巴"国字"译说为晋身之阶，即使如此，最后也只是一名管理检查驿站凭券的下级蒙古职官"脱脱禾孙副使"。[①]所以，虽然有一些汉人参加政权，但只是因为汉人的数量远远超过蒙古人，仅仅依靠蒙古人来进行统治，在根本上是不可想象的，在技术上也是不可能的。作为统治集团的蒙古贵族的集体态度，没有根本转变而开放政权。终元一代，与喇嘛教相比，儒学地位都不高，与蒙古、色目人相比，汉人地位也不高，制度设计上汉人的参与更是有限。

与元代相比，清朝不但手段更加成熟且策略得当：入关伊始就以"复父君仇"相号召，把明朝文官武将的仇恨集中到农民起义军身上，其后，从吊民伐罪、为崇祯报仇——系统的平定政策出台——任命官员——举荐本地人士——维护地方治安的保甲制推行开垦荒地、招抚流亡——颁布赦免令、蠲免归降地区钱粮——通驿道、开科举、表忠节以励风化等一系列措施随之展开，更重要的是在制度设计中对汉官的开放性上，更是胜元一筹，就是在三藩之乱后，这种汉化趋势不但没有逆转而且继续深化。应该说，入关后，清政府一系列的策略，起到了相当大的作用[②]。正是在这种情况下，汉官不但纷纷归降[③]，而且又帮助清

---

① 《大元承务郎新济州脱脱禾孙副使许公墓志铭》，转引自索全星：《许衎、许师义墓志跋》，《华夏考古》1995 年第 4 期。

② 比如，入关伊始，摄政王多尔衮就颁布谕令："今本朝定鼎燕京，天下罹难，军民皆吾赤子，出之水火而安全之，各处城堡，着遣人持檄招抚。檄文到日，剃发归顺者，地方官各升一级，军民免其迁徙，其为首文武官员，即将钱粮册籍兵马数目亲膺来京朝见。有虽称归顺而不剃发者，是有狐疑观望之意，宜核地方远近，定为限期。届期至京，酌量加恩。如过限不至，显属抗拒，定行问罪，发兵征剿。至朱姓各土归顺者，亦不夺其土爵，仍加恩养。又谕故明内外官民人等曰：'各衙门官员俱照旧录用，可速将职名开报。如虚饰假冒者，罪之。其避贼回籍隐居山林者，亦具以闻，仍以原官录用。兵丁愿从军或愿归农者，许该官送至兵部分别留遣。凡投诚官吏官民皆着剃发，衣冠悉遵本朝制度。各官宜加改故明陋习。'"（王先谦：《东华录·顺治二》，清光绪十年长沙王氏刻本，第 293 页）

③ "锦衣卫百户危列宿启言：'臣招抚至天津地方，咨访流寓，及在籍官员，党崇雅、张端、高尔俨、戴明说等四十三员，招回逃海难民一万一千七百余名。'摄政和硕睿亲王谕：'此天津等处流寓及在籍各官，着吏部详察履历，确核才品，其堪用者，作速催来，即与起用。仍行文各抚按，凡境内隐迹贤良，逐一启荐，以凭征擢，但不许以贪官酷吏及贪郎杂流朦胧充数。'"（王先谦：《东华录·顺治三》，清光绪十年长沙王氏刻本，第 301 页）

政府招降反叛势力①、开科举②。一言以蔽之，正是这些相当有效的措施，使得全国很多地区，特别是北方各省迅速归附到清朝治下，有些省份甚至成为清军南下的根据地。

　　人是社会关系的总和，而社会关系又是在制度设计中不断展开，就是在这种制度设计规划的实践中，人之历史产生，知识思想形成。作为少数民族建立的大一统帝国更是如此，由于长期以来的华夷之辨观念，再加上帝国建立伊始的血腥与屠杀，历史与现实的境遇使得民族矛盾相当严重。因此，为了缓解矛盾维护统治，就需要合理的制度设计，而就帝制中国的实际来说，汉族作为主导性的民族，少数民族把自己的固有制度推向整个帝国在理论上是不可能的，在技术上更是行不通的，所以，在汉族制度与少数民族制度之间，虽然少数民族帝国统治集团可能保留着部分的民族习惯，但在逐渐的发展中，汉化程度越来越深，甚至最终导致本民族的整体汉化③。反之，作为意识形态的儒学与权力就无法完全对接，专制皇权就不可能获得稳固。而在这方面，清朝远远胜于元朝。④正是这种清朝的制度设计，使得儒学与皇权之间的相互交换更加畅

---

① 顺治丙戌："兵部右侍郎金之俊启言：'凡土寇众众归顺者，应赦罪勿论，缚渠来献者，应分别叙功。就抚之众，州县官编置牌甲，令安故业。无恒产者，设法安插。清颁谕各镇道府，以便遵行。'时又招降叛乱势力，摄政和硕睿亲王谕：'土寇本皆吾民，渠魁能率众来归，自当赦罪。同党能缚献贼者，自当论功。其就抚之民，必马匹兵器，尽数交官，方见真心就抚。牛驴乃农事必需，毋得括取滋扰，作速行文各道府，转行所属，将地方有无土寇，种否归降，据实详报。即以此定各官之殿最。如有玩寇殃民，或贪功生事者，必罪不宥。'"（王先谦：《东华录·顺治三》，清光绪十年长沙王氏刻本，第 301 页）

② 顺治乙丑："礼部议覆顺天督学御史曹溶条议，考拔贡生，应听学臣于所至之地，便宜考试。至褒扬节孝，原属旧制，自逆寇荼毒京师，誓节死难之臣所在多有，宜听学臣详访启闻，恤其子孙，旌其门闾，以励风节。摄政和硕睿亲王从之。"（王先谦：《东华录·顺治三》，清光绪十年长沙王氏刻本，第 301 页）

③ 作为意识形态的儒学是否能完全与权力对接，最重要体现就是：少数民族汉化程度的高低、制度方面皇权专制的扩展程度、思想方面儒学被独尊的程度。而在清初，这三方面是同步推进的，一般来说到康熙朝整体形成。具体参见黄进兴：《清初政权意识形态之探究——政治化的道统观》，见《优入圣域：权力、信仰与正当性》，第 99—141 页。

④ 在满族汉化问题上，必须考虑到满族的多阶层性及汉化的程度问题。雍正帝即指出："满洲本性，原以淳朴俭约为尚"，却因"渐染汉人习俗，互相仿效，以致诸凡用度皆涉奢靡，不识撙节之道，罔顾生计"（允禄等奉敕编：《世宗宪皇帝上谕八旗》，文渊阁四库全书本，第 413 册，第 4、101 页，雍正四年十二月二十七日）。根据学者的研究："'满族'成员面对汉文化的冲击，就族群而言，满洲、蒙古、汉军大约都无法幸免，只是在趋势上有程度深浅、速度快慢的差别；受影响的层面，则会因居住环境而有所不同。就阶层而言，站在顶端的皇帝，或许如同西方学者所

通、稳固。投桃报李，到康熙时代，随着清政府尊奉儒学达到顶峰，儒生们全力效劳，"治道合一"局面的到来就水到渠成。

长期以来，在清代学术产生及明清学术风气转换问题上，主要有以下观点[①]：章太炎的"反满说"强调文字狱的作用。梁启超、胡适倡导清代学术为宋明理学之全面反动[②]。钱穆在《中国近三百年学术史》中，并不否认清代道术有其创新的一面，但反对"全面反动"而强调宋明理学在清代仍有其生命力[③]。冯友兰认为清代学术是宋明理学一部分的继续发展[④]。侯外庐的"早期启蒙说"则认为是"早期启蒙思想"的不断发展。嵇文甫在《晚明思想史论》中认为清代学术是在王学的基础上发展出来的。

> 阳明实可算是道学界的马丁路德。他使道学中兴。使道学更加精炼。然而这已经是一种新道学了，已经渗入新时代的成分了。道学体系未破，但其内部成分却已变更。……清代思想一方面是他的反动，同时却也有许多地方是继承他的。当晚明时代，王学的余焰方炽，而正在解体。一部晚明思想史，几乎可以说是王学解体史。这个解体过程结束了，新时代也就出现了。[⑤]

(接上页) 说的，是扮演一种'两面人'的角色。皇族成员的倾向，与官员接近，为了个人的前途，必须设法坚持民族传统，而皇族直接面对的是来自祖宗家法的压力，但是每个人的认知未必相同；对官员而言，则是个人选择或自我要求。基层的兵丁，大概禁不起物质文明的诱惑，制度上、心理上的文化防线，随着时间也就逐渐瓦解。"（叶高树：《"满族汉化"研究上的几个问题》，见《"中央研究院"近代史所集刊》第70期，2010年12月）所以，不管清政府采取多少挽救措施，但实际效果挽救不了大趋势。

① 关于此，参见本书绪论第一节"20世纪清学史研究范式之历史审查"，兹不详述。
② "'清代思潮'果何物焉？简单言之：则对于宋明理学之一大反动，而以'复古'为其职志也。"参见梁启超：《清代学术概论》，第3页。
③ "言汉学渊源者必溯诸晚明诸遗老。然其时诸如夏峰、梨洲、二曲、船山、桴亭、亭林、蒿庵、习斋，一世魁儒耆硕，靡不寝馈于宋学。继此而降，则恕谷、望溪、穆堂、谢山乃至慎修诸人，皆于宋学有甚深契诣，而于时已及乾隆，汉学之名始稍稍起。而汉学诸家之高下浅深，亦往往视其宋学之高下浅深以为判。"参见钱穆：《中国近三百年学术史》上，北京：商务印书馆，1997年，第1页。
④ "汉学家之义理之学，表面上虽为反道学，而实则系一部分道学之继续发展也。"冯友兰：《中国哲学史》下册，北京：中华书局，1947年，第974—975页。
⑤ 嵇文甫：《嵇文甫文集》中，第138页。

　　在综合诸家的基础上，笔者认为如果抛弃诸如"汉学"、"宋学"此类模糊的话语，可以更清楚地看出清代学术各派之关系，难道清代学术主流仅包括考据学？难道清代理学就那么衰落以致不堪一击？如果那样，为什么直到在现代"国学派"的争论中，还能够看到汉宋之争的投影？要知道，说清代理学的衰落只是针对宋明时代的理学弥漫整个社会而言的，实际上无论是在朝或是在野，理学势力在清代一直还是十分庞大的，要不为什么直到咸丰、同治年间，理学还能掀起声势庞大的"复兴运动"呢？直到清朝灭亡，那一刻统治思想不是理学？汉宋之争一直到现代，谁能够说明汉学就战胜了宋学？无疑，以往的解释模式存在问题①。所以，笔者以为，在明清之际的学术转换及清代学术产生问题上，必须抛弃总体论的观点，而在兼顾各个学派的基础上，分基础层次和技术层次两方面考量。

　　在清学发展中，一个突出特点就是各个学派不同发展分流②。按地域分，有夏峰北学、二曲关学、颜李学派、蕺山南学；按政治权势划分，分为在朝与在野；按学术形态划分，则可分为理学、考据学等。他们之间的分化组合组成了清学发展的多元图景。但他们无疑都是在皇权社会的制度设计中运行的，大而言之，正是这种设计使得中国思想史可以分为截然不同的两端："子学时代"和"经学时代"，两者最大的区别就在于意识形态的产生与发展，在子学时代，思想可以无拘无束的发展，而到经学时代，由于儒学与权力联姻而成为主宰思想的思想，"诸子皆王官"，知识人成为体制内的思考者，正是这种思考方式的变化，思想学术也为之一变。可以说，正是制度设计的收放演化构成了中国思想史的总体背景，对于作为皇权意识形态实践者的儒生们而言更是如此，具体来说，就是怎样在"道术为天下裂"的困局中开出"道术为天子合"的新局面，这是皇权时代儒生们的普范性共识，而在理学产生后，这种共识以"道统论"形式展开。这种道统论熔铸现实、希望、要求、利益、

---

① 关于此，参见本书绪论第一节"20世纪清学史研究范式之历史审查"。

② 具体参见徐世昌：《清儒学案》；唐鉴：《国朝学案小识》；徐珂：《诸儒学派之总纲》，见《清稗类钞》第8册《性理类》，北京：中华书局，1986年，第3776—3790页；刘师培：《近儒学术统系论》，见刘师培著，李妙根编：《刘师培辛亥前文选》，第131—138页。

蓝图等于一身。对明儒而言如此，对清儒更是如此。

　　如果以此综观清学各派，就不难发现他们之间虽有具体治学方法上的差异，但无疑都共享着这个皇权时代的普范性共识①。如果抛开清朝意识形态调控和近代建构的清学史，实际上，清学呈现出在共享普范性共识基础上，各建道统而不断分化组合的现象。②清学各派，都是以这个普范性政治共识为根蒂，以各建道统的形式展开，而差异只是技术性的。即使是考据学，也只不过是儒家经典③加考据方法的综合汇集而已，因此，它也是在不断分化之中。

　　　　古无汉学之名，汉学之名始于近代。或以笃信好古，该汉学之范围。然治汉学者，未必尽用汉儒之说，即用汉儒之说，亦未必用以治汉儒所治之书。是则所谓汉学者，不过用汉儒之训故以说经，及用汉儒注书之条以治群书耳。故所学即以汉学标名。④

　　从历史上看，考据早就源远流长，清代考据学从根本上说只是考据学在普范性共识基础上完善了作为技术层面的考据方法，而技术之所以较之于前代更加精密，其中一个关键性的因素就在于在普范性共识基础上的深入。所以，即使如阎若璩这样的"技术派"，虽然读书：

　　　　每于无字句处精思独得，而辩才锋颖，证据出入无方，当之者

---

① 比如，帝制中国时代的所有儒生，都主张"通经致用"，就是被视为学术性更纯的古文经学者，"大抵都是汉儒的'通经致用'说的近代门徒"。朱维铮：《汉学与反汉学江藩的〈汉学师承记〉、〈宋学渊源记〉和方东树的〈汉学商兑〉》，见《中国经学史十讲》，第 113 页。

② 不过清学如此，就是有清学发展来的现代新汉学和新宋学亦是如此。新汉学远绍乾嘉考据学诸子，而新宋学更是以朱熹和王阳明为圭臬。

③ 强调儒家经典文本的基础性，是乾嘉考据学者的共识。"圣人之道在六经。"（戴震：《戴震文集》卷 9《与方希原书》，北京：中华书局，1980 年，第 114 页）"六经者，道义之宗，而神明之府也。"（戴震：《戴震文集》卷 10《古经解钩沈序》，第 145 页）"六经者，圣人之言。"（钱大昕：《潜研堂集》卷 24《臧玉林经义杂识序》，四部丛刊本，第 12 页）"先圣之蕴，俱在六经，舍六经安有学哉？"（钱大昕：《潜研堂集》卷 26《味经窝书稿》，四部丛刊本，第 6 页）"圣贤之道存于经。"（阮元：《研经室二集》卷 7《西湖诂经精舍记》，四部丛刊本，第 15 页）

④ 刘师培：《近代汉学变迁论》，见刘师培著，李妙根编：《刘师培辛亥前文选》，第 151 页。

辄失据。常语不孝辈曰："读书不寻源头，虽得之，殊不危！"手一书至检数十书相证，侍侧者头目为眩，而府君精神涌溢，眼烂如电，一义未析，反复穷思，饥不食，渴不饮，寒不衣，热不扇，必得其解而后止。①

但关注的中心问题仍然是古文《尚书》之真伪，之所以如此，还不是在于古文《尚书》被认为蕴含着上古先王传授的"帝王之道"？

所以，清代考据学派之所以能够成为学派，除了考据学者相近的为学旨趣外，一个重要原因是，在皇权社会普范性共识基础上，考据学派自身道统谱系的认同，正是这种认同进一步促进了在争论中学派的形成。也正是江藩《国朝汉学师承记》诱发了汉宋之争，而就是在这种争论中，考据学者的学派意识越来越强烈。②因而，有学者把清代学风归结为"经道合一"③、"经典回归"④、"早期启蒙"，其实这些只是清学行进的一个维度，只是表象而已。

在皇权意识形态主导下形成的普范性共识基础上，清学具有多重面相⑤，之所以如此，是因为清学各派在共享普范性共识基础上各树道统⑥，只是到近代建构的清学史中，清学史才呈现出一维性的特征。正因如此，一方面，在"朱陆异同"问题上，孙奇逢、黄宗羲都认为：

---

① 阎咏：《左汾近稿·先府君行述》，转引自张穆：《阎潜丘先生年谱》，清道光二十七年寿阳祁氏刻本，第 97 页。

② 具体参见朱维铮：《汉学与反汉学江藩的〈汉学师承记〉、〈宋学渊源记〉和方东树的〈汉学商兑〉》，见《中国经学史十讲》，第 125—162 页。

③ 汪学群：《清初儒学经道合一论与学风演变》，《中国史研究》2002 年第 3 期。

④ 林庆彰：《明末清初经学研究的回归原典运动》，《孔子研究》1989 年第 2 期；《中国经学史上的回归原典运动》，《中国文化》2009 年第 2 期。

⑤ 清学各派都在要回答一个问题：怎样才能从新内圣中开出新外王。考据学派通过考据法对义理的在诠释与重塑；夏峰北学则"学为圣人"、"下学而上达"，在朝则为理学名臣，以伦理教化为本职，在下则为师儒，把伦理纲常推行于宗族与家庭；二曲关学则"明体适用"，以"明道存心以为体，经世宰物以为用"的见解，将"格物致知"的"物"扩充到"礼乐兵刑、赋役农屯"，以至"泰西水法"等实用学问；桐城派则以义法存理，就是官僚们也实践经世之学，编辑《切问斋文钞》、《皇朝经世文编》。理论上有无限展开的可能，但都被皇权一网打尽和抹平。

⑥ 从广义上说，知识人都有自己的认同的道统谱系，这是学派存在的最根本认同依据。也是知识人及团体把所承继的知识资源及代表者按时间排列，以获得历史合理性及内在凝聚力的一种手段，中外莫不如此，而差别只在于道统论开放性和闭合性的程度有所不同。

　　二先生同植纲常，同扶名教，同宗孔孟，即使意见终于不合，亦不过仁者见仁，智者见智，所谓学焉而得其性之所近，原无有背于圣人，矧夫晚年又志同道合乎！①

　　而到晚清汉宋调和论者亦持此种口吻，在二者同属孔子之道、同样经世致用的调子上调和。"道咸以来，儒者多知义理、考据二者，不可偏废，于是兼综汉、宋学者，不乏其人。"②

　　有义理之学，有词章之学，有经济之学，有考据之学。义理之学即宋史所谓道学也，在孔门为德行之科；词章之学在孔门为言语之科；经济之学在孔门为政事之科。考据之学即今世所谓汉学也，在孔门为文学之科。此四者阙一不可。③

　　另一方面，在清学内部，考据学派与理学派、程朱派与陆王派、中学派与西学派纷争不断。就夏峰北学来说，费密改造孙奇逢的道统论走向肯定汉唐儒学、"王道政治"，只是夏峰北学流向的一个路径。实际上，夏峰弟子后学们都是以重建道统论的方式呈现出多重流向，甚至就是在夏峰北学内宗阳明学的马时芳，也在自己的圈子内建构了一个以"超化十子"的道新统。所以，一言以蔽之，"及计清代学术之变迁，则又学同旨异"。"学同"就是拥有皇权社会儒学普范性的共识，而"旨异"则是在共享共识基础上按照不同情势、以不同方法的技术性地展开而已。

① 黄宗羲、全祖望：《宋元学案》卷58《象山学案》，清道光刻本，第1046页。
② 徐世昌等编纂，陈祖武点校：《清儒学案》卷180《心巢学案》，第6295页。
③ 曾国藩：《求阙斋日记类钞》上卷，光绪二年传忠书局刻本，第5页。

第四章　河北夏峰北学

第一节　在理学与武学、兵学之间：
论王余佑的思想及价值

一、王余佑的生命历程

王余佑，字申之，一字介祺，号五公山人。明万历年间生，清康熙二十三年（1684）卒。其先世为小兴州人，宓姓，明初迁保定新城，改王姓。"父延善，县诸生。尚义好施，明末散万金产结客。生三子，长余恪，季余严，余佑其仲也。"①后过继给"世父建善"。

> 山人生而英敏，善读书。年十六，补博士弟子员。桐城左忠毅公视学畿辅，览其文，奇之。②
> 余佑生而聪颖，读书识大体。年十六受知于桐城左光斗，补诸生。游定兴鹿善继门，与茅元仪讲忠孝大节，论天下安危成败，学益进。③

年轻之时曾协助孙奇逢参加营救左光斗、魏大中、周顺昌的活动。④继父王建善居官山西临县，调河南鲁山，王余佑随之。

> 王建善"负才多学，有志当世之务。方筮仕临邑，力却旧例，

① 徐世昌：《大清畿辅先哲传·师儒传二·夏峰弟子·王余佑传》，北京：北京古籍出版社，1993 年，第 354 页。
② 魏坤：《五公山人传》，见王余佑：《五公山人集》，上海：华东师范大学出版社，2011 年，第 3 页。
③ 徐世昌：《大清畿辅先哲传·师儒传二·夏峰弟子·王余佑传》，第 354 页。
④ 魏坤：《五公山人传》，见王余佑：《五公山人集》，第 3 页。

岁省民金逾万，且镌石以杜后来，阖邑快之。其任鲁也，当逆闯盘据，人咸指为畏途，君毅然单骑自往。所至招抚山寨，奖论忠义，争率所部来迎。至则绥徕有法，守御有方，数郡咸以鲁为归。"①

甲申，闯贼陷京师。余佑方校试易水，投笔走归，过奇逢，谋讨贼。延善率三子及从子余厚、余慎与雄县马于建义旗，纠众千人，攻复雄新容三县，擒伪官郝丕绩诸人，斩之。开仓库犒师，声北击逆贼。②

清军入关后，王建善为仇家所陷，"执赴京。三子将从，余恪以山人后世父，不可死，挥余严为复仇计，遂独身赴难，父子死燕市。余严归，率壮士入仇家，歼其老稚三十口，无孑遗。名捕甚急，会上官有知其枉者，力为解乃免"。随后，王余佑避居易州五公山双峰村，晚年，在献县主讲献陵书院。既卒，学者私谥"文节"，又谥"庄誉"。

总的来看，王余佑是一位奇人：幼伟岸，有大志；聪颖，读书识大体。有学者因为"其学出自孙承宗、鹿善继、孙奇逢、杜越诸人，后来开创颜李学派的颜元、李塨则是其弟子辈"，而认为"按名望，他不如孙奇逢与颜李，故知之者少；但按个人观感，则其所经胜国遗民的岁月较孙奇逢为久，所经明末乱离的事变较之颜李为多。故就'社会生活'的层面而言，王余佑及交游的亲朋社友更能代表明末清初北学中的典型状态。"③其实不仅仅是从"社会生活"和交友方面，如果从思想层面，王余佑的学风更加体现了河北夏峰北学的典型形态。

自理学产生以来，就面临着一个落实问题，简单来说就是形而上的思想如何落实于形而下的实践问题，即形而上的"理"与形而下的"礼"融合的问题。对此，在理学的实践中，分别出现了以朱熹为代表的理学派及以陆九渊为代表的心学派，两派都承认作为社会秩序化身的"理"的最高地位，但在实践途径上，理学派主张"即物穷理"，心学派则强调"心即理"，超出社会伦理范围，以整个宇宙为思考背景，

① 孙奇逢著，朱茂汉点校：《赠王恢婴序》，见《夏峰先生集》卷4，第143页。
② 徐世昌：《大清畿辅先哲传·师儒传二·夏峰弟子·王余佑传》，第354页。
③ 张京华：《遂老双峰下，谁明廿载心——北学中坚王余佑事迹新探》，《河南科技大学学报》（社会科学版）2011年第4期。

强调人心之空前扩张直至与天地为一体，"宇宙即是吾心，吾心即是宇宙"，在"心即理"合一的视野中，从一种内在于"理"的眼光或视野对"理"本身进行全方位、深层次、多层面的观察以求把握，最终，对"理"的认识就演变为对"心"的认知，即对于内在于"理"的眼光或视野的选取。而到明代王阳明则在"知行合一"基础上熔铸理学各派甚至儒生"三代之制"的想象与现实的制度实践于"致良知"内，以之为大本大源统摄古今、家国、天下、知行，"他们找着个大本大源，专就切要地方下功夫"。他们"把'道问学'隶属在'尊德性'之下。'道问学'是'尊德性'的功夫，'博文'是'约礼'的功夫，'格物'是'诚意'的功夫……在陆、王都贯通为一，在程、朱都对立为二，……他们一个只讲'先立乎其大'，一个只讲'致良知'，看似简单。然而这至简之中，都是把什么读书稽古种种功夫都包括无遗了"①。落实在实践中就是把以"心在事上磨练"通贯"格物"、"致知"、"诚意"、"正心"，最终以外王的实践来砥砺内圣的思辨。正是在此基础上，由于阳明后学实践的多样性，阳明学在晚明时代迅速流布。但问题是从晚明的实践来看，"阳明所提倡的是一种自然主义，具有自由解放的精神，其所以能给垂死的道学一种新生命者正在于此。然而这种自然主义常不免与传统的礼制习俗相抵触"②。特别是这种"狂狷"的精神被王艮、王畿等以"四句教"名义一路发展下去而形成颇带些下层社会气氛的左派王学，并造就出"异端之尤"李贽、袁黄、林兆恩等人物，他们把阳明对自我主观能动性的肯定发挥到一个越来越极端的程度，他们蔑视权威，攻击理学成立的前提假设，攻击孔子及整个儒生共同体，批判社会秩序的合理性，"其极端解放之结果，有为阳明所不及者"。而就是在此过程中，强调功夫的右派王学、东林党及对阳明学的修正运动先后兴起，但问题还是限于形而上的探讨③。到明清之际，北直隶儒生集团的实践无疑为此落实问题开辟了新方向。就孙奇逢来说，这种转向可分为两步：第一，在明清鼎革之际，侠儒兼收、文武兼收；第二，在清朝局势

① 嵇文甫：《嵇文甫文集》上，第266页。
② 嵇文甫：《嵇文甫文集》上，第463页。
③ 关于此，参见嵇文甫：《晚明思想史论》，北京：东方出版社，1996年。

稳定后，则"礼"、"理"合一，把"理"落实于"礼"（人伦）中，以人伦、家族的实践实现了理学的转变。王余佑亦是顺此思路。

像孙奇逢一样，王余佑也是首先明确"理"之首要地位[①]，而要明"理"，不在空谈而在实践。[②]在实践模式上，夏峰北学有一转手，强调在"人情"内对"礼"的伦理实践[③]，王余佑亦是如此[④]，之所以由此转向，就在于孙奇逢的教导[⑤]。为此，王余佑等组织同仁结社[⑥]，其中第一项就是"居家常礼，不过冠婚丧祭。古者不相往来之风，势难骤返。计酌亲朋仪节，除四礼不可缺，及守望相助、疾病相扶外，一切缛文并从简省。即久阔思叙，只可素手到门，断无携持物事"[⑦]。正是在孙奇逢的教导之下[⑧]，以王余佑[⑨]、王五修[⑩]等为代表的河北夏峰北学诸子在晚年普遍把往

---

① "吾人学问，以明理为主。理不明，学何由成？心不清，理何由明？昔人止水，明镜之喻，诚有味也。自今去噪去杂，务以旁念不起，随时顺应，虽不遽能，勉之则庶几矣。"（王余佑：《卜居易二砭》，见《五公山人集》，第 175 页）"为学之道，主于格物，物理明则言之当，自然高远。"（王余佑：《柬闫公度》，见《五公山人集》，第 265 页）

② "读书莫先于明理。理者天理，当然之极则。具足于人心。……若于心上过不去者即过不去，即是忠臣，即是孝子。由此百行莫不皆然，岂非万物万事之权衡乎！学者平生涵养此心，以理制欲，凡遇古人今人立言行事，细细揆度，自有定见，是非得失，分毫不爽。"（王余佑：《约言》，见《五公山人集》，第 185 页）"须是身体力行，方能亲切有味。……若不从实体用工，讲得天花乱坠，终是一步行不去。"（王余佑：《畲容斋》，见《五公山人集》，第 178 页）

③ 在此，河北夏峰北学与中州夏峰北学有所差异。

④ "理尤急于格俗，……须力去俗情，方存道骨。"（王余佑：《约言》，见《五公山人集》，第 185 页）"然须平以近人，和以惠物，使吾道近洽而远布，庶几乐易可亲，久而与化。若夫孤高寡与，使人畏而远之，指而异之，虽一身一家孤灯独照，恐久而易危也。"（王余佑：《回朱易直、王法乾》，见《五公山人集》，第 235 页）

⑤ "昨管生济美自渥水来，述吾师论人子孝亲，取其近人情者，若残肢体，重伤亲心，不可为训。"（王余佑：《刲股说》，见《五公山人集》，第 175 页）

⑥ "与奢宁俭，礼本攸关。前此征君孙夫子《六器》之约，四方业已向风，乡邦犹宜恪守。矧当岁荒财尽，更合家喻户敦。今与同志再订，除孙夫子原约谨遵外，不惜损之又损，庶几行可永行。"（王余佑：《订约》，见《五公山人集》，第 177—178 页）

⑦ 王余佑：《订约》，见《五公山人集》，第 178 页。

⑧ "吾师孙征君昔年旋北城，群弟子迎迓于途，班荆坐话间，首以修族谱为勖。盖以地遭兵燹，迁徙无定，子孙率迷宗祧。不如存之简册，庶可稽也。于是相率修族谱者七家，今吾师逝矣，回忆面命时音容宛然，遗教愈不敢忘也。"（王余佑：《〈庆云邓氏族谱〉序》，见《五公山人集》，第 205 页）

⑨ "乾坤之内，所以植纲常、扶名教，柱天不昊、指日不蚀者，恃有忠烈而已矣。"（王余佑：《冀州重修忠烈祠碑》，见《五公山人集》，第 221 页）

⑩ "至于考定礼仪，制造礼器，纂辑儒书，及结纳四方英俊，饥渴不辍。"（王余佑：《王五修传》，见《五公山人集》，第 297 页）

日豪情转向在家庭、收宗敬族上。但也正是如此，就需要兼容并包。在此，王余佑又与孙奇逢显示出某种差异，孙奇逢虽然兼容并包，但基本上还是在儒学体系之内，而王余佑则只要能够达此目标，就是佛教的善书也可以为之所用。① 正是如此，王余佑晚年与一心上人、觉明上人、九仙山人等佛师及傅山②来往不断③，甚至于把《劝善书》与理学、经世之学三者兼容并包，综合运用④。

综观王余佑的一生，虽然深受孙奇逢的影响且为学方向随之转变，但在转向的彻底性方面，王余佑更多显示出前后期兼顾、思想交融的特点。之所以如此，很重要的原因就在于孙奇逢南迁后与河北诸弟子联络相对减少。

自孙奇逢南迁到晚年再次回故乡⑤的近二十年内，他与留守的河北弟子之间虽然联系不辍，但较之于以前的朝夕相处则大为减少。一方面，由于满清在河北圈地等原因⑥，孙奇逢河北众弟子生活困苦，就王余佑来说，隐居生活亦是如此："耕锄矻矻傍荒郊，营业河会俱斗筲。笔墨应酬同买卜，盘餐拮据似调胶。老蚕无奈身藏兰，智鹊还思岁改巢。白手老生何所用，不如懒鹤卧松梢。"⑦ "潦倒蓬樵作隐沦，十年磊砢未依

---

① "《诗》言'秉彝'，《书》言'降衷'，孔言'相近'，皆性之说也。至孟子首发性善之旨，而善端始露，故学必以明善复初为主。然善必待于为，为必待于劝。自古圣经贤传所以劝之之道不一端而民多不兴者，理义可以喻上智之士而不可以喻下愚之民。故留心斯世者备极苦思，出于阴骘报应之一途以鼓动之，则易晓而易从，此昔人阴骘录、功过格及度世、迪吉诸书不啻千百种，皆所以示劝惩而启愚蒙，使其有所利而为之，则乐遵不倦，亦行仁之一术也。……熟读详玩，朝奉夕持，即谓此书为圣经贤传辅翼之助可也。"（王余佑：《〈重刻通俗劝善书〉序》，见《五公山人集》，第189—190页）"余素以儒道教，不乐与鸡园徒众作缘，然对佛谈佛，则亦平等观耳。"（王余佑：《新修无生阁碑记》，见《五公山人集》，第225页）
② 王余佑：《柬孔公翔》，见《五公山人集》，第251页。
③ 参见王余佑：《游西寺》、《赠一心上人》、《寄觉明上人》、《寄九仙山人》，见《五公山人集》，第34、53、63、93、99页。
④ "承示《劝善书》最佳，……《人谱》、《人编》，南中大行，北人见者绝少。若此刻行，真快事耳。水利区田，救世急务，不可不多方讲求，所以补天工之穷，善莫大焉。"（王余佑：《柬赵德厚》，见《五公山人集》，第262页）
⑤ 关于孙奇逢晚年再回故乡，参见孙奇逢：《游谱》，见《孙奇逢集》下，第1413—1446页。
⑥ 孙奇逢就是因为圈地家园被占才携家族门人南迁。
⑦ 王余佑：《余耕移乐寿，市土室居之，又买瓦房数楹，减餐乞邻以酬直，蹙蹙兴生，自叹太苦矣，因志感》，见《五公山人集》，第68页。

人。"①另一方面，由于南迁后，孙奇逢不断加大在河南的深层开拓，在短时间内，河南儒生基本上全部汇集在其门下而形成中州夏峰北学②，这也间接导致孙奇逢虽然对河北众弟子一直关注，虽然"凡名教所关大经大法，有疑未决，有难未释，犹可诣而质，寄而问，未决者可决，未释者可释也"，但毕竟程度大不如前：

> 忆先生别故园，偕徒侣，远隐苏门也，我一方侪辈后生怅怅然不知所出，或负笈于行窝，或执鞭于中道，或偃蹇于旧邦，靡不望云挥泪，抚轫兴悲。二十余年来辗转迷离，如行者之无导，舟者之无楫，亦可悯也。虽时读其书，传其言，问其行事岂愈于朝夕服习、岁月观摩可宗可守哉？③

正是如此，一方面，夏峰北学河北派与河南派之间存在某种差异。④"空臆计先生在苏门，道益大，从游益众，家政益有条，子孙日益盛，弦诵日益兴，而偏我北方诸同志悠悠忽忽，未得久受陶镕，瞬息驹隙也，哀哉！"⑤另一方面，孙奇逢南下后，河北夏峰北学还是更多按照早年思路继续发展。就王余佑来说，"至于真正理学，溯源洙泗，……独区区廿年来，寻尼山忧世之志，握火抱冰，未尝稍懈。以为真正理学

---

① 王余佑：《偶怀》，见《五公山人集》，第69页。
② 孙奇逢之所以在明清之际成为北学一代宗师，与他的学派开拓意识密切相关，正是这种开拓，客观上使得其无论是在视野的广度还是在解决学界问题意识的针对性都呈现出海纳百川之势，从而更加提升了孙奇逢在清代北学中"泰山北斗"地位。"夏峰先生讲学百泉上，晚得潜庵、逸庵诸君子，其道大光。海内莫不知有夏峰先生也。至于今益显。同时有樊隐君者，左浮邱称其为孔孟嫡派，乃屏迹桐柏山中，抱经而殁于荒烟野蔓，俱泯灭矣。"（马时芳撰，孙道恕注：《续朴丽子》，《四库未收书辑刊》第7辑第14册，第739页）
③ 王余佑：《祭征君孙夫子》，见《五公山人集》，第298页。
④ 在清代北学史中，孙奇逢转变是导致北学内部呈现出不同形态的重要原因。而这种原因既在于整体社会大环境对各个地域的不同影响，更在于夏峰北学内部诸子生活环境的改善。对孙奇逢来说，晚明与清初对之基本上是两种世界：清初虽然家园被占而南迁，但由于其巨大声望及河南同志对其在物质方面的巨大帮助（典型就是工部郎马光裕奉以夏峰田庐，才使孙奇逢遂率子弟躬耕，四方来学者亦授田成为可能），在生活稳定后，孙奇逢思想才进入系统整理阶段。
⑤ 王余佑：《祭征君孙夫子》，见《五公山人集》，第298—299页。

须真实经济以充之"①。简言之，就是把理学、气节、经世之学合为一体，而这集中体现于他在《乾坤大略》、《十三刀法》中从战略战术层次上对兵学和武术的探索。

《乾坤大略》是一部专讲战略②的兵书。与前代的兵书不同，"《乾坤大略》是中国兵书史上第一部从初起之兵的角度论述战略原则的军事理论著作"③。王余佑认为，从最初起兵到夺取天下，战争成败的关键，在于战略的得失，因而撰写《乾坤大略》始终围绕着一个主题，即战争的战略问题。④

在《乾坤大略》以前的兵书，研究探讨的对象是分属于不同国家或集团正规军队之间的对抗作战。王余佑在《乾坤大略》中探讨的则是初起之兵对国家正规军的作战。这是因为，王余佑要推翻清王朝的统治，没有一支现成的正规军队可资利用。组织民众起事，这就是初起之兵。初起之兵与国家正规军队情况不同，组织指挥初起之兵作战，其指导原则当然也就不同于一般战争的指导原则。王余佑认真总结了历史上初起之兵用兵作战、夺取政权的经验教训，提出了初起之兵的战略。紧紧抓住初起之兵的特点，探讨阐发有关的战略理论，这是《乾坤大略》一书的突出特色，也是《乾坤大略》区别于其他兵书最主要的一点。⑤

---

① 王余佑：《与严佩之》，见《五公山人集》，第242页。
② 兵法类阐述用兵理论，以理论水平见长；兵略类记述用兵史实，以切合实用见长。兵略类中，专门辑录一书或多书而按照时间先后编年的如陈禹谟《左氏兵略》、胡林翼《读史兵略》都已为人熟知。但按照某一指导思想辑录的用兵谋略虽有一些，却不多见，《乾坤大略》则是其中的一种。《乾坤大略》的指导思想是专论大端，即专论"王霸大略"。览天下之大势，求帝王之得失成败，阐述逐鹿问鼎、扭转乾坤的大方略。张京华：《明末清初北方实学的先驱——〈乾坤大略〉及作者王余佑》，见赵金昭主编：《二程洛学与实学研究》，北京：学苑出版社，2005年，第429—441页。
③ 邱心田：《清代一部有特色的战略学著作——王余佑及〈乾坤大略〉述论》，《清史研究通讯》1990年第3期。
④ 赵国华：《中国兵学史》，福州：福建人民出版社，2004年，第532页。
⑤ 邱心田：《清代一部有特色的战略学著作——王余佑及〈乾坤大略〉述论》，《清史研究通讯》1990年第3期。

按照这种思路，《乾坤大略》共十卷，将天下成败剖析为十事，也就是十大端、十大方略。十大方略不仅互不重复，最重要的是它们还各有先后次序，必须依次而行，不可以超前，不可以打乱，不可以增减，不可以颠倒。这十大方略是：其一，兵起先知所向；其二，兵进必有奇道；其三，初战决战为上；其四，决胜在于出奇；其五，略地莫过招降；其六，攻取必于要害；其七，据守必审形胜；其八，立国在有规模；其九，兵聚必资屯田；其十，克敌在勿欲速。十大方略不是可以更番尝试的十样招式，而是保举王业自始至终克成其功的一盘完整的棋局。该书所引均为信史，源出古人的实战。时间上起春秋，下至元代，地域则包括中原、三晋、关陇、燕赵、吴越、荆楚、巴蜀各大区，可以说是囊括了古今四方。《乾坤大略》论述的十个战略原则，涉及战略方向的选定、战略机动、战略进攻、战略防御、军事地理、瓦解敌人、政权建设、后勤保障等各个方向。

王余佑不但在战略方面有所建树，在具体实战特别是刀法方面也有精湛研究。王余佑"念天下多故，究孙、吴兵法，善技击"。当时正值日本刀法传入之时，也正是我国民间刀法门类纷起发展之时，明人又重实战，因此促进了刀法的研究。王余佑所著《十三刀法》是这一时期刀术的代表作之一。在该书中，他把刀法归纳为十三法（劈、打、磕、扎、砍、扇、撩、提、托、老、嫩、迟、急）和又六法（缠、滑、拨、擦、抽、截）。其十三法皆为常见之用法。[1]而后六法，则是有相当难度的用法。

　　王余佑对每个字都分别作了详解。使习者一目了然。王余佑为使习者练习，列有"行刀六路，每路十八刀，计一百零八刀势，皆系十三法内，攻击杀手，进退高低，宽窄腾移，无不周备"。从其动作内容看，毫无泛常虚架，皆势势相承，攻守兼备，完全是根据实战需要编排的。同时王还以主客对刀的形式（胜者为主，输者为

---

[1]　对之的技术分析，参见单长文编著：《祁家通背拳》，北京：人民体育出版社，2004年，第266—320页。

客），叙述了客方犯主，主方以静待动的"六法"；主方攻客，动中制静（动则应之，不动则诱之）的"八法"。人们通过这种练习，可熟悉各种刀法的应用，达到运刀自如的目的。[1]

也就是在此书中，王余佑提出"以刀引力"的思想：

> 吾观今之运刀者，多以力运刀，不以刀引力，却不知用力于刀，则力在骨，骨受刀制，则运转不灵，难云疾快矣。近人之病，多好轻刀，吾之用刀，反要其重，其故何与？近人以力运刀，故好轻，吾之用刀，以刀引力，故要重，然，重刀力大，刀动力随，虽不用力，而力自随矣。或曰：刀之轻者斤余，重者三十五六两，若不用力，岂能偏扇旋转，心手相应乎？余曰：有说焉，近人之用刀者，刀未出而力先聚，先存心聚力，力在骨内，与刀何涉？吾之用刀，力在筋骨，骨软筋硬，周身气脉相连，虽不用力于刀，而周身气力自全在刀焉，如水银之在竹筒中，运之则至首，收之则至尾，然，此亦难为不知者道也。今吾之运刀，多从后发者，何也？欲其气力从周身而至，出刀神速，敌人难，又使磕打不着，力贯于刀，其力大，加以电掣星驰，伤敌而回，即运刀者亦有所不知，若有心，即非天然矣。[2]

王余佑一生著述除《乾坤大略》和《十三刀法》外，还有《居诸编》十卷、《诸葛八阵图》一卷、《万胜车图说》一卷、《兵民经略图》一卷、《文集》三十二卷，《涌幢草》三十卷，以及《认理说》、《前著集》、《通鉴独观》、《茅檐款议》等，总的来看都呈现出理学与"真实经济"兼容的特征。当然，在此兼容并包中，也需要读书，但在读书的重点上，王余佑一般只强调具有"真实经济"的书籍，如历代兵书。"余

---

[1]　林伯源：《中国武术史》，北京：北京体育大学出版社，1994年，第40、288—289页。
[2]　王余佑：《太极连环刀法·总论》，见唐豪编：《王五公太极连环刀法》，《武艺丛书》，上海：中国武术学会，1936年。

尝以读书、明理、作文、习字四事教诸生。"①

> 为将之道固多端，然其要在读书。读书则识高，识高则志定守
> 固。凡所以忠君爱国、居官理物，俱在是矣。……至于所读之书，
> 虽多多益善，其要者如《李大兰先生纲鉴新意》、《武经正解》、《百
> 将传》、《纪效新书》、《练兵实纪》、《武经总要》、《武备志》、《登
> 坛必究》、《兵镜》、《兵略》、《读史机要》诸书。②

也正是在这些方面，王余佑的外王之学得以全面展开。正是在此
意义上，弟子李兴祖称赞王余佑力矫单纯株守理学"拘方而不适于用"
与"谈经济者""流为功利而不入于纯"之弊病，"惟本理学为经济，
明体达用之道一以贯之无疑，则其见诸文词者皆性情所寓，粹然盎然
归于正直和平。用其身可以福主庇民，即不用其身，存其言亦可藏名
山垂久远已"③。

如果综观清初，不光王余佑如此，整个河北知识界都呈现出这种情
况，"此地为征君孙夫子旧游，号称多士，于时俊俗之彦顾鼓登玠者不
可胜数"④。不管是"河北夏峰北学"还是"河朔诗派"⑤，无一例外在清初
都呈现出对孙奇逢的最终依归。不光作为理学家的王余佑等师从孙奇逢，
就是作为河朔诗派中心的申涵光在经历千般磨难后在晚年最终皈依孙奇
逢而北面称弟子。在实践中，河北夏峰北学的理学家与河朔诗派的诗人
在生活方式上都选择了"慷慨悲歌"：虽文武兼收、侠儒兼收；但隐居
不仕、坚持气节，至死不渝。在相互交往过程中，他们以此相期勉，同
声相应，同气相求，形成了一种志同道合的亲密关系。可以说，也就是
在他们的不断实践及巨大的典型意义，使得直到明清才被整合为一体的

---

① 王余佑：《与李霞城》，见《五公山人集》，第245页。
② 王余佑：《赠李式文将军序》，见《五公山人集》，第209页。
③ 李兴祖：《五公山人集·序》，见《五公山人集》，第1页。
④ 王余佑：《紫峰杜夫子寿八表序》，见《五公山人集》，第194—195页。
⑤ 由于现代分科而治的原因，出于对不同侧面的强调，在不同科目中同样的士人集团不免会
被冠以不同称谓，比如在文学史中的"河朔诗派"与学术史中的"河北夏峰北学"就是一
拨人，都是以孙奇逢河北众弟子为骨干的士人集团。

河北地域文化体系，在"慷慨悲歌"的旗帜下重新整合，换言之，作为现代人视野下的"慷慨悲歌"的河北文化精神在明清之际才得以确立。

二、明清之际河北儒生性格与作为"省区文化"的河北文化的确立

近十几年以来，地域文化成为学术界和地方社会非常关注的论题。与众多地域文化一样，燕赵文化的研究无论是在广度或深度上也在逐步推进，在此推进中，以"慷慨悲歌"为主体的燕赵文化精髓不断被发掘并广泛参与到新时期河北文化、经济、思想学术的新建构之中。但在此推进中，也出现了一些问题。总的来说，表现在以下方面：第一，在宏大叙事中，过于强调燕赵文化的单线传承性，特别是把历史上不同阶段的燕赵文化直接与现代河北地域文化对接，忽视其中的流变、分化组合甚至于断裂；第二，离开北方乃至整个中国文化变迁，对以"慷慨悲歌"为主体的燕赵文化的个性梳理，过于孤立强调，结果个性反而无法彰显。

先看第一点。在近十几年的研究中，在燕赵文化的内涵与外延方面，"很多学者在探讨后对于燕赵文化的界定有了一个大致的统一认识，即都认为，燕赵文化是在燕赵地域所形成的物质文化、制度文化、行为文化和精神文化等的总称"[①]。由此确立了"广义的燕赵文化"[②]与"狭义的燕赵文化"[③]两个概念。虽然由此出现了对"先秦原生态的燕赵文化"、"两周以前的燕赵文化"、"秦汉以后衍化的燕赵文化"、"正在发展的燕赵文化"的初步分类，但无论是从狭义还是从广义讲，都过于强调燕赵

[①] 刘建军、鲍玉仓：《三十年来燕赵文化研究的主要进展与思考》，《河北大学学报》（哲学社会科学版）2008 年第 6 期。

[②] 指在"燕赵文化是在燕赵地域所形成的物质文化、制度文化、行为文化和精神文化等的总称"。在具体区域上，"燕赵地域的划分应当以今黄河为它的南界，太行山脉和燕山山脉是燕赵地域的西界和北界，除现在的河北省、天津市、北京市外，还包括山西、山东、辽宁、内蒙古的部分地区"。参见刘建军、鲍玉仓：《三十年来燕赵文化研究的主要进展与思考》，《河北大学学报》（哲学社会科学版）2008 年第 6 期。

[③] 指今河北省和北京、天津两市，特别是今河北省的古今文化总称，"这里的燕赵，代指河北，因此燕赵文化等同于河北文化，它没有断代的时间概念，是指现今的河北自古至今的文化，既包括该区域内各个阶段的历史文化，又包括现今留存的文化内容，而不是特指某一历史阶段内的文化"。侯廷生：《赵文化、燕赵文化等概念的文化边界辨析》，《河北建筑科技学院学报》2005 年第 3 期。

文化的单线传承性，特别是把历史上不同阶段的燕赵文化直接与现代河北地域文化对接，而对期间的流变、分化组合及断裂缺乏充分考虑。其实如果深入研究，燕赵文化与现代河北文化虽有相似，但燕赵文化区与河北文化区不重叠，并且燕赵两地最早也是两个文化系统，燕赵文化也不仅仅是在今天河北流衍。这期间的传布根本不是单线传承能够解释的。首先，正如有学者注意到的，燕赵在早期是两种文化系统。

> 燕赵文化是在战国末期主要由燕地文化和赵地文化逐渐融合而成的。燕地文化的主要特点是慷慨悲歌，其形成主要以燕昭王报复伐齐和燕太子丹、荆轲谋刺秦王为主要标志；赵地文化的主要特点是勇武任侠、博戏驰逐（或放荡冶游），其形成则主要以赵武灵王胡服骑射为主要标志。[①]

"燕文化区可分为燕北与涿蓟两个亚区，赵文化区可分为太行山东、钟代石北、大原上党三个亚区"[②]。其次，在流变中，各亚文化区不断分化组合而呈现出不同的样态。比如赵文化中的太行山东亚区，在先秦及秦汉时代文化就具有相当的商业性[③]，因为同属于赵国，此地的文化与今山西东南部与河南北部[④]的文化相似，钟代石北亚区则与燕文化的涿蓟亚区相似[⑤]，

① 刘建军、鲍玉仓：《三十年来燕赵文化研究的主要进展与思考》，《河北大学学报》（哲学社会科学版）2008 年第 6 期。
② 卢云：《文化区：中国历史发展的空间透视》，《历史地理》第 9 辑，上海：上海人民出版社，1990 年，第 84 页。
③ "由于位于南北通衢，都市兴盛，商贾麇同流，一个商业相当发达的地带。因此，这里逐渐形成了追求时尚、攀比富贵、巧取豪夺、机巧营利的浓重风气。"（卢云：《文化区：中国历史发展的空间透视》，第 88 页）战国时代邯郸郭纵，"与王侯埒富"（司马迁：《史记》卷 129《货殖列传》，第 3259 页）。秦汉初年"中山地薄人众，犹有沙丘纣淫地余民，民俗懁急，仰机利而食。丈夫相聚游戏，悲歌忼慨，起则相随椎剽，休则掘冢作巧奸冶，多美物，为倡优。女子则鼓鸣瑟，跕躧，游媚贵富，入后宫，遍诸侯"（司马迁：《史记》卷 129《货殖列传》，第 3263 页）。直到东汉时间亦是如此，"赵、中山地薄人众，犹有沙丘纣淫乱余民"（班固：《汉书》卷 28 下《地理志下》，第 1665 页）。
④ "然邯郸亦漳、河之间一都会也。北通燕、涿，南有郑、卫。郑、卫俗与赵相类，然近梁、鲁，微重而矜节。濮上之邑徙野王，野王好气任侠，卫之风也。"（司马迁：《史记》卷 129《货殖列传》，第 3264 页）
⑤ "种、代，石北也，地边胡，数被寇。人民矜懻忮，好气，任侠为奸，不事农商。然迫近北夷，师旅亟往，中国委输时有奇羡。其民羯羠不均，自全晋之时固已患其僄悍，而武灵

而与燕北不同①，这种变动在后代一直处于运行之中。最后，燕赵文化对现代很多地域文化都有巨大影响。比如太原上党亚区成为现代山西文化的组成部分，太行山东亚区又成为现代河南文化的组成部分。所以，不考虑中间的变迁而直接把燕赵文化与河北文化等同，把燕赵文化的最终归宿定位为河北文化，无疑是不适当的。

再看第二点。一种文化不同于其他文化的关键就在于其独特的个性，作为地域文化的燕赵文化亦然。对于燕赵文化的精髓，近十几年来，不同学者对此有不同的归纳。有学者认为"'燕赵文化'命题之所以成立，是因为燕赵区域自古以来都存在着'慷慨悲歌、好气任侠'的精神传统，这是为燕赵所独有，而为其他区域所不具备的"。在此基础上，不少学者不断细化，从积极与消极两方面以求更全面概括②。但综观这些评价，认为燕赵文化具有双重性，但问题是哪个省区文化不具有双重性？臣民意识、安土重迁、因循守旧、缺乏进取精神、乡土意识太浓、商业意识不浓、政治观念过强、创新精神不足诸如此类，帝制中国时代大多数地区哪个不是如此？这难道不是帝制时代中国社会的主要特征吗？就是最核心的"慷慨悲歌、好气任侠"，虽然更多归属于燕赵文化③，但也不是其独有。比如历史上，山东"邹人东近沂泗，多

（接上页）王益厉之，其谣俗犹有赵之风也。故杨、平阳陈掾其间，得所欲。温、轵西贾上党，北贾赵、中山。"（司马迁：《史记》卷129《货殖列传》，第3263页）"夫燕亦勃、碣之间一都会也。南通齐、赵，东北边胡。上谷至辽东，地踔远，人民希，数被寇，大与赵、代俗相类，而民雕捍少虑，有鱼盐枣栗之饶。北邻乌桓、夫余，东绾秽貉、朝鲜、真番之利。"（司马迁：《史记》卷129《货殖列传》，第3265页）

①　"蓟，南通齐、赵，勃、碣之间一都会也。初太子丹宾养勇士，不爱后宫美女，民化以为俗，至今犹然。宾客相过，以妇侍宿，嫁取之夕，男女无别，反以为荣。后稍颇止，然终未改。其俗愚悍少虑，轻薄无威，亦有所长，敢于急人，燕丹遗风也。"（班固：《汉书》卷28下《地理志下》，第1657页）

②　关于诸议论，恕不一一标出。具体参见刘建军、鲍玉仓：《三十年来燕赵文化研究的主要进展与思考》，《河北大学学报》（哲学社会科学版）2008年第6期。

③　关于燕赵文化"慷慨悲歌"的种种表现，历史上有所关注，著名的如：唐代钱起《逢侠者》：燕赵悲歌士，相逢剧孟家，寸心言不尽，前路日将斜。韩愈《送董邵南游河北序》：燕赵古称多感慨悲歌之士。董生举进士，屡不得志于有司，怀抱利器，郁郁适兹土。吾知其必有合也。董生勉乎哉！夫以子之不遇时，苟慕义强仁者皆爱惜焉。矧燕赵之士出乎其性者哉！然吾尝闻风俗与化移易，吾恶知其今不异于古所云邪？聊以吾子之行卜之也。董生勉乎哉！吾因子有所感矣。为我吊望诸君之墓，而观于其市，复有昔时屠狗者乎？为我谢曰："明天子在上，可以出而仕矣。"

质实；南近滕鱼，多豪侠；西近济宁，多浮华；北近滋曲，多俭啬"①。秦汉时代"吴、粤之君皆好勇，故其民至今好用剑，轻死易发"②。魏晋初年，左思《吴都赋》中描述当时建康"士有陷坚之锐，俗有节概之风"。《隋书》记载下邳郡"考其旧俗，人颇劲悍轻剽，其士子则挟任节气，好尚宾游，此盖楚之风焉。大抵徐、兖同俗"③。

　　特别是在战国时代，"慷慨悲歌"更是一种普遍的世风。在朝，据《史记·秦本纪》记载："武王有力，好戏（即摔跤）。"因此，秦武王把当时著名的大力士任鄙、乌获、孟说都请来做官。他在取得宜阳后于公元前 307 年八月前往洛阳和孟说比武举鼎，秦武王举起"龙文赤鼎，两目出血，绝膑而死"。在野，战国四大刺客——专诸、要离、聂政、荆轲哪个不是"慷慨悲歌"？并且著名的赵氏孤儿中忠肝义胆的公孙杵臼和程婴，吞炭漆身前后两次刺杀赵无恤欲为智氏报仇的豫让都发生在晋国的晋阳（今山西太原）而非后来赵地的邯郸。如果深入观察，就连普遍认为首开燕赵悲歌之风的荆轲本身就不是燕赵之人，而是与商鞅同属于中原的卫国（今河南北部）。同时，他与商鞅及《史记·刺客列传》中的其他刺客一样，都属于战国时代庞大的"游士"阶层，他们一旦依附于某种政治力量，就会有"士为知己者死"的壮志情怀，这应该是当时"游士文化"的一部分，而非局限于特定地域。

　　总而言之，笔者以为，近十几年来包括燕赵文化在内的区域文化研究，之所以出现各种问题，关键就在于直线进化史观的运用及过于注重地域性，从而忽视文化中"人"的基本因素及文化变迁动力，特别是在皇权社会中行政权力建构的作用，由此虽然重建了"在地性"但却流失了"人"的主体性。就燕赵文化研究来说，就是把现实中重点谈论的作为"省区文化"的河北文化与历史上的燕赵文化无条件等同，而忽视了自魏晋南北朝以来燕赵文化与现代河北文化之间巨大的断裂。④

---

① 孔宪尧、刘凤桐：《历代邹县志十种》，北京：中国工人出版社，1995 年。
② 班固：《汉书》卷 28 下《地理志下》，第 1667 页。
③ 魏徵：《隋书》卷 31《地理志下》，第 872 页。
④ 从燕赵文化到明清以来作为"省际文化"的河北文化之间存在着巨大的断裂，而之所以会如此，就在于前文所述的两个南北朝造成的中国历史的巨大断裂。在魏晋南北朝时期，由于北方少数民族的冲击，燕赵文化成为整个北方文化的一部分，其中典型体现就是南北学术的差异及区分；到隋唐时期则成为大一统王朝文化的一部分；从五代至元朝，则是由于

文化是历史的产物，而历史又是在各种现实条件下人们实践的产物，实践模式的连续性与断裂性在文化上也表现为相应的连续性与断裂性。就中国的地域文化而言，之所以会呈现出巨变，关键在于皇权调控下人们组织生活方式①及实践模式的变迁。正是这种变迁，使得文化发展不但呈现出继承性，也有断裂性②，但更多是在断裂基础上重建这种继承性③。就燕赵文化的历程来看，它也经历了巨大的断裂。④认为自从战国末年以后，"'慷慨悲歌'确实已成为燕赵之地所专有，直到清初延续二千年而不改的独特文化风格，成为燕赵文化的独特标志和主要特征"⑤则是错误的。

把"慷慨悲歌"提到省级文化的高度，并作为河北地域文化的特征，是明清以后的事情，其原因在于河北省际形成后，地方权力建构过程中河北省际文化的建构冲动。之所以如此建构，基本原因不仅在于战国秦汉之际燕赵文化的风格，更在于明清之际北直隶儒生集团的实践风格，

（接上页）政治分裂，燕赵文化区被一分为二或者被整合进入更大文化的一部分；到元朝，随着理学北传，出现了像刘因这样的理学大师，其基本风格非"慷慨悲歌"。

①　专制社会与民主社会的一个巨大区别就在于对人民的管制程度上，尤其是在古代中国的皇权社会，对人民的管制达到了一种相当程度。参见杜正胜：《编户齐民——传统政治社会结构之形成》，台北：联经出版事业公司，1990 年。

②　所以，文化研究不能对文化发展的动力、主体变迁缺乏应有的考虑（人、政治权力等），而只是以地域作为中心考虑。

③　在古代中国，实际上也经历了几次不小的断裂，但这种断裂与西方社会从希腊罗马——中世纪——文艺复兴——宗教改革——启蒙运动——现代社会的"完全断裂"后无法修复不同，中国古代的断裂更多表现在由于以专制皇权为基础的制度文明过度亢奋而引起的权力系统断裂，而这种制度文明在经历巨大的动荡后拥有超强的自我修复技能。之所以如此，在于古代中国创造出了辉煌的以皇权主义为集大成的制度文明，这种制度文明经历了三代的王权、春秋战国的君权及秦汉后的皇权，在"政体超越性"的最大边际线上虽然程度不同，但本质精神则一。正是这种巨大的制度建构，使得凡入主中华的任何少数民族政权最终都被程度不同地汉化。

④　比如有学者就注意到这种断裂，"而宋代尤其是元代以来，燕赵文化的个性特征日益趋向平淡。随着封建制度的巩固和发展，儒家'忠孝'思想的广泛传播，促使燕赵文化发生着变异。元定都大都以来，京都文化辐射燕赵，在提升和升华燕赵文化的同时，也削弱着其地域个性"（刘建军、鲍玉仓：《三十年来燕赵文化研究的主要进展与思考》《河北大学学报》[哲学社会科学版] 2008 年第 6 期）。其实按照笔者的考察，不到宋代，就是在普遍认为"燕赵文化在继承和变革中反而获得了很大发展"的魏晋南北朝时期，战国秦汉以来的燕赵文化个性就有相对削弱，因为魏晋南北朝的民族大融合，特别是留在北方的汉族与各少数民族融合是以整个北方为背景的，不独燕赵如此。但这种削弱与宋元时代的不同，它不是表现为燕赵"慷慨悲歌"个性的削弱而是表现在整个北方"慷慨悲歌"势头的普遍增强。

⑤　张京华：《燕赵文化》，沈阳：辽宁教育出版社，1995 年，第 258 页。

及由此实践风格形成的社会"共识"来重构古今河北文化的努力。

毫无疑问，从地域来品评人物、世风本是人们相互认同、区分的一种标准。从中国历史来看，其最盛是两汉察举制与魏晋九品中正制。正是由于察举制与九品中正制把以地域品评人物之风纳入到权力再生产体系中①，成为认知、区分士人乃至选贤任能的一个重要标准。到科举制兴盛以后，其作用虽有所下降，但在以后的中国历史上仍起过不小作用，典型如雍正对浙江人的地域成见②。另外，既然是按照地域来品评人物、世风，但由于各种地域建构处在不断变化之中③，因此人们对地域文化的认识也在不断变动之中。就现代看到的各地域文化形态，虽然渊源各异，但基本上都是在明清以后才陆续形成的。之所以如此，就在于我们现在所谈论的河南、河北等地域文化更多的是一种政治性的"省际文化"，其必须在省际主体确立稳定后才能逐步发育成型，河北文化亦是如此。它的形成，前提是河北整体作为中央直属区地位的确立（即明清后河北建省），河北文化有了主体依托，才使得原来分散在河北各种区域的各种亚地域文化被重新整合为一体。④换句话说，也正是有了这种政治依托，通过省级政区的长期确立及层级规整，作为"省区文化"⑤的河北文化才在

---

① 世族的兴起就与此密切相关，汉魏以来，某一家族在社会上的地位主要是取决于这个家族出了多少名士，而名士头衔的获得离不开士林的品评、承认。大族往往都与地域密切相关，这种品评的汇集就是《世说新语》。

② 雍正对浙江人印象极其之坏。雍正三年汪景祺案，四年九月查嗣庭案，都是浙江人。四年八月浙江巡抚李卫折奏，雍正四年停浙江乡试、会试并设浙江观风查俗使。雍正帝在诏书中还将批判的锋芒对准了浙江的一般士子，认定浙江士风为"挟笔墨之微长，遂忘纲常之大义"。"浙江绅士刁悍浇漓，以强凌弱，相习成风。"（萧奭：《永宪录》卷 4，北京：中华书局，1959 年，第 312 页）查嗣庭与汪景祺之悖逆，不过是浙江士习不端的一个缩影而已。

③ 地域性格不是从来就有，也不会永远持续下去。地域建构在不断变化之中，变化形式大致可分为地缘性变迁、整化与分化等。具体参见卢云：《文化区：中国历史发展的空间透视》，第 85 页。

④ 河北在历史上长期不是作为一个政治区域整体而存在，在五代十国至明初尤其如此。从辽代设五京，改幽州为南京，以幽云十六州的南部为界与北宋对峙，河北分成南北两部分。元朝，定都北京，在全国分置 11 个行中书省，简称行省。黄河以北，太行山以东、以西，包括今河北、山东、山西三省及河南省、内蒙古自治区部分地区，称为"腹里"，作为中央特区，由中书省直接管辖。在元朝时期，燕赵作为地域名称，已为"腹里"所代替。正是如此，使得现在河北各地域文化不但相当残破，甚至呈现出不同风貌。

⑤ 总的来看，近十几年来所研究的地域文化基本上都是一种"省区文化"或者以几个"省区文化"为基础的地域文化。比如辽宁教育出版社 1991—1998 年首批推出的"中国地域文化丛书" 24 种（包括齐鲁文化、三晋文化、吴越文化、巴蜀文化、三秦文化、荆楚文

明清时代得以确定。

因而，在考察明清以来作为"省区文化"的河北文化之时，有三点因素必须重点考虑：侠、儒、皇权。因为"慷慨悲歌"为主调的河北精神的本质在于侠儒兼收、文武兼收。没有这种兼容性，就不可能有"慷慨悲歌"。而它的强弱在皇权时代除取决于自然情势[①]外，更多地取决于皇权调控强度所营造的社会环境。

三代之时，学在官府，文武合一。到春秋战国，由于礼崩乐坏，学术下移，私学兴起，文武分途，"侠"作为"武士"的一种由此出现。[②]总的来看，在古代中国，虽然自文武分途后，文物两事，儒侠二分，但在实际实践中，由于皇权本身对知识人素质要求的全面性及"圣人"[③]思想的

（接上页）化、燕赵文化、中州文化、陈楚文化、江西文化、徽州文化、台湾文化、两淮文化、关东文化、岭南文化、八桂文化、八闽文化、滇云文化、西域文化、草原文化、琼州文化、陇右文化、青藏文化、黔贵文化），其中虽然冠名各异，但基本上都把其建构在"省区文化"的体系之内，所以，近十几年来的地域文化研究大部分是对"省区文化"的历史性梳理及整合。

① 就燕赵来说，一直都处于农牧交汇点，因此一直都有"侠儒兼收、文武兼收"的客观土壤。

② 侠、儒二者都源于"士"阶层的分化，本身就密切相连。顾炎武认为："春秋以后，游士日多。……而战国之君遂以士为轻重。文者为儒，武者为侠。"（顾炎武：《日知录》卷7"士何事"条，上海：上海古籍出版社，2006年，第336页）近代学者如吕思勉认为："游侠者，古武士之遗也。……及封建、井田之制稍坏，诸侯大夫，亡国败家相随属，又或淫侈不恤士，士遂流离失所，而民之有才智觊为士者顾益多，于是好文者为游士，好武者为游侠。"（吕思勉：《秦汉史》，上海：上海古籍出版社，1983年，第461—462页）顾颉刚（顾颉刚：《武士与文士之蜕化》，见《史林杂识初编》，北京：中华书局，1963年，第85、88—89页）、冯友兰（冯友兰：《原儒墨》，《三松堂全集》卷11，第303—304页）诸学者多认同此观点。唯顾颉刚以为"古代之士皆武士"，文士乃"蜕化"自武士，自战国文武两集团对立，"文者谓之'儒'，武者谓之'侠'"。冯友兰亦谓儒士为贵族政治崩坏中所分化出来的士阶级中的"文专家"，其"武专家"则为侠士，但又认为"墨家出自侠士"。章太炎、黄侃师徒则谓游侠近儒，其中漆雕氏之儒"最与游侠相近"。章氏云："儒者之义，有过于'杀身成仁'者乎？……世有大儒，固举侠士而并包之"，《礼记·儒行》所称，诚侠士也；黄氏亦云："侠之名，在昔恒以儒拟"，"儒者言仁义，仁义之大，舍侠者莫任矣"。《儒行》"固侠之模略"，"仁侠异名而有一德"。二人所论，要在说明侠出于儒，章氏称"漆雕氏之儒废，而闾里有游侠"，即寓此意（详见章太炎：《检论·儒侠》，见《章太炎全集》第3册，上海：上海人民出版社，1984年，第11—12页）。

③ 圣人思想在帝制中国时代思想中具有重要地位。具体参见王文亮：《中国圣人论》，北京：中国社会科学出版社，1993年；刘泽华：《王权思想论》，天津：天津人民出版社，2006年，第28—54页。就明清之际的河北儒生集团来看，他们都有很强烈的圣贤意识，如孙奇逢的思想就是一种"成圣之道"，而圣贤必是豪侠，豪侠未必是圣贤，圣贤豪侠合一，这就是"圣贤—豪侠"人格的评价标准。

巨大统摄作用，文武、侠①儒又出现一定的合流趋势②，而在某些时代或某些儒生身上则体现得十分明显。比如有学者就注意到，在东汉末年的党锢之祸中的"党锢名士"就是"带有侠风的儒"。之所以如此，就在于"西汉中后期，游侠群体出现由侠而儒的'变节'，过程曲折往复，变节者往往未脱侠质，实为'儒侠'"③。到晚明之际，由于社会危机的严重及阳明学的兴起，侠儒兼收、文武兼收的风气再度兴起④，很多儒生，比如

---

① 在古代汉语中，"侠"经历了多重流变：战国时代养士的贵族（《韩非子》中所谓"侠"，即指以战国四公子为代表的养士结客的贵族）；秦汉之际及西汉前期的"士卿相之侠"与"布衣之侠"。"《史记》、《汉书》游侠传，写了两种侠：一类是以孟尝君、春申君、平原君、信陵君等人为代表的贵族游侠，这类侠早已消亡，另一类是以朱家、郭解、剧孟等人为代表的布衣游侠，也称乡曲游侠、闾巷游侠、匹夫游侠。实际上，还有一类侠，他们既是封建政府的官吏，但又有与一般官吏明显不同的侠义行为，我们说的侠官，就是指这些人。"按照曾国藩的说法，司马迁在《游侠列传》中实际上将游侠做了如下区分："布衣闾巷之侠，一也；有土卿相之富，二也；暴豪恣欲之徒，三也。"（曾国藩：《足本曾文正公全集》第 6 册，《求阙斋读书录》卷 3，上海：东方文学社，1935 年，第 37 页）"司马迁《史记·游侠列传》特别声明所立传彰扬者，乃'闾巷'、'乡曲'的'布衣之侠'，而非四公子之类的'有土卿相'之侠"；"有土卿相之侠与闾里匹夫之侠的区别在于身份、阶层，分野本十分清楚，值得注意的是，匹夫之侠大量出现的时代主要集中于秦汉之际及西汉前期"；"尽管两汉及以前，游侠主要指养匿私剑者、亡命者，但因养匿者与被养匿者同属一集团，故间或亦称被养匿之私剑、亡命者为侠"（牟发松：《侠儒论：党锢名士的渊源与流变》，《文史哲》2011 年第 4 期）。而到汉武帝以后，随着儒家思想逐渐在国家意识形态中占据统治地位，特别是随着以儒学经典的掌握及实践（经行修行）为基础的察举制度的完备，虽然职业性的游侠（包括一些地方社会领袖）循着这条较狭窄但却较为稳定的入仕途径不断进入统治阶层之中，即所谓"变节"（"游侠儒教化"），一方面，任侠风气相应衰落。但另一方面，却也促进儒、侠合流，即"侠儒群体—侠气张扬的党锢名士"，正是如此，"在舍生取义、自我牺牲的英雄主义人格和行为方式上，党锢名士和游侠的相似度是非常高的。"
② 在古代中国，"侠"与儒家、道家、墨家都有不小的关系。最终的结果却是"侠"与儒家的合流。关于"侠"与儒家的关系，具体参见章太炎：《检论·儒侠》，《章太炎全集》第 3 册，第 11—12 页；梁启超：《中国之武士道》，北京：中国档案出版社，2006 年，第 3 页。关于"侠"与墨家的关系，具体参见闻一多：《关于儒、道、土匪》，《闻一多全集》（二），武汉：湖北人民出版社，1993 年，第 379 页；鲁迅：《流氓的变迁》，见《三闲集》，《鲁迅全集》第 4 卷，北京：人民文学出版社，1991 年，第 155 页。关于"侠"与道家的关系，具体参见劳幹：《论汉代的游侠》，见《劳幹学术论文集甲编》下册，台北：艺文印书馆，1976 年，第 1025 页；《汉代的豪强及政治上的关系》，见《古代中国的历史与文化》上册，北京：中华书局，2006 年，第 283 页。
③ 牟发松：《侠儒论：党锢名士的渊源与流变》，《文史哲》2011 年第 4 期。
④ 明清之际的儒生与东汉末年的儒生之间有很大相似。两者都面临宦官专权，都实行清议而结社。正是这种相似性，像孙奇逢这样的明清之际儒生以东汉末年的"党锢名士"为偶像也就不难理解。"孙夏峰与茅止生（元仪）会江村鹿伯顺处。止生曰：刘玄德四海无家，以一言结无地楼台……千载遂以百尺楼属之玄德。我三人各有百尺楼，不知谁当据其上者？伯顺问止生。答曰吾欲郭汾阳、李临淮耳。伯顺曰：吾已延陆子静、王伯安矣。夏峰曰：陈太丘、郭林宗是吾客也。"（马时芳撰，孙道恕注：《续朴丽子》，《四库未收书辑

王阳明、唐顺之、黄宗羲都是典型的文武兼通式的人物。但纵观整个明清之际的知识界，把这种侠儒兼收、文武兼收风气发扬光大并对知识界有巨大影响的却是北直隶儒生集团。也正是由于他们的实践，使得"慷慨悲歌"的精神再度显现而被广泛文本化，以致成为评论河北士人的基本"共识"。比如黄宗羲在《明儒学案》中，对孙奇逢就如此定位："初尚节侠，……燕、赵悲歌慷慨之风久湮，人谓自先生而再见。"①晚年，他还在《思旧录》中说夏峰云："初以侠名，后讲理学，门人甚众。"②就是在北学内部，学者也有这种共识，比如申涵光就称颂孙奇逢"始以豪杰，终以圣贤"③。最终连《明史》都把孙奇逢定位为"节侠士"、"义士"。"容城孙奇逢者，节侠士也。"④"太公客之，与所善义士容城举人孙奇逢谋，持书走关门，告其难于承宗。承宗、善继谋借巡视蓟门，请入觐。"⑤正是这种知识界的普遍共识及由此的误解，曾引起孙奇逢弟子汤斌对之的辩白、洗刷⑥和孙奇逢在学术上贯通儒侠、文武的努力。⑦但不管怎样，知识界对

（接上页）刊》第 7 辑第 14 册，第 732—733 页）按："陈太丘"即陈寔（104—187），字仲弓。号陈太丘。有志好学，坐立诵读，少为县史。桓帝时，除太丘长，遭党锢之祸，"其辞所连及陈寔之徒二百余人，或有逃遁不获，皆悬金购募。使者四出，相望于道"。遇赦得出。灵帝初，大将军窦武辟为掾属，寔在乡闾，平心率物，乡人有争讼，辄求判正。子纪，字符方；谌，字季方，齐德同行，父子并著高名，时号"三君"。又与同邑钟皓、荀淑、韩韶等以清高有德行闻名于世，合称为"颍川四长"。寔卒时，海内赴者三万余人，制衰麻者百数，共刊石碑，谥为"文范先生"。"郭林宗"即郭泰（128—169），在"以德行引人"的"八顾"中名列首席，而且是东汉末年最著名的人物批评家，堪称党锢名士的代表，故在当时享有极高声望，言能以德行导人。官府召辟，皆不就。他虽褒贬人物，不危言骇论，故不在禁锢之列。后闭门教授，弟子千人。《正郭》中葛洪谓其"名称重于当世"，诸葛恪则谓"时俗贵之歙然"。

① 黄宗羲著，沈芝盈点校：《明儒学案》卷 57《诸儒学案下五》，第 1371 页。
② 见《黄宗羲全集》第 1 册，第 390 页。
③ 申涵光：《征君孙钟元先生诔词》，《聪山集》卷 3，第 53 页。
④ 张廷玉：《明史》卷 244《左光斗传》，第 6332 页。
⑤ 张廷玉：《明史》卷 267《鹿善继传》，第 6889 页。
⑥ 汤斌称："盖正人为国家元气，非但急友难也，事之不成则天也。而世徒以节侠视之，过矣。"见汤斌：《征君孙钟元先生墓志铭》，见《汤斌集》上，第 286 页。关于对之的解读，参见靳大成：《成圣之道——清初孙奇逢理学思想述评》，见中国社会科学院文学研究所编：《文学研究所学术文选（1953—2003）》3，第 621—628 页。也正是在汤斌的这种辩白、洗刷中，可以透露出中州夏峰北学与河北夏峰北学的分流情况：河北夏峰北学继承早年孙奇逢之精神，都是由侠入儒，所以，对"侠"不必忌讳，而中州夏峰北学则主要继承孙奇逢晚年之精神，当然在对"侠"的问题上希望三缄其口。
⑦《理学宗传》的"义例"中有过一段话："是编有素推节义者。盖节义与侠气不同，学问须除侠气而不能不本之，节义有所以处死之道，而不外乎天则，非可与徒慕其名而轻蹈白

孙奇逢的评价还是由此入手并逐渐扩及明清之际的整个河北儒生集团①。比如《清儒学案》开篇《夏峰学案》就是如此来评价孙奇逢：

> 夏峰以豪杰之士，进希圣贤。讲学不分门户，有涵盖之量。与同时黎洲、二曲两派，同出阳明，气魄独大，北方学者奉为泰山北斗。命弟子魏莲陆、汤潜庵分辑《北学》、《洛学》两编，其传衍甚远。

而后正是在此评价下组织河北夏峰北学和包括颜李学派在内的整个河北学术。②《四库全书总目》亦是如此评价河朔诗派，比如刘逢源"生当明季，崎岖转徙于江汉、淮海之间，故幽忧之语多而和平之韵鲜焉"③；张盖诗歌"悲怆感人，有极高古者"④；赵湛诗歌"时杂幽燕之气"⑤。最后，明清之际及后世的河北学人对之泰然处之，而且也会以此"共识"自况。

所以，把以侠儒兼收、文武兼收为基础的"慷慨悲歌"作为河北文化的精髓并无不可。但这种认知必须考虑到：燕赵文化不是连续的，不同历史时期存在大的断裂。现在所认同的作为"省区文化"的河北文化，最直接的渊源不是战国秦汉时代的燕赵文化，而是来自于明清之际北直隶儒生集团的实践风格，正是由于他们"慷慨悲歌"的实践风格及以此风格对河北文化的整体梳理，唤醒了官民各界对"燕赵悲歌"的历史记忆，而"共识性"地将之视为河北文化的精髓及标志。

总的来看，在明清时代，以"慷慨悲歌"为共识来评价河北世风经历了从个别儒生到明清之际的河北儒生集团，从明清之际的河北儒生

（接上页）刃者比。"（孙奇逢：《孙奇逢集》上，第 623 页）在《题游侠传后》，孙奇逢则称："太史公传游侠，津津称之，不一而足。彼固有所取尔也。此等人，行虽不轨于正，然其言必信，行必果，不爱其躯，能存亡生死人，此固英雄之所喜也。君子独惜其不知学。……唯不知学，以武犯禁，遂使朱家、郭解之徒，令与暴豪冥行者同类而笑之，无足怪也。吾友鹿忠节少年有侠士风，非深于学问，不能过此关也。"（孙奇逢：《孙奇逢集》中，第 653 页）。

① 注意，在此本书考察的这种共识在文本内的扩展情况，至于他们本身是否有此特征或者有多大程度，则不在本书考察之内。
② 徐世昌等编纂，陈祖武点校：《清儒学案》卷 1《夏峰学案》，第 1 页。
③ 永瑢：《积书岩诗选提要》，见《四库全书总目》卷 182，第 1650 页。
④ 邓之诚：《清诗纪事初编》卷 2，《清代传记丛刊》本，台北：文明书局，1986 年，第 147 页。
⑤ 邓之诚：《清诗纪事初编》卷 2，《清代传记丛刊》本，第 148 页。

集团扩展到历史上全体河北学人，从全体河北学人到整个河北地域文化的过程。更深层的来看，这种共识能够不断扩展，不但有学术本身的原因，更由于这种共识深深融入清朝及以后河北学人建构本省区地域学术谱系的冲动[①]，以及与之相应的与权力、文化相交织的河北地域文化建构的再生产。所以，清代以来关于河北省学术谱系建构的大部分书籍，不论是官方编纂的各类方志，还是学人编纂的《畿辅人物考》、《北学编》、《续北学编》、《畿辅丛书》、《清儒学案》、《大清畿辅先哲传》等，在构建河北文化时无一不是以“慷慨悲歌”[②]统而论之。同时，这种共识从地域弥漫全国，穿越古今，不仅体现在官方编纂《四库全书》、《清史稿》等典籍中，更体现在官方的各种仪式确认中，以致到现代的河北文化史研究[③]及“共识再生产”中。正是这种共识的弥漫，“慷慨悲歌”成为河北文化的首要标志、精髓。

正是如此，“共识”虽然需要一定的历史事实来形塑，但很多时候，它并不能反映历史的真实面貌。换言之，“共识”只是人们自身塑造的观察某个事物的最佳方位。明清之际的河北儒生集团可以“慷慨悲歌”，但当清政府稳定后，“慷慨悲歌”必然刻意收敛而日渐磨灭。之所以如此，关键就在于皇权社会对侠风的不断抑制[④]。“学会文武艺，货卖帝王

① 这种冲动至少在明清之际河北士人那里已经开始。比如申涵光就是在此共识之下概括河北由古及今的诗风：“盖燕赵山川雄广，士生其间，多伉爽，明大义，无幽滞纤秾之习。故其音闳以肆，沉郁而悲凉，气使然也。”（申涵光：《畿辅先贤诗序》，见《聪山集》卷 1，第 1 页）而后代学者也是如出一辙来概括以之为首的河朔诗派。

② 正是有此共识，外人也不约而同的以“慷慨悲歌”来概括河北人，比如曾国藩任直隶总督仅两年，在评论河北文化时就是如此：“前史称燕赵慷慨悲歌，敢于急人之难，盖有豪侠之风。余观直隶先正，若杨忠愍（杨继盛）、赵忠毅（赵南星）、鹿忠节（鹿善继）、孙征君（孙奇逢）诸贤，其后所诣各殊，其初皆于豪侠为近。即今日士林，亦多刚而不摇，质而好义，犹有豪侠之遗。”（曾国藩：《劝学篇示直隶士子》，见李瀚章、李鸿章编纂：《曾国藩全集·文集》，中国华侨出版社，2003 年，第 204 页）

③ 关于此，可集中参见为响应河北省关于“河北人文精神”讨论而于 2006 年由河北人民出版社出版的《文化自觉——河北人文精神研究》中所录的专家学者论文。

④ 对清政府来说，自从三藩被平定后，就开始加强对汉人习武以致武技密传的控制。一方面是坚决取缔，如雍正五年冬十一月上谕：“着各省督抚转饬地方官，将拳棒一事，严行禁止，如有仍前自号教师及投师学习者，即行拿究。”另一方面则是对源远流长的武术门派的不断限制，“太极，在拳学语词，则因清代避讳而隐显”。“在此夹缝之中，武术在不断发展。”“清初政治气候如此，汉人传练武技，岂能越出内家？更何况，有清一代，汉人反清情绪未有间断，内家拳，家里传，拳技如此，拳谱犹为珍秘。太极拳隐显传世，乃时势使然。”李滨：《张三丰太极拳的避讳传世》，《武当》2009 年第 9、10 期。

家"，"帝王家"在创业之时，文武并用、侠儒兼收，但进入守成后，必然重文轻武。就王余佑的生命历程来看，其后半生就面临着这种皇权所制造的社会压力，而刻意收敛这种文武兼收、侠儒兼收的风格。① "倚马才犹在，挑灯泪暗伤。平生飞动意，到此倍凄凉。"② "吾道沦胥久莫传，晚寻羽客话聊天。自知鹄卵难生凤，却想麻池好种莲。"正是如此，王余佑虽意气仍在③，但晚年也只能自比陶渊明而淡泊明志。

> 出尘白鹤仰伊人，业桂新篇问隐沦。卜筑墙东聊阅世，读书灶北自传薪。陶潜有子名偏盛，谢朓能诗兴不贫。翘首考阳千里外，大河春水谁知津。④
>
> 桃椎自昔见人羞，茗米随缘也结俦。既有颖君挥紫电，何妨后世问青州。篱边潦倒归陶令，架上沉酣想邺侯。有子书仓堪世守，元龙只合在高楼。⑤
>
> 三语岂关希骧贵，一心只合守常然。归来细味南华理，樗栎犹堪享大年。⑥
>
> 巨源公辅器，韬光在竹林。一饮能八斗，襟量固高深。石鉴徒虚名，贪眠拥旅衾。岂知宴安日，马蹄已骎骎。哲人贵远识，集霰见天心。嗟哉隐身计，可以终云岑。⑦

而随着清帝国的日渐稳定，到乾嘉时代，以纪昀、翁方纲、崔述为

---

① 其实，不光是王余佑，整个河北夏峰北学的遗民群体都在发生转向，比如孙承宗侄孙孙衷渊改名王伟光，信佛老。"当撄城时，阖门践血，身带八矢，复投缳不死，既甦而思有老母在，隐忍以生，为亲存也。及沙移雁散，脱屣时名，举平生攻苦联篇累牍之业付之流水，放怀于溪山，诗古文辞意有所痛悼。"王余佑：《高阳孙衷渊先生墓志铭》，见《五公山人集》，第267页。
② 王余佑：《灯下起草，眼感花赋》，见《五公山人集》，第86页。
③ "人谁无意气，势压辄卷舌。化作绕指柔，未语喉已结。吾党有直者，百摧气不灭。公义在人心，疾风知劲节。毒焰烈于火，傲骨劲如铁。倘令居庙堂，朱云槛可折。倘使临战阵，严颜头可截。嗤彼从流人，空腔本无血。"王余佑：《二士吟》，见《五公山人集》，第4页。
④ 王余佑：《闻通安明阳刘遗民高卧岩滩，嘉其风烈，诗以寄怀》，见《五公山人集》，第75页。
⑤ 王余佑：《酬梁园雪龛田明府》，见《五公山人集》，第77页。
⑥ 王余佑：《羽士尹元斋以诗见寄，依韵答之》，见《五公山人集》，第77页。
⑦ 王余佑：《读史》，见《五公山人集》，第4页。

代表的新一代河北学人，已经完全放弃了侠风而成为纯粹的儒生[①]，由此，他们对明清之际河北夏峰北学的先辈已经相当隔膜而呈现出否定态势[②]。势然，不得不然。

第二节　颜元对孙奇逢的分合与颜李学的兴起
——以"圣人论"为中心

一、孙奇逢"学为圣人"的思想及颜元对其的离异

众所周知，帝制时代的中国是一个崇拜圣人的国度。因为无论是从精英文化还是大众文化来观察，均能发现圣人的无所不在以及圣人观念的强大统摄作用。圣人乃是千百年来由中国人塑造的一个体现最高价值的超人，其非凡的智能以及崇高的品德，早已成为中国人在生命繁衍和文明创造中赖以汲取力量的源泉和加以奉行的规范准则，甚至圣人的存在本身就是一面具有巨大精神号召力和情感凝聚力的伟大旗帜。

在明清之际，孙奇逢以其回归、重释孔孟经典来整合理学各派的内圣思想与"舍三纲五常无道术"基础上"礼理合一"的外王思想，两者完美结合，一方面为清学的展开提供了新平台，另一方面也使得在清代北方形成了以孙奇逢为宗师、以会通儒学各派为特征的夏峰北学，且风靡北方。其关键之中介点就在于其"学为圣人"的思想。"或问学何为

---

① 总的来看，清代的河北儒生经历了遗民（不与清政府往来）、对权力抱有期待（颜元、六府三事）、入仕与在野之间徘徊（李塨）、全面融入（纪昀、翁方纲）的过程，由此学风呈现从侠儒兼收、文武兼收到单纯儒生的变迁。所以，从清代整个河北儒生来看，慷慨悲歌的精神反而是在弱化。

② 在《四库全书》中，以纪昀为代表的四库馆臣对明清之际北学呈现整体否定，比如认为王余佑"不甚循儒者绳墨，其诗文亦皆不入格，考证犹疏"（永瑢：《五公山人集提要》，见《四库全书总目》卷181，第1636页）。刁包"持论每多苛刻"，"多引委巷无稽之言，不知折衷于古"（永瑢：《用六集提要》，见《四库全书总目》卷181，第1632页）。杜越"文章则非所长"，"既多录应酬代笔之作，又不甚谙体例"（永瑢：《紫峰集提要》，见《四库全书总目》卷181，第1635页）对孙奇逢《夏峰先生集》于《四库全书》列于禁毁。《理学宗传》删改后以《理学传心纂要》收录（永瑢：《理学传心纂要提要》，见《四库全书总目》卷97，第822页）。

也哉？曰学为圣人而已。曰圣人可学而能乎？曰如不可学，孟子之所愿学者岂欺人语耶？"①概而言之，也就是在磨练、体贴、作功夫的"学为圣人"的实践中，天人合一、礼理合一，最终把外在制度对自身的规训内化为人们自身追求规训的冲动。由此，不是制度在压抑人，而是人们在主动寻求这种压抑。

为此，孙奇逢一方面以孔孟之道来统率、整合在儒学内部源远流长的思想，"孔圣人万世之师，道之宗也。学者立必为圣人之志，只折衷于孔子是矣"②。"非孔子不能折衷百家。""儒者谈学不皆数百家，争虚争实，争同争异，是非邪正，儒释真伪，雄辩不已。予谓一折衷于孔子之道，则诸家之伎俩立见矣。……不归本于孔圣之道者，则异端邪说，是谓非圣之书，不必观可也。"③在此基础上，孙奇逢提出以孔孟之道为核心的"道一"思想。

> 问朱陆同异。先生曰：鹅湖之会，人皆咎其不同。余谓道一而已矣，不同宜求同。所谓南北海有圣人出焉，此心同此理同也。未至于同，万不可强不同以为同。由求不同于游夏，游夏不同于颜闵。点曰：异乎三子者之撰。子曰：我则异于是。不同何病，皆足入道。④

另一方面，也正是在这种道一基础上，孙奇逢把儒家所有圣人先贤归于一体而强调向他们学习。

> 问：学、庸、语、孟以何为把柄？曰：分言之，学而时习之，孔子之把柄也。在明明德，曾子之把柄也。天命之谓性，子思之把柄也。亦有仁义而已矣，孟子之把柄也。合言之，学也，德也，性也，仁义也，一也。皆吾心之所具足而不容外求也。⑤

---

① 孙奇逢：《四书近指序二》，见《孙奇逢集》中，第 1278 页。
② 孙奇逢：《孙征君日谱录存》，见《孙奇逢集》下，第 255 页。
③ 孙奇逢著，朱茂汉点校：《夏峰先生集》，第 554 页。
④ 汤斌：《孙夏峰先生年谱》，见《孙奇逢集》中，第 1405 页。
⑤ 孙奇逢：《岁寒居答问》卷 1，清顺治十三年张元枢刻本，第 1 页。

典型如在《四书近指》中，孙奇逢以《论语》中"学而时习之"中的"学"统率全书，并且以之作为孔孟经典的真谛。"圣贤立训，无非修己治人，亲师取友，理财折狱，用贤远奸，郊天事神，明理适用，总之皆学也。故而论逐章皆点学字。《学》、《庸》而《孟》，以学字统括之。此近指一编之义。"①

但儒学在两千多年的发展中几经变异，抵牾之处甚多。所以，在现实中要实现"学为圣人"，孙奇逢主要从两个方面用力。一方面，"他非常注意把讲论义理与个人的生活实践相联系，结合人的心理活动展示道德真理，把被版拗的理学家说得非常玄虚的东西还原到实处，起到立竿见影的效果"。"他对涵养性情、改换气质、希贤成圣的过程的每一步、每一环节都给予充分细密的关切，并且结合具体的实际生活，对修身进德的精神活动的具体步骤给出了实在可感的规定和描述。可以说，他的身体力行和循循善诱，抹去了王学给人留下的外在的禅家印象，并发展了理学陶熔行止、改造思想和世界观的一整套法门。"也就是在此过程中，儒家的成圣之道变得切实以行，人人可得。另一方面，孙奇逢为"圣人"提供一个理想形态作为学习之旨归。他集三十年之力专门编纂他心目中的圣人排行榜——《理学宗传》。在此书中，孙奇逢一方面以理学学者为主，另一方面却时代断限超越宋明时期，回溯及董仲舒、王通、韩愈等汉唐大儒。对于《理学宗传》所有上榜的儒生：

> 诸儒学问，皆有深造自得之处，故其生平各能了当一件大事。虽其间同异纷纭，辩论未已，我辈只宜平心探讨，各取其长，不必代他人争是非求胜负也。一有争是非、求胜负之心，却于前人不相干，便是己私，便属浮气，乌能近里着己，真切了当自己性命。此病关系殊不小。②

如果视野更宽，两千多年来的所有儒生，他们可能"与圣人端诸微

---

① 孙奇逢：《四书近指·凡例》，见《孙奇逢集》上，第368页。
② 汤斌：《孙夏峰先生年谱》，见《孙奇逢集》中，第1400页。

有所不同"，或"区区较量于字句口耳之习"，或"务为新奇以自饰其好高眩外之智"，或"更有以理为入门之障而以顿悟为得道之捷者"，但他们"地各有其人，人各鸣其说，虽见有偏全，识有大小，莫不分圣人之一体焉"。因而其光辉之处仍值得后来的学者为之学习奋斗。

孙奇逢思想的开放性，表现在其"学为圣人"的思想中，其去取圣贤的标准也是求同存异、开放并包的。为此，孙奇逢一再强调"学问须要包荒，才是天地江海之量"①，"不开眼界，不大心胸，不去取圣贤，未许读书"②。

> 窃思道统肇自伏羲，而尧、舜、禹、汤、文、武、周公以至孔子，自孔子而颜、曾、思、孟，以至周、程、张、朱，其人止矣。岂皋、夔、伊、傅不得进，而与程、朱比隆耶？盖唐、虞之时，五臣皆圣，春秋之际，闵、冉皆贤，取其最著者而已。孔子曰："贤者识其大，不贤者识其小，莫不有文武之道焉。"是岂可以执一论哉？③

也就是在这种开放的氛围中，孙奇逢求同存异，整合各派，夏峰之学兼容并包，愈发显得博大、融通。

就颜元与孙奇逢的关系来看，他应该属于孙奇逢的弟子门人序列。④

> 先生尝自言："私淑孙征君，又所父事者五人：曰张石卿、曰刁蒙吉、曰王介祺、曰李晦夫、曰张公仪。兄事者二人：曰王五修，曰吕文辅。友交者三人：曰郭敬公、曰王法乾、曰赵太若。"皆有以修先生。⑤

除孙奇逢外，其他十人全部为孙奇逢的门人弟子。如果从孙奇逢与

---

① 孙奇逢著，朱茂汉点校：《夏峰先生集》，第 61 页。
② 孙奇逢：《四书近指及晚年批定四书近指》，见《孙奇逢集》上，第 365 页。
③ 孙奇逢著，朱茂汉点校：《夏峰先生集》，第 121—122 页。
④ 关于颜元与孙奇逢之间的关系，参见钱穆：《〈清儒学案〉序》，见《中国学术思想史论丛》卷 8，第 364、367 页；嵇文甫：《颜习斋与孙夏峰学派》，见《嵇文甫文集》下，第 648 页；陈祖武：《清初学术思辨录》，北京：中国社会科学出版社，1992 年，第 185 页。
⑤ 颜元：《颜元集》，北京：中华书局，1987 年，第 620 页。

颜元的运思路径来看，更是如此。第一，虽然对理学态度不一，但都以回归、重释孔孟经典为基点来整合自己的思想体系。第二，孙奇逢公开反对考据学，他倡言"读有字书，要识无字理"，"考据终非度世针"。而颜元也是如此，并且对于刚刚兴起的考据学大加抨击。第三，孙奇逢在思想体系中一般都避免过于形而上的讨论，谨守礼法，重视人伦，即以家庭为中心特别注重"孝"、"礼"的实践。

> 中州理学之传久而益振，虽立说间有差池，或确守程朱，或参良知之说，要其术正斥邪，守先待后，皆本心得而身体力行，非分门树帜，断断焉务口说有角胜者。[1]

颜元也是如此[2]。最为重要的是在学为圣人方面，孙奇逢侠儒兼收、文武兼收，以成就圣人之道；而颜元更是如此，"学者，学为圣人也"[3]。

> 圣人亦人也，其口鼻耳目与人同，惟能立志用功则与人异耳。故圣人是肯做工夫的庸人，庸人是不肯做工夫的圣人。[4]

为此，颜元"二十一岁得纲鉴而阅之，至忘寝食，遂废八股业，绝意青紫。二十三岁见兵书悦之，遂学兵法，究战守事宜，尝彻夜不寐，技击亦学焉。二十四岁始开家塾，教子弟，名其斋曰思古，自号思古人"。而对于理学也是兼容并包：

> 尊陆、王，学程、朱，屹然以道自任，谓圣人必可学，期于主敬存诚，日静坐八九次，谤毁交集，尝敝衣敝冠出，人望而笑之，

---

[1] 田文镜、王士俊等监修，孙灏、顾栋高等编纂：《理学》，见《雍正朝河南通志》卷61，文渊阁四库全书本，第2187页。

[2] 见吕妙芬：《颜元生命思想中的家礼实践与"家庭"的意涵》，见高明士编：《东亚传统家礼、教育与国法（一）：家族、家礼与教育》，台北：台湾大学出版中心，2005年，第143—196页。

[3] 颜元：《颜元集》，第670页。

[4] 颜元：《颜元集》，第628页。

不恤也。①

颜元对孙奇逢的离异，是发生其 34 岁时。在养祖母去世后，颜元依准古礼守孝，结果身体每况愈下几乎死亡，在经历生死考验后，颜元突然发现理学与原始的孔孟儒学之间内在的某种张力。

> 某静中猛思，宋儒发明气质之性，似不及孟子之言性善最真。变化气质之恶，三代圣人全未道及。讲天生一副作圣全体，参杂以习染，谓之有恶，未免不使人去其本无而使人憎其本有，蒙晦先圣尽性之旨而授世间无志人一口柄。又想周公、孔子教人以礼、乐、射、御、书、数，故曰"以三物教万民而宾兴之"，故曰"身通六艺者七十二人"。故性道不可闻，……近世言学者，心性之外无余理，静敬之外无余功。细考其气象，疑与孔门若不相似然。即有谈经济者，亦不过说场话、著种书而已。②

也就是在此，颜元与孙奇逢在圣人的去取标准上发生了背离：虽然还是要"学为圣人"，但在此时的颜元看来，孙奇逢的圣贤标准无疑是太宽泛了，程朱、陆王，甚至于连一般的儒生都有可能获得圣人之一得。而对于颜元来说，不但一般的儒生根本无法进入其视野，就是连程朱陆王也严重偏离了原始儒学体系。

> 汉宋以来，徒见训诂章句，静敬语录与帖括家，列朝堂，从庙廷，知郡邑；塞天下庠序里塾中，白面书生微独无经天、纬地之略，礼、乐、兵、农之才，率柔脆如妇人女子，求一腹豪爽倜傥之气亦无之。③

可以说，也就是在圣人的取舍上，颜元采取一种更加严格的态度：

---

① 钟錂：《习斋先生叙略》，见《颜元集》，第 618 页。
② 颜元：《上征君孙钟元先生书》，见《颜元集》，第 46 页。
③ 颜元：《颜元集》，第 399 页。

只有周公孔子具有圣人品格，而孙奇逢所认定的后来其他圣贤皆是不合格的。既然如此，要学为圣人，只要学习周公孔子之道也就可以了，其他的皆为异端。

> 唐虞之世，学治俱在六府三事，外六府三事而别有学术便是异端。周孔之时，学治只有个三物，外三物而别有学术，便是外道。①

由此颜元对孙奇逢发生了离异，即以周孔正道的"事物"之学代替孙奇逢兼容并包的成圣之学。颜元认为只要习行尧、舜、周、孔相传的"三事"、"六府"、"三物"、"四教"等儒门正学，就能成就经世之学，进而成圣成贤。也正是如此，颜元走上了弃同转异，力批理学，兴实学的道路。

二、颜元的突破能否成为可能

正是颜元在学为圣人上对孙奇逢的离异与突破，使得其开辟出一番新天地，使得清代北学发展出现了另一种可能。但问题是，由于内外等综合因素的结合，使得颜元的突破最终化为乌有。笔者认为，这些内外因素共包括以下四个方面：第一，过低估计了学为圣人的难度；第二，过低估计了儒学内在的矛盾，以至于虽极力以"周孔正道"批判理学体系，但又无法深入重建儒学体系；第三，对清代皇权意识形态建设缺乏清醒认识，缺乏走向权力中心的途径；第四，由于颜元之学过度依靠单纯书本知识及对实际事务知识的缺乏，导致儒学普适性想象与清王朝走向复合型帝国的形势格格不入。

首先看第一方面，在学为圣人问题上，颜元是相当坚决的，并且希望圣人豪杰重在对当下社会的有用性，重在开出盛大的外王事功。他说："人必能斡旋乾坤、利济苍生方是圣贤。"②圣贤必须能经世致用，必

---

① 颜元：《颜元集》，第 685 页。
② 颜元：《颜元集》，第 675 页。

须有盛大的外王事功。他还说："儒者天地之元气'，以其在上在下，皆能造就人材，以辅世泽民，参赞化育故也。"[①]主张"建经世济民之勋，成辅世长民之烈，扶世运，奠生民[②]。但问题是作为最高价值体现者的圣人岂是人人可学？

　　中国古人追求从"人"到"圣人"的飞跃，并没有采取宗教信仰的形式，而是选择了以"学"为途径的理性方法，这与整个传统文化中的"重学意识"有着密切的关联。因此，"学为圣人"便成了中国古人所设计的一种最为伟大的理想，它超越了个人甚至群体和阶层的范围，具有全民性，从而成为中国传统文化的标志之一。不过，理想虽然远大，但在具体的实践过程中，却不可避免地会碰到这样一些矛盾：一、"学为圣人"的理想，属于高度综合性的活动，包括知识积累和道德修养，可以说包罗万象。而且这不是一日一时之功所能奏效，而是一种永恒不止的追求。然而由于个人的努力往往是难以实现这样的终极理想的，因此退而求其次，设计一些层次较低的理想目标便成为现实的考虑。二、原始儒学所设计的"三纲领"、"八条目"，为文人学士提出了一个如何处理内和外、修身与平天下的难题。由于对"学为圣人"的理想目标存在不同的理解，还由于每个人实际上可能拥有不同的人生目标和行为动机，因此历史呈现出来的并非单色调的对圣人境界的追求，而是一幅更为复杂的色彩斑斓的图画。三、在俗世中生存的人并不能时时刻刻只是为了终极理想而活着，名声利禄都是实际的存在，它们又和崇高的道德构成矛盾。因此，作为上述矛盾的具体表述，"为人之学"与"为己之学"的区别以及由而形成的紧张、焦虑便成为文人学士争辩不休的话题。除此以外，在对"学"的含义理解上的"正统"与"异端"，"学"的功夫上的"道问学"与"尊德性"的分别以及在"学为圣人"的崇高理想之下调合这些分别的努力，也同样纠缠着传统

---

① 颜元：《颜元集》，第 69 页。
② 颜元：《颜元集》，第 433 页。

士人的心灵。①

对此，颜元缺乏清醒的认识，无疑，他把学为圣人这种高度复杂的活动过分的简单化。他以为只要学为圣人就能成贤成圣，事实上哪会如此简单？几千年来儒生们前赴后继，但又有几个能够成贤成圣？

其次看第二方面，颜元提倡儒学要外王，那就必须要有外王的素质，这当然不是空谈三代，搬弄几个理论词汇建构宏大理论所能够解决的。正如有学者评论的那样：

> 但事实上义理辨析固然不易，但讲经济事功者，要熟于人情世故，通古今之变，明事类之赜，斟酌损益，实远比纯粹理性思辨困难得多。……如言井田，涉及土地资本经济等学问；言治赋，需要财税知识；论学校，属于教育学；论封建，必须具备政治学素养。②

再说，从历史上看，儒学更多只是道德学说，在内圣方面，儒学表现还不错，但在外王方面，也就是王阳明、曾国藩等几个儒生甚为鲜亮，而包括儒学开山孔子在内的多数儒生从来就不擅长，对此，司马迁有清醒的认识："儒者博而寡要，劳而少功，是以其事难尽从；然其序君臣父子之礼，列夫妇长幼之别，不可移也。"③就颜元师徒自身来说，处于穷乡僻壤，怎么可能会对兵农钱谷赋役法政的外王之学有如此研究？要不朱一新怎么会讥笑他误以技击为兵学而虚构了治火之学？

另外，梁启超在《清代学术概论》中对此曾说：

> 浸假而孔子变为董江都、何劭公矣；浸假而孔子变为马季长、郑康成矣；浸假而孔子变为韩退之、欧阳永叔矣；浸假而孔子变为程伊川、朱晦庵矣；浸假孔子变为陆象山、王阳明矣；浸假而孔子变为顾亭林、戴东原矣。

---

① 王文亮：《中国圣人论》，第4页。
② 龚鹏程：《晚明思潮》，北京：商务印书馆，2005年，第277页。
③ 司马迁：《史记》卷130《太史公自序》，第3290页。

　　由于自汉武帝以来，儒学作为意识形态，这更加剧了其内在的矛盾。比如当理学发展到了明代，八股的惯性使程朱派把程朱的言论当成了实际最大权威，如明初大儒薛瑄说"自考亭（朱熹）以还，斯道已大明，无烦著述，直须躬行耳"①。直到清初，这种程朱权威远超过孔孟的习气未得根本之改变，清初陈确说："世儒习气，敢于诬孔、孟，必不敢倍程、朱。"②也正是如此，两千多年来的历代大儒仅仅是把儒学各个部分整合在一起就难度巨大，更不用说登堂入室而寻求所谓的周孔正道了。颜元对其难度估计不足，而认为自己所主张的六府三事就能把儒学精华一网打尽，这可能吗？

　　再次看第三方面，传统中国政治的理想模式是"治教合一"，即在教化的基础上实行治理，而两者又相辅相成，不可或缺。如《礼记·中庸》所说："虽有其位，苟无其德，不敢作礼乐焉；虽有其德，苟无其位，亦不敢作礼乐焉。"真正的"治教合一"，一般认为只有在"礼乐征伐自天子出"的"三代"时曾经实现过，那是所谓"天下有道"的时代。在此后，德与位难以两全，实际的结构已是"治"与"教"分为二统，而在现实中，虽有"从道不从君"、"事君以道"之类的说法，但落实起来只能是道统从属于治统。而到清代更是如此，以至于出现君道合一的局面，皇权意识形态下权力的参与成为清学变化的主导动力。③在如此情况下，要实行一种学说，唯一的办法也就只剩下"得君行道"而依靠专制皇权来推行实施。但"得君行道"又谈何容易？

　　几千年来，大大小小的儒生由于共同的知识背景组成儒生共同体，但在这个共同体内，儒生们的地位是不平等的，一般来说，他们依据与权力关系的远近而获得不同的权力，并以此分层而实践着自己信奉的理念。从隋唐之际开始的科举制发展到明清，已经成为儒生们分层的主要方式。如果说一种学说、学派显赫的背后，必然隐藏着专制皇权背影。但反观颜李学派，基本上全部为下层儒生，颜元是生员，科举地位最高

① 张廷玉：《明史》卷282《儒林传一·薛瑄传》，第7229页。
② 陈确：《与黄太冲书》，见《陈确集》，第64页。
③ 黄进兴：《清初政权意识形态之探究：政治化的道统观》，见《优入圣域：权力、信仰与正当性》，第99—141页。

的李塨才是个举人，他们根本就没有可能通过科举参与、分享权力的运作，也就是说，他们力行实践，想借此实践恢复他们所鼓吹"三代"理想，但由于他们都是低层儒生，专制皇权根本就不会为他们提供这种实践的机会，所以，颜元虽然推崇以六府三事为核心的实学，但最终也只是一种纸面的东西而根本没有机会实践于社会，一种力主实践的体系却没有可以实践的机会，只是昙花一现，也就不奇怪了。

同时，如果结合清初皇权意识形态的建设轨迹来看，就算颜李学派的儒生们能够身居高位，他们也不可能推行他们的学说。因为他们的主张与清初意识形态抬高程朱理学的潮流是相违背的。康熙帝以冲龄即位，在一批汉族理学官僚的影响熏陶下，全面吸收并接受了程朱理学，并力图付诸实践。康熙对程朱理学情有独钟，认为程朱理学才是儒学"正传"。康熙五十一年（1712），对大学士等下谕说：

> 朕自冲龄，笃好读书，诸书无不览诵。每见历代文士著述给一字一句于义理稍有未安者，辄为后人指摘。惟宋儒朱子注释群经，阐发道统，凡所著作及编纂之书，皆明白精确，归于大中至正。经今五百余年，知学之人，无敢疵议。朕以为孔孟后有裨于斯文者，朱子之功最为宏巨。[1]

由于康熙"崇儒重道"的文化政策，各类理学著作纷纷问世，大多以阐述宋明理学为中心。康熙更是利用国家力量编辑和刊定了大量理学著作，有《性理大全》、《朱子全书》、《性理精义》等。《朱子全书》纂集完成时，康熙欣然作序，序中说：

> 至于朱夫子，集大成而继千百年绝传之学，开愚蒙而立亿万世一定之规。穷理以致其知，反躬以践其实……至于忠君爱国之诚，动静语默之敬，文章言谈之中，全是天地之正气，宇宙之大道。朕读其书，察其理，非此不能知天人相与之奥，非此不能治万邦于衽

---

[1] 王先谦：《东华录·康熙八十九》，清光绪十年长沙王氏刻本，第 1769 页。

席，非此不能仁心仁政施于天下，非此不能内外为一家。①

康熙在位时重用了一大批理学名臣。比较著名的有熊赐履、李光地、汤斌、张伯行等。这些高居庙堂的理学官员，他们的活动和著述对当时学术发展走向起着十分重要的作用。帝王尊崇理学，"理学名臣"必然给予程朱理学不遗余力的支持，这使程朱理学在康熙朝时呈现"中兴"之势，达到了清王朝的全盛顶点。

而到雍正，虽主张"三教并重"，以"诚"代"理"，对程朱理学进行改造。但终世宗一朝，乃极尽尊崇孔子之能事。正如孟森所云："清一代尊孔之事，莫虔于雍正一朝。"乾隆帝更是"孔、曾之道，绝于汉、唐，绍于周、程、张、朱五子；孔、曾之书，亦幽而不显于汉、唐之间，逮程、朱表章，然后赫然昭著而大行。盖道传斯学传，非程、朱无以传孔子之道。故孔、曾之书，亦非程、朱莫能尽发其精蕴也。"②

正是如此，无论是在朝还是在野，各个学派时刻都面临着皇权意识形态建构的巨大压力。一般的学派或者学者要么入其彀中，要么被其剔除，就是规模相当庞大的地域学派也在其笼罩之下而分流。如在清初分别流行于江浙地区、以刘宗周为宗师的蕺山南学与流行于北方、以孙奇逢为宗师的夏峰北学，这两大学派在清代学术史上都举足轻重。但在清初皇权意识形态建构的巨大压力下，蕺山南学分化为黄宗羲派、狂禅派、修正派、由王反朱派、根本反对派等五派。③而夏峰北学，虽然在顺康之际北方独大，并且在朝有魏裔介、魏象枢、曹本荣等高官支持者，在野则有河南河北大批儒生为后盾，且以书院为阵地建立起了一呼百应的网络，但就是如此，本派干将崔蔚林因与康熙辩论而被康熙贬斥为"直省极恶之人"丢职罢官，就是与清廷时刻保持一致、被誉为"理学名臣"的汤斌也最终被康熙贬斥"当其任巡抚时、未尝能行一事、止奏毁五圣祠乃彼风采耳，此外竟不能践其书中之言也"④，甚至学派宗师、

---

① 《清文献通考》卷 225《经籍考》，文渊阁四库全书本，第 3208 页。
② 《清高宗跋朱子大学章句》，《乐善堂全集定本》卷 8，文渊阁四库全书本。
③ 王汎森：《清初思想趋向与〈刘子节要〉》，见《思想学术评论》第 10 辑，长春：吉林人民出版社，2003 年，第 183 页。
④ 王先谦：《东华录·康熙八十五》，清光绪十年长沙王氏刻本，第 1738 页。

北学"泰山北斗"的孙奇逢于 81 岁之际也不免遭受文字狱迫害，差点被押进京入狱。也就是在这种压力下，夏峰北学流变为以赵御众、崔蔚林、张沐等坚守王学派、以侠儒兼收为特征河北派及河南派。^①所以，即使是在清朝统治不稳、危机四伏的顺康之际，统治者对学界的态度尚且如此。试想，统治稳固的清代中期，皇权意识形态建构对各派形成的压力与控制又将达到何等程度。权力形塑思想，而绝对的权力更是宰制思想。所以，正是这种压力使得清代始终无法形成统一的经学体系^②，这其中虽有清初大儒为清学展开提供的观察视野本身就是新旧视野的杂糅融合之因素，但根本原因还在于清代皇权专制主义的多层次运作使得各学派分流不断加剧。而反观颜元，在康熙朝以程朱为意识形态的时候，却把程朱陆王一起扫地出门，其命运可想而知。

最后看第四方面。颜元论治，重点在于恢复三代的封建、井田制度，并主张兵农合一。因为要恢复封建，所以要恢复宫刑。因为讲井田、兵农合一。故治农即治兵，赋税之法也就变成了练兵之法，学校也是教文教武。如果放宽历史的视野，我们会发现颜元的主张与清代历史的发展恰恰是背道而驰的。

清帝国与明帝国的不同之处，一方面在于其是少数民族的政权，另一方面在于清帝国疆域更为辽阔，统治民族更为复杂，通过康雍乾时代，清廷对西北，主要是准噶尔部相关势力用兵，实现了"大一统"的清王朝，疆域已不仅限于传统概念上的中原，还有原属于喀尔喀、厄鲁特、青海等蒙古诸部，以及西藏和回部等各民族居住和生活的地区。而这一切的最终结果就是，清帝国运作需要而且必须呈现多层次、有差序的运作方式。正是如此，使得清帝国走向复合型帝国之路。比如统治汉族方式与统治东北、统治西北、统治青藏的方式就不相同、同时清代皇帝作为东亚封贡体系的盟主（也即"天朝上国"），它对其藩属朝鲜、越南等王国政权的运作方式也颇为不同。这种多层次运作方式的一个重要表现就是理藩院的设立，它成为清王朝中与六部平行的专门管理民族事

① 王坚、雷戈：《论夏峰北学》，《辽宁大学学报》（哲学社会科学版）2009 年第 3、4 期。
② 朱维铮：《中国经学的近代历程》，见《中国经学史十讲》，第 54 页。

务的机关。它的机构设置庞大，比吏、户、礼、兵、刑、工六部的机构
还要多，人员编制也多于六部。并且，在理藩院内部，对蒙古、西藏、
新疆也采取各个区域实行多层次、各具特色的管理制度。1638 年设立的
理藩院《蒙古律例》；《西藏通制》确立达赖、班禅、驻藏大臣共同主导
的西藏"政教合一"制度；而在《理藩院则例》中，对新疆维吾尔族、
哈萨克族等的规定，不像对蒙古、西藏和青海蒙古的规定那样集中，而
是分散在各门各条之中。所以，对于清朝来说，大一统巩固还来不及，
怎么可能实行封建？军事上力主骑射，怎么可能全民皆兵？封建土地所
有制相当发展，根本没有多余的无主荒地，连均田制都难以实施，又怎
么可能实行井田制？而颜元还妄想普世性的单一统治方式，岂不愚乎？

可以说，清代的情势把颜元的理想彻底碾碎，不但其所谓的"六府
三事"没有实施的可能，就是其不甚关键的主张也根本无法实施，比如
灭佛。对此，颜元想出来一系列方法。

> 一曰绝由，四边戒异色人，不许入中国。二曰去依，令天下毁
> 妖像，禁淫祠。三曰安业，令僧道、尼姑以年相配，不足者以妓继
> 之，俱还族。……四曰清蘖，有为异言惑聚者诛。五曰防后，有窝
> 佛老等经卷一卷者诛，献一卷者赏十两，讦窝者赏五十两。六曰杜
> 源，……七曰化尤，……八曰易正，……九曰明法，……①

对此，有学者大加抨击，认为一旦实施，祸害无穷。②其实，颜元
的主张怎么会有实施的可能？且不说顺治、康熙、雍正、乾隆都对佛教
表现出不小的好感，就是没有好感，面对统治区域内青藏、蒙古甚为强
大，并且占蒙藏事物一大部分的藏传佛教体系③，他们又怎敢实行颜元提
出的灭佛措施？

---

① 颜元：《靖异端》，见《颜元集》，第 116 页。
② 龚鹏程：《晚明思潮》，第 273—275 页。
③ 关于雍正及其他清朝皇帝对佛教的态度，可参见释圣空：《清世宗与佛教》，中华佛学研究
　　所硕士论文，2000 年。乾隆对佛教的态度可参见罗中展：《乾隆皇帝对藏传佛教之经营》，
　　《中华技术学院学报》2007 年第 6 期。

三、以大、小传统重新梳理中国史

一言以蔽之，正是由于以上弊病，颜元对孙奇逢的突破最终沦为一种空想、狂想。幻想中的极端自信与现实中的极端失落形成鲜明的反差，而正是这种落差，使得其学术态度一旦要落实在现实中，就呈现出向夏峰之学回归的趋势。而其关键之处是，颜元想象中的圣人选取标准与现实执行中的圣贤标准，二者之间产生的矛盾抵触。

可以说，虽然颜元严格圣人的选取标准，依然还是梦想着"六府三事"的周孔正道，还是只承认周公孔子的圣人品格，但问题是这只存在其狂想之中，一旦落实起来却是改造传统圣人论，进一步扩大了圣人的选取范围而回到孙奇逢兼容并包的轨道。也正是如此，虽然心中的圣人只有周公孔子，但现实的境遇却使得其不断对自身的圣人论进行一番改造。在颜元的视野里，圣人不再是追求"人欲净尽，天理流行"的"醇儒"，而是"通儒济济，泽被苍生"的"通儒"。当然，"通儒"不是人人都能做到的，如若不成"通儒"，"宁为一端一节之实，无为全体大用之虚。如六艺不能兼，终身止精一艺可也。"[①] 也就是说，只要具备"一端一节之实"就称得上经世之才，而极端高明者即为圣人。"全体者为全体之圣贤，偏胜者为偏至之圣贤。"[②]圣贤的标准不在于能否实现"全体大用"，而在于有无经世才能，如果有经世才能，即使禀赋偏胜也可成圣成贤。当然，颜元承认圣贤并不都是无所不知、无所不能之人，亦不过是有专才、专职之人，故曰："学须一件做成，便有用，便是圣贤一流。"又说："各专一事，未尝兼摄，亦便是豪杰。"他认为只要具有某方面的专门才干，并能具体运用于实践，便称得上是豪杰。故此，颜元从经世致用的根本宗旨出发，致力于对各行各业的专门人才的培养，以期为生民办事。在颜元看来，人才重在对社会有用，他主张人才应各专其业，各得其用。对豪杰人才的培养，颜元特别强调专于技艺，学用一

---

① 颜元：《颜元集》，第 54 页。
② 颜元：《颜元集》，第 31 页。

致，力求所学即所用，学一技用一技，认为只要具备一技之长，一专之能，都可以成圣成贤。如他所说：

> 人于六艺，但能究心一二端，深之以讨论，重之以体验，便可见之施行，则禹终身司空，弃终身教稼，皋终身专刑，契终身专教，而已皆成其圣矣。如仲之专治赋，冉之专足民，公西之专礼乐，而已各成其贤矣。①

也正是这种圣人选取标准的混乱，使得颜元虽然在理论上对孙奇逢有所不满，但在实践中与孙奇逢的兼容并包毫无二致。在实际中，颜元也是指导"凡弟子从游者，则令某也学礼，某也学乐，某也兵农，某也水火，某也兼数艺，某也尤精几艺"②。在其 62 岁时设的漳南书院课程中：

> 爰立规制甚宏，中曰"习讲堂"，东一斋曰"文事"，课礼、乐、书、数、天文、地理等科。西一斋曰"武备"，课黄帝、太公、孙、吴诸子兵机，攻守、营阵、水陆诸战法，射御、技击等科。东二斋曰"经史"，课十三经、历代史、制诰、章奏、诗文等科。西二斋曰"艺能"，课水学、火学、工学、象数等科，门内直东曰"理学斋"，西曰"帖括斋"，皆北向，凡习程、朱、陆、王及制举业者居之，欲罗而致之，以引进之也。比空二斋，左接宾，右宿来学。门内左六房，设客榻；右六厦，容车骑。东"更衣亭"，西"射圃堂"，东北隅庖厨仓库，西北积薪。③

而对于颜元之学会呈现出的这种回归，孙奇逢的门人们更是洞若观火，"仲诚笑曰：'向以为出脱先儒藩篱，不知仍在窠臼中'"④。

其实这也不难理解，颜元之学根植于孙奇逢。而夏峰之学是一种新

---

① 颜元：《颜元集》，第 670 页。
② 颜元：《存学编一》，见《颜元集》，第 44 页。
③ 李塨：《颜习斋先生年谱》，北京：中华书局，1985 年，第 772 页。
④ 李塨：《颜习斋先生年谱》，第 772 页。

理学，以学为圣人为旨归，以回归、重释孔孟经典来重整理学各派的内圣思想，与张人伦、行践履的外王思想的连接点来兼容并包各派。但也正是由于这种兼容并包，就使其在以后的发展中呈现出多重流向：

> 夏峰之学，朴实平易，虽基本上走陆王道路，但对于各家，求同存异，和平共居，不仅调停朱陆，并且把汉唐宋明都拉在一起，很像个和事佬的样子。这样，他的长处在颇能崇尚实际，消除了门户拘墟之见，⋯⋯而其短处则在于模棱迁就，往往混淆是非界限，而趋向庸俗化。①

正是如此，"大概由夏峰出发，矫激起来，则为习斋；蔓延下去，则为平泉"②。甚至有些时候，这两种品格会鲜明的体现在一个人身上，如嵇文甫年轻之时大力支持学生运动，以致因为其左而被国民党抓进大牢，而到他晚年时，赵俪生批评他也遇事"模棱，是非观念有时表现得很模糊"，"嵇先生'世情'浓厚、喜欢'调和'"③。这难道是偶然的巧合？所以，综合来看，如果没有专制皇权的过分干预，这两种倾向都很容易走向对宋明理学，特别是程朱理学所批判的某些思想价值的肯定，从而走向程朱理学的反面，颜元如此，马平泉也是如此④，近代最著名夏峰北学后学、"处人处世以孙夏峰为师"⑤的嵇文甫更是如此。这是夏峰北学系统内的共性，颜元并不具有特殊性。

正是如此，笔者才认为，近代以来的清学史研究中，过度突显颜李学派而漠视夏峰北学的模式是极端错误的。清代北学的主流是夏峰北学而非颜李学派。颜李学派只是夏峰北学极端化发展的一种取向。纵观清代北学，由于开山孙奇逢思想的兼容并包所带来的开放性，使得其后学思想呈现出多向的分流。也正是如此，无论是覆盖范围，还是从持续

---

① 嵇文甫：《嵇文甫文集》下，第 703 页。
② 嵇文甫：《嵇文甫文集》下，第 452 页。
③ 赵俪生：《篱槿堂自叙》，上海：上海古籍出版社，1999 年，第 114 页。
④ 关于马平泉的学术，具体参见本书第五章第二节"势、理、人情的三重推进与融合：论马时芳的思想及价值"。
⑤ 郑永福、谷正艳：《蜚声中外的学者嵇文甫》，《中州今古》2001 年第 1 期。

时间和影响深入程度来看，颜李学派根本无法与夏峰北学相媲美：颜李学派只持续了两代人时间，而夏峰北学则横亘整个清代，进入民国；颜李学派仅仅流行于河北南部，而夏峰北学以河南河北为中心，影响遍及整个北方；颜李学派宗师颜元被称为"北方之强"，而夏峰北学的开山孙奇逢则被誉为"生以豪杰、死以圣贤"及"泰山北斗"。同时有清一代，夏峰北学中就有孙奇逢、汤斌、张伯行从祀孔庙。道光皇帝称颂他"学术中正醇笃"、"实足扶持名教"①。更不用说，北学之所以在清代能够大放异彩也正是由于孙奇逢在明清之际为学的双重视野，以及由此其思想所具有的兼容并包、海纳百川之气概，不仅为清学的展开提供了新平台，同时也使得清初北方学术界"获得了一种和江南文化抗衡的价值感"。虽然在宗师遗产与现实的变化的互动中，夏峰后学转腾挪移，无疑会与孙奇逢的思想呈现出某种张力，如颜元。但这种离异一旦落实起来，就又不免回到夏峰的兼容并包的轨道，毕竟他们都无一例外地以孙奇逢的思想作为其运思路径。所以，笔者以为，近代以来的清学史研究之所以将颜李学派作为北学的主流，一个重要原因就在于对历史中大传统与小传统处理的错位②。如果我们放开视野，就会发现这种错位在中国

---

① 王钟翰点校：《清史列传》卷 66《儒林传上一·孙奇逢传》，第 5241 页。

② 大传统与小传统是美国人类学家罗伯特·雷德菲尔德（Robert Redfield）在 1956 年出版的《农民社会与文化》中提出的一种二元分析的框架，用来说明在复杂社会中存在的两个不同文化层次的传统。大传统是指以城市为中心，社会中少数上层人士、知识人所代表的文化；小传统是指在农村中多数农民所代表的文化。雷德菲尔德注重于强调二者之间的差异性，把二者置于对立面，认为小传统处于被动地位，在文明的发展中，农村不可避免要被城市同化。其后，欧洲学者用精英文化和大众文化对这一概念进行修正。认为大传统通过学校等正规途径传播，处于封闭状态，不对大众开放，从而成为精英的文化；小传统非正式传播，向所有人开放。从而导致小传统有精英的参与，而大众则没有参与大传统。因此小传统由于精英的介入而受到大传统的影响，而小传统对大传统的影响则微乎其微。而本书中的"大传统"与"小传统"只是对此名称的一种借用，不采用上述所谓的"城市／农村"、"精英／大众"。因为严格来说，帝制中国是一个以自然经济为主体的农民国度，它不存在近代意义上的城市化，而且其思想传统都是由精英记载和主导的。所以，在采用大、小传统的同时，本书又对其结合中国实际进行了改造。在本书中，大、小传统之关系不呈现为一种二元对立而呈现出一种包含与依附关系，也即小传统附属、依附于大传统，小传统只是大传统系统内众多的子系统。此外，本书所指的"大传统"与"小传统"并不是绝对的，而采取一种相对主义的方式。其划分标准如下：1. 覆盖范围；2. 持续时间；3. 影响深入程度。笔者以为，在一个社会系统内，如果一种传统相较之于另一种传统更符合这三个方面，那么它就是"大传统"，而另外一种传统就是"小传统"。也正是这种相对主义的分类，使得传统之大小也更具相对主义特征，但笔者同时认为，这种相对性并不是

史的研究中，特别是对明清以来的历史研究中比比皆是。

自 20 世纪 90 年代以来，在美国的中国史学界兴起了一场新清史运动。他们认为清朝能够成功地将如此众多的民族、文化统一在一个政权之内的重要原因，就在于清朝的独特性及满族统治者的"非汉因素"，在于他们与东北、西北诸族在血缘、文化上的联系，以及这些民族对满洲而非对汉族存在的那种认同。因此，强调清朝统治与历代汉族王朝的区别，强调清朝统治中的满洲因素，便成为"新清史"的两个主要特征。"对于满族和清朝在中国历史上的独特性，我们应该做比目前的认识更为严肃的思考。这就是新清史的核心目的。""在清鼎盛之时，它并不视中原为他们帝国 —— 远为辽阔的区域，包括了亚洲腹地的疆域：蒙古、西藏和东北（今天有时称之为满洲）和新疆 —— 的核心，只是一个部分而已，尽管是一个非常重要的部分。"①对于此种趋向，近十余年来，学界褒贬不一，莫衷一是。笔者在此也无意做出更多判断，只是想指出作为新清史研究的先天性假设，在处理中国历史中的大传统与小传统之间存在的瑕疵。

不错，清代在中国历史上是拥有其特殊性，但问题是中国历史上的哪个王朝政权没有自己的独特个性？一事物与另外事物必然不同，这是众所周知的常识。所以，单纯强调清朝在中国历史上的与众不同是应该的，但问题是这种不同是有限度的，超出这个限度而大肆讨论独特性是没有任何意义的。同时，清代之所以能够成功地将如此众多的民族、文化统一在一个政权之内，满族统治者的"非汉因素"是原因之一。但是这个原因究竟在多大的程度上起作用，却值得怀疑。原因非常简单，在中国历史上，大一统王朝比比皆是，也不全部是少数民族所建立；况且，少数民族建立的王朝也不在少数，他们的"非汉因素"比清朝强烈的多，比如元朝。但事实证明，正是这样"非汉因素"不仅没有帮助他们成功反而造成了负面的影响。

正是如此，笔者认为，新清史强调的两个方面是有一定意义的，但

（接上页）无限的而是有一定限度的。笔者认为，帝制中国时代的最大传统就是以皇帝制度为中心，以尊君、敬天、法祖、保民、修德为核心的皇权专制主义。

① 卫周安著，董建中译：《新清史》，《清史研究》2008 年第 1 期。

这种意义是在相当有限的范围之内起作用。包括清朝在内的任何中国专制王朝的独特性，在帝制中国时代的历史中都是小传统，都是依附于帝制中国时代最大的传统 —— 皇权专制主义建构而存在。纵观帝制时代，皇权专制主义无疑是最大的传统[①]。也正是它在帝制中国社会的不断扩张，使得整个社会都处在了皇权主义的轨道上。虽然事实上存在"天高皇帝远"，但由于皇权主义的制度建构，"把'天高皇帝远'的制度现实变为'天高皇帝近'的观念实存，实现了对人们思想的可控性，从此，思想成为皇权可以控制和规范的领域，达到了有效的思想专制"。也正是这种外在制度与内在思想的双重控制，使得皇权专制主义成为帝制中国时代的最大传统。所以要考察古代中国，特别是帝制中国，抛开皇权专制主义无疑是缘木求鱼。"早期启蒙说"的问题就在于此[②]，新清史也是如此。

所以，相对于帝制中国时代其他专制王朝，虽然清朝有独特的制度建构，但这些制度也都是在皇权专制主义建构中运作的。从历史上看，中华文明是文化海绵，吸收所有进入其文化轨道者。有学者对于清代独特性论到"民族与制度的联系甚为密切，尤其是八旗制度，这一征服前就有的军事管理组织成为满族最明显的与众不同的标志物"。但岂不知八旗制度也是依附于皇权专制主义建构而运作的。所以，离开皇权专制主义建构，清朝必然垮台，事实难道不是如此？而一旦清朝都垮台了，再强调清朝的独特性还有什么意义？

正是因为皇权专制主义建构对帝制中国社会的超强整合能力，所以中国历代王朝在统治实践中表现出来的，不是独特性而是惊人的一致性。就清朝来说也是如此，虽然它是少数民族建立的王朝，虽然它的统治方式与其他王朝有所差异，但它们的权力关系都是以皇权主义建构为基础的。因此，无论是清朝对内地或者是对边疆藩部的统治，还是将军辖地、驻藏大臣辖地或者对西北穆斯林的统治，他们都只是清代皇权主

---

① 关于皇权主义成型及运作模式，刘泽华和雷戈对此有开创性的研究。参见刘泽华：《中国的王权主义 —— 传统社会与思想特点考察》，上海：上海人民出版社，2000年。雷戈：《秦汉之际的政治思想与皇权主义》，上海：上海古籍出版社，2006年。雷戈：《道术为天子合 —— 后战国思想史论》，2008年。

② 关于早期启蒙说的局限，参见本书绪论第一节"20世纪清学史研究范式之历史审查"对之的分析。

义建构轨道上的多重管理方式①，而且从更大的视野看，这也只是帝制中国时代，皇权主义建构对社会多重管理方式的一种延续而已。②

所以，就新清史研究来说，它包含很多洞见，但由于对帝制中国时代最大传统的忽视，以及由此引起的大小传统处理的错位，也包含了相当的误解。比如何伟亚在其《怀柔远人：清代的宾礼与1793年马嘎尔尼使团》中，一再强调宾礼，宾礼真的那么重要？

> 清朝宾礼在不同场合充满"可变"性，而这一灵活性正掌握在皇帝手中。皇帝当然基本不欲违反体制（按：何伟亚曾猜测清代文献中"体制"一词的含义有时可能还包括皇帝本人的意志，说明他对皇帝的作用甚为了解），但当他愿意灵活处理时，对绝大多数官员而言，上谕的分量恐怕超过礼仪文献。③

同时，也就是在这部著作中，何伟亚强调"清对其帝国的想象是一种'以满清皇室为最高君主的多主制'"。也就是在这个结论的基础上，新清史强调清朝的"非汉因素"，甚至于所谓的"满洲本位"及"满洲之道"④。实际上，真的有所谓的与汉族统治方法所对应的满洲之道？即使有，它也只能是在皇权主义建构内运作。整个清代，最高统治者虽然

---

① 综观清代，一切政治制度都是在皇权主义建构内运作，比如藏王制的废除及由此建立的班禅、达赖、驻藏大臣共同主导的政教一体制的确立，就是清代皇权主义运作的结果。这具体体现在"金瓶掣签"制度的确立及驻藏大臣对班禅、达赖权力的分割及相互鼎立。也就是清代皇权主义的参与，说清代存在多重势力是可以的，但由此得出"清朝事实上是接受并承认多元的领导"或者"清对其帝国的想象是一种'以满清皇室为最高君主的多主制'"却是错误的。原因十分简单，因为随着清代皇权主义建构的深入，清代藏传佛教及藩部藩王的权力不是越来越大，而是在清朝主导下越来越小。清初藏传佛教及藩部藩王之所以权力独大，那是有历史原因的，而关键在于明代对青藏、新疆没有实行有效统治。

② 中国是杂糅的而非单向的，是多维的而非一维的，每个王朝有其特殊性，又有共通性。在帝制中国时代，由于各个王朝不同的情势，会采用不同的统治形式。就对边疆管理来说也是如此，如两汉都护制及唐宋的羁縻州制度，他们与清朝对边疆管理政策都是一脉相承的。并且，他们在某种程度上也是相当成功的。见何炳棣：《捍卫汉化：驳伊芙琳·罗斯基之"再观清代"》（上）、（下），《清史研究》2000年第1、3期。

③ 罗志田：《十八世纪清代多主制与〈宾礼〉的关联与牴牾》，《清史研究》2001年第4期。

④ 关于此，见欧立德的一些著作。孙静：《欧立德著〈满洲之道：八旗与晚期中华帝国的族群认同〉》，《历史研究》2005年第2期；欧立德：《满文档案与新清史》，《故宫博物院学术季刊》第24卷第2期（2006年冬季号）。

不断强调要保持满族的传统，但清朝皇帝在整个帝国之内，更加强调中原以三纲五常为基础的皇权专制主义，以此来加强对整个社会的统治，并且对后者的强调力度要远远超越前者。

　　笔者认为，新清史的最大问题就在于，漠视帝制中国时代最大传统及基础上统治灵活性①，而一味强调清代的独特性，正是这种局限使得新清史研究在破与立的过程中洞见与偏见迭出。在这一点上，孔飞力等老一代汉学家的观点更加值得重视。"没有任何可靠的途径是清代君主受制于法律，也没有任何可靠的法律可以让一个君主必欲惩罚的人得到保护。在清代，甚至连一个知县在自己的公堂上为所欲为，而没有任何被绳之以法的危险。"并且，这种情况是"没有什么能够峙立其间，能够阻挡这种疯狂"②。

　　所以，清代的成功恰恰在于对以皇权专制主义建构为基础的汉制的成功运用。在中国，不存在一个与汉族对应的非汉族，就是少数民族建立的王朝也必须把他们的制度建立在汉制的基础上。皇权专制是帝制中国时代最大的汉制。汉化的中心是以三纲五常为核心的社会秩序的重新整合及扩张，并且越是少数民族王朝越热衷于主动推行对其他少数民族的汉化，如康雍乾之于新疆西藏，以及对西南少数民族大规模的改土归流。新清史之所以对此视而不见，而津津乐道清朝的独特性及"非汉因素"，一个重要原因是，对作为帝制中国时代最大的皇权专制主义建构的漠视，以及由此引起的对大小传统处理的错位。

第三节　颜李学退潮与北学界对夏峰北学的回归
——以李塨对颜元学术推进的困境为中心

一、李塨的生活世界：在颜元与四个交友圈之间

　　在始自 20 世纪的清学史研究中，作为颜李学派创始人之一的李塨

① 在帝制中国时代，在皇权主义建构的框架下，两千多年的历史长河中，不同类型的王朝及统治者无疑会采取不同的统治措施。对于这种多种多样的管理方式，许倬云有广泛深入的研究。许倬云：《从历史看管理》，桂林：广西师范大学出版社，2005 年。
② 孔飞力：《叫魂：1768 年中国妖术大恐慌》，上海：上海三联书店，1999 年。

（1659—1733）是一个不断被注目但个性却相当模糊的学者。之所以如此，就在于其研究视野及方式之局限。

在 20 世纪初，从章太炎、刘师培为领军的国粹学派开始，近代意义上的对颜李学派研究逐渐展开。[①]也正是通过他们的研究，一方面颜李学派研究在现代学术史中"显学"的地位得到确定，另一方面他们以颜元为主体的研究方式也为后来学者全盘接受。到北洋军阀时代，由于新文化运动的冲击及对颜李学强调经世致用思想的不断重释，颜李学研究从学术层次进入官方视野，徐世昌以大总统的身份提倡颜李之学，倡组四存学会，成立四存中学校，编辑《四存月刊》，征求颜李遗著，并将颜李从祀孔庙，一时间颜李学风靡海内。以至于当时还处于社会下层的青年毛泽东也受到颜李学的影响，在 1917 年公开发表的第一篇文章《体育之研究》中对颜李"文而兼武"的学术风格大加赞颂。正是官方与民间的交互作用，颜李学派被形塑为清代北方学术的中心和中国实学的代表之一，在 20 世纪学术史中绵延不衰。

应该说，在这种研究框架中，李塨基本上就是被作为颜元的配角而存在[②]，例如《河北师范大学学报》（教育科学版）自 2004 年第 1 期开辟的研究颜李学派的专栏就叫"习斋研究"。[③]而李塨一旦与颜元的思想有所出入，就被视为对颜元的背叛[④]，更有甚者认为，正是由于李塨对颜元思想的背叛而倒向考据学派，不但导致颜李学派二世而亡，还导致清代北方学术退出历史舞台。

近十年来，随着研究的深入，以李塨为主要对象的研究在一定程度上逐渐展开。就大陆学界而言，比较有代表性的有陈山榜、朱义禄、李瑞芳等。其中，陈山榜不但发表了不少相关研究文章，而且还于 2011年点校出版了大陆迄今为止汇集李塨著作最全的《李塨文集》，为进一

---

① 王学斌：《清末国粹派颜李学研究述论》，《河北师范大学学报》（教育科学版）2010 年第 11 期。

② 韩强：《颜元李塨思想研究综述》，《河北史学会通讯》1987 年总第 11 期，第 209—226 页。

③ 《"习斋研究"周年回眸》，《河北师范大学学报》（教育科学版）2005 年第 1 期。

④ 关于此，有代表性参见钱穆：《中国近三百年学术史》，北京：商务印书馆，1997 年，第 228—243 页；侯外庐：《中国早期启蒙思想史》，北京：人民出版社，1956 年，第 386—390 页。

步深入研究提供了便利。朱义禄于 2006 年在南京大学出版社出版《颜元李塨评传》。李瑞芳则于 2011 年在科学出版社出版《李塨思想研究》等。但总体来说，这种研究虽然把以李塨为研究中心，但视野却主要局限于颜李学派或是河北地域学术层面，因而对李塨学术个性缺乏应有的重视。港台学界有代表性的则是台湾学者杨瑞松用英文撰写的 In search of Confirmation: Li Kung（1659-1733）in the Ch'ing Intellectual History[①]，在文中，杨瑞松一反传统见解而极力突出李塨的学术个性和"李塨对其自我成就所怀有的期待"，但由于对李塨的生活世界把握不全面，因而产生不少误解。具体言之：（1）该文虽注意到李塨有一定的"知识取向的自主性"，但对这种"自主性"的限度却相当忽视。其实，李塨的学术自主性与承继性是合而为一的，单纯强调任何一方面都是过犹不及，要不然如何解释李塨虽然在中年深受如毛奇龄等江南学者吸引，但却没有改投他派而始终坚持颜元学术的核心理念？（2）该文虽然力图重塑清代思想史上的李塨形象，但视野一如以前研究，仅仅叙述了李塨与颜元及毛奇龄等江南学者的交往及互动，而对更广阔的夏峰北学、清代关学与之的互动则缺乏关注。（3）该文认为李塨遍访江南学者的目的仅仅是为了"追求认可"也过于简单化。李塨所标榜的学术是"六府三物"、经世实学，他访学江南与其他地方的目的都是"志于行道"，"认可"只是属于"行道"的浅层次要求。（4）该文暗示李塨遍访江南学者一个重要原因是清初南北儒学之间不对等关系，即南强北弱的形势，这完全属于臆测。虽然自两宋后，由于经济重心逐步南移，学术文化重心也随之南移，但这个过程既不是一蹴而就，也非时时刻刻皆如此。就清初而言，北方学术丝毫不逊色于南方，当时学界公认的"三大儒"（孙奇逢、黄宗羲、李颙）北方居其二，夏峰北学与清代关学进入全盛阶段，颜李学派也随之而兴，而南方的考据学派与桐城派虽然后来居上，但直到李塨时代也只是处于酝酿阶段，因而，连顾炎武等南方学者都选择终老北方。如此看来，怎会南强于北？

---

① 杨瑞松：In search of Confirmation: Li Kung (1659-1733) in the Ch'ing Intellectual History（追求认可——清代思想史上的李塨），《辅仁历史学报》第 14 期，2003 年 6 月，第 17—52 页。

所以，正是自 20 世纪以来研究视野及方式之局限，使得主流学界总是有意或无意间，要么是把李塨仅仅视为颜元思想的继承者和推广者，而忽视其学术个性，要么是视野过于狭隘，忽视在整个清代学术史，特别是北方学术史及整个中国实学史视野中对李塨进行全方位的研究。要么是二者兼而有之，而这一切最终归结起来就是对李塨独具一格的生活世界的忽视。实际上，人是社会的动物，就生活于学术共同体中的学者来说，思想就是在社会基础上不同学者之间相互交流激荡的生成物。因此，要考察一个学者的思想世界，就必须考察他的生活世界，而这个生活的世界首先是他的交往圈。就李塨来说，其交友圈可分为以下四个[①]。

第一个交友圈是以孙奇逢为开山的夏峰北学。晚明时代，以阳明学为主导，社会上掀起了新一轮的儒学革新运动，由此导致了晚明开始的明清之际理学转向。在此过程中，随着阳明学北传及与北方理学致用传统的结合，在晚明北直隶儒生集团实践的基础上产生了独具特色的以鹿善继、孙奇逢为代表的燕南王学。而到清初，作为北方儒生共同体领军人物的孙奇逢，承接晚明北直隶儒生集团遗产，集北方理学之大成，以其回归、重释孔孟经典来整合理学各派的内圣思想与"舍三纲五常无道术"基础上的"礼理合一"的外王思想，两者完美结合，一方面为清学的展开提供了新平台，另一方面也使得在清代北方形成以孙奇逢为宗师、以会通儒学各派为特征的夏峰北学成为可能，且风靡北方。就河北来说，

---

① 本书对李塨生活圈的重建，资料来源上主要采用《李塨年谱》（冯辰、刘调赞撰，陈祖武点校，北京：中华书局，1988 年），并参《李塨文集》（邓子平、陈山榜点校，石家庄：河北人民出版社，2011 年）。之所以如此，则在于记录自身活动的日谱、年谱在明清之际学术中的重大作用（关于此，参见王汎森：《日谱与明末清初思想家 —— 以颜李学派为主的讨论》，见《晚明清初思想十论》，第 117—185 页），其中，特别是对包括夏峰北学和颜李学派的清代北学学术来说，这些资料不但是自身活动的记录，更是修身体道的具体展现。同时较之于南方学者，清代北学重践履轻著述，因而记录自身活动的日谱、年谱等就更多的担负着学派教科书、弟子门人学习材料、学术交流论文等一系列职能。正是如此，孙奇逢的《日谱》、《颜元年谱》及《李塨年谱》不但是同类作品中的上乘之作，也是清代北方学术史研究的重要材料。就李塨来说，更加注重日谱和年谱的作用，甚至他的墓志都是弥留前夕本人亲撰，他的年谱中 53 岁以前部分为李塨在世之时指导弟子编订，53 到 75 岁部分也是其弟子严格按照李塨日谱所编订，用之于本研究，可以眉目清楚，提纲挈领，避免过于引证重复繁杂。因此，下文对李塨学术之脉络及问题的探讨如无特别注明，一般取材于年谱，并由此上溯到所涉的相关典籍，但其他典籍如与年谱重合者，恕不再一并征引。

在300多年的流变中，则是以孙奇逢为宗师，以王五修、王法乾、王余佑、颜元为代表，以侠儒兼收、文武兼收为特征的河北夏峰北学弥漫整个社会。①因此，最早对李塨产生影响的就是家乡的河北夏峰北学诸子，后扩及中州夏峰北学和两派外的孙奇逢门人弟子。具体言之，不但其父李明性和早年的颜元②，还包括与其交往的王余佑、王曙光、王法乾、彭雪翁、刘见田、张函白、赵锡之、郭金城、彭通、李毅武、冯绘生、管公式、杜孟南、杨静甫、陈国镇、魏一鳌等人，全部都属于河北夏峰北学系统。③其中，李塨曾向刘见田学过数学，向张函白学过琴，向赵锡之、郭金城学过骑射，向王余佑学过兵法，向彭通学过书法。而李塨在以后交往的许三礼、冉觐祖、窦克勤、李来章、张伯行及其他河南学者则属于中州夏峰北学系统④。28岁，李塨阅许三礼《圣学直指》诸书，感觉"其论亦伟"，因而不但往拜许三礼，并作《上许西山书》求教。除此之外，李塨交往的还有其他一些学者，如费密、张侗、刁包等人，则属于孙奇逢的门人弟子⑤。从30岁开始，李塨不断致书费密探讨学术，到37岁时，更是南下拜访，但此时费密因"病不能会"而遣其次子滋衡来谒。

　　第二个交友圈是以毛奇龄、方苞为代表的江南诸友。从年谱来看，与李塨交往的毛奇龄、方苞、王草堂、梅文鼎、阎若璩、胡渭、恽鹤生、程廷祚、张晓夫、王符躬、李正芳、谢在修、江素庵、翁止园、周侣樵、刘伊园、张籁门、周昆来、李师柏、程启生等均属于此朋友圈⑥。

----

① 王坚、雷戈：《论夏峰北学》，《辽宁大学学报》（哲学社会科学版）2009年第3、4期。

② 严格来说，在清代北方学术中，颜李学派只是以孙奇逢为开山的夏峰北学的一翼，清代北方学术的主体是夏峰北学而非颜李学派。颜元属于孙奇逢的弟子辈，只不过较之于孙奇逢其他弟子而言，颜元与孙奇逢在思想上经历了一个更大程度的离异与回归过程。如果纵观夏峰北学，这种过程在孙奇逢很多弟子上都有所显现。关于颜元与孙奇逢之间的关系，参见王坚：《离异与回归：论颜李学派与夏峰北学的分与合——以孙奇逢与颜元"圣人论"为中心》，香港浸会大学《人文中国学报》第18期，上海：上海古籍出版社，2012年，第103—134页。

③ 关于李塨与河北夏峰北学学者的交往情况，参见冯辰、刘调赞撰，陈祖武点校：《李塨年谱》，第40、45、48、52页。

④ 关于李塨与中州夏峰北学学者的交往情况，参见冯辰、刘调赞撰，陈祖武点校：《李塨年谱》，第23—24、32—33、40、90、101、103、107、163、225页。

⑤ 关于李塨与费密、张侗、刁包等孙奇逢弟子门人的交往情况，参见冯辰、刘调赞撰，陈祖武点校：《李塨年谱》，第39、52、53、147、189页。

⑥ 关于李塨与江南学者的交往情况，参见冯辰、刘调赞撰，陈祖武点校：《李塨年谱》，第54、61—68、163—164、198、238页。

这跟他两次下江南相关。第一次是在其壮年（37—41 岁）时代，会见的主要人物是毛奇龄和王阳明后裔王草堂。①在此，李塨的《圣学成法》、《阅史郄视》和《讼过则例》先后成书，仲开一、钱煌为前两书作跋，王复礼则为后书作序。李塨与毛奇龄不断论学，并向毛奇龄学乐，因而阅读了其大量著作。再访江南则是方苞因《南山集》一案牵累，出狱后改隶汉军旗，须住北方，于是与李塨约定相互交换南北各自田宅。因而李塨于康熙五十九年（1720）以 62 岁高龄南下，十一月十七日抵达南京，并在此进行学术活动有半月之久②。南京的一些学者如程廷祚、周昆来、张晓夫、王符躬、李正芳、谢在修、江素庵、翁止园、周侣樵、刘伊园、张籥门等都向李塨请教问学，李塨也参观和阅读南京学者的研究成果，如观谢在修所造测量天地仪器，观李正芳所著并题词借以论道、德、艺等。李塨一直盘桓到次年正月初四才离开宁国，初九日至南京方宅，十七日动身北返。

第三个交友圈是关中诸友③。李塨 51、52 岁时，好友杨慎修任关中富平令，聘请他作为幕僚，在关中的一段时间中，李塨与此地不少学者交往，由于所在关中时间不长，虽对关中也曾一度有好感。"关中学者，颇可晤语。上而当道，下而草泽，皆有虚伫，吾道粗明粗行。两次东旋，官绅士庶，送省填途，遂欲迁家，苟全终南。"④但总的来说，此交友圈在李塨的一生中不占有重要地位。

第四个交友圈是京师诸友，这个交友圈包括万斯同、冉觐祖、窦克勤、王源、戴名世、方苞、胡渭、阎若璩、孔尚任等。京师诸友是李塨 42—46 岁开始游走京师后，参与徐乾学幕府和李光地幕府活动的结果⑤，严

---

① 关于李塨初访江南情况，参见冯辰、刘调赞撰，陈祖武点校：《李塨年谱》，第 53—71 页。
② 关于李塨再访江南情况，参见冯辰、刘调赞撰，陈祖武点校：《李塨年谱》，第 174—177 页。
③ 关于李塨与关中学者的交往情况，参见冯辰、刘调赞撰，陈祖武点校：《李塨年谱》，第 128—142 页。
④ 冯辰、刘调赞撰，陈祖武点校：《李塨年谱》，第 145 页。
⑤ 在有清一代，学人游幕是一个较为普遍的现象，由此出现了对清代学术深有影响的学人游幕集团，徐乾学幕府与李光地幕府就是康熙时代最重要的代表。正是这两个幕府，集中了像万斯同、王源、刘献廷、顾祖禹、方苞、胡渭、阎若璩、梅文鼎这样的一代大儒。关于这两个幕府情况，参见尚小明：《学人游幕与清代学术》，北京：社会科学文献出版社，1999 年。第 60—75 页。

格来说，此交友圈是李塨前两个朋友圈的扩展①。正是在相互的交流中，一方面，李塨把颜元的思想迅速推向学界，另一方面，李塨本身的思想更加缜密、圆润②，从而参与到主流学术界的论争中。

正如李塨自我一生总结的那样：

> 思生平同学师友，作忆旧诗，曰：凭谁引见鲁中叟，有我步趋负郭颜（从颜习斋先生为圣学）。走马平坡磬控里（同郭子固习御），鸣弦城侧满分间（同赵锡之习射）。毛精序作风、雅列（从毛河右先生学律吕），汾上道传房、杜班（从王五公先生学弢钤）。幽、蓟爬搔孔氏壁（同王昆绳论圣道），钱塘贯串禹碑山（从王草堂论经书）。③

其中，除了颜元、河北夏峰北学对其的基础性影响外，"生平至交，雅重毛河右、王昆绳、方灵皋"④。所以，李塨不但是颜元的嫡传，在更大视野内更是颜元、河北夏峰北学和毛奇龄等江南诸友集体培养的一个学者，虽然颜元影响更加巨大。换言之，他的学术不是对颜元的单纯拷贝，而是一分为三：颜元的"周孔正道"、河北夏峰北学兼容并包的学风、江南诸友的影响。而其中，河北夏峰北学及江南诸友两个交友圈对李塨影响尤其值得重视。

先看夏峰北学圈。正如上面所论，河北夏峰北学作为明清之际河北的主流思想，其特点就在于侠儒兼收，文武兼收。在晚明，孙奇逢"任侠好义"，其更多是以义举而享誉海内，所以《明史》称其为"节侠士"⑤、"义士容城举人孙奇逢"⑥。作为孙奇逢弟子的河北夏峰北学诸子更是如此，"其为人皆倜傥嵚异，不拘拘绳墨，慷慨多感，常自任以天

---

① 关于李塨与京师诸友的交往情况，参见冯辰、刘调赞撰，陈祖武点校：《李塨年谱》，第76—91页。
② 正是在京师与诸友的交流切磋过程中，确立李塨在当时学界地位的《大学辨业》出版，而这部书能够成为李塨的代表作，也与京师诸友的交流、帮助分不开。关于此，见李培、陈兆兴、高捷：《大学辨业·凡例》，见《李塨文集》，第6—7页。
③ 冯辰、刘调赞撰，陈祖武点校：《李塨年谱》，第206—207页。括号中在原文中为注释小字，今为方便起见一律用括号标出。
④ 冯辰、刘调赞撰，陈祖武点校：《李塨年谱》，第170页。
⑤ 张廷玉：《明史》卷244《左光斗传》，第4026页。
⑥ 张廷玉：《明史》卷155《鹿善继传》，第3560页。

下之重"①。在此环境中，李塨也概莫能外。4 岁开始由其父口授孝经、古诗及"内则"、"少仪"等，8 岁入小学，学"幼仪"，读经书。而成年后，21—27 岁之间，则从河北夏峰北学诸子学习各种文武技能，其中，仅阅读书籍一项就不仅包括《周礼》、《仪礼》、《礼记》及《家礼诠补》、《周易》等儒家经典，也包括《纪效新书》、《武备志》、王阳明《兵机》等兵书战策，还有《律吕精义》、《经世实用编》、《春秋繁露》等。而且一旦感觉不能集众人之长，李塨就甚为不安。

> 思廉讱不及李毅武，宽大不及张函翁；春风满座，经济卷怀，不及王五公；雄心浩气，百折不回，庄敬端肃，老而愈励，不及颜先生，愧哉。②

正是如此，不仅颜元把李塨视为传人，包括王余佑、王曙光父子在内的其他河北夏峰北学诸友也把他视为传人。其后曙光将卒，使人招恕谷至献，尽以五公遗著付之，盖以恕谷能传其父学也。而五公之卒，亦尝寄恕谷己所为《绝命诗》，曰："一天雷电收风雨，欲使乾坤暗里行。尚有高灵护残喘，争留面目见诸生。"③

再看江南诸友对其影响。正是因为李塨在为学上采取兼容并包的立场，所以其对于自身感兴趣的各种学问就采取兼收并蓄的态度。比如在初访江南的四年里，李塨就深受毛奇龄的影响。正是在他的影响下，李塨不但眼界为之一宽，一度投入毛奇龄门下，并且写就了大量考据学著作。"塨传注之文，实授于毛河右先生。"④

应该说，河北诸友与江南诸友对李塨的影响有不少一致的方面，比如在对待正在酝酿的以阎若璩、胡渭、姚际恒为代表的考据学派上，毛奇龄、方苞与李塨表现出一致的批评态度。而在批评程朱理学方面，明清之际，除了颜李外，能与之比肩的就是毛奇龄。毛奇龄对宋儒特别是

---

① 梁启超：《近代学风之地理分布》，见《梁启超全集》，北京：北京出版社，1999 年，第 4261 页。
② 冯辰、刘调赞撰，陈祖武点校：《李塨年谱》，第 13 页。
③ 冯辰、刘调赞撰，陈祖武点校：《李塨年谱》，第 20 页。
④ 冯辰、刘调赞撰，陈祖武点校：《李塨年谱》，第 166 页。

朱熹批评最为激烈，其曾著《四书改错》，指斥朱熹编著的《四书章句集注》错误百出，满篇漏谬，从论人到论事、论物几乎"无一不错"，列举的错误多达 32 项，"真所谓聚九州四海之铁，铸不成此错误矣"。①由此毛奇龄否定道学的儒学属性，而认为其是道教的变种，他说："宋儒从二氏授受，篡据圣门，妄以华山道士、河洛寿涯僧太极认作道学，实于圣学首功如何下手，圣学究竟如何归结，所云忠恕一贯者，全然不晓。"②可以说，也正是在河北夏峰北学诸友与江南诸友这种一致性中，李塨的思想不断深入推进。

但也正是李塨的这种兼容并包行为，一方面，使得除河北诸友外，江南诸友也对之殷殷希望。如毛奇龄一次就送所著礼乐经书共二十七种，并称颂李塨学术远超"汉后诸儒"而"千古学人，唯君与仆矣"。正是如此，毛奇龄一度对李塨以传人相许，以致毛奇龄子弟毛姬潢认为"先生望吾子成名，甚于愚昆季，以昌明圣道将赖之也"③。另一方面，使得李塨的思想比颜元更加具有复杂性、更加的兼容并包。比如在个人气质修养上，颜元教李塨"以强立，减诵读"，而李塨则反过来劝颜元"勿多言，高亢浮躁"。对待礼之态度，李塨一反颜元对朱熹家礼之反对，在丧礼中把其与颜元拟定的家礼兼容并蓄。在性善恶问题上，认为颜元《存性编》所驳"气质有恶而变化之"是不对的，而谓"气质有偏而变化之"也要斟酌。在古今问题上，李塨反对颜元的"策多救时，宜进隆古"，而主张"尽执古法，亦酌时宜"。在读书问题上，颜元反对过多读书而损耗精神，李塨却阅读十三经而称颂经学大师郑玄"学行卓然"。

对于李塨与颜元在思想上的这种差异，其师友也有一定认识。比如王法乾，"法乾尝谓颜先生曰：'吾近狷，兄近狂，李妹夫乃近中行也'"④。甚至颜元也认为李塨"气象多得之五公，亦善取于人矣"⑤。也正是这种差异，虽然颜元一再要求学生不却名利，李塨却在 31 岁正式向颜元正师

---

① 毛奇龄：《四书改错》卷 1，嘉庆十六年，学圃重刊本，第 4 页。
② 毛奇龄：《四书改错》卷 1，第 6 页。
③ 冯辰、刘调赞撰，陈祖武点校：《李塨年谱》，第 75 页。
④ 冯辰、刘调赞撰，陈祖武点校：《李塨年谱》，第 3 页。
⑤ 冯辰、刘调赞撰，陈祖武点校：《李塨年谱》，第 21 页。

弟礼后，转而次年就在赵锡之劝说下重拾科举，并在此后屡次进京赶考。

二、颜元思想的缺陷及李塨对其的改造

正是在与师友的不断互动中，李塨一方面遵从颜元教导，致力于"六府三物"、"周孔正道"的经世之学，"以考究致用之学为业，以多阅书，作诗文，损精神为戒"。另一方面却在兼容并包的视野下对颜元之学有所改造，比如颜元反对多读书，但李塨却在29岁定约"每日三分商治道，三分究经史，三分理制艺，一分习医，而以省身心为之主"。之所以如此，除了学术视野广阔及李塨家贫所导致生活压力原因外，最重要的在于颜元思想本身的缺陷和当时正在兴起的考据潮流的挑战。

先看李塨家贫所导致生活压力对其学术风格的影响。李塨家本来就不富裕，而自21岁在颜元劝说下放弃科举后，从22岁起，为养家糊口，就以力田不足以养亲，开始习医卖药，而到25岁其父去世后，作为长子，因为有两母四兄弟及全家需要供养，因此李塨长期作高官的家庭教师和官员的幕僚，奔走四方。正是这种生活的压力，使得李塨一定程度上也不得不一改颜元"非力不食"的教导，而在兼容并包中寻求"通功易事"以改善家庭生活。

再看颜元思想本身的缺陷。以笔者之见，颜元思想的问题可以归纳为："第一，过低估计了学为圣人的难度；第二，过低估计了儒学内在的矛盾，以至于虽极力以'周孔正道'批判理学体系但又无法深入重建儒学体系；第三，对清代皇权意识形态建设缺乏清醒认识，缺乏走向权力中心的途径；第四，由于颜元之学过度依靠单纯书本知识及对实际事务知识的缺乏，导致儒学普适性想象与清王朝走向复合型帝国的形势格格不入。"①具体来说：

（1）内圣方面牵强附会。首先，原始儒学所设计的"三纲领"、"八条目"，为文人学士提出了一个如何处理内和外、修身与平天下的难题。

---

① 关于颜元思想的缺陷，本书第四章第二节"颜元对孙奇逢的分合与颜李学的兴起 —— 以'圣人论'为中心"有集中讨论，此处兹不详述。

但在现实生活中，由于不同士人对原始儒学的设计及理想目标存在不同的理解，还由于每个人实际上可能拥有不同的人生目标和行为动机，因此历史呈现出来的并非单色调的对儒学所设计的崇高境界的追求，而是一幅更为复杂的色彩斑斓的图画。所以，不论如何，把儒家所有的追求都归于儒家经典这一纸面的东西无疑是"教条主义"。因而，如果说宋明理学通过"四书"来追求儒家真意是如此，颜元通过《周礼》等寻求周孔正道难道不是同此道理？其次，在俗世中生存的人并不能时时刻刻只是为了终极理想而活着，名声利禄都是实际的存在，它们又和崇高的道德构成矛盾。因此，作为上述矛盾的具体表述，儒学中各种崇高理想与儒生们世俗社会追求的区别，以及由此而形成的紧张、焦虑，便成为文人学士争辩不休的话题。同时，在对"学"的含义理解上的"正统"与"异端"，"学"的功夫上的"道问学"与"尊德性"的分别，以及在儒学的崇高理想之下调合这些分别的努力，也同样纠缠着传统士人的心灵。由此，儒学一直在争论中不断推进，而自汉武帝以来，它作为意识形态，更加剧了其内在的矛盾。比如当理学发展到了明代，八股的惯性使程朱派把程朱的言论当成了实际上的最大权威，直到清初，这种程朱权威远超过孔孟的习气未得根本之改变。也正是如此，两千多年来的历代大儒就是把儒学各个部分整合在一起就难度巨大，更不用说登堂入室而寻求所谓的周孔正道了。颜元对其难度估计不足，而认为自己所主张的六府三事就能把儒学精华一网打尽，这怎么可能？

（2）外王方面手段有限。首先，颜元提倡儒学要外王，那就必须要有外王的素质，这当然不是空谈三代，搬弄几个理论词汇建构宏大理论所能够解决的。其次，从历史上看，儒学更多只是道德学说，在内圣方面，儒学表现还是不错，但在外王方面，也就是王阳明、曾国藩等几个儒生甚为鲜亮，包括儒学开山孔子在内的多数儒生从来就不擅长。就颜元来说，处于穷乡僻壤，怎么可能会对兵农钱谷赋役法政的外王之学有如此研究？要不他怎么会被朱一新讥笑他误以技击为兵学而虚构了治火之学？再次，传统中国政治的理想模式是"治教合一"，即在教化的基础上实行治理，而两者又相辅相成，不可或缺。但是真正的"治教合一"，一般认为只有在"礼乐征伐自天子出"的"三代"时曾经实现过，那是所谓"天下有道"的时代。在那之后，德与位难以两全，实际的结构已是"治"与"教"分为二统，而在现实中，虽有"从道不从君"、"事君以道"之类的说法，但落实起来只能是道统从属于治统。在如此情况下，要实行一种学说，唯一的办法也就只剩下"得君行道"，依靠专制皇权来推行实施。而要"得君行道"，从隋唐之际的开始到明清，对于大多儒生而言，也只剩科举制等为数不多的途径了。反观颜元只是生员，他虽有恢复"三代"之理想，但根本没有实践的机会。

从整个清学史来看，颜元学术在发展的过程中所面临的主要是这么几大学术势力：以孙奇逢为开山的夏峰北学，以"关中三李"为代表的清代关学，以方苞为代表的正在兴起的桐城派，以阎若璩、胡渭为代表的正在兴起的考据学派，以万斯同等为代表的浙东学派。在这几大势力之内，除了万斯同外，其他各派对颜元均有或明或暗的批评，这其中以考据学派对其冲击最为强烈。比如为清代考据学派"导夫先路"的费密，虽然与颜元同出于夏峰北学[①]，但其建构的"中实之道"道统论对颜元思想冲击相当巨大。费密通过对程朱道统论的反思和批判，提出了他的"中实之道"传承的两条途径：在帝王之间传承不息的称为"道统"，在圣门师儒之间传授不断的称为"道脉"。道统是"中实之道"传承的主线，"大统必归于君王"，"帝王然后可言道统"，道脉是辅线。因此，在中实之道的传承上，费密表现出了"尊势"的思想特色。总的来看，费密的这种认识对颜元道统观念及由此之下的"六府三事"，形成强烈的解构态势：不仅颜元认定的"周孔正道"不是道统，只是道脉，而且其不在当时的皇权之下向现实努力，却去抱"周孔正道"的细腿，有缘木求鱼之嫌。到阎若璩《古文尚书疏证》推出后，对儒家经典的疑古辨伪风气不断升温，颜元托古的"周孔正道"的存在依据都成问题。"其实颜李派自有他们自己的内在矛盾：既然崇尚实用，而又一定要讲周孔真传。一旦有人指出，他们所谓真传者并非真传，而实出于伪经，这当然成严重问题。"[②]对此，颜元由于活动范围有限，可以不知而无动于衷，但李塨

---

① 颜元处于河北夏峰北学氛围，与孙奇逢河北诸弟子为友，属于孙奇逢弟子辈，而费密则直接为孙奇逢弟子。

② 嵇文甫：《漫谈毛西河》，《学术月刊》1963 年第 3 期。

四方奔走，了解其中利害。"今人驳尚书不已，因驳系辞，驳系辞不已，因驳中庸，不至扬矢周孔不止。此圣道人心之大患，岂能坐视不言？"①

正是鉴于此，李塨再次祭起兼容并包的大旗，四处奔波以寻找同盟者。而在此过程中，由于在对待正在酝酿的考据学派上，毛奇龄、方苞与李塨表现出一致的批评态度。而在批评程朱理学方面，毛奇龄与李塨态度也一致。所以，李塨力图与以毛奇龄和方苞为代表的江南诸友结盟来为颜元思想的缺陷弥缝。正是由此，交往初期，三者求同存异，合作甚欢，由此，颜元思想经过李塨的再诠释而得以更加圆满，颜李学派声势日壮。

> 颜元乃从二千年后，抉其晦蔽，……然颜元凿空，塨益一一实求其可据；颜元初辟蚕丛，塨益疏通治平之若大路然，俾人人可行。……凡以见颜元之学，……其书有可考见于今者，皆为疏引证明之，通其窒，详其略，益为披其本根，敷其枝叶，左右扶疏，条贯秩如，自是学问之途，于程朱、陆王外，别树一宗曰颜李。其学以实学、实习、实用之天下为主，自元开其端，而成之者塨也。②

但批判的一致性并不能保证重构的一致性。随着交往的深入，三者之间在如何重建儒学体系方面的分歧不断显露，矛盾也日渐激化。

首先是毛奇龄的不满以致与李塨决裂。应该说，毛奇龄对李塨的态度前后期有所变化，在前期，由于合作甚欢而求同存异。

> 我们知道，颜李学派是标榜三物三事，以六艺为教，以直接尧舜周孔自命的。可是尧舜周孔究竟怎么样？古礼古乐究竟怎么样？如果不加以详细考证，怎么会知道？这是他们的一个难题。恰好遇上毛西河这样擅长考据、目空一切的人，真是相得益彰。③

---

① 冯辰、刘调赞撰，陈祖武点校：《李塨年谱》，第 68 页。
② 徐世昌：《大清畿辅先哲传·师儒传七·李塨传》，北京：北京古籍出版社，1993 年，第 513 页。
③ 嵇文甫：《漫谈毛西河》，《学术月刊》1963 年第 3 期。

　　后期则由于李塨在《大学辨业》中没有遵守毛奇龄之教导，毛奇龄师徒为之哗然。"中有大学辨业四卷，系刻本，则其所著书也。其文则犹是古本，而'格物'大旨，顿乖旧义。同门发其书，以为畔教，哗然而起。"因而，双方矛盾扩大，毛奇龄直接批评颜李学派的根基而认为"六府三物"根本不是孔孟嫡传，颜元所谓《大学》只讲"六艺"是牵强附会。

　　　　李生受颜氏学，墨守六艺，谓古人只习六艺，《大学》只教六艺，已可笑矣。乃又不读书，不知六艺名目所始，反谓六经书册不是道艺，汉人以六艺名经即是贸乱，则自坐酒国安辨醒醉！①

　　其次是方苞。颜元之学，由于外王方面全部着力于经世致用，因此在实践中要求相当严苛，没有宗教徒一样的感情，一般学者承受不了。比如王源早年是典型的夏峰北学学者而致力于文武兼收、侠儒兼收，后受李塨影响拜师颜元，但一度因为颜元过于严苛而退缩。"昆绳曰：'吾意以近人也，且夙学为豪杰，不能为道学，承教知过矣。'"②而对于这种"其本在忍嗜欲，苦筋力"为特点的宗教徒般的要求，方苞就相当反感。进而颜李又标榜他们的学术为周孔正传而大肆批判程朱理学，对此，以程朱继承人自居的方苞更是难以容忍，所以，虽然方苞欣赏李塨之为人，但一旦进入经世层面，方苞就不断加以阻拦，比如有达官在李塨65岁时推荐其教授皇子和参与《明史》修订，俱被方苞以李塨老病不能出为由阻止。而到次年，李塨作《与方苞书》，批评"其气盛，其情浮"，因而双方关系进入冷战阶段。

　　最后，李塨的兼容并包也引起颜元不满。李塨自京师归里后，颜元对他说："吾素可子沉静淡默，而此见微有浮骄之气，宜细勘改之！"③李塨初访江南前，颜元就对其有所告诫"此行历练可佳也，惟勿染南方名士习耳"④。李塨南游后，与颜元有所偏离。李塨的著作如"宗庙"、"郊

① 毛奇龄：《逸讲笺》，见四库全书存目丛书编纂委员会编：《四库全书存目丛书》经部，第173册，济南：齐鲁书社，1997年，第79页。
② 冯辰、刘调赞撰，陈祖武点校：《李塨年谱》，第119页。
③ 冯辰、刘调赞撰，陈祖武点校：《李塨年谱》，第89页。
④ 冯辰、刘调赞撰，陈祖武点校：《李塨年谱》，第56页。

社"、"田赋"的考辨，《论语》、《周易》的传注，已经和颜元有了不同。颜元知道李塨受了毛奇龄等人的影响，在书本上做考据工夫，所以他给钱煌的信，深辨考证之学，同时即暗斥李塨，说：

> 离此（经济）一路，幼而读书，长而解书，老而著书，莫道讹伪，即另著一种四书、五经，一字不差，终书生也，非儒也。幼而读文，长而学文，老而刻文，莫道帖括词技，虽左屈班马、唐宋八家，终文人也，非儒也。……故仆谓古来《诗》、《书》，不过习行经济之谱，但得其路径，真伪可无问也，即伪亦无奴也。今与之辨书册之真伪，著述之当否，即使皆真而当，是彼为有弊之程朱，而我为无弊之程朱耳，不几揭衣而笑裸，抱薪而救火乎？[①]

不但内圣之间的分歧李塨难以弥合，外王方面，康雍之际的政治浑水使得外王既来，李塨也不敢贸然趋此浑水。因此他不断推却高官显贵的邀请，特别是李塨 58 岁时，旗人张万载持冯衡南书来访，问兵，以不知辞之。即便如此，李塨仍险些惹一杀身大祸。到 62、63 岁时，康熙帝第十四子胤祯邀其出山相助，他皆以老病不能行推辞，结果是李塨虽然躲过了政治斗争所引起的迫害，但其一位弟子最后被抓。正是由此，方苞对李塨只顾提倡经世致用而不谙世道大加鞭伐。

> 今中朝如某某，子凤夜所贱恶，倘一旦杨子于朝，以学士或御史中丞征子，将亡命山海而义不反顾乎？抑犹踌躇不能自决也？吾愿子归视妻挐，流行坎止，归洁其身而已矣。[②]

正是由于在内圣外王方面虽然左突右撞，但无显著突破，李塨比颜元承受着更多的压力，也正是这种压力使得其在修正颜元思想时不断挣扎，显得底气不足。

---

① 颜元：《寄桐乡钱生晓城》，见《颜元集》，第 440—441 页。
② 方苞：《李刚主墓志铭》，见《李塨年谱》，第 220 页。

　　塨少承先孝悫家学，即欲自立为一儒者。及弱冠，从颜习斋先生游。……然而体道之功，愈进而见其难，无一地可间，无一时可间。一疏一密，即多出入。前途惴惴，不知跻落如何。且论学直宗周孔，以待来者，将世所传程朱陆王之歧途，欲从而改正焉。世人闻之，大惊小怪，恐非绵力所能支撑。①

　　而之所以会如此，恰恰就在于，李塨所兼容的各种知识资源路径根本无法调和，导致在兼容并包中歧路亡羊。正是如此，我们看到李塨一生的悖论：一方面由于他的活动，颜李之学声势迅速壮大，另一方面，在壮大的同时，颜李学派的基本立足点却面临着被当时各学派所瓦解。正是这种挑战，李塨一方面继承颜元六府三事经世之学，另一方面却把主要精力投向宗庙、士相见礼、禘袷、郊社等各种各样的考据②，因而颜李师徒竟被近代考据学派大师章太炎认同而列入《清代朴学大师列传》③。对于李塨为什么要如此，有学者认为"在无人可寄的情况下，晚年的李塨迫不得已，不得不发愤著书，寄之于书"④，其实问题远不是如此简单，虽然李塨有大量著作是晚年所作，但其著述却是在中年开始⑤。笔者以为之所以如此，就在于晚年李塨面对的困境：颜李学存在的学理基础越来越多地被各派质疑，而昔日诸友也不断反戈一击，不得已，李塨也只能亲自出马，更多地投入具体考证而进行辩解反击。

　　但即使如此，颜李学派也没有因为李塨而亡，只是在此后进入衰落阶段。其走向一方面是走向宗教化而开太谷学派先声，一方面是众多颜李后学走向具体的日常实践。首先，新道统确立，建构以颜李为核心的"道传祠堂"⑥。"不日砖木具，坏恶积，乃为正堂三间，中供习斋先生位，

①　冯辰、刘调赞撰，陈祖武点校：《李塨年谱》，第77—78页。
②　冯辰、刘调赞撰，陈祖武点校：《李塨年谱》，第79页。
③　支伟成：《清代朴学大师列传》，长沙：岳麓书社，1998年，第12—14、16—23页。
④　参见邓子平、陈山榜点校：《李塨文集·前言》，第29页。
⑤　李塨在世的著作，《瘳忘编》作于1683年，时年24岁；《阅史郄视》作于1685年，时年26岁；《大学辨业》、《圣经学规纂》、《论学》三本刊刻于1698年，时年39岁；《平书订》作于1708年，时年49岁；《拟太平策》作于1727年，时年68岁等。
⑥　关于"道传祠堂"的设置，参见冯辰、刘调赞撰，陈祖武点校：《李塨年谱》，第198、210页。

而左右将为陈设礼乐诸器，及颜、李所著书版。"①其次，在颜李后，虽然颜元学术面临危机，但还是由于惯性，拜师者众多，正是如此，以后的颜李学派虽然像颜李一样声动学界的大师级人物寥寥，但像恽鹤生②、程廷祚这样一般类型的学人却是不少。对于此，李塨弟子早有论述：

> 习斋之学，一传而得先生，再传而得恽皋闻。皋闻之北来也，尽弃其学，而从先生学习斋之学，……今天下无虑口中津津颜李之学者，王昆绳、恽皋闻二先生之倡明居多。③

所以，颜李学没有失传，只是后学者名气小，功力不够，没有过多创新而已，何况，李塨只是颜元之学中流传较大一支，除其传衍着颜元之学外，颜元的其他弟子也以各自的方式继承着颜元的思想，只是他们因声势不足而被李塨看来早已偏离了颜元的教导，"或用之于家产，或用之于排解，少不迂阔，而流于杂霸矣"④。

当然，即使颜李学派日渐衰落，北方学术并非像某些学者认为的因之退出历史舞台。⑤毕竟，清代北方学术的主体是夏峰北学而非颜李学派，单就河北来看，颜李学派虽然从高潮进入低谷，但那只是河北夏峰北学的一个流向，其他各支却还是在不断深入推进。否则，晚清时期，曾国藩甫一就任直隶总督就认为以侠儒兼收、文武兼收为特征的河北士风犹存，"即今日士林，亦多刚而不摇，质而好义，犹有豪侠之遗"⑥，当作何解？

---

① 冯辰、刘调赞撰，陈祖武点校：《李塨年谱》，第197页。所以，从某方面来看，颜李之学的最终结果跟理学区别不大，它是一种以批判宋儒之理学的新理学。《书目答问》把颜李学定位为"理学别派"不为无据。见张之洞撰，范希曾补正：《书目答问补正》，上海：上海古籍出版社，2001年，第263—264页。
② 恽鹤生：字皋闻，晚号诚翁，常州武进人，康熙四十九年举人。因交李塨得睹颜氏遗书，为私淑弟子。
③ 冯辰、刘调赞撰，陈祖武点校：《李塨年谱》，第198页。
④ 方苞：《李刚主墓志铭》，见《李塨年谱》，第218页。
⑤ 陈祖武：《清初学术思辨录》，第187页。
⑥ 曾国藩：《劝学篇示直隶士子》，见李瀚章、李鸿章编纂《曾国藩全集·文集》，第204页。

三、在知识与皇权之间：李塨改造失败原因之深层探讨

在颜李学发展史上，至少经历了两次调整，首先是颜元，通过与孙奇逢的离异而力求"周孔正道"，建构起颜李学派之根基。其次就是李塨，面对颜元之学的缺陷及各方学者的挑战，再次祭起兼容并包的大旗，力图通过与各地学人的结盟进而改造颜元之学来光大颜李学派，但最终雷声大雨点小，虽然睥睨一切但一事无成。反倒是他们一度离异的夏峰北学宗师孙奇逢赢得学界同声喝彩。

> 故先生之教沛然大行，达于朝，而上为道揆；施于野，而下为善俗。其在近世讲学诸子，风声所被，教泽所加，未有及先生者也。际贞元绝续之时，明大道于方来，佐圣治于在下，有若天心启牖之一人，以维持一线之绪者。故柏乡在同时直拟之以箕子，是殆非先生所欲居。乃若隋唐之间称河汾，宋元之间称江汉。虽门多将相而王霸杂用，或独抱遗书传之其徒，以视先生之道孚上下而泽及生民者，其遭逢气象为何如哉？[1]

一个标榜实用的学问虽经不断调整却始终难以摆脱纸上谈兵的窘境，一个兼容并包但在今人视野内贬斥为"以调和朱、陆为能"[2]，却被道光帝称颂"学术中正醇笃"、"实足扶持名教"而成为清代北方学术主体。笔者以为，从更广阔的视野来看，这一正一反的遭遇皆在于帝制时代中国实学的实质所限。

从本质上讲，学术本身无法自我判断，因而，学问无所谓实与虚、新与旧，因为：（1）不管是任何学问，都有实践于社会的冲动。也就是说，任何形而上的知识体系都有其实用性，完全没有用的思想是根本不存在的。就是一时看来毫无用处的学问，在另一时代却发挥出惊人的力

① 钱仪吉：《重刻夏峰先生集序》，见《孙奇逢集》中，第1320页。
② 章太炎：《诸子学略说》，见傅杰编：《章太炎学术史论集》，第216页。

量，所以，正如王国维所论的"学无新旧，无中西也，无有用无用"①。
（2）更进一步，学术的有用性不仅仅在于学术本身，更在于信奉传承之
人本身的问题。实与虚只是人们的一种期许和意识，而不可能成为一种
独立的学术形态。世界上不存在完全没用的学术，而只存在不会用的个
人，学问的问题本质上是人能力的问题，因而，不同人会有不同的观察
视野，在一些人看来毫无用处的"虚学"，在另一些人视野内就可能是
货真价实的"实学"。所以，现实中之所以会对学问有各种各样的看法，
是因为标准都在学术本身外。也就是说，不同时代之所以能够产生不断
的知识类型，本质上就是不同权力体系一系列制度设计、运作在知识领
域的反映。简言之，所有知识体系之所以能够成型，就在于权力体系在
知识领域内的"跑马圈地"。

　　就帝制中国时代而言，由于制度设计及有意识地不断调控，至少从
秦汉时代开始，社会上逐渐形成三种意识类型：首先是建立在恩威并用
基础上，兼容霸王道的皇帝意识；其次是最大多数的编户齐民所具有的
"草民"意识和"螺丝钉精神"；最后是作为士大夫调和二者的臣僚意
识。这三种思想分别对应帝制中国时代的皇帝制度、编户齐民制度及官
僚制度。总的来看，这三种意识中，皇帝意识是根本，萧公权谓"二千
余年之政论，大体以君道为中心"②讲的就是这个意思；而士大夫的臣僚
意识则是社会运转的主轴，离开士大夫们的具体实践，皇权则无处着
落；而芸芸众生的草民意识则是皇权建构的最终目的，是检验皇权建构
成功与否及皇权社会能够成功延续的试金石。正是这三种意识的磨合冲
突，构成了帝制时代中国思想史的主要内容。

　　帝制中国时代所谓的实学，只是士大夫在臣僚意识浸染下取悦帝
王的一种策略汇集，包括其在政治游戏、官场规则、权术阴谋等实践中
创造和发明的各种有效的生存技巧和政治智慧，其本质上是皇权专制统
治下，知识人应付、进而取悦专制强权的一种知识体系和实践手段的汇
集。所以，无论是从最早提出"实学"概念的东汉王充，还是从二十四

---

① 王国维：《国学丛刊序》，《观堂集林·别集》，见《王国维遗书》第 4 册，上海：上海古籍
　书店，1983 年。
② 萧公权：《中国政治思想史》第 3 册，沈阳：辽宁教育出版社，1998 年，第 825 页。

史中的"实学"用法来看，其实际意义上全部是指对巩固皇权有用的学问。①一般来说，这种学问之所以能够产生并成为士大夫的主流思想倾向，一方面在于春秋战国时期百家争鸣中诸子对皇权主义的理论启蒙及实践。诸子不但论证了专制主义的必然性及道德神圣性，而且他们的实践也为皇权提供了模范知识人的样板及技术支持。②另一方面更在于帝制中国时代皇权"独占天下"和使"天下绝望"的现实，正是这种现实，不但使得大一统专制主义具有强大的自我修复能力及形塑整个社会思想的能力，而且使得社会上的一切，甚至于人的肉体本身都为皇权所有，而知识人除了知识以外一无所有，如果想维持生计乃至飞黄腾达，有且只有贡献于皇权一种方式，即所谓"学会文武艺，货卖帝王家"。

说服皇权，不但要讲得动听，更要见之于行事，徒事空言而无法进入形而下的实践层次是为大忌。概言之，对皇权来说，就是要培养出层出不穷的忠臣孝子，上而尊君，先天下之忧而忧，下为牧民，后天下之乐而乐。最终，君臣一心，上下一体，从而保持统治之千秋万代。正是皇权的这种不断要求，一方面，使得实学不是一种凝固化和静态化的学问，而是随着皇权专制程度不断起伏，另一方面，由于专制主义越来越单一性的倾

---

① 综观二十五史，根据笔者检索，"实学"用法有32处。其中最早出于《旧唐书》，而以《清史稿》使用最多，达20处。而无一例外其意义全部在于巩固皇权。当然，这种学问汇集是多种多样的，既有教化方面，也有关于劝课农桑等实际内容，这些内容无疑是由于在皇权社会中儒生们的多种角色所决定的。这种角色的多样性早在王充最早提出"实学"概念之时就有所反映。在《论衡·非韩篇》中，王充在批评了韩非子认为儒学无用于皇权，并把儒生视为"五蠹"之一后，提出"韩子非儒，谓之无益有损，盖谓俗儒无行操，举措不重礼，以儒名而俗行，以实学而伪说，贪官尊荣，故不足贵。夫志洁行显，不徇爵禄，去卿相之位若脱躧者，居位治职，功虽不立，此礼义为业者也。国之所以存者，礼义也。民无礼义，倾国危主。今儒者之操，重礼爱义，率礼之士，激无义之人。人民为善，爱其主上，此亦有益也"。而所列举的他心目中儒生们的榜样，包括伯夷、柳下惠、段干木、狂谲、华士等人，全部都是有功于君主统治者。特别是王充在篇尾提出"治国之道，所养有二：一曰养德，二曰养力。养德者，养名高之人，以示能敬贤；养力者，养气力之士，以明能用兵。此所谓文武张设，德力具足者也，事或可以德怀，或可以力摧。外以德自立，内以力自备"及"臣子之性欲奸君父，犹水之性溺人也。不教所以防奸，而非其不闻知，是犹不备水之具，而徒欲早知水之溺人也。溺于水，不责水而咎己者，己失防备也。然则人君劫于臣，己失法也。备溺不阏水源，防劫不求臣奸，韩子所宜用教已也。水之性胜火，如裹之以釜，水煎而不得胜，必矣。夫君犹火也，臣犹水也，法度釜也。火不求水之奸，君亦不宜求臣之罪也"。其所谓的"实学"意义更加显露无遗。参见王充：《论衡·非韩篇》，见《论衡校释》，北京：中华书局，1990年，第431—450页。

② 参见雷戈：《秦汉之际的政治思想与皇权主义》，第297—304页。

向，实学在内容、方法、手段上也越来越呈现出单一性，在秦汉时代，生动活泼的讽谏等方式的政治意义越来越多地被剥离，到明清时代，实学也就只剩下岳飞所谓的"文官不爱钱，武官不怕死，则天下太平矣"。

一般来说，这种学问之所以能够产生并成为皇权时代中国知识人的主流思想倾向，关键在于春秋战国时期百家争鸣中诸子对皇权主义的理论启蒙及实践。诸子不但论证了专制主义的必然性及道德神圣性，而且他们的实践也为皇权提供了模范知识人的样板及技术支持。[①]而之所以在春秋战国之际，特别是战国之际，这种以巩固进而取悦专制为目标的学问能被推向高潮[②]，关键在于此时期各国争霸基础上的君权实践，以及由此引起的富有知识的"游士"[③]及"食客"[④]阶层的巨大发展。这些人一方面继续在春秋诸子对皇权主义启蒙的基础上继续深入，另一方面又进一步在技术手段上用自己的才智为自己的主人效劳。他们唯富贵是求，以"士为知己者死"为信条，为了报答主人，甘愿粉身碎骨。其代表为冯谖、毛遂、专诸、豫让等。甚至于一些出身低微的权臣，如商鞅、范雎、蔺相如、李斯等早年都有过食客的经历。[⑤]他们活动的最集中体现为《战国策》。正是他们的这种认识，经过秦汉以来皇权主义的有意识规划成为整个知识人群体的共识。

思想融合渐成共识，甚至思想共识压倒理论分歧，所以无论是焚书坑儒还是独尊儒术，其本质都不在于学理而在于权术。即它们都不是为了打击别学而抬高自己，而是为了打击异学而维护朝廷。换言之，

---

① 见雷戈：《秦汉之际的政治思想与皇权主义》，第301—304页。
② 见黄鸣奋：《说服君主：中国古代的讽谏传播》序言，北京：文化艺术出版社，2001年。
③ 对于"游士"，可参见王学泰：《游民文化与中国社会》，北京：学苑出版社，1999年，第81—92页。
④ 关于战国时代及秦汉初期"食客"阶层的作用特别是其在思想方面的作用，长期以来没有足够的重视。实际上，在此时期，任何一项大型文化思想工程，无论是《吕氏春秋》，还是《淮南子》，都是食客们集体智慧的结晶。
⑤ 关于战国时代及秦汉初期"游士"及"食客"在这个社会的影响程度及巨大作用，现代人一直缺乏一个恰当的估计。实际上，在当时各个学派的知识人，都有一种"游士"或者食客化的倾向及经历。正是在此环境中，形形色色的士人都派上用场，就是一般的"鸡鸣狗盗之徒"也能不是显露身手。关于"鸡鸣狗盗"的叙述，见司马迁：《史记》卷75《孟尝君列传》，第2354—2355页。

效忠当朝皇帝是后战国诸子之共同目的，而打击异端则只是手段。①

　　与帝制时代不同，春秋战国时代效忠对象为君主与封君，秦汉及以后则为皇权。在战国时代，帝制时代中国知识人所有应对君主之道的策略模板基本全部形成。②只是到近代以后，随着西方科学技术的传入及被接受，实学才从策略走向本体化。③之所以如此，关键是因为古代知识人都是在向君主说话，假想的对象都是君主。正如嵇文甫所指出的，他们"都是向君主说话，并没有向大众说话。不仅代表贵族的儒家，代表自由地主的法家，要得君行道"，所以就是代表最下阶层的许行。

　　　　他也想把他的并耕说供献给滕文公。杨朱乃至老庄等，尽管被斥为"无君"，然而也未尝不希望有一个不君之君，实行一种不治之治，仍是要向君主说话。我们应该知道古代政治活动的方式，是争取君主，而不是争取民众。直接在民众间作政治运动，乃是民主时代的特色。甚至普鲁东还要劝当时王侯实行他的社会主义。我们应该知道，向君主说话是古代政治活动的一种普通方式，正如向大众说话为现代政治活动的普通方式一样。④

----

① 雷戈：《秦汉之际的政治思想与皇权主义》，第 8—9 页。
② 关于春秋战国之际士人的分化及流向，参见刘泽华：《士人与社会（先秦卷）》，天津：天津人民出版社，1988 年，第 20—33 页。
③ 关于实学义涵的现代转变，刘广京等有所注意："自咸丰朝以至十九世纪末出版的经世文编，除康、梁时代的'皇朝经世文三编'外，所有'经世文续编'，在内容结构上，均准照魏、贺二氏所定之体制，全书分为学术、治体及有关清代政府六部各种事物三大部分。张鹏飞于咸丰元年刊行的'皇朝经世文补编'，目的在于为'皇朝经世文编'拾遗补阙，可视为魏、贺二氏原书之补充。同以'皇朝经世文续编'为书名先后编辑新书的人有饶玉成（一八八二）、葛士睿（一八八八）及盛康（一八九二）三人。这三部不同的续编，每编亦皆一百二十卷。除葛氏于六部事务后特加二十卷'洋务'一项之外，此三书在体制上基本与魏、贺所辑者相同。其后陈忠倚辑'皇朝经世文三编'（一八九八），而进入二十世纪后，邵之棠辑'皇朝经世文统编'（一九〇一），何良栋辑'皇朝经世文四编'（一九〇二），求是斋辑'皇朝经世文五编'（一九〇二），麦仲华辑'皇朝经世文新编'（一九〇二），经世文编的内容结构始有较大变动。"参见刘广京、周启荣：《皇朝经世文编关于"经世之学"的理论》，《"中央研究院"近代史研究集刊》第 15 期（上），1986 年 6 月。另见刘广京：《李鸿章评传 —— 中国现代化的开始》导论，上海：上海古籍出版社，1995 年，第 3—18 页。
④ 嵇文甫：《先秦诸子与古代社会（讲义）》，《嵇文甫文集》上，第 365 页。

　　正是由于实学的这种本质属性及对皇权的强烈依附，使得知识的生产越来越多地取决于皇权主义的消费程度。在帝制中国时代，实学的作用最终依附于皇权的需求。因而，不但第一个提出"实学"的王充，他的学问在帝制时代一直是非主流，长期不被重视而"无用"，就是真正在本体上实用的古代科技在实学中也难有一席之地。就颜李学来说，无论他们怎样不断调整，标榜"周孔正道"，经世致用，只要没有进入皇权视野和体制化知识再生产的轨道，终归也只是纸上谈兵而归于无用。这种结局，不光是清儒实学的结局，也无疑是专制时代所有学派的最终结局。所以，当李塨批评中州夏峰北学和清代关学只能教人"不出户庭而可为之"的"孝悌忠信"，而踌躇满志的标榜自家学术"志于行道，如不能行，则继往开来，责难谢焉"时①，我们只能当他是五十步笑百步了。

---

① 冯辰、刘调赞撰，陈祖武点校：《李塨年谱》，第 88 页。

第五章　中州夏峰北学

第一节　论中州夏峰北学的分期与特点

自秦汉之际皇权主义建构确立以来，中国进入帝制时代，相应之思想文化也从"子学时代"而进入"经学时代"。与子学时代相比，经学时代更注重思想在大一统的皇权主义建构内的因袭与重构，质言之，也就是更加注重处理各派关系及知识与权力的关系，从而达到一种在皇权主义建构下和谐发展的兼容并包的话语体系。

晚明时代，伴随着官方钦定的程朱理学的衰落，以及以阳明学为代表的各种新思想的挑战，思想界掀起了一场波澜壮阔的思想革新运动。就作为意识形态的儒学来说，怎样在纷繁芜杂的各种思想中会通重构各种思想从而重建儒学就成为最全局性的时代课题。为此，不同学派进行了不同努力，以顾炎武为代表的儒生们强调"理学即经学"，从而开考据学派之滥觞；以黄宗羲为代表儒生们则强调融史学于经学，开浙东学派之先河；而李颙则以"体用全学"、"悔过自新"说重建关学；而在清代北方，重构儒学则主要是由以孙奇逢为领军的夏峰北学完成的。"明清之际，作为北方儒生共同体领军人物的孙奇逢，以其回归、重释孔孟经典来整合理学各派的内圣思想与'舍三纲五常无道术'基础上的'礼理合一'的外王思想，两者完美结合，一方面为清学的展开提供了新平台，另一方面也使得在清代北方形成了以孙奇逢为宗师、以会通儒学各派为特征的夏峰北学，且风靡北方。在300多年的流变中，既有以王余佑为代表的侠儒兼收的河北夏峰北学，也有以'中州十先生'①为代表热衷于理

---

① 指以孙奇逢为首的中州夏峰北学的领军人物，除孙奇逢外，其他为：耿介（1623—1693）、

学的中州夏峰北学；既有如汤斌这样的理学名臣，也有不名一文的下层儒生；既有崇尚心学的张沐、赵御众，也有程朱派的耿介；既有走向考据学的费密，更有走向西学的薛凤祚。而到近代，在西方知识体系的冲击下，在以王锡彤、李敏修、嵇文甫为代表的夏峰北学后学的努力下，其创造性的嬗变为现代地域学术之一部分。"①总的来看，夏峰北学拥有两大中心——以孙奇逢在河北的弟子门人及后学如王五修、王法乾、王余佑、颜元等为中坚的河北夏峰北学，以孙奇逢晚年迁居河南后由其领衔的"中州十先生"为中坚的中州夏峰北学。可以说，在夏峰北学近三百年的流布中，中州夏峰北学是其中最重要的一支。以汤斌为代表的理学官僚对夏峰之学实践最实，成为一代儒臣之楷模；费密则使夏峰之学流布最远，开考据学之先河；颜元则实践夏峰之学最深入，发二千年未敢发之声；而中州夏峰北学则使夏峰之学传承最长久、最完全、最丰富多彩、最真实无异。

一、中州夏峰北学的分期

综观中州夏峰北学的发展，其空间轨迹在整个清帝国及河南省际之间摇摆，时间上明显呈现出两头高潮、中间低谷的 V 型。分而言之，明清之际，由于孙奇逢的示范作用，影响弥漫整个北方，并波及江南，进入全盛；到乾嘉时代，虽然还是一呼百应，但则退守河南，局限在省际之内；到道咸时代，则在晚清"理学复兴运动中"重新走向复兴；进入近现代，则在实现其现代性转换后，成为现代学术之一部分。

第一，极盛之时代。明清之际，"三大儒"之一的孙奇逢，以其回归、重释孔孟经典来整合理学各派的内圣思想与"舍三纲五常无道术"基础上"礼理合一"的外王思想，两者完美结合，一方面为清学的展开提供了新平台，另一方面也使得在清代北方形成了以孙奇逢为宗师、以

（接上页）汤斌（1627—1681）、窦克勤（1653—1708）、冉觐祖（1638—1719）、张沐（1630—1712）、张伯行（1651—1725）、李来章（1654—1721）、倭仁（1804—1871）、李棠阶（1798—1865）。

① 王坚、雷戈：《论夏峰北学》，《辽宁大学学报》（哲学社会科学版）2009 年第 3、4 期。

会通儒学各派为特征的夏峰北学，且风靡北方。而到晚年，其由河北移居河南，河南遂与河北共同成为夏峰北学的两大中心。

正是由于孙奇逢的巨大号召力及高尚的人格，北方儒生纷纷投入其门下，仅现在可考的著名者就达 200 多人。

> 故先生之教沛然大行，达于朝，而上为道揆；施于野，而下为善俗。其在近世讲学诸子，风声所被，教泽所加，未有及先生者也。际贞元绝续之时，明大道于方来，佐圣治于在下，有若天心启牖之一人，以维持一线之绪者。故柏乡在同时直拟之以箕子，是殆非先生所欲居。乃若隋唐之间称河汾，宋元之间称江汉。虽门多将相而王霸杂用，或独抱遗书传之其徒，以视先生之道孚上下而泽及生民者，其遭逢气象为何如哉？[①]

不但名儒辈出，而且在整个清帝国内部更是影响巨大[②]。质言之，虽然孙奇逢的弟子门人都遵守孙奇逢"下学而上达"以成就成圣之道的为学路径，在实践中谨守礼法，重视人伦的特色，即以家庭为中心特别注重"孝"、"礼"的实践[③]，但夏峰北学河北派与河南派在传承夏峰之学中呈现出差异。这种差异主要表现在两个方面：首先在于学风之差异，其次在于重建之地域学术道统的差异。

关于清初北方学术与孙奇逢的关系，早在黄宗羲就说："北方之学者，大概出于其（孙奇逢）门。"而在《近代学风之地理分布》中，梁启超注意到："清初北方学者，殆无一不被夏峰之泽，著籍弟子千数，直隶河南尤重。"[④]"而孙夏峰避地南迁，老于辉县之苏门，其晚岁大弟子

---

① 钱仪吉：《重刻夏峰先生集序》，见《孙奇逢集》中，第 1320 页。
② 关于孙奇逢之所以在明清之际影响巨大之原因的探讨，可参见杨瑞松：《学术与政治之间：十七世纪北方中国的孙奇逢门派》（Betwixt Politics and Scholarship: The Sun Ch'i-feng Circle in Seventeenth-Century North China），《辅仁历史学报》第 15 期，2004 年 7 月。第 1—42 页。
③ 这是夏峰北学的共同特色。具体见吕妙芬：《颜元生命思想中的家礼实践与"家庭"的意涵》，见高明士编：《东亚传统家礼、教育与国法（一）：家族、家礼与教育》，第 143—196 页。
④ 梁启超：《近代学风之地理分布》，见《梁启超全集》，第 4260 页。

中多中州籍。"①河北夏峰北学，无论是王五修、王法乾、王余佑，都不热衷于讲学而更多侠、儒兼收。"其为人皆倜傥嵚异，不拘拘绳墨，慷慨多感，常自任以天下之重。"②而中州夏峰北学，在学术方面，虽然提倡兼容并包，但由于受到帝国文教政策的强烈影响，"尊朱"潮流愈加浓烈，治学以孙奇逢"损益"过的为学方法为主，讲究"下学而上达"，在日常践履中荡涤理学各派而成就"圣人之道"。

自孙奇逢定居河南以后，在不长的时间里，河南几乎所有的学者迅速集聚在孙奇逢旗帜之下。也正是孙奇逢在河南的最后近三十年里，其完成了《理学宗传》、《书经近指》、《读易大旨》、《四书近指》等一些著作，从而完全奠定了清初"三大儒"及北学"泰山北斗"的地位。同时，他也以《中州人物考》、《洛学编》和《畿辅人物考》、《北学编》分别重建了河南及河北理学的传承系统。这种传承体系的重建，"透过孙奇逢修史的努力，北方理学的传统及独特的特质再次被彰显，也在清初新帝国新气象之中，获得一种可以和江南文化抗衡的价值感，并激励当地士人重建地方学统的信心与使命"③。就河南来说，从短时间来看，正是由于中州夏峰北学的努力，"尤其配合着康熙皇帝提倡'真理学'的文教政策，河南地区在饱经战乱失序后，乘着新帝国蓄势待发的气势，有了一番新的作为"。以致河南"十七世纪下叶的理学发展则不能不令人刮目相看"④。如果从整个学术史来看，也就是因为孙奇逢的努力，不仅形成了以孙奇逢为首的"中州十先生"为代表的中州夏峰北学，而且使得影响直达近现代，从而深刻地塑造了北方，特别是河南的学术地图。

概言之，在康雍时代，由于孙奇逢的典范作用及清帝国文教政策的推波助澜，河南理学进入全盛阶段。⑤仅在全国有影响力的学者就包括耿

---

① 梁启超：《近代学风之地理分布》，见《梁启超全集》，第 4263 页。
② 梁启超：《近代学风之地理分布》，见《梁启超全集》，第 4261 页。
③ 吕妙芬：《清初河南的理学复兴与孝弟礼法教育》，见高明士编：《东亚传统教育与学礼学规》，台北：台湾大学出版中心，2005 年，第 181 页。
④ 吕妙芬：《清初河南的理学复兴与孝弟礼法教育》，见高明士编：《东亚传统教育与学礼学规》，第 177 页。
⑤ 关于清初河南理学家的巨大影响，抛开汤斌、张伯行等所谓的理学名臣不谈。就是一般的理学家在本省还是外省都卓有建树。具体参见吕妙芬：《清初河南的理学复兴与孝弟礼法教育》，见高明士编：《东亚传统教育与学礼学规》，第 177—223 页。

介（1623—1693）、汤斌（1627—1681）、窦克勤（1653—1708）、冉觐祖（1638—1719）、张沐（1630—1712）、张伯行（1651—1725）、李来章（1654—1721）、赵御众、许三礼（1625—1691）、田兰芳（1627—1701）、刘体仁（1624—？）、胡煦（1655—1736）等人。

第二，式微之时代。到乾嘉时代，相较于明清之际的全盛气象，中州夏峰北学呈现出式微局面。但这种式微，并非说其实力有重大下降，而只是说，此中州夏峰北学虽然还主导着河南学术思想界，但其影响力已从全国回潮到省际之内。虽然也出现了像夏锡畴、马时芳、何昱、余昭、刘青莲、邓万吉、樊执中等一批理学家，但影响局限于省内或省内一部，而没有像明清之际在全国深有影响之学者。

夏锡畴（1732—1798），清理学家，字用九，河内（今沁阳）人。乾隆四十八年（1783年）中举人，以亲老不仕，建室读书讲学，号西墅遗民，自称陶隐民、无名子，晚年又称邵窝先生。好神农氏之经，生平寡交游，为人正直。其学以居敬穷理为功，明体达用为要，接物以恕，持己以诚。其教人以立身为本，立身以有耻为本。著有《邵窝文集》、《读易私钞》、《为学指南》等。

> 河内夏锡畴，字用九。笃志励行，治经通大义，不为章句之学。尝自言曰："今之讲学者，吾知之矣。摹仿其口吻，比附其文字，以较量于锱铢毫厘、依稀轻重之间，若是者，俗学也，吾弗为也。悟空习静，妙归本体，扫除见闻，屏绝思虑，以程、朱为支离，若是者，异学也，吾弗为也。耽嗜泉石，厌鄙世故，甘心枯槁而无闻者，畸民也，吾弗为也。趋时若鹜，逐利如绳，巧宦通神，前有阱而不见，后有贼而不知者，戮民也，吾窃矜而悲之。其或志切功名，挟策干主，布衣上书，以此博名而显天下，吾力弗及焉，而又不为也。"①

在乾嘉时代，中州夏峰北学虽然较之于明清之际式微，但并非在这一时期的思想史上没有意义。此时代的中州夏峰北学跟江南考据学派一

① 徐珂：《夏锡畴笃志励行》，见《清稗类钞》第8册《性理类》，第3799页。

样，在向纵深处发展，比如马时芳。在实践中，马时芳以孙奇逢思想为根基，以"超化十子"思想为依托，以兼容并包为手段，视野从夏峰、阳明、象山直接扩展到汉唐儒学及诸子学，在复活先秦"势"、"理"、"人情"等观念的基础上，最终以义理的方式把各种形态的儒学熔铸一炉。在他的新建构中，理、势、人情三者合一，都在"势"的总体设计中，从而"视千秋如旦暮，万物为一体"。一方面，在"势"的流行中把一切都一网打尽，历史成为在"势"的总体运行之中各种事物的运转作用过程；另一方面，由于对诸子学特别是《老子》"术"及春秋战国之际丰富人性论的接受和对人性多面性、复杂性的认知，马时芳一改宋儒作风，最终把"理"放在"人性"基础上，人性与学术相互打通与融合。这不但体现了清代中期迥异于乾嘉考据诸儒"以礼代理"的另一种思路，而且体现了清代理学本身的活力及中州夏峰北学巩固自身、纵深发展的趋势。所以，为了探明"理"，就需阳明学；为了探明"势"，就需老庄智囊、一线灵明；为了探明"愚夫愚妇"的"人情"，就需批判宋明理学的基本伦理预设，不绳人难做之事。马时芳的这种新建构，一方面展示了中州夏峰北学的新面相，成为近代以来北方学术的先声；另一方面以陆王心学为根基，体现了迥异于乾嘉考据诸子的另一种清学思路，正是这种不同的路向，也昭示了夏峰北学与众不同的近代历程。

第三，复兴之时代。道咸时代，面对内忧外患，晚清理学出现复兴运动。在这场声势浩大、但最终昙花一现的复兴运动中，以倭仁、李棠阶为首的河南理学家表现相当抢眼。"中州理学之传，遂又阅二百数十年而弗坠。其居最后以儒修得大名者，则倭文端、李文清二公。"[1]作为晚清保守派代表的倭仁不必赘言，而李棠阶"所学成于坚苦，兼采众说，自求心得，不分门户，有足美焉。清代中州巨儒辈起，强斋为后劲"[2]，其学风则是典型夏峰北学学风。"棠阶初入翰林，即潜心理学，尝手钞汤斌遗书以自勖。会通程、朱、陆、王学说，无所偏主，要以克己复礼、身体实行为归。日记自省，毕生不懈。家故贫，既贵，俭约无改。"[3]近代初期河南学者王铬曾就夏峰之学流传论到"大河南北，代有其人，而其最

---

① 徐世昌：《李文清公日记序》，长沙：岳麓书社，2010年，第1页。
② 钱穆：《〈清儒学案〉序》，见《中国学术思想史论丛》卷8，第376页。
③ 赵尔巽：《清史稿》卷391《李棠阶传》，第11743页。

著者，则禹州马平泉、新郑王淡泉、河内李文清也"①。正是以倭仁、李棠阶为首的中州夏峰北学在"晚清理学复兴运动"中扮演了十分重要的作用。倭仁、李棠阶与吴廷栋并称为当时的"三大儒"，时人论之："海内人士论中兴功，金外首曾（国藩）胡（林翼），内推倭（仁）李（棠阶）。"②"棠阶尤平实持大体，可谓体用兼备矣。"③而据史革新统计，在此运动中，河南著名理学家排第三位，并且社会影响巨大。④

咸同年间，方宗诚曾经遍游河南，与河南学术界进行了广泛交往，所见"中州学者，大抵守孙夏峰遗绪"⑤。他所认知而拜访的河南各地名儒如毛昶熙、李又哲、王兰广、于锦堂、田致淑等都是倭仁、李棠阶的弟子。他们几乎都是通过李棠阶而传夏峰之学的，如于锦堂年少时"为人笃实，治陆王之学"，而"后谒河朔李文园太常，得孙夏峰汤潜庵之遗教焉"⑥。

第四，现代化转型之时代。随着晚清理学复兴运动的烟消云散及西方冲击的不断加剧，中州夏峰北学也进入了现代化转型之时代。此时较有名代表有曹谨、苏源生、王辂等。其中尤以王辂更具代表性。

王辂（1811—1891），原名莲青，字少白，号毅斋，武陟人，论学以主敬为宗，穷理为要，以反躬实践达天知命为归。⑦具体来说，"先生淡薄乡里，笃守儒素，讲学以程朱为归，亦不批驳汉儒，瑕疵陆王。有来学者辄歇以躬行实践，莫尚空谈"⑧。而到19、20世纪相交之际，河南的理学家则结成以李敏修、王锡彤、张嘉谋、王抟沙等为首的团体。面对着急剧变化的情势，呈现出更加多元的发展方向。比如作为晚清北方著名实业家的王锡彤虽然"余之为学始，最瓣香阳明，后见景仰夏峰。逮从王少白先生游，先生责余浮动，力以朱子之道教余。汴梁辟明道书

① 王辂：《〈孙征君日谱录存〉跋》，见《孙奇逢集》中，第1333页。
② 李时灿：《李文清公日记·序》，长沙：岳麓书社，2010年，第4页。
③ 赵尔巽：《清史稿》卷391《李棠阶传》，第11743页。
④ 史革新：《程朱理学与晚清"同治中兴"》，《近代史研究》2003年第6期。
⑤ 方宗诚：《柏堂师友言行记》，《续修四库全书》第540册，上海：上海古籍出版社，2002年。第563页。
⑥ 方宗诚：《柏堂师友言行记》，《续修四库全书》第540册，第564页。
⑦ 郭人民、史苏苑：《中州历史人物辞典》，开封：河南大学出版社，2001年，第339页。
⑧ 王锡彤著，郑永福、吕美颐点注：《抑斋自述》，开封：河南大学出版社，2001年，第32页。

院，邀湘潭黄曙轩先生舒口主讲，亦力以程朱说为言"。但最终"由士而商，由商而士，由士复商"①。而其挚友李时灿（1866—1943），字敏修，号暗斋。光绪进士。他毕生献身于教育事业，为河南近代教育的兴起、改革和发展，做出了不可磨灭的历史性贡献。

> 早岁从武陟王少白先生游，笃守洛闽矩镬。继而出入诸经，博观约取，特心折于船山之学，故其教人，由船山以上溯洛闽，而归宗洙泗。然志在经世，通达时务，不屑文于门户之见。其于远西新来诸说，亦未尝不虚心研求，斟酌去取，迥非顽固一流者比也。②

而到新文化运动以后，在新旧交替的河南现代化运动的曲折展开中，经过李敏修、王锡彤等为代表的转型中的士大夫的努力，一大批年轻的河南知识人走出封闭的世界，拥抱新学，把夏峰北学与曲折展开中的河南社会，在超越儒学层次的基础上，在一个更加广阔的视野内，进行了更高层次的现代化调适、磨合，而作为李敏修学生的嵇文甫无疑是其中最典型之代表。

作为近代最著名的夏峰后学，无论是在学术上还是在生活中，嵇文甫都把孙奇逢作为其主要偶像。学术上，他要"寝馈六经三史，瓣香一峰（孙奇逢）二山（全祖望、王夫之）"③；在生活中，孙奇逢的"刻厉、庸行、实用"对他产生了深远影响。其子嵇道之论及他在生活中"处人处世以孙夏峰为师"④。所以，嵇文甫对陆王学派的推崇大有超越孙奇逢之势，其不但在"中国和日本学术界，率先表彰左派王学"，而且由称颂"王阳明是宋明五百年道学史上最光辉的人物"，转向对包括左派王学和右派王学的整个阳明学派的齐声赞扬。之所以能够"率先冲破了王学研究领域中经学方法和西学方法两分天下的局面，开辟了王学研究的新天地"，其中一重要原因就在于夏峰北学的熏陶。而对于夏峰北学，也正

---

① 王锡彤著，郑永福、吕美颐点注：《抑斋自述》，第229页。
② 嵇文甫：《读〈毋自欺斋文字纪年〉》，见《嵇文甫文集》中，第392页。
③ 牛庸懋：《嵇文甫狱中赋诗》，见河南省文史研究馆编：《中州轶闻》，北京：中华书局，2005年，第47页。
④ 郑永福、谷正艳：《蜚声中外的学者嵇文甫》，《中州今古》2001年第1期。

是稽文甫对孙奇逢思想的解读及来龙去脉的追踪，特别是对孙奇逢作为阳明学与颜李学派连接之桥梁的探究，以及对马平泉、颜元传承孙奇逢思想的不同路径建构之考察，从而使对夏峰北学整体规模的研究成为可能。

不仅如此，稽文甫在夏峰北学"躬行实践"及由此导致的对社会生活极端注视的传统下，最终把"思想的变动"稀释为"生活的变动"，以此展开对不同思想阶层生活方式的探讨，从而在中国思想史研究中，做出了突破直线性进化论主导的现代中国史学叙述方式的最初尝试。也就是在这种尝试中，稽文甫不但对"无条件承受那些久成陈迹的、十九世纪末年的'一条鞭式'（Unilinear）社会进化论，并担任用中国史来证明它，结果弄出许多牵强穿凿的地方"①展开批评，而且对"承继乾嘉诸老遗风"、大力鼓吹考据为科学方法的胡适展开批判。由此，稽文甫超越单独史观派与史料派之狭隘，在历史观与史料观、理论与史实之间的互动与合理融合中，始终抵制用理论套现实及借用现代思想（科学）来对传统借尸还魂，最终，稽文甫对以"默证"为主要研究法、以中西比附为特征的形形色色的现代中国史学叙述方式展开批判，形成新史学、主要是马克思主义史学独辟蹊径的开拓。

以稽文甫为代表的近代知识人在现代化与传统之间的调适，不是对夏峰北学的遗忘。在他们对夏峰北学的现代演说中，传统社会转变为现代社会，传统士大夫也演化为现代知识人，而在这种现代演说中，夏峰北学也创造性地成为现代学术的一部分了。

二、中州夏峰北学的特点

综观中州夏峰北学，其特点为：有主峰可指，有大脉络可寻；长于教化，短于实务；注重团体优势，与清代皇权主义建构积极互动，处于一呼百应状态；注重道德践履，但更注重礼理合一，兼容并包。

---

① 张荫麟：《素痴集》，天津：百花文艺出版社，2005年，第216页。

有学者认为，综观清代理学，"无主峰可指，无大脉络可寻"①。但就清代北学，特别是清代中州夏峰北学来说，情况却是完全相反。不但有主峰可指，而且有大脉络可寻。以孙奇逢为首的"中州十先生"无疑是清代河南理学的中心，而每次的异军突击，都是以大师辈出为先导。比如明清之际、晚清理学复兴运动中，河南理学之所以影响巨大，就在于中心人物的异军突起。

注重团体优势，处于一呼百应状态。

　　河南本理学最盛之区，其在清初，有孙、汤、耿、李、窦、二张所谓八先生者，树立坛坫，更唱迭和，苏门嵩岳之间，彬彬如也。厥后汉学大盛，全国景从。而河南学者，恪守前轨不为时风众好所转移。若夏用九、马平泉、王少白诸先生，皆简然自修，孤行其志。②

　　中州，故理学之渊薮也。③

其特点为：（1）学者众多，联系网络广泛处于一呼百应状态；据黄嗣东《道学渊源录·清代篇》统计，在清代，河南理学家总数达115人，且基本上都属于中州夏峰北学，占整个清代理学家的20%而位居第一位④。（2）以书院为阵地，几乎垄断河南所有书院的教席，并且兼及社会各个方面：

　　清代学术对书院的影响主要由孙奇逢发端……孙奇逢讲学于辉县百泉书院，四方来学者甚众，耿介、李灼然、窦克勤、冉觐祖、汤斌、张沐、魏一鳌等都曾出其门下，得其真传后，分讲河南各个

① 龚书铎：《清代理学的特点》，《史学集刊》2005年第3期。
② 嵇文甫：《读〈毋自欺斋文字纪年〉》，见《嵇文甫文集》中，第393页。
③ 徐嘉炎：《礼山园文集序》，见《礼山园文集》，济南：齐鲁书社，1997年，第13页。
④ 《道学渊源录·清代篇》共收录清代理学家接近500人，其中排名前七位的省份依次为：河南（115人）、江苏（70人）、浙江（50人）、湖南（48人）、陕西（35人）、安徽（25人）、河北（25人）。具体见黄嗣东：《道学渊源录·清代篇》，《清代传记丛刊》本，台北：明文书局，1985年，第5—32页。

书院，为清初河南书院特别是开封诸府书院的振兴出力颇多。[①]

注重礼理合一，兼容并包。众所周知，在儒学体系内，内圣与外王相辅相成，而且内圣必然走向外王。"以其对古礼的践履，揭开了清代复兴礼学的序幕"的孙奇逢也不例外。[②]在其以回归、重释孔孟经典的同时，在外王方面，孙奇逢提倡要躬行实践伦理纲常，要学习圣人，最终落脚点则在于对"礼"的实践。而且，孙奇逢所建构的三礼学，既不是朱熹的"即物穷理"，也非陆九渊的"求本心"及王阳明的"致良知"，而是会通理学各派，融天理、人心、规则于一体的新的礼学。而其中心就在于礼仪与"天理"熔为一炉，也就是"礼理合一"。

> 礼者，天理之节文，所以美教化而定民志，故三王不异礼而治。……礼之用于天下也，原自有和、不和，何以成礼？……礼也，和也，节也，混成一片，此中有大学术焉。……乾坤浑是一个礼，礼是天理的表现，心是礼之主宰。……说礼不说理者，用功必有下落，离却显然条理，说什么不睹不闻，天下归仁者。乾坤浑是一个礼，盖舍了天下，即无处寄我之仁。[③]

所以，有学者所谓的理学与礼学在清代的对立，至少在夏峰北学系统内是根本就不存在的，而其所谓的"将外在之礼与内在之性，相互贯通融合，性礼合一"的情况，"清中叶儒学思想之转变"，就夏峰北学系统来说，早在孙奇逢的思想体系内已经实现了，并且早就在夏峰北学内部实践，而根本不可能到清代中叶才实现。

与清代皇权主义建构积极互动，不能仅仅以学问视之。对于儒学，特别是夏峰北学来说，它的目标不是让人成为一个饱读诗书的学者，而是成为一个全知全能的"圣人"。就孙奇逢来说，在现实中要实现"学为圣人"，除了要专门编纂他心目中的圣人排行榜——《理学宗传》以

---

① 王洪瑞：《清代河南书院的地域分布特征》，《史学月刊》2004年第10期。
② 林存阳：《清初三礼学》，北京：社会科学文献出版社，2002年，第92页。
③ 孙奇逢：《四书近指及晚年批订四书近指》卷8，见《孙奇逢集》上，第319页。

重整理学体系外，更重要的则是把儒学的理论贯彻于实际的生活中，最终实现"下学而上达"的"成圣之道"。

> 他非常注意把讲论义理与个人的生活实践相联系，结合人的心理活动展示道德真理，把被版拙的理学家说得非常玄虚的东西还原到实处，起到立竿见影的效果。

> 他对涵养性情、改换气质、希贤成圣的过程的每一步、每一环节都给予充分细密的关切，并且结合具体的实际生活，对修身进德的精神活动的具体步骤给出了实在可感的规定和描述。可以说，他的身体力行和循循善诱，抹去了王学给人留下的外在的禅家印象，并发展了理学陶熔行止、改造思想和世界观的一整套法门。①

也就是在此过程中，儒家的成圣之道变得切实可行，人人可得。也正是如此，夏峰北学才不断得到统治者的青睐以致道光皇帝称颂孙奇逢"学术中正醇笃"、"实足扶持名教"。不但像汤斌、张伯行、倭仁、李棠阶之类的理学名臣辈出，而且汤斌、孙奇逢、张伯行在有清一朝就从祀孔庙，占整个清儒在有清一代就从祀孔庙总数的1/3。

注重道德操守完善，官场中长于教化，短于实务。虽然孙奇逢在理学内部讲求经世致用，但却终身没有出仕，更多是致力于道德践履。因此，中州夏峰北学内部，虽有汤斌、张伯行、倭仁、李棠阶等成为"理学名臣"，但在官场实践中，亦不免长于教化，短于实务，宦海浮沉，一波三折。对于汤斌，康熙早年十分青睐。

> 二十三年，擢内阁学士。江宁巡抚缺，方廷推，上曰："今以道学名者，言行或相悖。朕闻汤斌从孙奇逢学，有操守，可补江宁巡抚。"濒行，谕曰："居官以正风俗为先。江苏习尚华侈，其加意化导，非旦夕事，必从容渐摩，使之改心易虑。"赐鞍马一、表里

---

① 靳大成：《成圣之道——清初孙奇逢理学思想述评》，见中国社会科学院文学研究所编：《文学研究所学术文选（1953—2003）》3，第636页。

十、银五百。复赐御书三轴，曰："今当远离，展此如对朕也！"十月，上南巡，至苏州，……上还跸，斌从至江宁，命还苏州，赐御书及狐腋蟒服。①

但后来在康熙初年的党争中，汤斌被诬陷，"明珠、国柱辈嫉斌甚，微上厚斌，斌祸且不测"。因此康熙对其印象每况愈下，最终贬斥曰"当其任巡抚时，未尝能行一事，止奏毁五圣祠乃彼风采耳，此外竟不能践其书中之言也"②。而对于张伯行，康熙四十六年，南巡至苏州，对随从大臣说："朕至江南，访问张伯行居官甚清，此名最不易得。"③其间，康熙命督抚选贤任能，而张伯行之名不与，康熙帝因此特招张伯行曰"朕久识汝，朕自举之"④。但一旦涉及实务，康熙帝对张伯行评价就相当的低："操守清廉……但索性偏执，且短于才，封疆之寄不能胜任。"⑤吴廷栋也认为倭仁"守道似近迂而能知大体"⑥，咸丰帝谕旨明白地宣称："倭仁断无干济之才"⑦，曾国藩也在私下里评论倭仁有"特立之操"，然"才薄识短"⑧。而像窦克勤、冉觐祖、张沐、李来章等中州夏峰北学中坚只是短暂的充任过县令或者教谕之类的基层官员，一生更多的是在书院中讲学度过。

总的来看，清代河南流行的理学被以兼容并包为特征的夏峰北学一家垄断，正因如此，有些在江南考据学派内部完成的思想转向，在夏峰北学内部早已完成，而在江南学界愈演愈烈的汉宋之争，在夏峰北学流行的北方甚至就根本不存在。所以，比如"礼理合一"、"以礼代理"在夏峰北学系统中，早在孙奇逢时就露出端倪，根本就不需要"自戴震以

① 赵尔巽：《清史稿》卷 265《汤斌传》，第 9930 页。
② 《圣祖仁皇帝（康熙）实录（三）》，康熙四十九年丙午，北京：中华书局，1985 年，第 404 页。
③ 《圣祖仁皇帝（康熙）实录（三）》，康熙四十六年戊寅，第 295 页。
④ 赵尔巽：《清史稿》卷 265《张伯行传》，第 9937 页。
⑤ 《康熙起居注》第 3 册，北京：中华书局，1984 年，第 2166 页。
⑥ 吴廷栋：《召见恭纪》，《拙修集》卷 1，同治十年六安求我斋刊本。
⑦ 中国第一历史档案馆编：《清政府镇压太平天国档案史料》第 12 册，北京：社会科学文献出版社，1994 年，第 300 页。
⑧ 曾国藩：《能静居日记》，见《曾国藩未刊信稿》附录二，北京：中华书局，1959 年，第 393 页。

降，学界存有一追求客观性与具体性之理的强烈企图"。当然，也不需要"使理字从戴震所释之条理、事理，走向程瑶田倡言'有物有则'的'物则'，最终导致凌廷堪的弃理言礼，主张礼才是行为结果之善的依据"①。说"我乃深信礼学思想为清中叶的一股新思潮，亦为儒学在清代之新面貌新发展型态，有其相当坚实完备的理论体系，及符合时代精神的创意典范，与宋明理学相对峙，甚至欲取而代之"②，在江南考据学派内部可能成立，但如果就整个清学界来说则为误判。之所以如此，不仅仅在于"所谓'宋学'，可谓是'汉学'者们刻意营造出的门第，不过理学的承继为何竟然能食之如饴，甘然接受安排"③，更由于在统一的清代学术之下又存在着各具特色的地域学派，而这些地域学派又具有不同的学术倾向与发展历程。

第二节　势、理、人情的三重推进与融合：论马时芳的思想及价值

一、马时芳的生命历程及对"超化十子"新道统的建构

马时芳在中州夏峰北学史上是一个举足轻重的人物，但近百年来，除了嵇文甫外，关于其的研究付之阙如。④马时芳（1761—1837），字诚之，号平泉，河南禹州人。因"居禹治西南观耡园，环有平泉，因以为号焉"⑤。马家为当地世家，其祖马文升（1426—1510），字负图，号约斋、三峰居士，晚年更号友松道人。景泰进士，官兵部尚书、少师兼吏部尚书等职，谥号端肃。一生成绩显著，后人有"五朝元老马文升"之

① 张寿安：《原序》，《以礼代理 —— 凌廷堪与清中叶儒学思想之转变》，石家庄：河北教育出版社，2001 年，第 8 页。
② 张寿安：《原序》，《以礼代理 —— 凌廷堪与清中叶儒学思想之转变》，第 8 页。
③ 小岛毅撰，黄自进译：《以礼代理 —— 凌廷堪与清中叶儒学思想之转变评介》，《近代中国史研究通讯》1997 年第 24 期，第 115—116 页。
④ 嵇文甫对之的研究，参见《孙夏峰学派的后劲 —— 马平泉的学术》，见《嵇文甫文集》中，第 438—453 页；《记马平泉的学说》，见《嵇文甫文集》下，第 692—703 页。
⑤ 王槐三：《平泉遗书·序》，存古学社，1915。

称。但马家"自端肃公文升以降，闻人绳绳"①，其间虽有马时芳曾伯祖马焯高中进士，但"竟终身屈于郎署"。之后，马家始终在底层功名徘徊，"或仕或不仕，仕亦不显。然皆修行砥砺名，包藏令德"。马时芳的父亲马兴淇，"少时发愤。本思有所建树，谓功名可唾手得。不幸屡试不第"，不得已以贡生的身份授直隶州州判，先后任江西河南等地县丞、知县，嘉庆十四年（1809），马兴淇病殁于孟县任上，时年 75 岁。

由于父亲的殷殷期望②，30 岁以前的平泉，全部的时间和精力都花费在了读书、考试当中。乾隆四十八年（1783），平泉 22 岁，考中河南乡试副榜，但以后屡试不中，嘉庆十二年（1807）试卷被房官横抹，非常愤慨："我偏偏不求文章中试官，只求文章中天下！"乃作归诗，绝意进取。正是这种理想与现实的巨大落差，平泉显示出"师儒"特有的那种压抑、悲情情调。③他的后半生是在县学教谕这样平凡的职位上教授生徒、不断著述来度过的。④

关于平泉的学术渊源，其后学及嵇文甫都把他定位为"孙夏峰学派后劲"⑤，但综观夏峰北学的多线流向及传承的复杂性，仅仅把其定位为孙奇逢思想的传承者是不够的，因为夏峰北学早在孙奇逢的众多门人弟子中就表现出不小的差异，遑论再传及后学。

---

① 王槐三：《平泉遗书·序》，存古学社，1915。
② "余自授经之始，翘然时有远思，径途殊别迄于今三十有余年矣。家愈贫途愈塞，五陵裘马四面争来薄人，至使章句腐儒亦揶揄相笑，腊底积雪度岁缺如，几同袁安之饿，……余尝此其安穷乎？顾影自怜，颇悔学术之太拙矣。"（马时芳撰，孙道恕注：《续朴丽子》，见《四库未收书辑刊》第 7 辑第 14 册，第 717—718 页）
③ "然则人生之升沈荣辱，何异于浮云之往来？"（马时芳撰，孙道恕注：《续朴丽子》，见《四库未收书辑刊》第 7 辑第 14 册，第 771 页）"朴丽子适一亲畹家，小醉而返，憩盘石上，风叟而来，忽动于中斥口高歌，歌毕复行，且行且歌，其词曰'说什么将才相才，说什么庸夫愚夫，要其分量不甚相远，而确乎有径庭之异，河汉之殊？夫何如哉？亦惟是时乎？不时乎？'"（马时芳撰，孙道恕注：《续朴丽子》，见《四库未收书辑刊》第 7 辑第 14 册，第 768—769 页）
④ "久赴秋试不遇，赋归来诗十二首以见志。后为封丘教谕，以忧归。筑精舍于端肃赐第明农堂西偏，作水竹居。杜门却扫者久之。道光岁丁亥，复选授巩县教谕。先生已笃老，迟迟后出，道省垣，谒大吏，耻之，欲归。既而曰：'崇卑，势也；升沉，时也。时势倘幸乎前，而我不与，所以定命也。'遂赴选。丁酉，卒于巩县学署，寿七十七岁，巩人至今思慕之。"（王槐三：《平泉遗书·序》，存古学社，1915）
⑤ 其后学王辂论到孙奇逢学术的流传，"大河南北，代有其人，而最著者，则禹州马平泉、新郑王淡泉、河内李文清也"。参见王辂：《〈孙征君日谱录存〉跋》，见《孙奇逢集》中，第 1333 页；嵇文甫：《孙夏峰学派的后劲——马平泉的学术》，见《嵇文甫文集》中，第 438—453 页。

众所周知，"道统论"在理学中扮演着一个重要地位。就理学家来说，其学术思想之不同，一个根本原因就在于其所建构的"道统"之不同。对于理学家来说，道统论不但体现认知之间的界限与区分，更体现学术传承的发展理路。可以说，理学就是理学家们在共享普范性共识基础上，各建道统而不断分化组合的学术总汇集。就平泉来说，其所建构的道统论集中体现在《超化十子祠记》中，在其中，平泉首先建构了一个"孙奇逢——超化十子"的小道统。①在"超化十子"中，平泉最注重的是陆王心学色彩最为浓厚的赵御众和张沐。

赵御众，字宽夫，号惕翁。直隶滦州人，中过秀才，绝意仕进，师从孙奇逢，专心为学，"于六经群史诸儒书多有所发明"。他为学的功夫，"大抵以事心为主，学贵收敛"。讲究"事心如事天"，常念两句诗：

---

① "自征君孙钟元倡道夏峰，学者翕然宗之，无分远近，亦足以见人心之大同，而秉彝好德之真不容没也。超化西斋钱子之居里也，余尝数过其地，谙悉西斋本末。西斋髫龄以孝闻于时，及受业夏峰，益奋发于圣贤之学，器识高迈，征君亟称之。超化据溱洧上游，有山水林木之盛，西斋又善延接一时士大夫，若上蔡张仲诚、滦州赵惕翁、嵩阳耿逸庵及他诸同仁，相依而寄处焉。访幽选胜棋布星罗，互相讲论，其流风余韵至今披拂岩谷间。余读《理学宗传》，见仲诚所为序，拳拳于天人性命之旨，力透本原，其为政务以德化民，岁时聚父老士庶为之，反复阐发其本心，警快透彻，闻者莫不洒然有省，与征君交至笃无减江村。惜余生也晚，不获执业以请矣。惕翁早年绝意仕进，于六经及秦汉以来诸大儒之书沈浸醲郁，多所发明，以余力旁及声诗翰墨，得之者珍如拱璧。惕翁勤勉学问，老而益励，居恒懔懔如将失之，尝自诵云：垂名千古易，无愧一心难。……晚号超化老人，手辑夏峰遗书若干卷为传信录，师门渊源略备于此，其从学夏峰最先且久，与汤潜庵、魏莲陆并为高第弟子从祀百泉书院。逸庵官大行道，遭丧归服，除，后因汤潜庵执贽夏峰，久之以荐，入为少詹事，专辅导，未几致仕旋里，复理嵩阳书院，启迪四方学者，设为条约，从俭素戒华饰，登岨至今遵之。四子皆聪明而好古，敦笃而开朗，出则有为，处则有守，力肩斯道，而夏峰之学因之愈光。……维时讲学于超化而与之同祀者，又有四人焉。曰雄县李霞表，与征君同携家而南，参订读易大旨、理学宗传，眉端无烦恼，胸中无机械，口中无雌黄，征君所称为三无道人也；曰范阳马先斯，尚气节，重节义，征君所称为直友、益友；曰范阳耿保汝，与仲诚、惕翁相友善，征君怀友诗所谓'浑穆称保汝，不以穷失意'；曰孙君侨，征君第四子。征君晚年重听，诸弟子问难借以转达，能曲畅教意，当道奉诏隐逸，力辞不赴，可称克构。至于陈孔恕、马茅史隐于超化，与惕翁、西斋讨论不绝，余尝至桧阳访问二子轶事，欲编列诸子间，而人往风微，竟不可得。……故并祀之凡十子。十子祀而夏峰之学复显烁于超化矣。……由十子溯夏峰，而由夏峰溯濂洛上及洙泗，必且连袂结衣蒸蒸焉，相望而兴起则是举也。岂非千秋之盛事哉？抑吾见之有感焉。今天下之士矝言学矣，大都以悉力简编宏博淹贯为好学，……道本不繁，当切而求诸视听言动之交，道本无难，当近而体诸日用行习之素。……征君倡明于夏峰，亦安得十子联辉于超化哉？"（马时芳：《超化十子祠记》，见李桓辑：《国朝耆献类征初编》第52册卷397，《清代传记丛刊》本，台北：明文书局，1985年，第859—864页）

"垂名千古易，无愧一心难。"为此每日惴惴然，唯恐此心坠落；自我检讨不止于"日三省吾身"，觉错事，往往百计弥补。孙奇逢曾拿他与汤斌并称，称其善补过。[①]在思想上，他最讲究"一线灵明"。

> 学以事心为主，……凡言心学者，动日当前、日究竟、日了当、日自然、日不挂丝毫、日只此一事、日本无一事、日讨消息、日到圆满处、日睁眼看见开口说着。[②]

张沐，字仲诚，号起庵，河南上蔡人，顺治十五年（1658）进士。"起庵衍阳明之绪，而以孟子求放心为入手功夫，兼重居敬穷理。谓释氏以存心为了局，吾儒以存心为起手，辨析甚明，体验切实。与夏峰宗旨大同，途辙互有出入"[③]。张沐在当时颇有声名，《清史稿·梅文鼎传》载："圣祖西巡，问隐沦之士，光地以关中李颙、河南张沐及文鼎三人对。"[④]张沐治学，"不泥史册，不拘迹象，独见真切，故其言皆从自心自性中流出，皆无一点腐气"[⑤]，因而四库馆臣曾屡加批驳。如其《周易疏略》以为包括《河图》、《洛书》及伏羲、文王诸图的"今本九图""为孔子所定"，四库馆臣说："沐自谓朱子之所不能解者，绎诸孔训，恍然来告，敢曰独信，亦谈何容易乎！"[⑥]在《春秋》经传学上，张沐表现得尤为大胆，提出孔子作《左传》说，被四库馆臣讥叹为"异哉斯言！自有经籍以来，未之闻也"[⑦]。

张沐交游甚广，又曾先后主讲登封、禹州、汝南、开封等书院，门人弟子甚多，形成了"起庵学派"。[⑧]该派之学，出于王守仁，亦兼取程

---

① 徐世昌等编纂，陈祖武点校：《清儒学案》卷1《夏峰学案·赵先生御众》，第43页。
② 唐鉴：《国朝学案小识·心宗学案·密县赵先生》，四部备要本，第199—200页。
③ 徐世昌等编纂，陈祖武点校：《清儒学案》卷30《起庵学案》，第1008页。
④ 赵尔巽：《清史稿》卷506，第13948页。
⑤ 马时芳撰，孙道恕注：《续朴丽子》，见《四库未收书辑刊》第7辑第14册，北京：北京出版社，1997年，第736页。
⑥ 永瑢：《四库全书总目》卷9《周易疏略提要》，第72页。
⑦ 永瑢：《四库全书总目》卷31《春秋疏略提要》，第254页。
⑧ 关于张沐及学派的思想，研究寥寥，本段所论是依据《清儒学案·起庵学案》，具体参见徐世昌等编纂，陈祖武点校：《清儒学案》卷30《起庵学案》，第1008—1029页。

朱。张沐初宗王守仁《朱子晚年定论》之说，作《道一论》以阐明之，作《学道六书》以救门人，发挥王守仁心学，以"一念常在"四字为主。后乃取程朱居敬穷理之说，自谓《道一录》及《六书》中有未当，复加删正，标立志、存养、穷理、力行、尽性、至命六者为学者致力次第。其大略不违程朱之法。该派认为，志为至上之气，天命于人之性自能生此，学者为学，必须从此处学起，立定志，不使走作，乃人生之本源，此如木之有根、水之有源。故立志为天下之大本，为第一层功夫。存，谓存心；养，谓养性。存养，"便是存养那志"。心犹根，志犹苗，培灌其根，苗自长。心不存不养，志必馁。止至善是立志，定静安是存养，将至善的心存之又存，存心到静安处，则志深牢固而生气盛，此即养性。从不睹不闻时用戒慎恐惧功夫，便是存心。穷理，即存养中一事，非存心无以穷理，穷得理来又当滋养此心。必存养而后穷理，穷了理以理养心，使此心理充盛饱满，故穷理只完存养一事，存养穷理功夫乃彻始彻终一大要领。立志时非无行，但粗率；存养非无行，虽细密，亦非尽当。此皆真行。至穷理，在博学、审问、慎思、明辨后，理诚于中而形于外，则行为真行，乃不可不力，此即所谓笃行。存养穷理后，义与道饱满慷壮于中，又自生出力来，放行力自不馁。力行虽天性所自生，亦须我自己下力去行，故力行近乎仁。尽性，非别有功夫，立志、存养、穷理、力行层层功夫，即是尽性。"性者，生也，以心生得名，非有形可指，有象可求，若煞认性为一物，则惑矣"。"性命一也"，在天与之谓命，在人受之谓性。天命人以性，但不能强人尽性，"有能尽性，斯命至矣"。所谓"至"，"天之所以命我者，我无一之不至"，故至命非尽性外又有至命功夫。

正是由于两人明显的心学色彩及巨大影响，所以在《国朝学案小识》中，两人被崇尚程朱的唐鉴双双列入《心宗学案》大加抨击。对于赵御众的《困亨录》，唐鉴评曰：

> 虽偶亦鞭辟近里，而究不知一点心为何心，此一事为何事，如何圆满，如何又不挂一丝？如何洁净，如何又四通八达？本体既非工夫，全无着落，其何以为学者训乎？夫圣贤之学……谓向天机

上讨消息，谓一寸灵明，通天一片幻境，视禅和又何异哉？是安得不辨。①

对于张沐，则认为：

> 至阳明借朱子之一言半语与己略相似者三十余条，硬坐以为晚年定论，是欲援朱子以自证明不背于正学也，而其陵跨毁灭之心，盖亦在在所不免矣。先生乃合之《传习录》，以为《道一录》，其亦阳明之心乎？惜哉！先生之笃志好学，而有此一大差，是亦可慨也矣！②

既然"超化十子"有浓烈的心学色彩，平泉思想当然也概莫能外，并且有更进一步发展而泛滥于诸子百家的趋势。对此，友人评论曰：

> 其学不论幽渺，不滞言诠。外切求之人情世故，而内直反之吾心自安。峻者夷之，隘者廓之，间者沟之，迂者经之，自是行千里皆坦途。其于学以求乐，学以解缚之诣，一编之中三致意焉。盖深悟为道日损，损之又损，以归于简易朴质，赜然几无复坛宇之存。而其中心藏之者，则默以权略机应、空明澄澈自喜。所未敢昌言哗众者，国之利器不以示人，诚慎之也。其师法自苏门以规阳明，白沙而象山、而尧夫，明道而濂溪、而文中子，再溯郭林宗，以薄张子房，而衍为庄周、老聃。其崇论不讳魏武，而更推毂司马仲达、姚广孝，间及寄奴、贺六浑。……此则俟知者知耳。综览先生述作以考《班志》，固属儒家者流，而横溃以入杂家。见王治之无不贯，此其所长也。每下愈况，百姓与能，及至也，上哲其犹病诸。③

---

① 唐鉴：《国朝学案小识·心宗学案·密县赵先生》，四部备要本，第199—200页。
② 唐鉴：《国朝学案小识·心宗学案·上蔡张先生》，四部备要本，第197页。
③ 王槐三：《平泉遗书·序》，存古学社，1915年。

分而言之，首先看《论语义疏》。

其学以陆王为宗，而尤重于诚意慎独。是书大意在发明圣人立言之旨。乃人涉身处事义理之权衡。而疏义不守汉宋门户之见。以吾心想圣人之心。想记者之心。一一恒之于事理。其学以发明心学者甚多。然非注疏之体也。

首有时芳自序，云学以成己成物也。不讲则不足以成己成物。夫差毫厘谬千里，岂不可忧？《论语》吾夫子讲学之书，物我远尔。无所处而不当，所谓天将以夫子为木铎也。盖洙泗之渊源具于是矣。……丁丑夏守制丧庐，苦块忧戚之中，思虑专一。忽觉此心湛然。因念《论语》吾夫子讲学之书，乃义理之权衡，不揣固陋，辄继前笔。逐章各述其大意。

又云："《论语》为开创以来第一书。所以为万世学者开太平，学者无不读此书。"

又云："谢上蔡尝约人以讲《论语》。及至，缪可矣。何必依傍孔氏遗书而为之集注名曰章句哉？余幼落宋儒圈套，劳而无获，到及老而悟其非也。因《孝经》、《大学》二书，受毁尤酷，亟取原文合读，加之论断，谓可以醒迷途矣。凡全书中及所言皆类此。"[①]

正是如此，《续修四库全书总目提要经部》作者批评平泉：

由陆王入首，本与程朱为难，及官河间，又得闻汉学家之端绪，而欲以论语解论语，故不惜厉訾程朱，而作狂吠也。[②]

其次看《风烛学抄》四卷。自序曰：

芳窃不自意，得读夏峰孙子所辑《理学宗传》而深有以见，夫

---

① 《论语义疏提要》，《续修四库全书总目提要经部》下册，北京：中华书局，1993 年，第859 页。

② 《论语义疏提要》，《续修四库全书总目提要经部》下册，第 859 页。

人之不可不学也。忆年二十时，游苑陵，于人家见是书，拜求主人，携以归。奉如师保。盖至于今四十有九年矣。夫士子咿唔佔哔以媒利禄，非学也。乃有读圣贤书，得其一二语，孤持之，刻己自将，而一不切体诸天命人心之本，然若世俗之所谓理学，其失有四，而迂曲固陋不与焉：曰矜高、曰疏阔、曰偏滞、曰烦急、有一于此，乖道揆矣。学焉而弗诣其极，犹不学也。夏峰辑为是书，指示同行，审慎持权，三致意焉。①

自跋曰：

古之时比户可封，皆理学也。今俗士皆以理学为诟病，其略有识趣者又往往以为高藐繁难，废然自画于中途。予尝闻诸孔子，孔子曰："我欲仁，斯仁至矣。"而孟子则谓人皆可以为尧舜，大抵二人性皆善，无智愚流品之分，但争有志无志耳。志立而学半，古昔圣贤之书具在，可考而知也。凡予所录，老少男妇皆可与知，农工商贾皆可与能，谁不可为理学者？然理学之名古无有也。曰理学，不若直曰学。古今同，四海同。无所标异也。夫老少男妇，农工商贾苟洗心涤虑，有志于为善去恶，而求不失其性，是则所谓道学者也已矣。②

又跋曰：

白春秋至于唐宋之世，其间识大识小亦各有文武之道，而醇驳显然，无有骑墙，迨宋南渡，文弊质穷，学术分裂，人持一是非。越及明季，时明时晦，学者惑焉。③

再次看《求心录》和《朴丽子》。《求心录》三卷。

① 马时芳：《风烛学抄》，存古学社，1915年。
② 马时芳：《风烛学抄》，存古学社，1915年。
③ 马时芳：《风烛学抄》，存古学社，1915年。

此书仿薛瑄《读书录》之意，然薛氏重在检寻义理，而时芳偏重于发明本心。自跋云："是录也，各有所因。无假思索，动于心而不容已。"名曰《求心》者，盖时芳学宗陆王，以为人自明，人心自灵。所谓良知者，此天之所以赋予而不必假之外者也。凡事之能安于心者，即合乎理义；其有不安于心，即不合于理义也。以是衡之，人我之得失，唯此心能得之。①

《朴丽子》正编九卷，续编十卷。

其书大约皆辨非中之是与夫是中之非，而一以时字为定盘针，而迹象不恭焉。学者刻苦清谨之余，自谓执德固信道笃矣，然不进此一步，道其所道于世终为碍物所愿。②

李棠阶序曰：

予从刘子叶六得读其师马平泉先生《朴丽子》一书，而不觉洒然有契于心也。掩卷叹曰：先生其矙然于戒惧之实，而脱然于尘埃之外者乎？盖先生宗尚陆王。以慎独为本，深造密诣，浩然自得。自宥密之际以达于于习之间，浑然一诚之所贯，而于世味则泊如，于世机则豁如也。慨夫世之儒者，离性命与事功而二之，遂致狃古非今失之迂，谈精说妙失之空，曲谨小廉失之腐，矜己敖物失之戾，曲经歧途，纷然错出而不可究诘，于是儒滋为世诟病，而圣学几不可为，先生忧之，此《朴丽子》所为作也。今读其书。或寓言，或正言，或恢谐，或庄论，或谈笑，或涕泣，上下古今，洞悉夫治乱兴衰成败之故，而概贯乎物理人情之微，经纬条理。灿然列眉，要皆自道其心得。盖慎独之功逾简易，愈真切，愈精明，愈广大，于世儒之病扫除而廓清之，则自以隐合乎占人而超然于意言之表焉耳。

---

① 马时芳：《求心录》，存古学社，1915 年。
② 马时芳撰，孙道恕注：《续朴丽子》，见《四库未收书辑刊》第 7 辑第 14 册，第 698 页。

抑吾尤愿读是书者，约己而力践之、以求得其所以然之故。勿拘文而牵义，勿执比而病彼，则庶几不失先生之微意乎？①

二、理在何处：理、势、人情的三重融合及落实

在理学家的思想中，"理"无疑具有本体性的最高地位，平泉也概莫能外。但理不可能是悬空的，而是处于社会关系的大网络之中，它最终要落实到形而下的实践中，在明清之际的儒学变革运动中，孙奇逢以其回归、重释孔孟经典来整合理学各派的内圣思想与"舍三纲五常无道术"基础上的"礼理舍一"的外王思想，两者完美结合，开创夏峰北学，在实际中，把对形而上"理"的寻求变为对形而下"礼"的实践成为夏峰北学的最大特色，河北夏峰北学如此，中州夏峰北学也是如此，平泉当然也是这样。正是以此为转手，平泉的思想得以展开，也就是在这种展开中，他的视野从夏峰、阳明、象山直接扩展到汉唐儒学及诸子学，在复活先秦"势"、"理"、"人情"等观念的基础上，"天下事有三，曰理、曰情、曰势"②，最终以义理的方式把三者乃至各种形态的儒学会通熔铸一炉。

分而言之，首先看平泉对"势"的寻求。在古代中国的知识体系中，"势"是一个基础性的概念，其意义是多方面的：有效力的布置会产生可能性（战略上）、势位是决定的因素（政治上）、一种操纵逻辑、同场域共有的一致性、组合之中起作用的潜势状态、机能运作的两极性、交替作用的趋势③等。"势这个字同时指发展的各个阶段的情况，及由各个情况衍生出来的每一个个别趋向。就是这个'势'使最微小的潜在可能性，即使处于刚刚萌芽的阶段，变成具体的现实。事实上，这种使事物现实化的趋势在其酝酿时期就已存在了。"总的来看，它是时间—空间的总汇集。④

---

① 李棠阶：《朴丽子序》，见《朴丽子》，存古学社，1915 年。
② 马时芳撰，孙道恕注：《续朴丽子》，见《四库未收书辑刊》第 7 辑第 14 册，第 776 页。
③ 余莲：《势——中国的效力观》引言，北京：北京大学出版社，2009 年，第 6、19、39、3 页。
④ 所以，"势"包含"时"。

　　一般来说，"势"作为一种话语体系最早从先秦的兵家而来[①]，到春秋战国，随着兼并战争的日趋激烈，在百家争鸣中，"势"话语迅速成为诸子及整个社会的一个普世性话语。[②]"在古代中国，势的决定性与超越性成为诸子百家的共识。"[③]到大一统帝国建立后，虽然以法、术、势为根基的法家在秦汉后烟消云散，但是，"势"观念衍生的权势思想不但没有受到实质性的伤害，反而成为各种思想互相融合的交汇点和黏合剂，它通过不同的途径或者以不同的形式得到加强。这种情况与中国的大一统帝国相始终，并一直渗透于中国文化的深处。可以说，"势"在中国的地位就相当于"上帝"在西方的地位，在西方，人们的一切都受上帝的指引，到死也要有末日审判；在中国，"势"是一种笼罩整个社会、大势所趋的总趋势，"天下大势，浩浩汤汤"，所有一切都必须受它的指引，否则现实就不安宁，"顺之者昌，逆之者亡"。所以，"势"观念构成了大一统帝国所有观念的"集体无意识"的基础和常识，所有观

---

① "公元前 5 世纪至前 3 世纪的战国时代，关于兵法的思考特别兴盛，而且远远超过作战的范围。从一般的文明沿革史的观点来看，中国兵法独特的系统本身不仅是一项杰出的革新，它所提供的诠释形式还将其理智思维方式投射到现实全体上面。战争经常不可预测，而且充满偶然性（或宿命），然而，中国的思想家却很早就确信他们从战争中观察出，战事的进程其实服从了一个内在的需要，而这点是众人在逻辑上可以预见的，因此人们能完全掌控。这样的概念太激进了，故其背后必定藏有一种精心设计、具有效力的运作方式。"余莲：《势——中国的效力观》引言，第 4 页。

② 当然，这里面就有一个"势"话语从兵家扩展到整个诸子百家的过程。根据何炳棣的考证，《孙子兵法》是中国古代最早的私家著述，而《老子》的辩证思维就来源自《孙子兵法》。（何炳棣：《有关孙子老子的三篇考证》，《"中央研究院"近代史所演讲集》(2)，2002 年）对此，有学者表示异议。其实，如果抛开具体的某些文本考察（因为从思想形成系统性的文本及最初的文本到今天看到的文本之间有非常烦琐的过程，很难把握），"诸子百家的思维有很多是来源于兵家"是无疑的，因为三代，"国之大事，在祀与戎"，而到西周后更是如此（在三代，特别是西周，关于"祀与戎"的知识应该构成知识阶层的基本知识背景）。在祭祀祖宗基础上形成宗法制对中国历史的影响自不待言，而在与异族（戎）征战过程中产生的战争思想却注意者寥寥，实际上，在三代的战争实践基础上，广义上的兵家思想也基本形成。《军政》、《军志》、《六韬》虽然有后人增删的痕迹，但雏形应该出现，否则后人为什么伪托到三代？而到春秋战国之际，随着连绵不断的战争，兵家思想迅速文本化并迅速传播，以至于出现了像《孙子兵法》这样的集大成之作，当然这种传播一方面得益于当时"天下大乱"的局面使得兵家思想有广泛的实践舞台，另一方面也与兵家思想较之于其他诸家的整体完备性（无论是从形而上"道"的层次还是形而下"术"的层次，在先秦，兵家在各家中是最完备之一）。所以，从整体上看，诸子百家的思想很多都有兵家的痕迹也就顺理成章。

③ 古方：《韩非子与中国文化》，贵阳：贵州人民出版社，2001 年，第 184—190 页。

念都在"势"话语的基础上奠基①。也正是如此，中西之间就在此基础上
有了最初的差别。②

对于"势"之重要性，沉沦于下的平泉深有体会，"天下事有论其理
则非，揆其势有无可如何者。……惟设身处地"③。所以要不斤斤计较④，而
要如此，就要"权"。"道非权不行，君子藏器以待时。"⑤"权字最紧要，人
徒拘于未可与权之言，便以权为不可及，其实一时离不得，特判巨细耳。
拘儒好为美名立言，不屑降意，此事之所以不济也。"⑥而为什么要"权"

---

① 不但是精英话语，就是大众话语无不如此。比如王夫之就大讲"度其势"，"时异而势异，
势异而理异"（王夫之：《宋论》卷11、卷4，北京：中华书局，2008年，第160、103
页）。"势靠时机，理靠势。"（王夫之：《读通鉴论》卷12、卷14，北京：中华书局，1975
年，第386、433页）"知时以审势，因势而求合于理。"（王夫之：《宋论》卷4，第106页）
《老子》更说："道生之，德畜之，物形之，势成之。"（《老子》五十一章）而作为"四大
名著"的《三国演义》开头就是"话说天下大势，分久必合，合久必分"。然后在"势"
话语的底座上展开叙述。
② "中国的历史传统大部分是建立在势的解释模式上的。"（余莲：《势——中国的效力观》，
第183页）"中国人的历史观与神学无关，因为它不是由上帝启示的，也不具有任何的计
划构想；它没有末世论，没有任何最终目的，也不需要任何神明来证明其正当性，它的
'结构布局'纯粹是内在的。中西之间存在着这么大的差距，肯定是因为中国人有不同的
时间观，虽然他们对即将来到的未来时间有很清晰的概念，也就是那个已经在当下此刻之
中并且会如是来临的将来的时间，他们却不给未来下一个明确的定义。对他们而言，发展
的过程是无止境的、没有时间限制的，因为他们认为，当进展的流程有它自己的调节的周
期性时，就表示它不可能有期限；对中国人来说，历史有终点，这是不可思议的。"（余
莲：《势——中国的效力观》，第182页）反映在历史书写中，"中国人所写的历史书比
较不注重事件或事实，但强调历史的变迁，并且中国的史书最初的时候也不是连贯的叙事
（不论是按年代编纂或是在资料的收集方面，中国史书里的历史事件/事实，经常被视为
只是历史变迁的指标）"（余莲：《势——中国的效力观》，第182页）。"中国文化最能证
明这一点：中国文化只注重它自己的传统，总是以单一的观点看待之（这其实是中国的民
族中心主义的力量），所以很容易形成犹如一个封闭的世界的历史流程。此外，就哲学的
层面而言，被用来建构历史演变的阴阳二极，其本身就回应了一切的现实。由是，中国文
化很适合依据趋势的逻辑来解释人类的生成变迁。"（余莲：《势——中国的效力观》，第
184页）
③ 马时芳撰，孙道恕注：《续朴丽子》，见《四库未收书辑刊》第7辑第14册，第705页。
④ "铢铢而计，至石必差寸，寸而量至丈，必失天下。事固不可太细密太清白，太细密清白
未有不立致纷纭者也。《书》言敷教在宽，又云有容德乃大，而《周易》保泰始于包荒，
此天道也。"（马时芳撰，孙道恕注：《续朴丽子》，见《四库未收书辑刊》第7辑第14册，
第747页）"夫时有古今，道无古今，故人亦无古今。"（马时芳撰，孙道恕注：《续朴丽
子》，见《四库未收书辑刊》第7辑第14册，第763页）
⑤ 马时芳撰，孙道恕注：《续朴丽子》，见《四库未收书辑刊》第7辑第14册，第750页。
⑥ 马时芳撰，孙道恕注：《续朴丽子》，见《四库未收书辑刊》第7辑第14册，第764页。

呢？关键就在于"时势"，国家①、个人②莫不由此兴衰成败。"世之盛也，势随理转，世之衰也，理随势转，是皆无可如何者也。不知审势而欲伸理于势之上，事鲜有不败者。"③在实际中，因为"帝王之道有行于古而彼不可行于今者多矣，而封建井田其尤大者也"④，所以就是帝王也要明体达变。可以说，也就是在"权"的过程中，一切事物道理，不论是世俗个人还是专制帝王，在"势"的流行中都被一网打尽，历史成为在"势"的总体运行中各种事物的运转作用过程。

再看平泉对"人情"的寻求。与其他理学家不一样，夏峰北学自孙奇逢以来就注重人情，不绳人难做之事。

> 夏峰之学，专务躬行实践，不讲玄妙，不立崖岸，宽和平易恫温无华，和一般道学家好为高论，而孤僻迂拘……从这一路发展下

---

① "夫国家所乘者，势也。势至易为力，势过难为功。季汉之势在得荆益时，如汉高之王巴蜀汉中，高帝出昭烈入，高帝进昭烈退，兴替决矣。蜀以天下之十分之一二耳，时过气衰，精锐耗损，……以此欲得志中原，知其难也。"（马时芳撰，孙道恕注：《续朴丽子》，见《四库未收书辑刊》第 7 辑第 14 册，第 765 页）"天下事有论其理则非，揆其势有无可如何者。……惟设身处地。"（马时芳撰，孙道恕注：《续朴丽子》，见《四库未收书辑刊》第 7 辑第 14 册，第 705 页）"铢铢而计，至石必差寸，寸而量至丈，必失天下。事固不可太细密清白，太细密太清白未有不立致纷纭者也。《书》言敷教在宽，又云有容德乃大，而《周易》保泰始于包荒，此天道也。"（马时芳撰，孙道恕注：《续朴丽子》，见《四库未收书辑刊》第 7 辑第 14 册，第 747 页）"夫时有古今，道无古今，故人亦无古今。"（马时芳撰，孙道恕注：《续朴丽子》，见《四库未收书辑刊》第 7 辑第 14 册，第 763 页）"道非权不行，君子藏器以待时。"（马时芳撰，孙道恕注：《续朴丽子》，见《四库未收书辑刊》第 7 辑第 14 册，第 750 页）"权字最紧要，人徒拘于未可与权之言，便以权为不可及，其实一时离不得，特判巨细耳。拘儒好为美名立言，不屑降意，此事之所以不济也。"（马时芳撰，孙道恕注：《续朴丽子》，见《四库未收书辑刊》第 7 辑第 14 册，第 764 页）
② "韩昌黎三上宰相书，以泰山北斗之望累累于权门阍寺间，始颇怪之，今日则否。几人安常处顺？庸夫俗子皆能操是非之柄，睥睨一世，而幽人志士不见谅者多矣。"（马时芳撰，孙道恕注：《续朴丽子》，见《四库未收书辑刊》第 7 辑第 14 册，第 765 页）"夫天之于人，无弗爱也，尤注意于善人其日用过活，默为筹度审矣，然操若权衡，必不滥班。"（马时芳撰，孙道恕注：《续朴丽子》，见《四库未收书辑刊》第 7 辑第 14 册，第 758 页）君子因"势"而动，"是故，君子开怀春温见，闭目秋冷，道因时异，我何于哉？"（马时芳撰，孙道恕注：《续朴丽子》，见《四库未收书辑刊》第 7 辑第 14 册，第 757 页）"仁义无二理，得则两得，失则两失，成败之机尤当于时势。"（马时芳撰，孙道恕注：《续朴丽子》，见《四库未收书辑刊》第 7 辑第 14 册，第 717 页）。
③ 马时芳撰，孙道恕注：《续朴丽子》，见《四库未收书辑刊》第 7 辑第 14 册，第 708 页。
④ 马时芳撰，孙道恕注：《续朴丽子》，见《四库未收书辑刊》第 7 辑第 14 册，第 711 页。

去，而更神会于陆、王，泛滥于百家。①

《清史稿》本传说他凡是"有问学者，随其高下浅深，必开以性之所近，使自力于庸行。上自公卿大夫，下及野人、牧竖、武夫、悍卒，壹以诚意接之"。正是如此，才会有那些远在千里，跨州隔省的人，风闻其义偶一相接，也会身受感召深服其学。在这方面，平泉更是发扬光大。②

　　他要做一个"晓人"，要除去阳明所谓"浮意气"。这种老成练达的风格，实从夏峰来。大概由夏峰出发，矫激起来，则为习斋；蔓延下去，则为平泉。习斋卓荦，别树一帜。平泉则卑之又卑，更带黄老味，不善学之，或成为"世故老人"。通脱处却亦有非习斋所能及者。③

对此，孙道恕也评论道："然古今人情既难概论，时势艰难非可拘执。先生独设身处地，因时势酌其轻重，而不为苛论。"④正是不绳人难做之事⑤，所以平泉一方面与众人一样相信风水，因而不免批评反对风水之

---

① 嵇文甫：《孙夏峰学派的后劲 —— 马平泉的学术》，见《嵇文甫文集》中，第439页。
② 具体来说，"古人亦人耳，耳目口鼻之所同嗜，未必大远于人，人但其详不传所传者，仅落落数大端。论者于古人见其精微见其粗，而求之也。疏于今人见其精并见其粗而求之也密"（马时芳撰，孙道恕注：《续朴丽子》，见《四库未收书辑刊》第7辑第14册，第747页）。"愚夫愚妇，一性同形，何竞之有？"（马时芳撰，孙道恕注：《续朴丽子》，见《四库未收书辑刊》第7辑第14册，第704页）"不揆事体之难易，不悉人情之委折，不谙风土之殊尚，不酌古今之异宜，拘儒小生昂首鼓舌诩诩焉竟为高论矣。"（马时芳撰，孙道恕注：《续朴丽子》，见《四库未收书辑刊》第7辑第14册，第704页）"举天下之人疏为十分，耆年者约不过一分耳，饥寒荼毒与夭札疾病刑戮者二分，其他七分皆为酒色财气死，酒一分，气一分，色两分，财三分。"（马时芳撰，孙道恕注：《续朴丽子》，见《四库未收书辑刊》第7辑第14册，第751页）"甘食悦色，人之常情。"（马时芳撰，孙道恕注：《续朴丽子》，见《四库未收书辑刊》第7辑第14册，第751页）"坏尽世人心术者岂非利哉？且童稚皆喜有如性生，何哉？然而国计民生莫先于此，虽大圣贤大豪杰非此寸步难行。"（马时芳撰，孙道恕注：《续朴丽子》，见《四库未收书辑刊》第7辑第14册，第750页）
③ 嵇文甫：《孙夏峰学派的后劲 —— 马平泉的学术》，《嵇文甫文集》中，第452—453页。
④ 马时芳撰，孙道恕注：《续朴丽子》，见《四库未收书辑刊》第7辑第14册，第707页。
⑤ 就是在文学上，平泉也有浓厚的"人情"味道。"平泉的哲理诗，寓深意于平凡事物之中。反映出诗人思想上的聪慧和深刻。平泉的诗反映出了诗人深厚的同情心、人道主义精神及出于本能的骨肉亲情。"（朱昌平、吴建伟主编：《中国回族文学史》，银川：宁夏人民出版社，2007年，第451页）

说的司马光、吕坤①，另一方面，鉴于社会上过多的繁文缛节对人们生活的限制，平泉极力要求予以去除。②

虽然平泉把"势"、"人情"与"理"融合一处，但在现实实践中，"势"、"人情"与"理"不可能完全一致，有时不免要发生冲突。比如人情与势之间③，比如理与人情之间④。针对这种冲突，平泉认为就儒生本身来说，就是在天理、人情、时势之间要"老成深虑"、"老成谋国，含垢纳污，遗惠无穷"。"晓人办事，只是因时势，而与为化裁不执成格。若执理任气欲成事，而反至败事。"⑤但当平泉以这种眼光看待整个士林之际，情况却与设想大相径庭。不但是一般的儒生只追求形似⑥而问题多多⑦，就

---

① 当然，马时芳相信风水与他科举失意也不无关系，"安成有七世进士坊，立坊后无复登甲第者，新安吕氏科第坊亦然。或曰造物忌盈，或曰彼建坊时气已尽矣"。参见马时芳撰，孙道恕注：《续朴丽子》，见《四库未收书辑刊》第7辑第14册，第735页。

② 马时芳撰，孙道恕注：《续朴丽子》，见《四库未收书辑刊》第7辑第14册，第737页。

③ "夫人情与势有所必不能已不必已者，顾且介介焉。屈心抑志，后顾前瞻，迁就因循，强思己已，未始非宜。……君子知其然，不若决机于早，随其分而利导之，揆厥由来犹为彼善于此。"（马时芳撰，孙道恕注：《续朴丽子》，见《四库未收书辑刊》第7辑第14册，第706页）

④ "乡老年五十岁，丧其偶，遗一女，自抚养之。……及笄，当嫁，女请终养，不许。为择婿近处里许，将出阁，相对泣。尽肿合卺日，父三往，又往，外户闭，彷徨达旦，门启遂入，屏息卧房外，待婿出，潜入抚慰良久。视其梳洗妆饰毕，乃去。数以为常。每得一脔之味，必携与女共食。久，婿厌厌苦之，以语妻，妻为哀陈，其自幼相依状，又久之，女亦不怡，父至或避之。……朴丽子曰：'老人于女可谓情至矣，始而婿厌苦之，继而女厌苦之，而老人不渝，无他，其情笃也。夫人情各有所钟，情之所钟，实亦不自知其所以然。而钟情之过，往往至于失情。观老人之所以待女，其情良苦，使人感伤。'"（马时芳撰，孙道恕注：《续朴丽子》，见《四库未收书辑刊》第7辑第14册，第772页）"理若不在日用应酬饮食作息被色别声之中株株焉，别为一不情苦物之诣也者，由是理遂为世之畏途。"（马时芳撰，孙道恕注：《续朴丽子》，见《四库未收书辑刊》第7辑第14册，第775页）

⑤ 马时芳撰，孙道恕注：《续朴丽子》，见《四库未收书辑刊》第7辑第14册，第729页。

⑥ 当时之儒"比周骄泰，圣人特为判清乡愿似忠信廉洁，圣人恶之，大抵学问之醇疵，人品之高下，都不在形声迹象。开镜照面不照心，圣人照心不照面也"（马时芳撰，孙道恕注：《续朴丽子》，见《四库未收书辑刊》第7辑第14册，第758页）。"儒者矫枉过正往往至于不情觉，……颇为多事无裨于事教。"（马时芳撰，孙道恕注：《续朴丽子》，见《四库未收书辑刊》第7辑第14册，第757页）

⑦ "今儒者家人人诵读孔孟之书，何未闻之道也？其无乃汩没于利欲而不返也？抑无知道者为之前导也。忽唁然叹息扬声曰'圣贤之道，天地所以立人心所以常存而不敝，安得竟晦昧隔塞如此哉？'"（马时芳撰，孙道恕注：《续朴丽子》，第774页）"至若呻唔以取科第，非好也，急利禄也，既得利禄则各徇其意之所喜而置之矣。"（马时芳撰，孙道恕注：《续朴丽子》，见《四库未收书辑刊》第7辑第14册，第751页）"古之郭巨埋儿、邓

是大儒如方孝孺[①]、刘宗周[②]、黄道周[③]等也是顾此失彼。一言以蔽之，在平泉眼中，儒生们要么是“诵读孔孟之书”却“汩没于利欲而不返”[④]；要么是只顾追求功名利禄而奴颜婢膝[⑤]；要么是做事矫枉过正，多事却无益于世道人心[⑥]；要么是“比周骄泰”而为乡愿[⑦]；要么“气魄用事”、

（接上页）攸击子、许武让产，推其故在好名，推好名之故，彼时乡举里选之制未尽废，在因名以媒利禄。”（马时芳撰，孙道恕注：《续朴丽子》，见《四库未收书辑刊》第7辑第14册，第700页）“作事不求济，不虑败，信己以往而曰：‘行之自我者当如是也。’汔济濡尾何利之有？”（马时芳撰，孙道恕注：《续朴丽子》，见《四库未收书辑刊》第7辑第14册，第748页）“性偏气盛，急名括尽三代后君子之患。”（马时芳撰，孙道恕注：《续朴丽子》，见《四库未收书辑刊》第7辑第14册，第737页）

① “明太祖尝称方孝孺为壮士以遗子孙，建文时特起用之于议朝政，斯真大丈夫有为之时矣。然其行事何其戾也。夫太祖聪明神武创制天下，……孝武不无修补润色，纷纷变法犹如更张，岂不悖乎？井田不宜于今，昔人辨之甚明，愚儒皆知其不可，而孝孺锐欲复之，是乱天下也。至其议罢北方学校，……何异李斯焚书坑儒哉？盖孝孺为人强毅介特，嗜古不达于事理。”（马时芳撰，孙道恕注：《续朴丽子》，见《四库未收书辑刊》第7辑第14册，第773页）

② “宏光（明南渡）草创未定，刘宗周以羁旅之愤请复仇，奏劾诸大臣之罪，言皆可杀不綦烈哉？然自古未闻用壮如此而可以有为者也。其不死于奸人之手者亦仅矣。当时大势虽去，尚有天下之半，拮据图存，犹堪为国。孤臣遗老忠悃可恃，足以整属人心。公与史道邻两人而已，然史公弱，刘公激，俱非济世才，尚不及王谢，何论赵岳？然足以立名义，振励人纪，盖矫矫然天壤间矣。”（马时芳撰，孙道恕注：《续朴丽子》，见《四库未收书辑刊》第7辑第14册，第768页）

③ “石斋先生学贯天人，兼资文武，余少时得其古文钞一册，颇残缺，可读者仅数首耳。实宏深奥，衍及读东林列传，亦惓惓倾慕其为人，然风格太峻，才高而负气。即如十朋轩九串阁奚为乎？夫才高多忌，负气而人角之，相持益厉，迹其生平，颠顿龃龉亦多。”（马时芳撰，孙道恕注：《续朴丽子》，见《四库未收书辑刊》第7辑第14册，第776页）

④ “今儒者家人人诵读孔孟之书，何未闻之道者也？其无乃汩没于利欲而不返也？抑无知道者为之前导也。忽喟然叹息扬声曰：‘圣贤之道，天地所以立人心所以常存而不敝，安得竟晦昧隔塞如此哉？’”（马时芳撰，孙道恕注：《续朴丽子》，见《四库未收书辑刊》第7辑第14册，第774页）

⑤ “至若咿唔以取科第，非好也，急利禄也，既得利禄则各徇其意之所喜而置之矣。”（马时芳撰，孙道恕注：《续朴丽子》，见《四库未收书辑刊》第7辑第14册，第751页）“古之郭巨埋儿、邓攸击子、许武让产，推其故在好名，推好名之故，彼时乡举里选之制未尽废，在因名以媒利禄。”（马时芳撰，孙道恕注：《续朴丽子》，见《四库未收书辑刊》第7辑第14册，第700页）

⑥ “儒者矫枉过正往往至于不情觉，……颇为多事无裨于事教。”（马时芳撰，孙道恕注：《续朴丽子》，见《四库未收书辑刊》第7辑第14册，第757页）“作事不求济，不虑败，信己以往而曰‘行之自我者当如是也。’汔济濡尾何利之有？”（马时芳撰，孙道恕注：《续朴丽子》，见《四库未收书辑刊》第7辑第14册，第748页）

⑦ “比周骄泰，圣人特为判清乡愿似忠信廉洁，圣人恶之，大抵学问之醇疵，人品之高下，都不在形声迹象。开镜照面不照心，圣人照心不照面也。”（马时芳撰，孙道恕注：《续朴丽子》，见《四库未收书辑刊》第7辑第14册，第758页）

"以虚言挑众不如其己也，老成深虑未易窥测"；要么"性偏气盛，急名括尽三代后君子之患"①；要么是"自古人臣尽忠国家太激烈，无益而又甚焉者比比然矣"；要么是"惶惶明训视如画饼，尼山道上邈无人行"。

　　士林问题如此之多，滋养他们的程朱理学当然难辞其咎，正是如此，平泉展开了对程朱理学的批判②。首先，批评宋明理学的伦理预设过于牵强附会，是对孔孟真意的曲解，比如"孟子出妻"，平泉就认为是周之末际或秦汉间曲儒附会，不可当真③；再如宋明理学依据"饿死事小，失节事大"的原则，认定寡妇不可改嫁，平泉则反其道而行之，认为"早寡无依不妨听其再醮"④。其次，对宋儒"包装下的儒学故事"进行反解构、大翻案。比如《论语》曾点言志那一段故事⑤，春风舞雩，一

---

① 马时芳撰，孙道恕注：《续朴丽子》，见《四库未收书辑刊》第7辑第14册，第737页。

② 从历史上看，早在理学产生之际，就对之有大量的批评。但这种批评在原因、指向、方式等方面是各不相同的，不可用"反理学"一概而论，因为这种所谓"反理学"原因和指向分为很多种，其相异性远远超过相似性。就原因而言，有理学内部的，还有理学外部的；就指向而言，有对部分的，还有对整体的；有对形而上理论的，有对形而下实践的；有对程朱的，还有对陆王的；批判方式也有多种，有考据学方式指责其不符合孔孟经典的，也有从经世角度批评，还有在伦理角度批评。不可混为一谈。

③ "传有之孟子入室因袒胸而欲出其妻，听母言而止。此盖周之末际或秦汉间曲儒附会之言也。曲儒以矫情苟难为道，往往将圣贤装点成怪物。呜呼，若此类者岂可胜道哉？"（马时芳撰，孙道恕注：《续朴丽子》，见《四库未收书辑刊》第7辑第14册，第727页）"朴丽子曰：'余向有言，君子不避嫌疑盖有重于避者，不避可也。否则，避之愈妇有重于避者也。'"（马时芳撰，孙道恕注：《续朴丽子》，见《四库未收书辑刊》第7辑第14册，第762页）

④ "襄城一妇早寡，父令改适。舅不可，鸣诸官，官从其父。又一妇，甫嫁而夫没，有志去，舅喝斥之，逾月庚死。又中牟东关一节妇坊，每建立辄有风雷之异，屡立屡倒，遂不立。今惟存石一堆。"（马时芳：《求心录》卷2，存古学社，1915年）所以，"饿死事果小耶？……若谓不用牺牲无以供祭祀，早寡无依不妨听其再醮，谁肯出其整语。"（马时芳：《求心录》卷2，存古学社，1915年）。

⑤ 事见《论语·先进》。子路、曾皙、冉有、公西华侍坐。子曰："以吾一日长乎尔，毋吾以也。居则曰：'不吾知也！'如或知尔，则何以哉？"子路率尔而对曰："千乘之国，摄乎大国之间，加之以师旅，因之以饥馑，由也为之，比及三年，可使有勇，且知方也。"夫子哂之。"求，尔何如？"对曰："方六七十，如五六十，求也为之，比及三年，可使足民。如其礼乐，以俟君子。""赤，尔何如？"对曰："非曰能之，愿学焉。宗庙之事，如会同，端章甫，愿为小相焉。""点，尔何如？"鼓瑟希，铿尔，舍瑟而作，对曰："异乎三子者之撰。"子曰："何伤乎？亦各言其志也。"曰："莫春者，春服既成，冠者五六人，童子六七人，浴乎沂，风乎舞雩，咏而归。"夫子喟然叹曰："吾与点也！"三子者出，曾皙后。曾皙曰："夫三子者之言何如？"子曰："亦各言其志也已矣。"曰："夫子何哂由也？"曰："为国以礼，其言不让，是故哂之。""唯求则非邦也与？""安见方六七十、如五六十而非邦也者？""唯赤则非邦也与？""宗庙会同，非诸侯而何？赤也为之小，孰能为之大？"

段洒落自在光景，为历来道学家所憧憬。"有吾与点也之意"，乃一种极高境界的赞扬语。由此，在宋明理学家心目中，曾点地位直可以接席颜渊，而子路等三子规于事为之末，都只是些粗才而已。平泉却来了个大翻案。他把孔子对曾点之叹竟看成一句牢骚话，是"感伤而叹，非嘉喜而叹"，和"居九夷乘桴浮于海"是同样意味。"春风舞雩"只是一种流连光景的狂士情态，而三子却都是有实行干略的经世人才，而孔子所属意的实为三子而非曾点。① 比如朱熹及其后学否定汉唐的历史地位，认为自三代以来直到两宋，"千五百年之间，天地亦是架漏过时，而人心亦是牵补度日"②。平泉针锋相对地认为，道不是悬空的，"道即治天下之道"③，"尧舜相传一中，皆在事上见"，汉唐既有"愿治之主"，又有"靖共之臣"，所以朱熹否定汉唐在道统中的地位是错误的。"道与天地为昭，秦先暴戾，石氏俗美，大业之间，河汾成小，洙泗而或者谓道丧千载，如江河日下，此言呶呶久矣。……然或谓，道或归一人以传，如近世诸所论列，岂不为然。要以不必如此。说道不孤寄于一人，亦非一人之所能尽散于天地万物，浑沦布濩随处皆是，但有隆汙无有增减。"④再比如宋明理学认定曹操、司马懿、高欢、宇文泰为奸臣，平泉则表彰他们"从谏如流"、知人善用、移风易俗，并为他们没有最终统一中国扼腕称叹⑤。而这一切最终转化为对"假道学"的批判："原为真士，夫不愿为假道

---

① "三子皆确有所以，不孤夫子问。点独从容鼓瑟不辍，于礼未是，即其言志，亦不过流连光景，始终一狂士故态，为清谈滥觞，与夫子课实意大相剌谬，有何足与，而夫子特与之耶？窃尝熟思之，与当似说文作党与。吾非斯人之徒与而谁与耶？又行道德吾与，正此义。盖其时孔子已老，栖栖卒无所合，而二三子皆堪有为，酬志亦复无期，反不如点之随时有以自乐也。故曰吾与点也，谓与点共童冠之乐也。一段高兴，却被点说得冰冷。俯仰往复，穷途思转。喟然一叹，感伤而叹，非嘉喜而叹也。曰与点，实恰然有浮海意。"（马时芳：《论语义疏》卷11，清石印本）
② 陈亮：《甲辰答朱元晦书》，《龙川集》卷20，清宗廷辅校刻本，第164页。
③ 马时芳撰，孙道恕注：《续朴丽子》，见《四库未收书辑刊》第7辑第14册，第777页。
④ 马时芳撰，孙道恕注：《续朴丽子》，见《四库未收书辑刊》第7辑第14册，第713页。
⑤ 曹操、司马懿、高欢、宇文泰"挟震主之威，怀自危之心，握固权势不敢稍释。虽终身北面，迹同跋扈。呜呼，非此盛德乌能当此而无惭乎？"（马时芳撰，孙道恕注：《续朴丽子》，见《四库未收书辑刊》第7辑第14册，第714页）"史称，魏高祖亲任贤臣，从谏如流。……魏高祖之为君，彭城王之为臣，三代后未有或之先者，岂不盛哉？然高祖志欲混一寰宇，移风易俗，而草创未就中道崩殂，魏之不能比隆于殷周也，天也。"（马时芳撰，孙道恕注：《续朴丽子》，见《四库未收书辑刊》第7辑第14册，第745页）

学。……道学安得有假？假须不是伪，只不免有点做作。王泰州所谓饰
情抗节矫外者是。"①

当然，对平泉来说，仅仅批判是远远不够的，更重要的在于儒生
本身需要智慧。对此，不但需要兼容并包各种各样有利于增长智慧的
知识体系，而且需要向历史上各种各样"明体达用"的"智多星"们
好好学习。具体来说，首先，要开阔视野，"学者眼界须放开，撤去
胸中一应藩篱"②，要解除一切束缚而不被一时所蒙蔽③，"养心"而保持
"一念灵明"，要"解缚"④、变通⑤。

> 养心者，即养那"一念灵明"之谓也。不管你读书也好，讲论
> 也好，做事也好，心里糊涂总不行。所以我们必须没有心病，必须
> 培养得那一念灵明。陆王派所以不同于世儒的迂拘固滞，而和事功
> 派有些默契者，正由于此。平泉对于这一点特别注意。他屡屡称赞
> 尤西川所谓讲学是解缚法，有世俗缚、经传缚、师说缚、意见缚，
> 解缚方可言学云云。……这些东西都是有害于那"一念灵明"的，
> 自然非除去不可。⑥

其次，要兼容并包，多多吸收《智囊》、佛、老、申、韩、孙吴之
书，增长智慧。"佛、老、申、韩、孙、吴之书，去圣人之道皆远。然自
圣人用之，即圣人灸。譬之桂附皆有毒，然阴寒之疾，非此不愈。良医
用药，期于投症，无定品也。"在此，平泉特别推崇"汉初三杰"之首的

---

① 马时芳撰，孙道恕注：《续朴丽子》，见《四库未收书辑刊》第 7 辑第 14 册，第 725 页。
② 马时芳撰，孙道恕注：《续朴丽子》，见《四库未收书辑刊》第 7 辑第 14 册，第 725 页。
③ "朴丽子曰：'一念灵明，知也，保也，触发也，不昧也，不欺也，致知也，知非他良知
　也，致者，致良知也，一部大学，致知焉尽之矣。'"（马时芳撰，孙道恕注：《续朴丽子》，
　见《四库未收书辑刊》第 7 辑第 14 册，第 737 页）
④ "尤西川谓，讲学是解缚法。有世俗缚，有经传缚，师说意见缚。缚解，方可言学。"（马
　时芳撰，孙道恕注：《续朴丽子》，见《四库未收书辑刊》第 7 辑第 14 册，第 737 页）"时
　势所值无虑千万，应之之道亦其一端而已？要侍有智焉。是智也，虽间以术数，总不出德
　之慧，近是辑智囊者，智诚高人数倍哉？"（马时芳撰，孙道恕注：《续朴丽子》，见《四
　库未收书辑刊》第 7 辑第 14 册，第 733 页）
⑤ "宜显宜晦，或曲或伸，此处见真儒。作略非曲儒俗士所能知也。"（马时芳撰，孙道恕注：
　《续朴丽子》，见《四库未收书辑刊》第 7 辑第 14 册，第 727 页）
⑥ 嵇文甫：《孙夏峰学派的后劲——马平泉的学术》，见《嵇文甫文集》中，第 450 页。

张良，"观子房生平，其事业都在一点半拨间。智者逸而成，愚者劳而败"①。而这一切使得平泉最终转向对汉唐儒学及诸子学的探讨。

三、马时芳思想的价值

总的来说，在清代中期，作为夏峰北学重要一支的中州夏峰北学跟江南考据学派一样，都在向纵深处发展。当然中州夏峰北学的这种发展是按照孙奇逢的思路在前进。孙奇逢在明清之际顺着王阳明"心在事上磨练"的思路②，以"下学而上达"，"眼光向下"，把对形而上"理"的寻求变为对形而下"礼"的实践，实现了宋明理学到清代理学的创造性转向。③到平泉时这种思路被全面贯彻，并且在实践的基础上，视野更加扩展，兼容并包汉唐儒学及诸子学，"而更神会于陆、王，泛滥于百家"④，把"理"、"势"、"人情"三者会通融合，正是如此，平泉喜好读《智囊》，以张良、司马德操等那些智多星为偶像。由此促成了中州夏峰北学的新局面。

正是由于平泉把"理"、"势"、"人情"三者打通融合，所以，到平泉这里，"理"的意义就有从宋明理学话语体系向春秋战国时代诸子学话语体系回归的趋势。众所周知，"理"来源于三代至高无上的"礼"。"礼，国之干也。"（《左传·襄公三十年》）"礼，王之大经也。"（《左传·昭公十五年》）"礼，人之干也，无礼无以立。"（《左传·昭公七年》）"礼，上下之纪，天地之经纬也，民之所以生也。是以先王尚之。"（《左传·昭公二十五年》）到春秋时代，由于"礼崩乐坏"，三代的礼制观念被人批评而演化为"理"。"礼者谓有理也，因人之情，缘义之理，

---

① 马时芳：《马氏心书》卷 2，敬德堂，1924 年。
② 在经世之学中，阳明学扮演者十分重要的地位，之所以如此，不在于其形而上的理论，而在于这种"心在事上磨练"的特质。清代阳明后学如孙奇逢、颜元、李绂（关于李绂，参见黄进兴：《李绂与清代陆王学派》，南京：江苏教育出版社，2010 年，第 81 页）、马时芳等皆如此。
③ 当然，孙奇逢的形象与意义对其不同的门人弟子来说有所不同。对中州夏峰北学来说，则是"下学而上达"，把对形而上的"理"寻求变为形而下"礼"的实践；对河北夏峰北学来说，除此之外，还有"学为圣人"和"侠儒兼收"；对费密来说，则是兼容汉唐儒学；对薛凤祚来说，则是"以实补虚"，从而走向西学。
④ 嵇文甫：《孙夏峰学派的后劲——马平泉的学术》，见《嵇文甫文集》中，第 439 页。

而为之节文者也。故礼者，理也者，明分以喻义之意也。"（《管子·心术上》）到战国时期，讲理和辩理的思潮格外引人注目。在这股新思潮中，人们把"理"看作判定一切是非的标准。①之所以有这种转变，关键就在于顺"势"之变化。②"由于现实关系的变化和概念的运动，导致了思维形式的变化。这种变化的程序是：'礼'无所不包——'礼'的外延大于'理'的外延——'礼'等于'理'——'礼'是'理'中的一部分。"③所以说，在春秋战国时代，一方面，"理"与"势"合并且"理"随"势"转④，另一方面，"在战国时期讲理和辩理的思潮中，……'理'作为哲学范畴除了表示规律以外，却不表示宇宙的本体"⑤。所以，在战国时期讲理和辩理的思潮中，思想家们不仅在"言之成理"上下工夫，而且认定"理"具有指导行动的作用。他们主张"申志行理"（《吕氏春秋·达郁》），"缘理而动"（《管子·心术上》），"当理不避其难"（《吕氏春秋·士节》）。比如，韩非认为事物不但有一般性，而且有具体特点，他用"道"表示事物统一的总规律，用"理"表示事物的具体规律。这是先秦时期探求事物发展的统一性和具体性所做的一种努力。⑥到理学兴起以后，则把"理"与"天"合二为一，成为最高主宰，降低"势"的主宰意义。到平泉这里，"理"、"势"又被融合在一起。

　　当然，在清朝，除平泉外，某些学者也注意到"理"、"势"问题，比如王夫之。在历史上，王夫之是"理势合一"说的著名哲学家，他认

①　古方：《韩非子与中国文化》，第232页。
②　诸子百家里面，有些已经注意到势之多样性（把自然与人为合二为一）及对人之控制。比如韩非把"势"的名称和"势"的内容区别开来。他说："夫势者，名一而变无数者也。"（《韩非子·难势》）"势"的名称同一，"势"的内容却多有变异。韩非着重论述了两种势，即自然之势和人为之势。（古方：《韩非子与中国文化》，第235页）
③　古方：《韩非子与中国文化》，第229页。
④　这种思潮表现最突出的就是韩非子，比如"夫尧舜生而在上位，虽有十桀纣不能乱者，则势治也；桀纣亦生而在上位，虽有十尧舜而亦不能治者，则势乱也。故曰：势治者则不可乱，而势乱者则不可治也。此自然之势也"（《韩非子·难势》）。"夫缘道理以从事者，无不能成。无不能成者，大能成天子之势尊，而小易得卿相将军之赏禄。夫弃道理而妄举动者，虽上有天子诸侯之势尊，而下有倚顿、陶朱卜祝之富，犹失其民人而亡其财资也。众人之轻弃道理而易妄举动者，不知其祸福之深大而道阔远若是也。"（《韩非子·解老》）
⑤　古方：《韩非子与中国文化》，第236页。
⑥　古方：《韩非子与中国文化》，第235页。

为"理"是"势"的基础，"势"是"理"的表现，两者不可分割。"凡言势者，皆顺而不逆之谓也；从高趋卑，从大包小，不容违阻之谓也。夫然，又安往而非理乎？知理势不可两截沟分……"又说："言理势者，犹言理之势也，犹凡言理气者，谓理之气也。理本非一成可执之物，不可得而见；气之条绪节文，乃理之可见者也。故其始之有理，即于气上见理；迨已得理，则自然成势，又只在势之必然处见理。"①但平泉与船山的不同在于"人情"的摄入。正是"人情"的摄入，平泉把"理"放在"人性"基础上，一改宋儒作风而使其切实可行，从而把多面的人性与"天理"打通、融合。对于船山，正是缺少"人情"的摄入，不管是"势"论，还是"理"论，都充满了历史决定论的意味，正是这种决定论的相似，使得船山哲学与宋明理学一样脱离人性，最终在抑制人性方面与宋明理学别无二致。

一言以蔽之，每一个"道统"的建构，就意味着一个新学派成立的可能，这不但是争夺话语权，还是增加学派凝聚力的需要。对于宋明理学如此，对于清代学术亦是如此，只不过清学以一种不同于宋明理学的方式建构道统。在宋明理学内部，陆王心学与程朱理学各建道统争夺话语权。到清代，在南方，桐城派与考据学派也是各建道统争夺话语权②，对于以河南、河北为大本营的夏峰北学来说，他们则独立于南方各学派建构的道统之外，在夏峰北学内部各建道统。就平泉来说，虽沉寂下层，但亦是开拓视野，兼容并包，以致超出理学外而熔铸"理"、"势"、"人情"三者于一炉。这无疑昭示了夏峰北学走向近代的新前景。

---

① 王夫之：《读四书大全说》卷9，清船山遗书本，第318页。

② 就清代考据学派来说，它有一个明显的地域扩散过程，在明清之际，仅仅是在苏州、淮安等某些运河沿岸城市中的文人中兴起；到清代中期，随着皇权意识形态调控的失误而导致的越来越多江南知识人在生活压力下的人生转向中，逐渐扩展到整个江浙地区和运河两岸，同时由于阮元督粤随之带来的江南考据学者南下及"学海堂"等一系列教育设施的建立，考据学派开始向整个国家发散，特别是到嘉庆晚期，由于实力壮大而由《国朝汉学师承记》打出"汉学"旗帜而挑起考据学派与桐城派之争，正是在这种争论中，考据学派学派意识迅速浓厚，开始了一系列梳理偶像、建构"学统"的尝试；而到近代以来，随着考据学派的两大中心江南与广东的首先现代化而顺带的考据学派的最先现代化，考据学与西学结合及作为二者产物的"新汉学"的扩展，考据学派才真正弥漫整个社会。应该说，考据学派发展的历史就是一个从地域到全国、从兼容宋学到糅合科学、从经学附庸到拥抱西学的一个不断蜕变的过程。

余论　多重视野下的清学史及夏峰北学

一切历史都是总体的历史。之所以如此，就在于人们的实践。也正是在实践中，一方面，人们的社会性存在得到最终完善，由此人及社会以全方位、多角度呈现，另一方面，大自然中的所有资源得以进入人类的视野，不但使作为人类共同体的人类社会成为可能，而且也使得人类的总体视野成为可能。本质上，总体史就是整个人类社会中作为实践主体的人之历史，是人们实践的汇集综合。简言之，总体史就是人们实践的历史。

人之实践是在社会时空中发生，由此，一方面，在人们的实践中不断再生产和修改着社会时空制度，另一方面，人们的生产与消费实践也只能在由制度设计、物质基础等组成的特定时空内进行。正是在这种人与社会环境的互动中，人和社会环境都在相互改变中前进。

一般而言，作为人们实践的历史的总体史可分为两个部分：作为社会个体实践的历史，作为人之组织性存在的各种共同体的实践的历史。人之所以复杂，在于实践基础上的各种社会关系的复杂性，在于实践展开中人本身的多维性；社会之所以复杂，在于人及由人组成的各种共同体依据其实践模式，在历史传承的积淀中，构建着各种各样的知识类型、观念资源和思维模式；历史之所以复杂，在于其本身是人之复杂与各种共同体之复杂的汇集和呈现。所以，既不是在国外，也不是在国内发现历史，而是在具体时空生活中的人和各种共同体的实践中发现历史。正是在此意义上，一切真历史都是人之实践的历史。在实践中，融内外，合天地，通古今。

所以，从清学史的实践本质出发，一方面，清学史是清儒实践之历史，另一方面，这种实践又受到清代总体环境之制约，是清代历史总体运行的一部分。由此，清学史可以三个层次呈现：（1）不同的清代学者在自我小环境和交流网络中自我实践之"小历史"。（2）在整个清帝国所构建的大环境中，清儒不同学派构建的各种各样知识类型、观念资源、思维模式，以及在近现代大环境中学者构建的各种清学史文本之"大历史"。（3）作为总体史的明清之际以来的中国历史。第一个层次属于清学史层次，第三个层次属于总体史之层次，第二个层次则属于二者的中间地带。一言以蔽之，也只有在对这三个层次的把握中，清学史才能得以完整呈现。在实际研究中，就第一个层次而言，主要就是单个清儒及学派生存境遇的重构，其中主要包括个人生存的地域小环境及变动、经济状况、交流网络（个人关系圈）、思维模式等要素；就第三个层次而言，则是对清代整个历史的估计与重建，其中最重要的是经济状况、人口规模、制度设计导致的权力运作路径变动；作为中间的第二个层次，就需要对清儒实践境遇（个人小环境与制度设计因素等所构建的大环境）及由此导致的实践模式的重构。而这一切之实现，无疑需要史学各分支（制度史、经济史、人口史、学术思想史、社会史等）改变各自为战的局面。也正是各分支的相互配合，总体史才有可能。就清学史来说，与清代制度史、清代经济史和清代区域史三者的融通应该予以特别注意。

正是在相互融通的视野中，清学史会以另外一种面貌得到呈现：随着晚明皇权主义颓废所导致的知识空间的扩展，各儒生集团在阳明学主导的新一轮儒学革新运动中，在明、清、农民军等各方的冲击中突围。在此过程中，由于党社运动的推动，各儒生集团迅速分化组合并出现了日益明显的地域化特征。到清朝，由于皇权意识形态调控下知识人的不同组织及交流网络，清学在皇权调控下呈现出更加明显的地域性特征。

总的来说，在整个清代，儒学在不同地域呈现出不同的学术形态。就江南来说，江南学术的分化、组合及由于内外压力积极向外扩张；在北方，由于以孙奇逢为开山的夏峰北学的典范作用及西北以"关中三李"为代表的关学复兴，与江南学术相比呈现出独树一帜的学术景象。

分而言之，明清之际及清代前期，在晚明皇权颓废的境况下，承晚明以阳明学集大成而引起的新一轮儒学变革运动，南北学术皆为阳明学后劲所主导，蕺山南学、夏峰北学、二曲关学渐次崛起，以总体学派的力量引领明清学术变革运动。

到清代中期，江南知识人由于清代皇权本身在制度设计特别是在科举制度设计方面的失误，以及在此情况下有意识的建构与调控，不但加剧了江南与北方不同的学术风貌，而且在士人规模越来越庞大的情况下，使得越来越多的江南儒生要么是科举失意，要么是科举成功后却由于"铨选拥挤"导致进一步晋升无望而放弃仕途，不同士人基于不同的目的，开始另谋出路。由此一方面造成江南学术更强的分化与重组，另一方面造成江南学术在压力中以江南为中心向各地扩展（主要是广东，自阮元督粤建立学海堂开始。在其他地区，特别是北学和关学兴盛的北方地区，虽然也有传播，但由于深厚的理学传统，考据学发展缺乏适宜的土壤）。正是在这种扩展中，由于江南学术分化导致学者们产生不同的倾向，以程朱理学为业的桐城派与更多以考据为业的"汉学派"发生冲突，并且这种争论由于江南学术的进一步推进越来越具有更大意义。由此清代中期的学术南北各分为二：南方的两派为桐城派及考据学派，北方的两派还是夏峰北学和关学，此四派的流布扩张及伸缩总括清朝中期的学术。

到近代，不仅是西方的强力进入，而且还包括中国各地域格局的分化蜕变及原有地域格局的重塑，在此过程中，江南及广东由于最先受到西方冲击而最早近代化，导致原产于江南的考据学派最早现代化（代表是章太炎、王国维、胡适等为代表的"新汉学"的首先崛起），并在这种先机中重塑清学史文本。同时，再加上近代从曾国藩到毛泽东为代表的湖湘知识人的兴起，导致湖湘学术偶像王夫之也参与到清学史的重塑中。其后，这种时间上的优势又因为近代以来地域格局（主要是江南与两湖、广东在近代化中崛起）而得到强化，最后落实到各种各样现代以来的历史书写中。

作为明清之际以来中国历史一部分的清学史，以近代为界，有两次整体性被塑造的过程：一次是在清代自身学术发展过程中，一次是自近代以来。一个集中体现就是在对清学开山的塑造上：从孙奇逢、黄宗羲、李颙"三大儒"转变为顾炎武、黄宗羲、王夫之"三大家"。之所以会被两次塑造，是因为清帝国地缘势力格局变迁中知识人自身的变迁，而这种变迁又是清帝国发展史的一部分。换句话说，也就是从明代的学分南北到清代各地域学术的崛起，更大程度上不是学术自身发展的结果，而是清代疆域（空间）扩张、多民族大一统皇权帝国历史建构整合在思想学术方面的体现。就整个清代史来看，支撑清帝国的两大支撑点：皇权调控（就学术方面主要是科举制），美洲农作物的推广而引起的明清时代的第二次农业革命。正是由于两大支撑点在清代中期的同时作用，清帝国在远超宋明帝国的版图内养育了更多的人口，但到乾隆后期，随着新作物边际价值的递减（经济内卷化）和皇权调控效能的失灵（制度内卷化）及人口爆炸，帝国在衰退中重塑。西方的入侵，不仅使清帝国积弊在近代化的西方面前完全暴露，而且使得另一种新的力量进入这种重塑过程。中国近代历史就在清代以来中国力量与西方力量的冲撞融合中被不断塑造。学术变迁是历史变迁在思想学术方面的一部分及体现。可以说，正是这个大变局才给知识人提供了无限的视野和随之而来的问题，也正是这种视野与问题引导了清代知识人的实践，导致清儒异于明儒及现代学者的实践模式和思维模式，这才是清代学术思想变迁的最终动力。概言之，正是由于明清之际以来中国历史之视野的介入，所以原因不外在，因为它构成了清儒的基本生活，理路不内在，因为清学毕竟是帝制中国时代以"经书缘饰吏治"之经学，它的本质也只能作为皇权之注脚。纵观帝国时代的儒生们大大小小的争论，哪个不是最后由皇权一锤定音？

　　正是因为学术思想的问题不完全由自身解决，而是历史大变局中各种因素的相互作用，所以，作为从两宋时代衍至当今的儒学形态，理学历经千年而非仅仅局限在宋明时代，按照理学在宋明、清代、近现代所面临的不同任务，以及由此发生的不断转向，理学至少可以分为"宋明形态"、"清代形态"和"近现代形态"。概言之，虽然三者有深刻的内在联系和前后相承的关系，但却也表现出迥异的学术旨趣："宋明形态"属于理学的生长期，因而重思辨、重形而上的理论建设、重"理"；"清代形态"属于理学的成熟期，重实践、重践履、重下学而上达、重礼理合一；"近现代形态"属于理学与现代社会的调试、融合期，因而注重与西方各种思想，特别是唯心主义思想体系的融合会通。如果程朱陆王是理学"宋明形态"的两种标准形态，那么清代夏峰北学应该是理学"清代形态"的标准形态之一。就夏峰北学在清代的发展轨迹来看，康雍时期，考据学派对夏峰北学没有什么影响，反而夏峰北学迅速扩张，支流蔓延，仅有案可稽的孙奇逢弟子门人就有 200 余人，地域包括北到河北，南及湖北、江浙，西达陕西、四川，东至山东的大片区域。到乾嘉时期，虽然考据学派进入全盛，大师辈出，但夏峰北学在北方依然声势不减，看不出考据学派对它有多少影响。所以，对于夏峰北学来说，至少在近代以前，考据学派与其相比并没有完全的优势，在后人看来考据学"如日中天"的乾嘉时期，夏峰北学对惠栋、钱大昕、赵翼、戴震等考据大师可以置之不理，反倒是考据派学人虽然对夏峰北学不甚满意，但也不得不把孙奇逢列为清代"宋学"之首。这其中的奥妙不仅在于至少在明清时代，中国学术的版图是南北"双中心"而非南方独大的"单中心"，也在于夏峰北学作为理学"清代形态"标准形态之一，处于理学的成熟期，早已形成"进可攻、退可守"的理论品格，因此不至于大起大落，兴盛则弥漫天下，衰落至少也能退居河南、河北而成为地域学术中心。也正因如此，随着近代的到来，清帝国危机全面爆发，在这个"三千年未有之大变局"的古今、中西交替中，夏峰北学重整旗鼓，迅即就出现了倭仁、李棠阶这样具有全国影响的学术大师，从而迎来了更加不平凡的现代历程。

主要参考资料

一、论文

Evelyn S. Rawski's Presidential address, Reenvisioning The Qing: The Significance Of the Qing Period in Chinese History, *The Journal of Asian Studies*, 1996（4）.

敖光旭：《20世纪的乾嘉考据学成因研究及存在的问题》，《中山大学学报》（社会科学版）2001年第1期。

陈居渊：《20世纪清代学术史研究范式的历史考察》，《史学理论研究》2007年第1期。

陈其泰：《乾嘉考据学风的形成及文化意义》，《文史知识》1995年第11期。

陈序经：《南北文化观》，《岭南学报》1934年第3期。

陈运星：《儒道佛三教调和论之研究——以憨山德清的会通思想为例》，"中央大学"哲学研究所硕士论文，1990年。

陈占山：《明清之际皈依天主教士人研究新论》，《档案与争鸣》2005年第11期。

陈祖武：《从清初的反理学思潮看乾嘉学派的形成》，《清史论丛》第6辑，北京：中华书局，1985年。

陈祖武：《蕺山南学与夏峰北学》，《中国社会科学院研究生院学报》1998年第5期。

戴福士：《试论明清嬗替之际河南东北部知识群体的政治动向——从郑廉及所著〈豫变纪略〉谈起》，《中国史研究》1994年第1期。

邓瑞：《试论乾嘉考据》，《南京大学学报》1986年第4期。

丁旭辉：《清代考据学派兴起的原因与背景研究的时代意义》，《"中央图书馆"台湾分馆馆刊》2004年第3期。

段志强：《顾炎武、黄宗羲、王夫之从祀孔庙始末新考》，《史学月刊》
　　2010 年第 3 期。

冯禹：《"天道"考释》，《管子学刊》1990 年第 4 期。

高琼：《生命践履与"性天通"——薛瑄哲学思想研究》，陕西师范大学
　　博士学位论文，2010 年。

葛荃：《"戒惧"心态与东林党人的政治悲剧析论》，《史学集刊》2003
　　年第 1 期。

葛荃：《晚明东林党人"生命意识"析论——关于士人精神的一种政治
　　文化阐释》，《清华大学学报》（哲学社会科学版）2004 年第 4 期。

葛荃：《作为政治人格的狂狷、乡愿与伪君子——以晚明东林诸君见解
　　为据》，《东岳论丛》2008 年第 6 期。

葛荣晋：《关于中国实学历史定位的理论思考》，《学术界》2006 年第 5 期。

葛荣晋：《王阳明"实心实学"思想初探》（上）、（下），《中共宁波市委
　　党校学报》2010 年第 2、3 期。

龚书铎：《清代理学的特点》，《史学集刊》2005 年第 3 期。

何炳棣：《捍卫汉化：驳伊芙琳·罗斯基之"再观清代"》（上）、（下），
　　《清史研究》2000 年第 1、3 期。

何炳棣：《华夏人本主义文化：渊源、特征及意义》（上），《二十一世
　　纪》1996 年第 2 期。

何炳棣著，王振忠译，《科举和社会流动的地域差异》，《历史地理》第
　　12 辑，上海：上海人民出版社，1993 年。

何平：《清代的官缺制度》，《文史杂志》1990 年第 1 期。

何忠礼：《二十世纪的中国科举制度史研究》，《历史研究》2000 年第 6 期。

洪修平：《明代四大高僧与三教合一》，《佛学研究》1998 年第 2 期。

侯廷生：《赵文化、燕赵文化等概念的文化边界辨析》，《河北建筑科技
　　学院学报》2005 年第 3 期。

胡凡：《二十年来乾嘉学派形成原因与学术分野研究综述》，《中国史研
　　究动态》2003 年第 2 期。

户华为：《船山崇祀与近代湖湘地方文化建构》，《湖南大学学报》（社会
　　科学版）2003 年第 6 期。

黄阿明:《明代赋税征银中的负面问题》,《史林》2007 年第 6 期。

黄汉平:《叙事学视角:圣经文学研究的新拓展 —— 兼评〈圣经的文学阐释〉与〈圣经叙事艺术研究〉》,《外语艺术教育研究》2007 年第 1 期。

黄克武:《清代考证学的渊源 —— 民初以来研究成果之评介》,《近代中国史研究通讯》1991 年第 11 期。

吉书时:《试论西汉的侠官》,《北京师范大学学报》(社会科学版)1995 年第 5 期。

纪汉民:《谏法研究 —— 以〈左传〉、〈史记〉为范畴》,屏东教育大学硕士论文,2008 年。

贾乾初、陈寒鸣:《被忽略的晚明王学重镇:鹿善继及儒学思想初论》,《燕山大学学报》(哲学社会科学版)2010 年第 3 期。

姜广辉:《乾嘉考据学成因问题再探讨》,《哲学研究》2008 年第 11 期。

姜萌:《族权意识与历史书写 —— 中国现代历史叙述模式的形成及初步实践》,山东大学博士学位论文,2011 年。

蒋秋华:《乾嘉学术兴起原因之探讨》,见童小玲:《"清乾嘉学术研究之回顾"座谈会纪要》,《中国文史研究通讯》第 4 卷,第 1 期,第 21—64 页。

金以林:《地域观念与派系冲突 —— 以二三十年代国民党粤籍领袖为中心的考察》,《历史研究》2005 年第 3 期。

靳大成:《成圣之道 —— 清初孙奇逢理学思想述评》,见中国社会科学院文学研究所编:《文学研究所学术文选(1953—2003)》3,北京:中国社会科学出版社,2003 年,第 617—646 页。

孔德麒:《〈车营叩答合编〉初探》,《军事历史研究》1990 年第 2 期。

来新夏:《清代考据学派论述》,《南开学报》1983 年第 8 期。

雷戈:《理论与实践:后战国合法性观念研究》,《晋阳学刊》2008 年第 3 期。

雷戈:《历史与行政:后战国合理性观念研究》,《河北大学学报》(哲学社会科学版)2007 年第 5 期。

雷戈:《天高皇帝近 —— 后战国皇权主义生成的观念—实践研究》,南开大学博士学位论文，2005 年。

雷戈：《中国思想史研究中的概念省思》，《安徽史学》2008 年第 3 期。

李滨：《张三丰太极拳的避讳传世》，《武当》2009 年第 9—10 期。

李伯重：《八股之外：明清江南的教育及对经济的影响》，《清史研究》
　　2004 年第 1 期。

李伯重：《简论“江南地区”的界定》，《中国社会经济史研究》1991 年
　　第 1 期。

李伯重：《清代中国知识人的数学知识》，《读书》2006 年第 9 期。

李超：《明清之际魏忠贤题材小说戏剧研究》，吉林大学硕士学位论文，
　　2011 年。

李纪祥：《清代学术之“开端”》，台湾《汉学研究》2009 年第 3 期。

李细珠：《试论嘉道以来经世思潮勃兴的传统思想资源》，《广东社会科
　　学》2005 年第 3 期。

李洵：《关于乾嘉学派的学术通讯》，《清史研究通讯》1983 年第 3 期。

李映发：《乾嘉学派的兴衰》，《历史知识》1981 年 1 期。

李治安：《两个南北朝与中古以来的历史发展线索》，《文史哲》2009 年
　　第 6 期。

李治安：《宋明理学家对乡里社会新秩序的构思与探索》，《天津社会科
　　学》2008 年第 6 期。

李治安：《宋元明清基层社会秩序的新构建》，《南开学报》（哲学社会科
　　学版）2008 年第 3 期。

李治安：《元初华夷正统观念的演进与汉族文人仕蒙》，《学术月刊》
　　2007 年第 4 期。

梁方仲：《一条鞭法》，《中国近代经济史集刊》1936 年第 1 期。

林丽月：《科场竞争与天下之“公”：明代科举区域配置问题的一些考
　　察》，《台湾师大历史学报》1992 年第 20 期。

林庆彰：《明代考据学研究》，台湾东吴大学博士学位论文，1983 年。

刘广京、周启荣：《皇朝经世文编关于“经世之学”的理论》，《“中央
　　研究院”近代史研究集刊》第 15 期，1986 年 6 月。

刘海峰：《科举取士中的南北地域之争》，《中国历史地理论丛》1997 年

第 1 期。

刘建军、鲍玉仓：《三十年来燕赵文化研究的主要进展与思考》，《河北
　　大学学报》（哲学社会科学版）2008 年第 6 期。

刘兴明、曾庆明：《薛氏奇门，卦仪合参 —— 薛凤祚〈甲遁真授秘集〉
　　思想初探》，《山东科技大学学报》（社会科学版）2010 年第 5 期。

刘耘华：《依"天"立义：许三礼的敬天思想再探》，《汉语基督教学术
　　评论》2009 年第 8 期。

刘泽华、侯东阳：《论汉代炎黄观念与帝统和道统》，《学术研究》1993
　　年第 2 期。

刘泽华：《天人合一与王权主义》，《天津社会科学》1996 年第 4 期。

刘祯：《刘祯年谱》，《史学月刊》2001 年第 3 期。

刘志伟、陈春声：《天留迂腐遗方大，路失因循复倘艰 —— 梁方仲先生
　　的中国社会经济史研究》，《梁方仲文集》代序，北京：中华书局，
　　2008 年。

卢云：《文化区：中国历史发展的空间透视》，《历史地理》第 9 辑，上
　　海：上海人民出版社，1990 年。

卢子震：《鹿善继评传》，《河北大学学报》（哲学社会科学版）1985 年
　　第 3 期。

路新生：《排拒佛释：乾嘉考据学风形成的一个新视角》，《天津社会科
　　学》1996 年第 2 期。

罗志田：《十八世纪清代多主制与〈宾礼〉的关联与牴牾》，《清史研究》
　　2001 年第 4 期。

吕大年：《瓦拉和"君士坦丁赠礼"》，《国外文学》2002 年第 4 期。

吕景琳：《明代王学在北方的传播》，《明史研究》第 3 辑，1993 年。

吕妙芬：《〈西铭〉为〈孝经〉之正传？ —— 论晚明仁孝关系的新意
　　涵》，《"中央研究院"中国文哲研究集刊》第 33 期，2008 年 9 月。

吕妙芬：《清初河南的復兴与孝弟礼法教育》，见高明士编：《东亚传统
　　教育与学礼学规》，台北：台湾大学出版中心，2005 年。

吕妙芬：《儒释交融的圣人观：从晚明儒家圣人与菩萨形象相似处及对
　　生死议题的关注谈起》，《"中央研究院"近代史研究所集刊》第

32 期，1999 年 12 月。

吕妙芬：《颜元生命思想中的家礼实践与"家庭"的意涵》，见高明士编：《东亚传统家礼、教育与国法（一）：家族、家礼与教育》，台北：台湾大学出版中心，2005 年。

吕妙芬：《做为仪式性文本的〈孝经〉：明清士人〈孝经〉实践的个案研究》，《"中央研究院"近代史研究所集刊》第 60 期，2008 年 6 月。

马来平：《薛凤祚科学思想管窥》，《自然辩证法研究》2009 年第 7 期。

麦金农、周启荣、黎志刚：《刘广京学术观点举要》，《近代史研究》2000 年第 6 期。

梅碧波：《论明末清初白话小说中的魏忠贤形象》，华中师范大学硕士论文，2008 年。

牟发松：《侠儒论：党锢名士的渊源与流变》，《文史哲》2011 年第 4 期。

聂清香、翟英伯：《中西会通，天人相应 —— 薛凤祚引进西方占星术面面观》，《山东科技大学学报》（社会科学版）2010 年第 3 期。

宁欣：《唐代的选人与官阙》，《人文杂志》1991 年第 5 期。

彭国翔：《王龙溪与佛道二教的因缘》，《中国哲学史》2001 年第 4 期。

乔宗方、宋芝业：《术数思想：薛凤祚中西会通模式的重要案例》，《山东科技大学学报》（社会科学版）2010 年第 2 期。

秦贤宝：《明代的内操》，《紫禁城》1991 年第 5 期。

秦燕春：《晚明三大家从祀两庑始末考》，《中国文化》2007 年第 1 期。

丘为君：《清代思想史"典范研究"的形成、特质与义涵》，《清华学报》1994 年第 4 期。

邱心田：《清代一部有特色的战略学著作 —— 王余佑及〈乾坤大略〉述论》，《清史研究通讯》1990 年第 3 期。

曲富萍：《〈车营叩答合编浅说〉评析》，《军事历史》1995 年第 3 期。

桑兵：《近代中国学术的地缘与流派》，《历史研究》1999 年第 3 期。

沈登苗：《教育的深远影响 —— 关于清代全国科举发达县与当代经济发达地区的分布基本一致的分析》，《社会科学论坛》2004 年第 8 期。

沈登苗：《明清全国进士与人才的时空分布及相互关系》，《中国文化研究》1999 年第 4 期。

沈登苗：《南宋已形成苏－杭人才轴线了吗？——也谈苏－杭人才轴线
　　的形成及影响》，《浙江社会科学》2004 年第 5 期。

沈一民：《社会动荡中的地方守城——以 1644 年保定抗击大顺军为
　　例》，《国际中国学研究》第 11 辑。

石云理：《〈天步真原〉与哥白尼天文学在中国的早期传播》，《中国科
　　技史料》2000 年第 1 期。

史革新：《程朱理学与晚清"同治中兴"》，《近代史研究》2004 年第 2 期。

宋芝业：《薛凤祚中西占验会通与历法改革》，《山东社会科学》2011 年
　　第 6 期。

孙静：《欧立德著〈满洲之道：八旗与晚期中华帝国的族群认同〉》，《历
　　史研究》2005 年第 2 期。

孙明：《论光绪年间南北清流之地域学术渊源——以光绪十一、十二年
　　黄守羲、顾炎武从祀文庙之争为中心》，《明清论丛》第 5 辑，北
　　京：紫禁城出版社，2004 年。

唐大潮：《明清之际道教"三教合一"思想的理论表现略论》，《世界宗
　　教研究》1995 年第 3 期。

汪学群：《清初儒学经道合一论与学风演变》，《中国史研究》2002 年第
　　3 期。

王尔敏：《经世思想之义界问题》，《"中研院"近代史研究所集刊》第
　　13 期，1984 年 6 月。

王汎森：《清代儒者的全神堂——〈国史儒林传〉与道光年间顾祠祭
　　的成立》，《"中央研究院"历史语言研究所集刊》第 79 期第 1 分，
　　2008 年 3 月。

王洪瑞：《清代河南书院的分布级差与成因分析》，《史学月刊》2004 年
　　第 10 期。

王坚、雷戈：《论夏峰北学》，《辽宁大学学报》（哲学社会科学版）2009
　　年第 3、4 期。

王俊义：《关于乾嘉学派的成因及派别划分的商榷》，《中国社科院研究
　　生院学报》1995 年第 3 期。

王俊义：《乾嘉汉学论纲》，《中国哲学》第 18 辑，长沙：岳麓书社，1998 年，第 347—369 页。

王俊义：《乾嘉学派的成因及评价》，《人民日报》1982 年 10 月 25 日。

王俊义：《清代的乾嘉学派》，《文史知识》1983 年第 3 期。

王学典：《新史学和新汉学：中国现代史学的两种形态及起伏》，《史学月刊》2008 年第 6 期。

王应宪、杨翔宇：《惠栋"通经致用"思想及学术转型意义》，《重庆社会科学》2006 年第 12 期。

王政书：《论陆西星三教合一思想》，《中华文化论坛》2010 年第 2 期。

卫周安著，董建中译：《新清史》，《清史研究》2008 年第 1 期。

魏月萍：《从"良知"到"孔矩"：论阳明后学三教合一观之衍变》，《中国哲学史》2008 年第 1 期。

吴刚：《秦汉至南朝时期南方农业经济的开发》，《上海社会科学院学术季刊》1991 年第 1 期。

小岛毅：《以礼代理 —— 凌廷堪与清中叶儒学思想之转变评介》，《近代中国史研究通讯》1997 年第 24 期。

徐泓：《何炳棣在明清科举与社会流动研究史上的地位：何炳棣著〈明清社会史论〉译者序》，《东吴历史学学报》2009 年第 6 期。

徐雪梅：《清朝职官制中的满汉差异问题研究》，南开大学博士学位论文，2009 年。

徐中舒：《甲骨文中所见的儒》，《四川大学学报》（哲学社会科学版）1975 年第 4 期。

许冰彬：《试析明代宦官内操的兴衰及特点》，《故宫博物院院刊》2012 年第 1 期。

许道勋：《四十年来乾嘉学派研究述评》，见中国历史文献研究会编：《历史文献研究（北京新一辑）》，北京：北京燕山出版社，1990 年，第 65—70 页。

杨瑞松：《In Search of Confirmation: Li Kung（1659-1733）in the Ch'ing Intellectual History（追求认可 —— 清代思想史上的李塨）》，《辅仁历史学报》第 14 期，2003 年 6 月。

杨瑞松：《学术与政治之间：十七世纪北中国的孙奇逢门派（Betwixt Politics and Scholarship：The Sun Ch'i-feng Circle in Seventeenth-Century North China）》，《辅仁历史学报》第 15 期，2004 年 7 月。

叶高树：《"满族汉化"研究上的几个问题》，《"中央研究院"近代史所集刊》第 70 期，2010 年 6 月。

于鹏翔：《论乾嘉学派形成中的民族因素》，《松辽学刊》1990 年第 3 期。

袁兆桐：《薛凤祚研究的回顾与思考》，《历史教学》2010 年第 18 期。

张锦枝：《论孙奇逢〈理学宗传〉的性质》，《武汉大学学报》（人文科学版）2009 年第 6 期。

张京华：《遂老双峰下，谁明廿载心 —— 北学中坚王余佑事迹新探》，《河南科技大学学报》（社会科学版）2011 年第 4 期。

张显清：《明末北直清流派的构成及反阉党斗争》，《明史研究》第 3 辑，1993 年。

张永江：《论清代的藩部与行省》，《中国边疆史地研究》2001 年第 2 期。

张昭军：《晚清汉宋调和论析》，《清史研究》2006 年第 4 期。

张佐良：《清初河南社会重建研究》，中国社会科学院研究生院博士学位论文，2009 年。

章开沅：《论同盟会的性质及内部分歧》，《历史研究》1978 年第 11 期。

章清：《省界、业界与阶级：近代中国集团力量的兴起及难局》，《中国社会科学》2003 年第 2 期。

赵永春：《近十年来乾嘉学派讨论综述》，《中国史研究动态》1989 年第 8 期。

赵园：《任道与任事 —— 关于明清之际士人的一种姿态的分析》，《西北师范大学学报》2006 年第 2 期。

郑强：《补空谈之虚空，破株守之迂滞 —— 薛凤祚"会通"的科学思想探微》，《山东科技大学学报》（社会科学版）2010 年第 2 期。

郑振满：《清代福建地方财政与政府职能的演变 —— 〈福建省例〉研究》，《清史研究》2002 年第 2 期。

钟鸣旦：《清初中国的欧洲星占学：薛凤祚与穆尼阁对卡尔达诺"托勒密〈四书〉评注"的汉译》，《自然科学史研究》2010 年第 3 期。

周振鹤：《中国历史上两种基本政治地理格局的分析》，《历史地理》第
　　20 辑，上海：上海人民出版社，2004 年。

二、古人著作

《清朝野史大观》，扬州：广陵书社，1998 年。

《清实录》，北京：中华书局，1985、1986、1987 年。

《征君孙先生年谱》，《北京图书馆馆藏珍本年谱丛刊》第 65 册，北京：
　　北京图书馆出版社，1999 年。

班固：《汉书》，北京：中华书局，1962 年。

陈鋐编：《明末鹿忠节公善继年谱》，台北：台湾商务印书馆，1978 年。

陈确：《陈确集》，北京：中华书局，1979 年。

陈寿：《三国志》，北京：中华书局，1971 年。

陈僖：《燕山草堂集》，《四库未收书辑刊》第 8 辑第 17 册，北京：北京
　　出版社，1997 年。

戴震：《戴震集》，上海：上海古籍出版社，2009 年。

范成大：《范成大笔记六种》，北京：中华书局，2002 年。

方苞：《方苞集》，上海：上海古籍出版社，2008 年。

方宗诚：《柏堂师友言行记》，《续修四库全书》第 540 册，上海：上海
　　古籍出版社，2002 年。

费密：《弘道书》，《续修四库全书》第 946 册，上海：上海古籍出版社，
　　1996 年。

费冕：《费燕峰先生年谱》，《北京图书馆馆藏珍本年谱丛刊》第 76 册，
　　北京：北京图书馆出版社，2001 年。

冯辰、刘调赞撰，陈祖武点校：《李塨年谱》，北京：中华书局，1988 年。

傅山：《霜红龛集》，太原：山西人民出版社，1985 年。

顾炎武著，黄汝成集释：《日知录集释》，上海：上海古籍出版社，2006 年。

黄嗣东：《道学渊源录·清代篇》，台北：明文书局，1985 年。

黄宗羲：《明夷待访录》，北京：中华书局，1981 年。

黄宗羲著，沈芝盈点校：《明儒学案》，北京：中华书局，2008 年。

惠栋：《九曜斋笔记》，《聚学轩丛书》第三集，贵池刘世珩校刊本。

计六奇：《明季北略》，北京：中华书局，1984年。

江藩：《国朝汉学师承记附国朝宋学渊源记》，北京：中华书局，1983年。

昆冈：《（光绪）钦定大清会典事例》，北京：中华书局，1991年影印本。

李塨：《李塨文集》，石家庄：河北人民出版社，2011年。

李来章：《礼山园文集》，济南：齐鲁书社，1997年。

李棠阶：《李文清公日记》，长沙：岳麓书社，2010年。

李延寿：《北史》，北京：中华书局，2003年。

李元度：《清朝先正事略》，《清代传记丛刊》本，台北：明文书局，
　　1975年。

陆陇其：《三鱼堂剩言》，文渊阁四库全书本。

鹿善继：《鹿忠节公集》，清刻本。

吕坤：《呻吟语》，上海：上海古籍出版社，2000年。

马时芳：《风烛学抄》，存古学社，1915年。

马时芳：《马氏心书》，敬德堂，1924年。

马时芳：《平泉遗书》，存古学社，1915年。

马时芳：《朴丽子》，存古学社，1915年。

马时芳：《求心录》，存古学社，1915年。

马时芳撰，孙道恕注：《续朴丽子》，《四库未收书辑刊》第7辑第14册，
　　北京：北京出版社，1997年。

毛奇龄：《逸讲笺》，见四库全书存目丛书编纂委员会编：《四库全书存
　　目丛书》经部，第173册，济南：齐鲁书社，1997年。

阮元：《研经室二集》，北京：中华书局，1993年。

申涵光：《聪山集》，上海：商务印书馆，1936年。

沈约：《宋书》，北京：中华书局，1997年。

司马迁：《史记》，北京：中华书局，1959年。

孙奇逢：《读易大旨》，《文渊阁四库全书》本。

孙奇逢：《理学宗传》，《续修四库全书》第514册，上海：上海古籍出
　　版社，1996年。

孙奇逢：《理学宗传》，清康熙六年刻本。

孙奇逢：《四书近指》，《文渊阁四库全书》本。

孙奇逢：《岁寒居答问》，清顺治十三年张元枢刻本。

孙奇逢：《孙征君日谱录存》，《续修四库全书》第 558—559 册，上海：
　　上海古籍出版社，1996 年。

孙奇逢：《孙征君日谱录存》，清光绪十一年刻本。

孙奇逢：《夏峰先生集》，清道光二十五年大梁书院刻本。

孙奇逢：《孝友堂家训》，清刻本。

孙奇逢：《中州人物考》，《文渊阁四库全书》本。

孙奇逢著，漆士昌补：《理学传心纂要》，《文渊阁四库全书》本。

孙奇逢著，张显清主编：《孙奇逢集》，郑州：中州古籍出版社，2003 年。

孙奇逢著，朱茂汉校：《夏峰先生集》，北京：中华书局，2004 年。

汤斌：《孙夏峰先生奇逢年谱》，台北：台湾商务印书馆，1981 年。

唐鉴：《国朝学案小识》，四部备要本。

脱脱：《辽史》，北京：中华书局，1974 年。

王充著，黄晖校释：《论衡校释》，北京：中华书局，1990 年。

王夫之：《读通鉴论》，北京：中华书局，1975 年。

王先谦：《东华录》，清光绪十年长沙王氏刻本。

王延熙：《皇朝道咸同光奏议》，台北：文海出版社，1969 年。

王余佑：《五公山人集》，上海：华东师范大学出版社，2011 年。

王源：《居业堂文集》，北京：中华书局，1985 年。

王钟翰点校：《清史列传》，北京：中华书局，1987 年。

魏一鳌：《岁寒居年谱》，《北京图书馆馆藏珍本年谱丛刊》第 65 册，北
　　京：北京图书馆出版社，1999 年。

魏徵：《隋书》，北京：中华书局，1973 年。

萧奭：《永宪录》，北京：中华书局，1959 年。

徐光启著，王重民辑校：《徐光启集》，上海：上海古籍出版社，1984 年。

徐珂：《清稗类钞》，北京：中华书局，1986 年。

徐世昌：《大清畿辅先哲传》，北京：北京古籍出版社，1993 年。

徐世昌等编纂，陈祖武点校：《清儒学案》，石家庄：河北人民出版社，
　　2008 年。

许三礼：《天中许子政学合一集》，见四库全书存目丛书编纂委员会编：
　　《四库全书存目丛书》子部，第 165 册，济南：齐鲁书社，1996 年。

薛凤祚：《历学会通》，见《山东文献集成》第 2 辑第 23 册，济南：山
　　东大学出版社，2008 年。

颜元：《颜元集》，北京：中华书局，1987 年。

永瑢：《四库全书总目》，北京：中华书局，1965 年。

张廷玉：《明史》，北京：中华书局，1974 年。

赵尔巽：《清史稿》，北京：中华书局，1977 年。

赵翼：《瓯北集》，上海：上海古籍出版社，1997 年。

三、今人著作

曹聚仁：《万里行记》，北京：生活·读书·新知三联书店，2005 年。

陈鼓应、辛冠洁、葛荣晋：《明清实学简史》，北京：社会科学文献出版
　　社，1994 年。

陈平原、王德威编：《北京：都市想像与文化记忆》，北京：北京大学出
　　版社，2005 年。

陈平原：《中国现代学术之建立 —— 以章太炎、胡适之为中心》，北京：
　　北京大学出版社，1998 年。

陈祖武、朱彤窗：《乾嘉学派研究》，石家庄：河北人民出版社，2005 年。

陈祖武：《清初学术思辨录》，北京：中国社会科学出版社，1992 年。

陈祖武：《中国学案史》，上海：东方出版中心，2008 年。

单长文：《祁家通背拳》，北京：人民体育出版社，2004 年。

邓之诚：《清诗纪事初编》，《清代传记丛刊》本，学林类 28，台北：文
　　明书局，1986 年。

董江阳：《"好消息"里的"更新"：现代基督教福音派思想研究》，北
　　京：中国社会科学出版社，2004 年。

杜家骥：《清朝简史》，福州：福建人民出版社，1997 年。

方豪：《中国天主教人物》中，北京：中华书局，1988 年。

冯友兰：《三松堂全集》，郑州：河南人民出版社，2001 年。

冯友兰：《中国哲学史新编》，北京：人民出版社，1998 年。

傅斯年：《傅斯年全集》，长沙：湖南教育出版社，2003 年。

傅衣凌：《明清社会经济变迁论》，北京：人民出版社，1989 年。

葛剑雄：《中国人口史》，上海：复旦大学出版社，2002 年。

葛荣晋：《中国实学思想史》，北京：首都师范大学出版社，1994 年。

龚鹏程：《晚明思潮》，北京：商务印书馆，2005 年。

古方：《韩非子与中国文化》，贵阳：贵州人民出版社，2001 年。

关晓红：《晚清学部研究》，广州：广东教育出版社，2000 年。

郭康松：《清代考据学派研究》，武汉：湖北辞书出版社，2001 年。

郭人民、史苏苑：《中州历史人物辞典》，开封：河南大学出版社，
　　2001 年。

郭润涛：《官府、幕友与书生 ——"绍兴师爷"研究》，北京：中国社
　　会科学出版社，1996 年。

何炳棣：《读史阅世六十年》，桂林：广西师范大学出版社，2009 年。

侯外庐、邱汉生、张岂之：《宋明理学史》，北京：人民出版社，1987 年。

侯外庐：《中国思想通史》，北京：人民出版社，1956 年。

胡适：《胡适文存二集》，合肥：黄山书社，1996 年。

胡适：《胡适文集》，北京：北京大学出版社，1998 年。

黄爱平：《朴学与清代社会》，石家庄：河北人民出版社，2003 年。

黄爱平：《四库全书纂修研究》，北京：中国人民大学出版社，1989 年。

黄进兴：《优入圣域：权力、信仰与正当性》，西安：陕西师范大学出版
　　社，1998 年。

黄俊杰主编，郑吉雄编：《东亚视域中的近世儒学文献与思想》，上海：
　　华东师范大学出版社，2008 年。

黄鸣奋：《说服君主：中国古代的讽谏传播》，北京：文化艺术出版社，
　　2001 年。

黄宣民、陈寒鸣主编：《中国儒学发展史》，北京：中国文史出版社，
　　2009 年。

黄一农：《两头蛇：明末清初的第一代天主教徒》，上海：上海古籍出版
　　社，2006 年。

嵇文甫：《嵇文甫文集》上，郑州：河南人民出版社，1985 年。

嵇文甫：《嵇文甫文集》中、下，郑州：河南人民出版社，1990 年。

嵇文甫：《晚明思想史论》，北京：东方出版社，1996 年。

孔飞力：《叫魂：1768 年中国妖术大恐慌》，上海：上海三联书店，
　　1999 年。

雷戈：《道术为天子合 —— 后战国思想史论》，保定：河北大学出版社，
　　2008 年。

雷戈：《秦汉之际的政治思想与皇权主义》，上海：上海古籍出版社，
　　2006 年。

李伯重：《多角度看江南经济史》，北京：生活・读书・新知三联书店，
　　2003 年。

李伯重：《江南的早期工业化（1550—1850）》（修订版），中国人民大
　　学出版社，2010 年。

李冬君：《孔子圣化与儒者革命》，北京：中国人民大学出版社，2004 年。

李弘祺：《宋代官学教育与科举》，台北：联经出版公司，1994 年。

李纪祥：《明末清初儒学之发展》，台北：文津出版社，1992 年。

李向平：《救世与救心 —— 中国近代佛教复兴思潮研究》，上海：东方
　　出版社，1993 年。

李之鉴：《孙奇逢哲学思想新探》，开封：河南大学出版社，1993 年。

梁启超：《梁启超全集》，北京：北京出版社，1999 年。

梁启超：《论中国学术思想变迁之大势》，上海：上海古籍出版社，
　　2001 年。

梁启超：《清代学术概论》，上海：上海古籍出版社，1998 年。

林伯源：《中国武术史》，北京：北京体育大学出版社，1994 年。

林存阳：《清初三礼学》，北京：社会科学文献出版社，2002 年。

林庆彰：《明代考据学研究》，台北：学生书局，1986 年。

林语堂：《吾国与吾民》，西安：陕西师范大学出版社，2002 年。

刘广京：《李鸿章评传 —— 中国现代化的开始》，上海：上海古籍出版
　　社，1995 年。

刘师培著，李妙根编：《刘师培辛亥前文选》，上海：中西书局，2012 年。

刘夕海：《世界近代后期宗教史》，北京：中国国际广播出版社，1996 年。

刘泽华：《士人与社会（先秦卷）》，天津：天津人民出版社，1988 年。

刘泽华：《王权思想论》，天津：天津人民出版社，2006 年。

刘泽华：《中国的王权主义 —— 传统社会与思想特点考察》，上海：上海人民出版社，2000 年。

柳存仁：《和风堂文集》，上海：上海古籍出版社，1991 年。

柳诒徵：《中国文化史》，上海：上海古籍出版社，2001 年。

卢广森、卢连章：《洛学及中州后学》，开封：河南大学出版社，1999 年。

卢云：《汉晋文化地理》，西安：陕西师范大学出版社，1991 年。

鲁迅：《鲁迅全集》，北京：人民文学出版社，1973 年。

陆宝千：《清代思想史》，上海：华东师范大学出版社，2009 年。

漆永祥：《乾嘉考据学研究》，北京：中国社会科学出版社，1998 年。

钱茂伟：《国家、科举与社会 —— 以明代为中心的考察》，北京：北京图书馆出版社，2004 年。

钱穆：《中国近三百年学术史》，北京：商务印书馆，1997 年。

钱穆：《中国学术思想史论丛》，合肥：安徽教育出版社，2004 年。

丘为君：《戴震学的形成 —— 知识论述在近代中国的诞生》，北京：新星出版社，2006 年。

尚晓明：《学人游幕与清代学术》，北京：中国社会科学出版社，1999 年。

申涵光：《聪山集》，上海：商务印书馆，1936 年。

史念海：《唐代历史地理研究》，北京：中国社会科学出版社，1998 年。

释圣严：《明末佛教研究》，台北：东初出版社，1992 年。

释圣严：《明末中国佛教之研究》，台北：学生书局，1988 年。

唐德刚：《胡适口述自传》，桂林：广西师范大学出版社，2005 年。

唐豪编：《王五公太极连环刀法》，《武艺丛书》，上海：中国武术学会，民国二十五年（1936）。

唐君毅：《人文精神之重建》，台湾：学生书局，1976 年。

汪学群：《清初易学》，北京：商务印书馆，2004 年。

王德威：《清代科举制度研究》，中华书局，1984 年。

王汎森：《晚明清初思想十论》，上海：复旦大学出版社，2004 年。

王国维：《观堂集林》，石家庄：河北教育出版社，2001 年。

王俊义、黄爱平：《清代学术与文化》，沈阳：辽宁教育出版社，1998 年。

王茂、蒋国保：《清代哲学》，合肥：安徽人民出版社，1992 年。

王明珂：《华夏边缘：历史记忆与族群认同》，台北：允晨文化实业股份
　　有限公司，1997 年。

王文亮：《中国圣人论》，北京：中国社会科学出版社，1993 年。

王锡彤：《抑斋自述》，开封：河南大学出版社，2001 年。

王学典：《史学引论》，北京：北京大学出版社，2008 年。

王学泰：《游民文化与中国社会》，北京：学苑出版社，1999 年。

王亚南：《中国官僚政治研究》，北京：中国社会科学出版社，1981 年。

吴松弟：《中国人口史》，上海：复旦大学出版社，2000 年。

萧一山：《清代通史》，北京：中华书局，1983 年。

谢国桢：《明末清初的学风》，北京：人民出版社，1982 年。

谢国桢：《明清之际党社运动考》，北京：中华书局，1982 年。

熊月之：《西学东渐与晚清社会》，上海：上海人民出版社，1994 年。

徐宗泽：《明清间耶稣会士译著提要》，北京：中华书局，1989 年。

许倬云：《从历史看管理》，桂林：广西师范大学出版社，2005 年。

杨念群：《何处是"江南"：清朝正统观的确立与士林精神世界的变异》，
　　北京：生活·读书·新知三联书店，2010 年。

余英时：《论戴震与章学诚——清代中期学术思想史研究》（增订本），
　　北京：生活·读书·新知三联书店，2012 年。

余英时：《中国思想传统的现代诠释》，南京：江苏人民出版社，2003 年。

张德泽：《清代国家机关考略》，北京：中国人民大学出版社，1981 年。

张分田：《中国帝王观念——社会普遍意识中的"尊君—罪君"文化范
　　式》，北京：中国人民大学出版社，2004 年。

张富祥：《东夷文化通考》，上海：上海古籍出版社，2008 年。

张京华：《燕赵文化》，沈阳：辽宁教育出版社，1995 年。

张升：《四库全书馆研究》，北京：北京师范大学出版社，2012 年。

张寿安：《以礼代理——凌廷堪与清中叶儒学思想之转变》，石家庄：
　　河北教育出版社，2001 年。

张荫麟：《素痴集》，天津：百花文艺出版社，2005 年。

章太炎：《章太炎全集》，上海：上海人民出版社，1984 年。

章太炎著，傅杰编：《章太炎学术史论集》，昆明：云南人民出版社，
　　2008 年。

赵国华：《中国兵学史》，福州：福建人民出版社，2004 年。

赵金昭主编：《二程洛学与实学研究》，北京：学苑出版社，2005 年。

赵俪生：《篱槿堂自叙》，上海：上海古籍出版社，1999 年。

赵琦：《金元之际的儒士与汉文化》，北京：人民出版社，2005 年。

郑志明：《明代三一教主研究》，台北：学生书局，1988 年。

支伟成：《清代朴学大师列传》，长沙：岳麓书社，1998 年。

钟泰：《中国哲学史（二）》，沈阳：辽宁教育出版社，1998 年。

朱鸿林：《中国近世儒学实质的思辨与习学》，北京：北京大学出版社，
　　2005 年。

朱维铮：《中国经学史十讲》，上海：复旦大学出版社，2002 年。

邹逸麟：《中国历史地理概述》，上海：上海教育出版社，2005 年。

四、西人著作

艾尔曼著，赵刚译：《从理学到朴学 —— 中华帝国晚期思想与社会变化
　　面面观》，南京：江苏人民出版社，1995 年。

包筠雅著，杜正贞、张林译：《功过格：明清社会的道德秩序》，杭州：
　　浙江人民出版社，1999 年。

戴维·米勒、韦农·波格丹诺英文版主编，邓正来中译本主编：《布莱
　　克维尔政治学百科全书》，北京：中国政法大学出版社，1992 年。

何伟亚著，邓常春译：《怀柔远人：马嘎尔尼使华的中英礼仪冲突》，北
　　京：社会科学文献出版社，2002 年。

拉铁摩尔著，唐晓峰译：《中国的亚洲内陆边疆》，南京：江苏人民出版
　　社，2008 年。

勒内·格鲁塞著，蓝琪译：《草原帝国》，北京：商务印书馆，1998 年。

利昂·P. 巴拉达特著，张慧芝、张露璐译：《意识形态起源和影响》第

10 版，北京：世纪图书出版公司，2010 年。

利玛窦、金尼阁著，何高济译：《利玛窦中国札记》，北京：中华书局，1990 年。

罗伯特·达恩顿著，叶桐、顾杭译：《启蒙运动的生意 ——〈百科全书〉出版史（1775—1800）》，北京：生活·读书·新知三联书店，2005 年。

米歇尔·福柯著，刘北成、杨远婴译：《疯癫与文明：理性时代的疯癫史》，北京：生活·读书·新知三联书店，2003 年。

斯蒂芬·米勒、罗伯特·休伯著，黄剑波、艾菊红译：《圣经的历史：〈圣经〉成书及历史影响》，北京：中央编译出版社，2008 年。

余莲著，卓立译：《势 —— 中国的效力观》，北京：北京大学出版社，2009 年。

后　记

　　一般来说，不管是对于读者还是著者，很多时候，后记犹如鸡肋。所以，本书在此并不打算多说，只是交代一下主导思想、写作目的和结构安排。

　　先说写作目的。概言之，第一，对 20 世纪清学史研究范式进行一定程度的触动，力求有所突破；第二，对在 20 世纪主流清学史研究中被湮没的夏峰北学进行一定程度的梳理，发掘史料，挖掘其现代价值。

　　为达到上述两大目的，所以本书在结构安排上总共可以分为两大部分：第一部分是"绪论"，第一节审查由考据学中心论、江南中心论、西学中心论笼罩下的 20 世纪清学史各种研究范式，第二节则以"江南考据学派"为标本，为剖析 20 世纪清学史研究范式提供个案支持。第二部分是对夏峰北学流变过程的勾勒，是本书主体。这部分可以分为五个方面：第一章，对北方学术史和夏峰北学形成由来的梳理；第二章，夏峰北学开山孙奇逢的思想及价值；第三章，以费密、薛凤祚为代表，分别梳理夏峰北学与考据学、西学的关系；第四章，河北夏峰北学；第五章，中州夏峰北学。而之所以如此安排，则基于著者先破后立的考虑：不破除西学中心论，则无法克服 20 世纪清学史研究中"中西比附"研究方法所产生的流弊，无法真实了解像夏峰北学这样在前近代极少受到西学影响的那部分清代学术的运思路径；不破除考据学中心论，则清代理学无法凸显；不破除江南中心论，则清代北方学术直接被漠视。而这一切都会使得夏峰北学，要么被置之不理，要么像以前那样七零八落，无法整体梳理。

　　正如本书各处一再强调的那样，夏峰北学是一个流传 300 余年的地域学派，从孙奇逢直到嵇文甫，时间跨越整个清代及近现代，处理起来非短期所能完成。所以近几年来著者虽不断着力于此，初步的总体勾勒已经完成，但细致清晰地研究却只能慢慢分段进行。与其大而无当，不如细致深入。按照著者的初步设想，完整的夏峰北学史应该分为两部分，一部分是清代部分，一部分是近现代部分。这两部分的写作可以分别在清代学术史和近现代学术史框架内进行，如此，一方面能够历史的重建夏峰北学，不至于再次被湮没无闻，另一方面，也可以在增加材料的同时，影响清代学术史和近现代学术史的一些基本观念。

正是带着这种考虑，所以本书时间局限在"清代"，换句话说，本书所论述的是"清代"而非全部的夏峰北学史。当然这里所谓的"清代"，不是王朝史意义上的"清代"（1644—1911）而是教科书上以"鸦片战争"为结束期的"清代"（1644—1840）。这种划分可能在很多地方不大合适，但就夏峰北学来说则基本可以，因为在夏峰北学史上处于承前启后的马时芳，就恰好逝世于 1837 年。

在本书中，著者虽然对 20 世纪清学史诸研究范式屡屡批评，但并无贬低、争胜之义，而只是希冀或能站在诸贤的肩膀之上提供一种与"三大中心论"有别的观察清学史之视野。其实按照最本质的意义，人类的所有研究都是"坐井观天"，只不过较之于井底之蛙，我们是坐"人类之井"观"宇宙之天"而已。所以，有时间多换换视野，也不无裨益。

需要强调的是，著者以为，研究清代学术，特别是清代的理学，必须要注意两点，否则根本无法谈起：（1）抛弃中心论，凸显制度设计因素、地域因素、学派因素、师友因素、个人机遇因素等在清代学术发展中的作用，要在整体视野内对清学史进行分层次的多维研究；（2）抛弃"宋明理学"思维模式，重建理学史体系。作为从两宋时代衍至当今的儒学形态，理学历经千年而非仅仅局限于宋明时代，按照理学在宋明、清代、近现代所面临着不同的任务及由此形成的不断转向，理学至少可以分为"宋明形态"、"清代形态"和近现代形态。就前两者而言，"宋明形态"重思辨、重形而上的理论建设、重"理"；"清代形态"重实践、重道德践履、重下学而上达、重礼理合一，而其间转换的一个典型样本就是本书所论的夏峰北学。所以，不可完全依照宋明时代的理学形态要求其他时代。当然，不光理学如此，对不同时期的考据学亦应作如是观。

在本书的写作中，著者一方面力求在历史特殊性与一般性之间保持适当的平衡，切忌非此即彼、非黑即白的二重对立，那不是整个社会的正常样态。另一方面强调扩张视野，切忌故步自封、纸上谈兵。比如"新清史"认为清朝不同于明朝等汉族王朝，因此强调其"非汉"特征。实际上，第一，中国历史远远大于汉族的历史，更包括源远流长的前汉族时期。换言之，"新清史"把中国史等同于汉族史，不仅是另一种"汉族中心论"，更是对中国历史的削足适履。第二，实现了大一统的清帝国皇帝，不光是满人首领，更是清帝国最高首脑和东亚朝贡体系的盟主，他的形象和身份是多元而非单一的，虽然对于各族裔有所偏向，甚至内心深处或有新清史所谓的"满人主体意识"，但帝国复杂的现实、相关制度设计，以及不顾其他族裔利益只想一家独尊的灾难性后果，也会使之趋于克制、理性，而更多致力于各族裔和睦，至少不会像新清史学者那样肆无忌惮的大肆鼓吹。就笔者来看，综观满人入关后的历史，清朝政府中确实有两次满人主体意识相当强烈的时期，一次是康熙初年四大臣辅政时期，另一次是晚清皇族内阁的成立，结果有目共睹。更进一步来说，综观前近代中国，哪有泾渭分明的族群界限？早在民国时代，就有像拉铁摩尔这样的西方学者长期深入中国腹地，认为能够统治华夏的少数民族统治集团不是纯粹的少数民族，而更多是由"汉化胡人"和"胡化汉人"联合组成，北朝十六国如此，建立辽国的阿保机和统一中国的忽必烈集团亦是如此。就清代来说更为复杂。入关后的顺治帝、康熙帝自不待言，就是入关前的满人（女真）统治集团亦是如此。努尔哈赤虽出身于女真贵族，但从小喜读《三国演义》和《水浒传》等书，且一度为明朝辽东总兵李成梁义子，到创业之时，跟随其出生入死的嫡系"古出"就有"胡化汉人"。到皇太极之时，八旗更是被扩编为满洲八旗、蒙古八旗和汉八旗，其中汉八旗就是典型的"胡化汉人"，并出现了像范文程等对清朝产生重大影响的"胡化汉人"。"新清史"研究者很多从未涉入中国，却对这些长期深入中国腹地的西方学者的观察充耳不闻，无疑是纸上谈兵。第三，"新清史"利用现代族群观念把中国清代族群分为汉族与"非汉"，不但想当然的把满人误认为铁板一块，更忽视了汉族内部的差异。事实上，在中国，不但各少数民族内部存在差异，汉族内部也是如此，因此，早在元朝，就把统治下的汉族区分为原金朝治下"汉人"和原南宋治下的"南人"，到现代，大陆汉族内部呈现出一定差异。"新清史"对此完全忽视，无疑是教条主义。

如果破除线性进化论，放宽历史的视野，清朝之所以不同于明朝，很大程度上在于满人入主中原后与汉人等族裔的冲突融合。实际上，满汉冲突融合是中国历史上此起彼伏的少数民族与汉民族碰撞融合历史的一部分，这个过程本身就是中国历史的一部分，至少从两汉时代汉朝与匈奴冲突就已经开始，后代比较剧烈的有五胡十六国、蒙元帝国、清帝国。如果由此上溯，早在汉民族前身华夏族形成时期，华夏族就与周边民族冲突融合不断，春秋时代，周天子失势，四夷入侵，中原文化不绝如缕，齐桓公打出"尊王攘夷"旗帜，九合诸侯一匡天下，才稳定住局面。这种少数民族与汉民族（华夏族）冲击融合的过程，既有特殊性，又有差异性，对他们的探讨既要有个别研究，又要有整体视野。很多新清史学者没有整体关注，把清代这段历史单独抽出，忽视它与中国历史上类似阶段的共通性，只拿出个别问题讨论，虽有一时轰动效应，但长久意义肯定大打折扣。

记得维特根斯坦曾说，问题之所以有价值首先在于它能够说到点子上。按照著者的理解，首先是问题意识能否足够宏阔、有关键性，其次是所提供的材料论证是否完满的诠释问题意识。本书写作中著者也是以此为鹄的，"虽不能至，心向往之"吧！

在本书的写作中，我得到众多师友、亲人的提携帮助。首先需要感谢的是雷戈和王学典两位老师。自上大学以来，就不断接受雷师的教诲，转眼已十余年！也正是在雷师的一手安排下，我又忝列在王师门下攻读博士，王师慷慨爽朗的性格及"海纳百川"的浓郁学风，使我倍感温暖与鼓舞，也正是在这种氛围中，本书才得以成形。在本书的写作中，山东大学张富祥、杜泽逊、陈峰、郭震旦、李扬眉等诸位教授，清华大学仲伟民教授，河南大学李振宏教授，中国人民大学历史学院的姜萌师兄，河南师范大学的李之鉴教授给予大力帮助；老同学中河南大学陈轲，天津师范大学冯金朋，上海宝山中学皮德涛，湖北省社科联仝瑞中也给予不同程度的支持；在近几年考察和工作期间，也先后得到孙奇逢后代孙中勤与孙敬州父子、嵇文甫孙嵇立中、耿玉儒等诸先生及尹延彦夫妇、张建军等同事的不少帮助……在此，对于这里提到或者未提到的帮助，我都表示衷心的感谢。

本书在出版过程中，商务印书馆给予大力帮助；蒙学界不弃，书稿忝列 2015 年第三批国家社科基金后期资助项目立项，五位匿名专家在充分肯定该成果学术价值的同时，也提出了详尽而中肯的意见，他们的意见在本书中虽一时难以完全满足，但必将对笔者后续研究指明方向；在 2015 年来到河北师范大学工作后，历史文化学院朱爱书记、杨瑞院长等诸位老师对我们全家的生活、学习给予无私帮助，在此我对他们表示真挚的感谢。

当然，在所有的感谢中，我的亲人是最应该也最不需要感谢的。自上大学以来，外公外婆、父母就对我希望殷殷，但我习惯性的"眼高手低"使父母受累不少；在结婚后的近十年里，由于两地分居，我与爱人、儿子总是聚少离多，也让他们跟着我不断受累；在我不在家的时候，姐姐、姐夫都帮助不少。对于他们，我感到内疚，特别是我的儿子王元植，我对他尽父亲的责任太少，我很内疚。可以说，正是由于亲人们的温暖，才使我能够透过书面而对理学中人伦纲常乃至中华宗法文明的正面价值深有体会，这种体会，也正是本书写作的最大动力。